Revolucionando a sala de aula 2
Novas metodologias ainda mais ativas

O GEN | Grupo Editorial Nacional – maior plataforma editorial brasileira no segmento científico, técnico e profissional – publica conteúdos nas áreas de ciências sociais aplicadas, exatas, humanas, jurídicas e da saúde, além de prover serviços direcionados à educação continuada e à preparação para concursos.

As editoras que integram o GEN, das mais respeitadas no mercado editorial, construíram catálogos inigualáveis, com obras decisivas para a formação acadêmica e o aperfeiçoamento de várias gerações de profissionais e estudantes, tendo se tornado sinônimo de qualidade e seriedade.

A missão do GEN e dos núcleos de conteúdo que o compõem é prover a melhor informação científica e distribuí-la de maneira flexível e conveniente, a preços justos, gerando benefícios e servindo a autores, docentes, livreiros, funcionários, colaboradores e acionistas.

Nosso comportamento ético incondicional e nossa responsabilidade social e ambiental são reforçados pela natureza educacional de nossa atividade e dão sustentabilidade ao crescimento contínuo e à rentabilidade do grupo.

DANIEL RAMOS NOGUEIRA · EDVALDA ARAÚJO LEAL · GILBERTO JOSÉ MIRANDA · SILVIA PEREIRA DE CASTRO CASA NOVA

Revolucionando a sala de aula 2

Novas metodologias ainda mais ativas

ADRIANA MARIA PROCÓPIO DE ARAUJO ▪ CAMILA LIMA COIMBRA ▪ CAROLINA COSTA CAVALCANTI ▪ DENIZE CAVICHIOLI ▪ ELISABETH DE OLIVEIRA VENDRAMIN ▪ FATIMA EDUARDA SCHMITK COLLE ▪ GILVANIA DE SOUSA GOMES ▪ GUILLERMO BRAUNBECK ▪ IAN THOMSON ▪ JOÃO PAULO BITTENCOURT ▪ JOÃO PAULO RESENDE DE LIMA ▪ KAVITA MIADAIRA HAMZA ▪ LUIZ ANTONIO TITTON ▪ PATRICIA DE SOUZA COSTA ▪ ROBERTO FRANCISCO DE SOUZA ▪ SAMUELY BEZERRA BARBOSA LAURENTINO ▪ SIDNEI CELERINO DA SILVA ▪ SOLANGE GARCIA ▪ SUILISE BERWANGER WILLE ▪ VITOR HIDEO NASU

gen | atlas

- Os autores deste livro e a editora empenharam seus melhores esforços para assegurar que as informações e os procedimentos apresentados no texto estejam em acordo com os padrões aceitos à época da publicação, *e todos os dados foram atualizados pelo autor até a data da entrega dos originais à editora.* Entretanto, tendo em conta a evolução das ciências, as atualizações legislativas, as mudanças regulamentares governamentais e o constante fluxo de novas informações sobre os temas que constam do livro, recomendamos enfaticamente que os leitores consultem sempre outras fontes fidedignas, de modo a se certificarem de que as informações contidas no texto estão corretas e de que não houve alterações nas recomendações ou na legislação regulamentadora.

- Data do fechamento do livro: 08/07/2020

- Os autores e a editora se empenharam para citar adequadamente e dar o devido crédito a todos os detentores de direitos autorais de qualquer material utilizado neste livro, dispondo-se a possíveis acertos posteriores caso, inadvertida e involuntariamente, a identificação de algum deles tenha sido omitida.

- **Atendimento ao cliente: (11) 5080-0751 | faleconosco@grupogen.com.br**

- Direitos exclusivos para a língua portuguesa
  Copyright © 2020 by
  Editora Atlas Ltda.
  Uma editora integrante do GEN | Grupo Editorial Nacional
  Travessa do Ouvidor, 11
  Rio de Janeiro – RJ – 20040-040
  www.grupogen.com.br

- Reservados todos os direitos. É proibida a duplicação ou reprodução deste volume, no todo ou em parte, em quaisquer formas ou por quaisquer meios (eletrônico, mecânico, gravação, fotocópia, distribuição pela Internet ou outros), sem permissão, por escrito, da Editora Atlas Ltda.

- Capa: Caio Cardoso
- Editoração eletrônica: Set-up Time Artes Gráficas

- Ficha catalográfica

CIP-BRASIL. CATALOGAÇÃO NA PUBLICAÇÃO
SINDICATO NACIONAL DOS EDITORES DE LIVROS, RJ

R35
v.2

Revolucionando a sala de aula: novas metodologias ainda mais ativas, volume 2 / organização Daniel Ramos Nogueira ... [et al.]. - 1. ed. - São Paulo: Atlas, 2020.

(Revolucionando)

Sequência de: Revolucionando a sala de aula
Inclui bibliografia e índice
ISBN 978-85-97-02546-0

1. Ensino superior - Brasil. 2. Metodologia de ensino. I. Nogueira, Daniel Ramos. II. Série.

20-65065
CDD: 378
CDU: 378

Leandra Felix da Cruz Candido - Bibliotecária - CRB-7/6135

Agradecemos à CAPES e ao CNPq pelo apoio às pesquisas que subsidiaram a construção deste texto.

Dedicatória

No atual contexto de isolamento, nossa vontade de conviver e de estar com pessoas aumenta. A possibilidade do encontro é a essência do ensino. Nesta dedicatória, concretizamos esse encontro dentro das possibilidades que temos. Desejamos que este livro inspire voos mais altos e mais colaborativos e que o encontro adiado se realize no futuro próximo.

São Paulo, julho de 2020.
As Andorinhas

Sobre os Organizadores

Daniel Ramos Nogueira é Doutor em Controladoria e Contabilidade pela Faculdade de Economia, Administração e Contabilidade da Universidade de São Paulo (FEA-USP), Mestre em Contabilidade pela Universidade Federal do Paraná (UFPR) e Bacharel em Ciências Contábeis pela Universidade Estadual de Londrina (UEL). É professor do Departamento de Ciências Contábeis da UEL, na qual coordena o projeto de pesquisa sobre Metodologias Ativas e Uso de Recursos Tecnológicos na Educação Contábil. Tem um canal no YouTube no qual compartilha vídeos sobre contabilidade, pesquisa científica e ensino com tecnologia. Interesses de pesquisa: Educação Contábil e Contabilidade Societária.

Edvalda Araújo Leal é Doutora em Administração pela Fundação Getulio Vargas (FGV-SP). Mestre em Ciências Contábeis pela Pontifícia Universidade Católica de São Paulo (PUC-SP). Especialista em Controladoria e Contabilidade pela Universidade Federal de Uberlândia (UFU). Foi Coordenadora do Programa de Pós-Graduação *Stricto Sensu* em Ciências Contábeis da Universidade Federal de Uberlândia e, atualmente, é professora deste programa. Coordenadora do Núcleo de Ensino e Pesquisa em Administração e Ciências Contábeis (NEPAC). Editora Adjunta da *Revista Mineira de Contabilidade* e também da *Advances in Scientific and Applied Accouting* (*ASAA Journal*). Interesses de pesquisa: Ensino e Pesquisa em Contabilidade e Gestão de Custos.

Gilberto José Miranda é Doutor em Controladoria e Contabilidade pela FEA-USP, Mestre em Administração, Especialista em Docência na Educação Superior, Especialista em Controladoria e Contabilidade e graduado em Ciências Contábeis pela Universidade Federal de Uberlândia (UFU). Atualmente, é professor do Programa de Pós-Graduação *Stricto Sensu* em Ciências Contábeis da UFU e editor adjunto da revista *Education Policy Analysis Archives*. É coautor dos livros *Análise avançada das demonstrações contábeis*, *Análise didática das demonstrações contábeis*, *Revolucionando a sala de aula*, *Revolucionando o desempenho acadêmico* e *Revolucionando a docência universitária*, todos publicados pelo GEN | Atlas. Interesses de pesquisa: Ensino e Pesquisa em Contabilidade e Análise das Demonstrações Contábeis.

Sobre os Organizadores

Silvia Pereira de Castro Casa Nova é Professora Titular do Departamento de Contabilidade e Atuária da Faculdade de Economia, Administração e Contabilidade da Universidade de São Paulo (FEA-USP). Professora do núcleo permanente do Programa de Mestrado em Ciências Contábeis da Universidade Federal do Mato Grosso do Sul (UFMS) e do Programa de Pós-Graduação em Controladoria e Contabilidade da USP. Fundadora do GENERAS – Núcleo FEA-USP de Pesquisa em Gênero, Raça e Sexualidade. Foi *visiting researcher* na *École de Comptabilité* da Université Laval. É editora-associada da *Education Accounting: an International Journal* (Taylor & Francis), da revista *Organizações & Sociedade* da UFBA, da revista *Activos* da Universidad San Tomás de Aquino e membro do Corpo Editorial Científico da *Revista de Administração de Empresas (RAE)*. Mestre e Doutora em Contabilidade e Controladoria e Livre-docente em Educação Contábil pela Universidade de São Paulo (USP). Pós-doutora pela Fundação Getulio Vargas (FGV). Foi *visiting scholar* no Organizational Leadership, Policy and Development Department no College of Education and Human Development (OLPD-CEHD) da University of Minnesota e *visiting researcher* na Business Research Unit do Instituto Universitário de Lisboa (BRU-IUL). Tem desenvolvido projetos interinstitucionais com a Universidade Federal de Uberlândia, Universidade Federal do Mato Grosso do Sul, Universidade Estadual de Londrina, Universidad Nacional de Colombia e Université Laval. Interesses de pesquisa: Empreendedorismo Feminino não Tradicional, Gênero na Educação Superior, Gênero em Contabilidade, Educação Contábil, Ensino de Contabilidade e Docência no Ensino Superior.

Sobre os Colaboradores

Adriana Maria Procópio de Araujo possui Graduação em Administração de Empresas, Graduação em Ciências Contábeis, Mestrado em Contabilidade e Controladoria pela Faculdade de Economia Administração e Contabilidade da Universidade de São Paulo (FEA-USP) e Doutorado em Controladoria e Contabilidade pela FEA-USP. Livre-docente pela Universidade de São Paulo (USP). Pós-doutorada em Educação pela Universidade Federal de São Carlos (UFSCar), Departamento de Teorias e Práticas Pedagógicas. Pós-doutorada no College of Law, University of Illinois (Bolsa FAPESP). Pesquisadora na University of Illinois em 2016-2017, Law School. Atualmente, é Professora Titular da Universidade de São Paulo, Departamento de Contabilidade.

Camila Lima Coimbra é Doutora em Educação: Currículo pela Pontifícia Universidade Católica de São Paulo (PUC-SP). Mestre em Educação pela Universidade Federal de Uberlândia (UFU). Graduada em Pedagogia pela UFU. Professora Associada na UFU. Trabalha com as disciplinas de Estágio, Didática e Princípios Éticos Freireanos nos cursos de formação de professores(as), grau Licenciatura. Pesquisadora do Grupo de Pesquisa Currículo: Questões Atuais da PUC-SP e do Grupo de Pesquisa Observatório de Políticas Públicas (OPP/UFU).

Carolina Costa Cavalcanti é Doutora em Educação pela Universidade de São Paulo (USP), jornalista e pedagoga. É pesquisadora do Núcleo de Pesquisa em Novas Arquiteturas Pedagógicas da USP, professora convidada na Fundação Dom Cabral e Instituto Singularidades. Atua como consultora, palestrante e pesquisadora nas áreas de educação digital criativa, formação de educadores, metodologias ativas, ágeis, imersivas e analíticas de aprendizagem e *Design Thinking*. É autora dos livros *Design Thinking na educação* (2017) e *Metodologias inovativas na educação* (2018) e coautora dos livros *DI 4.0: inovações da educação corporativa* (2019) e *Inovações radicais na educação brasileira* (2019).

Denize Cavichioli possui Graduação em Ciências Contábeis pela Universidade Estadual do Oeste do Paraná (UNIOESTE), Especialização em Contabilidade

Pública e Lei de Responsabilidade Fiscal pelo Instituto Prominas, Especialização em Docência no Ensino Superior pelo Instituto Prominas, Especialização em Gestão Pública pela Universidade Estadual de Londrina (UEL) e Mestrado em Contabilidade pela Universidade Estadual do Oeste do Paraná (UNIOESTE). Atualmente, é contadora da Câmara Municipal de Guaraniaçu, professora da Pontifícia Universidade Católica do Paraná (PUCPR) e Doutoranda em Contabilidade pela Universidade Federal de Santa Catarina (UFSC).

Elisabeth de Oliveira Vendramin possui Graduação em Administração de Empresas pelo Centro Universitário da Grande Dourados (UNIGRAN), Graduação em Ciências Contábeis pela Faculdade de Ponta Porã (FAP), Especialização em Gestão Estratégica de Recursos Humanos pela Universidade Anhanguera (UNIDERP), Mestrado e Doutorado em Controladoria e Contabilidade pela Faculdade de Economia, Administração e Contabilidade de Ribeirão Preto da Universidade de São Paulo (FEA-RP/USP). Atualmente, é professora de Contabilidade na Escola de Administração e Negócios da Universidade Federal de Mato Grosso do Sul (ESAN-UFMS). Líder do Grupo de Estudos em Finanças e Societária (GEFISO). Membro do Núcleo de Pesquisas e Estudos em Controle Gerencial (NUPECON).

Fatima Eduarda Schmitk Colle é Mestre em Contabilidade pela Universidade Estadual do Oeste do Paraná (UNIOESTE), Bacharela em Ciências Contábeis pela Universidade Paranaense (UNIPAR), Pós-graduada em Contabilidade e Controladoria pela Universidade Norte do Paraná (UNOPAR), Pós-graduada em Docência do Ensino Superior pela Faculdade de Filosofia, Ciências e Letras de Boa Esperança (FAFIBE), Pós-graduada em Educação Profissional e Tecnológica pela Faculdade de Educação São Luís (FESL) e Pós-graduada em Psicopedagogia com ênfase em Educação Especial pela Faculdade de Educação São Luís (FESL). É professora do Ensino Superior e Médio Técnico. É pesquisadora da área de ensino e pesquisa em Contabilidade, Metodologias Ativas, Atividades Lúdicas no Ensino da Contabilidade, Prática Docente, Formação dos Professores do Curso de Ciências Contábeis e Comissão Permanente de Avaliação (CPA/SINAES).

Gilvania de Sousa Gomes é Doutora em Ciências pela Faculdade de Economia, Administração e Contabilidade de Ribeirão Preto da Universidade de São Paulo (FEA-RP/USP), Mestre em Administração pela Faculdade de Gestão e Negócios da Universidade Federal de Uberlândia (FAGEN/UFU) e graduada em Ciências Contábeis pela Faculdade de Ciências Contábeis da Universidade Federal de Uberlândia (FACIC/UFU). Atualmente, é professora na FACIC/UFU.

Guillermo Braunbeck possui Graduação em Ciências Econômicas pela Universidade Estadual de Campinas (Unicamp) e Doutorado em Controladoria e Contabilidade pela Faculdade de Economia, Administração e Contabilidade da Universidade de

São Paulo (FEA-USP). Tem experiência na área de Auditoria de Demonstrações Financeiras e Normas Internacionais de Relatório Financeiro (IFRS). Atualmente, é professor da FEA-USP.

Ian Thomson é professor de Contabilidade e Sustentabilidade na Escola de Negócios da University of Birmingham (UK). Bacharel em Contabilidade e Finanças pela Heriot-Watt University (UK) e Contador Gerencial Certificado (ACMA). É diretor do centro de pesquisas Lloyds Banking Group Centre for Responsible Business (LBGC) e presidente do Centre for Social and Environmental Accounting Research (CSEAR). Sua pesquisa é direcionada à análise de práticas contábeis existentes e o *design* de novas práticas híbridas de contabilidade e sustentabilidade alinhadas com os conceitos de desenvolvimento sustentável. Possui vasta pesquisa multidisciplinar, incluindo estudos sobre implementação de tecnologias limpas, engajamento de *stakeholders*, ensino, contabilidade cidadã e mídias sociais, prestação de contas de programas de desenvolvimento social, prestação de contas de emissões de carbono e *benchmarking* de negócios responsáveis.

João Paulo Bittencourt é Doutor em Administração pela Faculdade de Economia, Administração e Contabilidade da Universidade de São Paulo (FEA-USP) e Mestre em Administração pela Universidade do Estado de Santa Catarina (UDESC). Especialista em Gestão de Pessoas. Possui experiência em desenvolvimento de lideranças e gestão de Instituições de Ensino Superior. É pesquisador de Ensino e Aprendizagem e Arquiteturas Pedagógicas Inovadoras na formação de executivos. Foi consultor acadêmico e gestor de sistema de ensino técnico na Somos Educação. Foi coordenador geral de Pós-Graduação e Pesquisa do Instituto Singularidades. É coordenador do MBA Executivo em Gestão de Saúde do Hospital Albert Einstein.

João Paulo Resende de Lima é Bacharel em Ciências Contábeis e Mestre em Controladoria e Contabilidade pela Faculdade de Economia, Administração e Contabilidade de Ribeirão Preto da Universidade de São Paulo (FEA-RP/USP). Doutorando no Programa de Pós-Graduação em Controladoria e Contabilidade da Faculdade de Economia, Administração e Contabilidade da Universidade de São Paulo (FEA-USP). Membro do Núcleo FEA de Pesquisa em Gênero, Raça e Sexualidade (GENERAS) e do Núcleo de Pesquisas e Estudos em Controle Gerencial (NUPECON/ESAN). Tem desenvolvido pesquisas sobre o ambiente acadêmico, rendimento discente de alunos ingressantes no ensino superior por meio de ações afirmativas, formação docente, relação entre orientador(a) e orientado(a).

Kavita Miadaira Hamza é Administradora, com Mestrado e Doutorado em Administração pela Faculdade de Economia, Administração e Contabilidade da Universidade de São Paulo (FEA-USP). Coordenadora do Escritório Internacional da FEA-USP (2015-2019). Leciona disciplinas de Marketing e Sustentabilidade

Sobre os Colaboradores

em cursos de Graduação e Pós-Graduação da FEA-USP. Sua linha de pesquisa é em Sustentabilidade e Ética em Marketing, com foco em Consumo Sustentável, Certificações Sustentáveis e Coleta Seletiva.

Luiz Antonio Titton possui Graduação e Doutorado em Administração pela Faculdade de Economia, Administração e Contabilidade da Universidade de São Paulo (FEA-USP) e Mestrado em Administração de Organizações e Pós-Doutorado em Contabilidade pela Faculdade de Economia, Administração e Contabilidade de Ribeirão Preto da Universidade de São Paulo (FEA-RP/USP). Atualmente, é sócio-fundador da *startup* News Cool Tecnologia Educacional, incubada no Polo Tecnológico SUPERA, no *campus* da USP de Ribeirão Preto/SP. Foi membro do conselho consultivo da International Simulation and Gaming Association (ISAGA), Holanda. Pesquisa Metodologias Ativas e desenvolveu ao longo de sua carreira diversos simuladores que foram adotados por Instituições Financeiras e Universidades. Tem atuado como facilitador de jogos de empresas e outras atividades educacionais com uso de simuladores e atualmente produz EaD com enfoque no ensino de empreendedorismo e gestão de *startups*.

Patricia de Souza Costa possui Graduação em Ciências Contábeis pela Universidade Federal de Uberlândia (UFU), Mestrado em Ciências Contábeis – Programa Multi-institucional e Inter-regional de Pós-Graduação em Ciências Contábeis (UnB/UFPB/UFPE) e Doutorado no Programa de Pós-Graduação em Controladoria e Contabilidade pela Faculdade de Economia, Administração e Contabilidade da Universidade de São Paulo (FEA-USP). Atualmente, é professora adjunta da UFU.

Roberto Francisco de Souza é Mestre em Contabilidade pela Universidade Estadual do Oeste do Paraná (UNIOESTE) e Bacharel em Ciências Contábeis pela Faculdade de Ciências Contábeis e Administração do Vale do Juruena. Professor dos cursos de Graduação em Contabilidade e Administração no Centro Universitário Maurício de Nassau (UNINASSAU). Professor no curso de Pós-Graduação MBA Finanças, Auditoria e Controladoria (UNIME).

Samuely Bezerra Barbosa Laurentino é Mestra em Administração pela Faculdade de Economia, Administração e Contabilidade da Universidade de São Paulo (FEA-USP) com ênfase em Marketing e Bacharela em Administração pela Universidade Federal de Campina Grande (UFCG).

Sidnei Celerino da Silva é Doutor em Controladoria e Contabilidade pela Faculdade de Economia, Administração e Contabilidade da Universidade de São Paulo (FEA-USP), Mestre em Ciências Contábeis pela Universidade Federal do Rio de Janeiro (UFRJ), com Especialização em Docência do Ensino Superior pela União Pan-Americana de Ensino (Unipan), Pós-Graduação em Contabilidade Gerencial e Auditoria pela Universidade Paranaense (Unipar) e Graduação em

Ciências Contábeis pela Unipar. Tem experiência na área de Pesquisa e Ensino em Contabilidade. É professor no Mestrado em Contabilidade da Unioeste, *campus* de Cascavel. Orienta e pesquisa temáticas relacionadas à prática docente, modalidades didáticas ativas, estilos de aprendizagem, andragogia, ferramentas para planejamento do processo educacional, avaliação de cursos, professor e estudante, educação e pós-modernidade e metodologia e epistemologia da pesquisa em Contabilidade.

Solange Garcia possui Graduação em Matemática pela Universidade Estadual Paulista Júlio de Mesquita Filho (UNESP), Mestrado em Matemática pela Universidade de Brasília (UnB), Doutorado em Controladoria e Contabilidade pela Faculdade de Economia, Administração e Contabilidade da Universidade de São Paulo (FEA-USP) e Pós-Doutorado pela Heriot-Watt University na Escócia (Bolsa FAPESP). Atualmente, é professora do Departamento de Contabilidade da FEA-RP/USP. Pesquisa na área de Contabilidade Social e Ambiental, com ênfase na integração de indicadores financeiros, sociais e ambientais nos sistemas de controle gerenciais e na divulgação de empresas (Relato Integrado, GRI, ODS). Trabalha com metodologias ativas e simulação para ensino com modelos multicritério de apoio a decisão (MCDA). É líder dos Grupos de Pesquisa Tecnologias Educacionais para o Desenvolvimento Sustentável aplicadas à Contabilidade e Métricas para Sustentabilidade Corporativa.

Suilise Berwanger Wille é Doutora em Controladoria e Contabilidade pela Faculdade de Economia, Administração e Contabilidade da Universidade de São Paulo (FEA-USP), com Graduação em Ciências Contábeis pela Universidade Federal de Santa Maria (UFSM).

Vitor Hideo Nasu é Graduado em Ciências Contábeis pela Universidade Estadual de Londrina (UEL). Mestre e Doutorando em Controladoria e Contabilidade na Faculdade de Economia, Administração e Contabilidade da Universidade de São Paulo (FEA-USP). Desenvolve pesquisas na área de educação contábil e conduta cínica.

Apresentação

Este projeto nasceu de uma parceria e de uma ideia. A parceria contava com professores de contabilidade apaixonados pela docência em negócios que acreditavam que uma andorinha só não faz verão. Por isso, nos juntamos. A ideia era contribuir para a discussão e para a prática sobre educação na área de negócios.

Em nossa ideia inicial, o plano era de desenvolvermos somente um livro, pois Gilberto estava preocupado, desde sempre, com o número de filhos. Dizia:"Precisamos cuidar bem de cada filho, assim é preciso ter calma." Mas, aos poucos, ele foi se acostumando à ideia de uma família grande, com muitos padrinhos e madrinhas, que aceitaram nossos convites para elaborar os capítulos. E, então, fomos construindo o sonho de uma "série de livros".

Foi muito importante para esse convencimento a acolhida que esse projeto teve de nossos colegas professores no lançamento do primeiro livro e o apoio que tivemos da equipe editorial. A série se constituiu como a coleção Revolucionando, composta dos livros *Revolucionando a sala de aula*, *Revolucionando a docência universitária* e *Revolucionando o desempenho acadêmico*, todos editados com talento, ousadia e cuidado pelo time do GEN | Atlas.

Para esse filho mais novo da série, contamos com um reforço na parceria: juntou-se ao grupo das andorinhas o Daniel, professor jovem e talentoso, que compartilha a paixão por educação. Assim, criou-se o grupo Mais Andorinhas, com a ideia de que uma andorinha só não faz verão e de que mais é sempre melhor... pelo menos em termos de parcerias.

Assim como na primeira edição do livro *Revolucionando a sala de aula: como envolver o estudante aplicando as técnicas de metodologias ativas de aprendizagem* (Atlas, 2017), seguimos tentando contribuir para o ambiente universitário trazendo exemplos práticos de metodologias ativas que podem ser aplicadas no ensino superior, sendo um dos focos a área de negócios.

Optamos por dividir este volume em duas partes: (1) Metodologias Ativas de Ensino; e (2) Reflexões e Desafios.

Na primeira parte, trataremos de **Metodologias Ativas de Ensino**, que podem ampliar nossa caixa de ferramentas didáticas, como: *team-based learning*, sala de aula

Apresentação

invertida, gamificação, *design thinking*, entre outras. Nesses capítulos, ofertamos exemplos práticos de como incorporar as metodologias ao cotidiano da sala de aula, com ideias, sugestões, particularidades na aplicação, quais *softwares*/aplicativos podem contribuir e, por fim, como avaliar os estudantes de acordo com cada metodologia utilizada.

Esses capítulos podem ser muito úteis para os(as) professores(as) que desejam inovar em suas aulas, proporcionando novos métodos para a construção do conhecimento em sala. E, também, permitem a utilização dos capítulos como subsídio nas reuniões didáticas (ou pedagógicas) dos cursos, sendo que em cada encontro se discute um capítulo do livro, visando ampliar o debate sobre a possibilidade de aplicação das metodologias ativas nas disciplinas. Temos feito isso em nossas instituições e temos levado oficinas para outras instituições, também com esse intuito.

Esse novo olhar sobre a sala de aula, tentando modificar os métodos de ensino, é muito importante, principalmente ao considerarmos a Geração Z, que começa a chegar às salas de aula da universidade, cada vez mais tecnológica, dinâmica e menos paciente com longas aulas expositivas.

Na segunda parte, nos permitimos avançar em **Reflexões e Desafios**, com temas que estão provocando debates nos ambientes acadêmicos, como o uso do celular em sala, o papel da pós-graduação na formação docente e como promover uma atividade vivencial em equipes que considerem o ambiente decisorial e a preocupação com a sustentabilidade.

A seguir, faremos um breve relato de cada capítulo, para que assim você possa selecionar aquela metodologia, estratégia ou desafio que mais se adequa ao conteúdo a ser trabalhado em sala ou à demanda que esteja enfrentando em sua instituição ou prática docente.

O Capítulo 0, **E agora, José? metodologias em tempos de crise: ventos da mudança ou** *tsunami on-line*, de Daniel Ramos Nogueira, Edvalda Araújo Leal, Gilberto José Miranda e Silvia Pereira de Castro Casa Nova, faz uma reflexão sobre o cenário da pandemia de Covid-19 e os possíveis impactos no ensino superior em negócios. Analisando a situação do ponto de vista dos diferentes agentes, instituições, corpos docente e discente e da tecnologia, o capítulo explora os papéis, os desafios e as oportunidades de cada um e de todos nesse novo cenário. Ao final, são apresentadas ferramentas a serem utilizadas para o ensino mediado por tecnologia, seja ele emergencial ou a distância, *on-line*, híbrido ou presencial. Mais do que apresentar respostas prontas, pretende-se mapear possibilidades para que esse *tsunami* em sua ida nos deixe os ventos das mudanças permanentes.

No Capítulo 1, ***Design Thinking*: fundamentos e aplicações na sala de aula**, João Paulo Bittencourt e Carolina Cavalcanti discutem como estimular seus estudantes no processo de criação de soluções colaborativas e significativas. A criatividade, a solução de problemas, o pensamento crítico e o trabalho em equipe são competências empregadas nesta metodologia que é muito utilizada na área de negócios.

O Capítulo 2, **Aprendizagem cooperativa no Ensino Superior: contribuições da *Team-Based Learning* (TBL)**, de Sidnei da Silva, Fatima Colle, Denize Cavichioli e Roberto de Souza, trata sobre como desenvolver o processo de aprendizagem cooperativa em sala de aula. Se você gosta de organizar atividades em grupos para desenvolvimento dos conteúdos, a TBL pode ser recomendada. Essa metodologia auxilia os estudantes a compreenderem os conteúdos e implementá-los na solução de problemas da sua vida profissional.

No Capítulo 3, **Sala de Aula Invertida – *Flipped Classroom***, Elisabeth Vendramin e João Paulo Resende de Lima discorrem desde a história dessa metodologia até a aplicação prática em sala de aula, evidenciando seus fundamentos, abordagem e como implementá-la em sua disciplina. Quer tornar suas aulas mais práticas e produtivas? Essa metodologia pode ser a solução para otimizar o tempo no encontro presencial!

No Capítulo 4, **Ensino Embasado na Estrutura Conceitual (*Framework Based Teaching*)**, de Patricia Costa, Guillermo Braunbeck e Gilvania Gomes, nosso olhar se volta exclusivamente para o ensino de Contabilidade. Interessante pensar que temos em nossa área uma estratégia desenvolvida e construída a partir de nossas experiência e necessidade didática específica. Os autores demonstram como desenvolver conteúdos que relacionam os conceitos da Estrutura Conceitual às exigências das normas internacionais de contabilidade (as chamadas IFRS). Essa abordagem oferece uma base mais robusta para a realização dos julgamentos e estimativas necessários à aplicação das IFRS. De forma ativa, você envolverá os estudantes no debate sobre os julgamentos contábeis que incorrem para a adequada representação do fato econômico. Essa estratégia, desenvolvida para a contabilidade, é uma possibilidade para áreas e discussões que envolvam a interpretação e aplicação de normas, como o Direito ou a Medicina Legal.

O Capítulo 5, **Portfólio: uma prosa criativa**, de Camila Lima Coimbra, discorre partindo de uma perspectiva progressista sobre o portfólio como método de avaliação formativa. Ao registrar a trajetória de aprendizagem do estudante, o portfólio permite acompanhar e refletir sobre o progresso do aprendente. Utilizado com maior frequência nos cursos de licenciatura, ele surge como uma nova possibilidade de avaliação aplicável também no ensino superior em outras áreas.

No Capítulo 6, **Gamificação e jogos para educação**, Vitor Hideo Nasu explica como utilizar a gamificação e jogos no ambiente educacional. Além de aspectos teóricos, este capítulo procura ilustrar a aplicabilidade da gamificação e dos jogos, sobretudo, no contexto da educação superior da área de negócios. Com discentes de gerações que cresceram acostumados a jogos, conectar *games* e ambiente de ensino pode ser muito produtivo e empolgante para os estudantes.

No Capítulo 7, **Fórum e Lista de Discussão**, Daniel Nogueira disserta sobre como utilizar esses dois ferramentais para complementar a aula presencial, permitindo que atividades assíncronas introduzam, acompanhem ou concluam conhecimentos trabalhados em sala. A utilização de ferramentais tecnológicos, como estes, pode manter o estudante ativo, ou "conectado", no processo de aprendizagem, permitindo que todos participem, mesmo os estudantes mais tímidos, que em aulas presenciais provavelmente não se manifestariam, mas encontram no ambiente *on-line* segurança para exporem sua opinião.

No Capítulo 8, **Projetos interdisciplinares**, Kavita Hamza e Samuely Laurentino analisam como incluir projetos envolvendo várias disciplinas do curso, permitindo que os discentes observem uma realidade sob óticas diferentes que se complementam. Assim, ao invés do conhecimento ser apresentado em "caixas" isoladas, ele passa a ser discutido em sua essência e em suas interconexões com outros saberes.

No Capítulo 9, **O Ensino e a Revolução Digital: o uso do celular em sala**, Daniel Nogueira e Vitor Nasu descrevem como o uso da tecnologia em sala de forma adequada pode contribuir para o processo de aprendizagem. Os autores detalham sobre os Sistemas de Resposta de Audiência e demonstram como utilizar o Kahoot!™, um aplicativo que permite aos estudantes responderem o *quiz* utilizando seus celulares, promovendo maior interação e uma competição saudável entre os discentes.

No Capítulo 10, **A estória do assabí: atividade vivencial em equipe**, Solange Garcia, Ian Thomson, Adriana Procópio de Araujo e Luiz Titton apresentam um caso de ensino para aprendizagem de conceitos de sustentabilidade em decisões de negócios. O problema a ser resolvido é a decisão de exportar a polpa congelada da fruta assabí (fictícia), proveniente da floresta amazônica no Brasil, para uma grande rede de supermercados do Reino Unido. Na atividade, os estudantes devem representar o papel dos *stakeholders* e atuar de acordo com suas preferências, negociando e tomando decisões. Se você quer ampliar as habilidades dos alunos em processos de decisão de negócios, no contexto da sustentabilidade, esse capítulo foi feito para você.

O Capítulo 11, **Aprender a ensinar: olhando para o papel da pós-graduação**, de Suilise Berwanger Wille, proporciona uma reflexão sobre os cursos de pós-graduação, mestrado e doutorado, quanto ao ambiente de formação docente. A autora estudou o Programa de Aperfeiçoamento de Ensino (PAE) da USP e as disciplinas de Monitoria Didática sob a perspectiva de atividades que possam contribuir para "ensinar a ensinar". O capítulo proporciona subsídios, reflexões e *insights* para (re)pensar os estágios docência e/ou outras atividades relativas à formação docente que sejam realizadas ou venham a ser desenvolvidas nas instituições.

Nesse projeto, consideramos que captar a atenção de um público jovem e dinâmico tem trazido muitas dificuldades para o tradicional ambiente universitário, que precisa agora inovar e (re)pensar suas práticas. A utilização dessas metodologias de ensino e de aprendizagem poderá apoiar o desenvolvimento de diversas competências e habilidades, permitindo maior aproximação entre teoria e prática, aumentando a interação na relação docente-discente e discente-discente e despertando nos estudantes a vontade de participar ativamente da aula.

Por último, mas não menos importante, que tal um desafio?

É momento de refletirmos sobre nossas práticas docentes e pensar, sempre que possível, em como trabalhar para melhorar o ambiente de ensino. Mudar não é nada fácil, mas, ao deixarmos de fazê-lo, nos privamos de novas descobertas, da possibilidade de desbravar novos horizontes e, sobretudo, da responsabilidade de ofertar um método de ensino que seja mais efetivo. Por que não arriscar? Por que não nos desafiamos a mudar apenas uma aula? Que tal?

Aceite o desafio de elaborar uma nova aula! (#desafiorevolucionando). Arrisque a mudança em uma de suas aulas (ou conteúdos) no bimestre, no semestre ou, até mesmo, no ano letivo, utilizando alguma metodologia ativa deste livro ou do livro primogênito (*Revolucionando a sala de aula*, Atlas, 2017) e compartilhe conosco a sua experiência e os resultados. Estamos ansiosos para saber como foi. Se quiser, pode colocar em suas redes sociais e inclua "#desafiorevolucionando" para que possamos acompanhar. Afinal, uma andorinha só não faz verão!

Esperamos que as metodologias deste livro proporcionem a vocês experiências tão produtivas e interessantes como tem nos proporcionado. E não se esqueça de acessar o material suplementar construído especialmente para você.

Como diz a música: "Eu não ando só, só ando em boa companhia. Com meu violão, minha canção e a poesia…" Viva Toquinho e viva Vinícius de Moraes! E a gente, que conta, contadores que somos, e que canta…

Cordialmente,

Daniel Ramos Nogueira
danielnogueira@uel.br
https://www.instagram.com/profdanielnogueira

Edvalda Araújo Leal
edvalda@ufu.br
https://www.facebook.com/edvalda.araujo.75641

Gilberto José Miranda
gilbertojm@ufu.br
https://www.facebook.com/gilberto.josemiranda

Silvia Pereira de Castro Casa Nova
silvianova@usp.br
https://www.facebook.com/silvia.nova.543

Prefácio

Não tem como! Qualquer profissional que se proponha a fazer um prefácio de um livro tem que começar analisando os autores. Nesse sentido, temos aqui um grupo muito ativo e competente trabalhando juntos desde longa data e entregando uma nova obra de qualidade.

Como organizadores, temos Edvalda Araújo Leal, Gilberto José Miranda, Silvia Pereira de Castro Casa Nova, Daniel Ramos Nogueira, pesquisadores muito focados nos temas aqui apresentados.

Os organizadores convidaram um grupo bem eclético de autores, de instituições diferentes, estágios de vida diferentes e posicionamentos ontológicos distintos, o que proporcionou um *blend* de conhecimentos: Adriana Maria Procópio de Araujo, Camila Lima Coimbra, Carolina Costa Cavalcanti, Daniel Ramos Nogueira, Denize Cavichioli, Edvalda Araújo Leal, Elisabeth de Oliveira Vendramin, Fatima Eduarda Schmitk Colle, Gilberto José Miranda, Gilvania de Sousa Gomes, Guillermo Braunbeck, Ian Thomson, João Paulo Bittencourt, João Paulo Resende de Lima, Kavita Miadaira Hamza, Luiz Antonio Titton, Patricia de Souza Costa, Roberto Francisco de Souza, Samuely Bezerra Barbosa Laurentino, Sidnei Celerino da Silva, Silvia Pereira de Castro Casa Nova, Solange Garcia, Suilise Berwanger Wille e Vitor Hideo Nasu.

O título desta obra indica uma sequência de trabalhos buscando proporcionar a proliferação de conhecimentos para o aperfeiçoamento da aprendizagem: **Revolucionando a sala de aula 2: novas metodologias ainda mais ativas!** O livro pode ser utilizado em vários cursos, especialmente, em cursos de Administração, Contabilidade, Economia, Atuária e Engenharia, pois pode inspirar aplicações diversificadas em função dos conteúdos na estruturação do *blend* das disciplinas de um curso. Os referenciais utilizados em cada capítulo proporcionam a percepção de profundidade conceitual apresentada. Esse elemento será relevante nas adaptações que os diversos cursos demandarem nas implementações e aperfeiçoamentos das estratégias de aprendizado.

Prefácio

Quanto à estrutura, a obra tem onze capítulos, que foram organizados em duas partes. Uma voltada para as metodologias ativas e com oito temas sendo tratados e a outra parte mais reflexiva com três temas sendo discutidos de maneira abrangente.

No que se refere à Parte I, das metodologias ativas, são apresentadas alternativas que podem ser complementares ou não, dependendo do olhar da instituição e do curso. Na Parte II, temos temas tratados como reflexivos.

De qualquer forma, ignorando a separação oferecida pelos organizadores, sem nenhum prejuízo para o arranjo formal, fiz um rearranjo dos temas e suas contribuições, em situação que alguns dos temas podem ser incorporados em mais de uma categoria por mim definida:

1. Alguns temas provocam reflexões abrangentes sobre o ensino propriamente dito e suas **relações de integração, alinhamento e expansão**: Aprender a ensinar: olhando para o papel da pós-graduação; Projetos Interdisciplinares; Portfólio: uma prosa criativa; e Ensino Embasado na Estrutura Conceitual – *Framework Based Teaching*.
2. Alguns temas proporcionam aos alunos **desafios compatíveis com a demanda contemporânea**: *Design Thinking*: fundamentos e aplicações na sala de aula; e Sala de Aula Invertida – *Flipped Classroom*.
3. Alguns temas proporcionam adaptações de **posturas colaborativas** fortalecendo trabalho em equipe: Aprendizagem cooperativa no Ensino Superior: contribuições da *Team-Based Learning* (TBL); e A estória do assabí: atividade vivencial em equipe.
4. Tema que proporciona oportunidades de aumento da **percepção proximidade com a prática** das disciplinas e sua relação com o ambiente "lá fora": Gamificação e jogos para educação.
5. Alguns temas que proporcionam oportunidades de **envolvimento dos alunos** por serem para eles atraentes: O Ensino e a Revolução Digital: o uso do celular em sala; e Fórum e Lista de Discussão.

Como se vê, a obra apresenta abordagens que têm enorme potencial de aplicação em sala de aula, colaborando para uma verdadeira revolução com o objetivo de proporcionar aos alunos experiências mais ricas em termos de aprendizado.

Parabéns e muito sucesso aos organizadores e autores!

Fábio Frezatti
Professor Titular FEA-USP, EAC

Prefácio

Depois do sucesso do primeiro livro **Revolucionando a sala de aula: como envolver o estudante aplicando as técnicas de metodologias ativas de aprendizagem**, fico muito honrado em poder comentar sobre este segundo livro da série: **Revolucionando a sala de aula 2: novas metodologias ainda mais ativas.**

Venho exercendo atividades de ensino desde meus 17 anos, quando comecei a ministrar aulas no curso de Técnico em Contabilidade, e posteriormente no ensino superior. Nos últimos 20 anos, tenho focado principalmente nos cursos de mestrado e doutorado. Sempre gostei do tema ensino-aprendizagem, tanto que minha dissertação de mestrado defendida em 1999 na USP versou sobre o tema: Ensino de Contabilidade no Brasil: uma análise crítica da formação do corpo docente. Dentre os resultados encontrados em minha pesquisa estava exatamente a necessidade de melhoria na formação dos professores de Contabilidade, considerando que a maioria eram profissionais de mercado que se inseriam nas salas de aulas sem formação em metodologias de ensino e normalmente prosseguiam ensinando apenas com o método tradicional de "cuspe e giz". Nestes últimos 20 anos, a formação desses professores tem evoluído, especialmente porque o número de professores com mestrado e doutorado aumentou (embora ainda não suficientes), mesmo assim sem muita formação em metodologias de ensino. Alguns cursos de Pós-Graduação têm avançado nas discussões de metodologias de ensino, mas não é a realidade de todos os programas.

De qualquer forma, muitos professores têm buscado novas formas de ministrar aulas, especialmente metodologias que despertam mais o interesse e comprometimento do aluno com o ensino-aprendizado. Em paralelo a isso, percebe-se que o campo do conhecimento ligado aos negócios vem sofrendo evoluções ao longo da história, tanto na forma de desenvolver suas tarefas, quanto no aprofundamento e novos olhares para o conhecimento envolvido, principalmente no que se refere a *interface* com novas tecnologias, além das novas gerações (cada vez mais dinâmicas e tecnológicas) que passam a fazer parte desse contexto. Consequentemente, tudo isso precisa estar refletido na forma de lidar com a educação, especialmente refletida em suas metodologias de ensino-aprendizagem.

Prefácio

Este livro, fruto de um trabalho colaborativo de vários professores e pesquisadores com formação em Ciências Contábeis, Administração, Educação e Economia, traz metodologias mais que ativas e que realmente fogem a um modelo de aula tradicional. Essas metodologias buscam uma interação maior entre alunos e professores, e procura simular situações reais de mercado em sala de aula, que é o que muito se busca no ensino, especialmente na área de negócios. Este segundo livro realmente avança e complementa o primeiro livro da série.

Quero parabenizar os organizadores deste livro, Edvalda Araújo Leal, Gilberto José Miranda, Silvia Pereira de Castro Casa Nova e Daniel Ramos Nogueira, pela escolha dos temas e dos autores colaboradores de cada capítulo e pela valiosa contribuição para o ensino na área de negócios no Brasil. Sei que essa não é tarefa fácil. Quero congratular também os colaboradores dos capítulos do livro que se dedicaram a essa tarefa de pesquisar e escrever sobre metodologias de ensino-aprendizagem.

Este livro é, sem dúvida, o plantio de mais sementes que produzirão frutos para o processo de ensino, pesquisa e aprendizagem. Parabéns a todos!

Prof. Dr. Valcemiro Nossa
Doutor em Controladoria e Contabilidade
Presidente da FUCAPE Business School

Videoaulas

Este livro conta com acesso exclusivo a videoaulas especialmente preparadas pelos organizadores. Veja o passo a passo para acesso na orelha deste livro.

Sumário

0 E agora, José? Metodologias em tempos de crise: ventos da mudança ou *tsunami on-line*, 1

Daniel Ramos Nogueira, Edvalda Araújo Leal, Gilberto José Miranda, Silvia Pereira de Castro Casa Nova

1. Introdução, 2
2. Instituições de ensino e a adoção de tecnologias educacionais, 3
   - 2.1 Concepção didático-pedagógica, coordenadores e gestores acadêmicos, 5
3. Formação docente em tempos de crise, 7
   - 3.1 Saberes necessários à docência, 8
   - 3.2 Metodologias ativas no ensino a distância, 11
4. Discente: aspectos relacionados aos estudantes, 12
   - 4.1 Nova geração de estudantes, 12
   - 4.2 Mitos do ensino *on-line*, 13
   - 4.3 Ansiedade e estresse, 16
   - 4.4 Inclusão e exclusão digital, 16
   - 4.5 Ensino *on-line* na realidade do estudante, 17
5. Ferramentais *on-line*, 18
   - 5.1 Ambiente Virtual de Aprendizagem (AVA), 19
   - 5.2 Momentos síncronos, 20
   - 5.3 Momentos assíncronos, 21

Parte I – Metodologias ativas de ensino, 23

1 *Design Thinking*: fundamentos e aplicações na sala de aula, 25

João Paulo Bittencourt, Carolina Costa Cavalcanti

1. Introdução, 26

2. Descrição dos conceitos e abordagens "o que é a estratégia (técnica)"?, 26
   2.1 Processo do DT, 27
   2.2 DT aplicado ao campo educacional, 28
   2.3 *Mindsets* do DT, 30
3. Apresentação dos objetivos educacionais da estratégia (técnica), 31
4. Descrição dos conteúdos (assuntos) e tipo de aprendizagem, 32
5. Tipo de aluno, 33
6. Experiência do docente, 34
7. Tempo disponível, 35
8. Estrutura física, 36
9. Tipo de conteúdo, 36
10. Processo de avaliação, 38
11. Tecnologia, 39
12. Exemplo prático (passo a passo do uso da técnica), 40
    12.1 Aspectos organizacionais, 41
    12.2 Aspectos metodológicos e de conteúdo, 42
13. Considerações finais, 51

2 Aprendizagem cooperativa no Ensino Superior: contribuições da *Team-Based Learning* (TBL), 53
Sidnei Celerino da Silva, Fatima Eduarda Schmitk Colle, Denize Cavichioli,
Roberto Francisco de Souza

1. Introdução, 54
2. O que é a *Team-Based Learning* (TBL)?, 54
3. Gerenciando os objetivos educacionais por meio das etapas da TBL, 56
4. Tipos de aprendizagem e organização dos conteúdos, 60
5. Perfil de aluno, 63
6. Preparação e experiência do docente, 64
7. Tempo disponível para cada rodada da TBL, 67
8. Estrutura física para aplicação da TBL, 68
9. A TBL é mais adequada para conteúdos teóricos ou práticos?, 69
10. Processo de avaliação, 69
11. Como a tecnologia pode contribuir na aplicação da TBL?, 71

12. Aplicação da TBL na área de negócios, 72
13. Considerações finais, 75

3 Sala de Aula Invertida – *Flipped Classroom*, 77
Elisabeth de Oliveira Vendramin, João Paulo Resende de Lima

1. Introdução, 78
2. Objetivos educacionais, 79
3. E o estudante no processo?, 84
4. E o professor no processo?, 86
5. Planejando o cronograma de aplicação, 87
6. De que estrutura física vamos precisar?, 88
7. Que conteúdo pode ser abordado na Sala de Aula Invertida?, 89
8. Como avaliar o desempenho dos alunos?, 89
9. Aplicando a Sala de Aula Invertida, 91
10. Considerações finais, 94

4 Ensino Embasado na Estrutura Conceitual (*Framework Based Teaching*), 95
Patricia de Souza Costa, Guillermo Braunbeck, Gilvania de Sousa Gomes

1. Introdução, 96
2. O Ensino Embasado na Estrutura Conceitual (EEEC), 96
3. Objetivos educacionais do EEEC, 100
4. Estágios de aprendizagem do EEEC, 101
5. Tipo de estudante, 103
6. Experiência do docente, 104
7. Tempo disponível, 104
8. Estrutura física, 105
9. Processo de avaliação, 105
10. Tecnologia, 106
11. Exemplos práticos dos estágios da EEEC, 106
    11.1 Estágio 1: Conscientização, 106
    11.2 Estágio 2: Compreensão, 108
    11.3 Estágio 3: Integração, 109

11.4 Exemplo prático da aplicação do caso Open Safari – Estágio 3, 110
12. Considerações finais, 113

5 Portfólio: uma prosa criativa, 115
Camila Lima Coimbra

1. Introdução, 116
2. Situando o campo da educação e da sala de aula, 116
3. Situando a avaliação nesta perspectiva de educação, 118
4. De onde surge o portfólio?, 119
5. Alguns exemplos e possibilidades, 123
6. Considerações finais, 128

6 Gamificação e Jogos para Educação, 129
Vitor Hideo Nasu

1. Introdução, 130
2. Conceito de gamificação e jogos para educação, 130
3. Objetivos educacionais da gamificação e dos jogos para educação, 131
4. Conteúdos e tipo de aprendizagem, 133
5. Tipo de aluno, 134
6. Experiência do docente, 135
7. Tempo disponível, 136
8. Estrutura física, 137
9. Tipo de conteúdo, 139
10. Processo de avaliação, 140
11. Tecnologia, 142
12. Exemplos práticos, 144
    12.1 O jogo DEBORAH, 144
13. Considerações finais, 149

7 Fórum e Lista de Discussão, 151
Daniel Ramos Nogueira

1. Introdução, 152

2. Descrição dos conceitos e abordagens, 153
3. Apresentação dos objetivos educacionais da estratégia, 153
4. Descrição dos conteúdos, 155
    4.1 Uso direcionado para o objetivo educacional da disciplina, 155
    4.2 Uso auxiliar ou administrativo para a disciplina, 158
5. Tipo de aluno, 159
6. Experiência do docente, 160
7. Tempo disponível, 161
8. Estrutura física, 162
9. Tipo de conteúdo, 162
10. Processo de avaliação, 163
11. Tecnologia, 165
    11.1 Lista de discussão, 165
    11.2 Fórum, 165
12. Exemplo prático, 165
    12.1 Como abrir um grupo para utilizar a lista de discussão, 165
    12.2 Fórum, 171
13. Considerações finais, 176

8 Projetos Interdisciplinares, 177
Kavita Miadaira Hamza, Samuely Bezerra Barbosa Laurentino

1. Introdução, 178
2. Apresentação dos objetivos educacionais, 178
3. Descrição dos conteúdos e tipo de aprendizagem, 179
4. Tipo de aluno, 180
5. Experiência do docente, 181
6. Tempo disponível, 182
7. Estrutura física, 183
8. Processo de avaliação, 183
9. Tecnologia, 184
10. Exemplo prático, 184
11. Considerações finais, 193

Parte II − Reflexões e desafios, 195

9   O Ensino e a Revolução Digital: o uso do celular em sala, 197
Daniel Ramos Nogueira, Vitor Hideo Nasu

1. Introdução, 198
2. Geração, tecnologia e ensino superior, 199
3. Celular em sala? Uso de Sistemas de Resposta de Audiência, 200
   3.1   Kahoot!™, 202
4. Considerações finais, 222

10   A estória do assabí: atividade vivencial em equipe, 225
Solange Garcia, Ian Thomson, Adriana Maria Procópio de Araujo, Luiz Antonio Titton

1. Introdução, 226
2. Fundamentos teóricos da atividade, 227
3. A estória do assabí, 229
   3.1   Antecedentes, 231
   3.2   A situação atual, 232
   3.3   Alternativas e critérios para a decisão, 233
4. Aplicação da atividade, 236
5. Considerações finais, 239

Apêndice 1 − Papel dos estudantes, 240
Apêndice 2 − Perspectiva dos *stakeholders*, 244
Apêndice 3 − Detalhamento dos critérios, 246
Apêndice 4 − Tabuleiro, 248
Apêndice 5 − Registro de preferências, 249

11   Aprender a Ensinar: olhando para o papel da pós-graduação, 251
Suilise Berwanger Wille

1. Introdução, 252
2. O Programa de Aperfeiçoamento do Ensino e a Monitoria Didática, 253
   2.1   Programa de Aperfeiçoamento de Ensino, 254
   2.2   Disciplina de Monitoria Didática, 254
3. Reflexão sobre a prática e formação docente, 255
4. Como a pós-graduação pode auxiliar no processo de aprender a ensinar?, 257

    4.1   Dificuldades dos docentes e conhecimentos necessários, 257
    4.2   Teoria, prática e o papel da pós-graduação, 259
    4.3   Estágio docência e reflexão sobre a prática docente, 261
5.   Considerações finais, 268

Referências, 271

Índice alfabético, 295

O E agora, José? Metodologias em tempos de crise: ventos da mudança ou *tsunami on-line*

DANIEL RAMOS NOGUEIRA
EDVALDA ARAÚJO LEAL
GILBERTO JOSÉ MIRANDA
SILVIA PEREIRA DE CASTRO CASA NOVA

> *E agora, José?*
> *A festa acabou,*
> *a luz apagou,*
> *o povo sumiu,*
> *a noite esfriou,*
> *e agora, José?*
> *e agora, você?*
> *você que é sem nome,*
> *que zomba dos outros,*
> *você que faz versos,*
> *que ama, protesta?*
> *e agora, José?*
>
> Carlos Drummond de Andrade

Capítulo 0

1. Introdução

Estamos sempre cientes da impermanência da vida, tudo muda a todo tempo, sempre foi assim e sempre será. Contudo, no início de 2020, vimos o mundo todo mudar de uma forma poucas vezes vista pela maior parte dos países em toda a história. Uma pandemia isolou países, estados, cidades e pessoas. O distanciamento social restringiu os abraços para apenas aquelas pessoas que moram conosco, na nossa residência. Nosso contato social tornou-se mais *on-line*, mais virtual, mas nem menos humano por causa disso. Ainda há amor, carinho, sentimentos de todos os tipos sendo expressos por voz, vídeo e *emoticons*.

Esse contexto forçou também uma modificação na educação. As salas, os centros e as universidades estão em sua grande parte vazios. O giz já não risca mais o quadro, o apagador não mais é utilizado, carteiras e cadeiras assentam apenas a poeira e não mais os estudantes e os seus cadernos e livros. Contudo, a educação não pode parar, o conhecimento e a ciência são vistos como nosso melhor remédio para a doença que aflige o planeta. E como ter aulas, se as universidades não podem mais abrir as suas portas, se as pessoas não podem sair de casa, o que fazer? Vamos para as aulas *on-line*? Estou preparado(a), como professor, como professora? Meu estudante e minha estudante estão preparados? Minha instituição tem estrutura para isso? E agora, José?

Apesar de as tecnologias de educação a distância estarem presentes há tanto tempo, a transição que antes se encaminhava com calma, e talvez enfrentando alguma resistência, agora se acelerou com a adoção do ensino remoto emergencial. Todas essas dúvidas não puderam ser discutidas com calma, tivemos que ir discutindo e adotando ferramentas de imediato. A prática tomou frente e fomos aprendendo pela experimentação, por tentativa e erro e pelo conhecimento já construído por colegas que se aventuraram a pesquisar em anos anteriores sobre o uso da tecnologia na educação. Esses colegas já tinham algum material pronto e agora poderão nos ajudar a aprender a andar rápido, quando o mundo nos força a correr uma maratona.

Parte significativa da literatura sobre adoção de tecnologia demonstra que os professores tendem a adotar um ferramental tecnológico principalmente quando conseguem notar nele uma vantagem, algo que irá melhorar seu desempenho.[1] Caso contrário, permanecem no *status quo*, ficam em sua zona de conforto e não se arriscam. A pandemia colocou toda a literatura de lado e em uma adoção *top-down* forçou todos e todas a migrarem para o *on-line*. Universidades públicas e privadas notificaram os docentes e avisaram que agora o ensino era *on-line*. Professores e professoras foram em busca de tutoriais, livros, materiais (*on-line*, porque as bibliotecas estavam fechadas) sobre como fazer vídeos, como gravar áudio, como funcionam os ambientes virtuais de aprendizagem, como fazer uma aula *on-line* ao vivo e muito mais... Presenciamos uma adoção forçada, sem tempo para nos prepararmos. Sendo radical, dormimos professores presenciais e acordamos professores *on-line*, todos viramos *digital influencers*.

Essa mudança toda foi positiva? Será que a pandemia forçou algo que seria inevitável com o passar do tempo? Será que o mundo da educação será o mesmo após a pandemia? São ventos da mudança que trazem o progresso ou um *tsunami* que veio destruir o que já tínhamos? Esse período nos proporciona uma oportunidade de reflexão. Neste capítulo, abordaremos como ficam a adoção dessas metodologias em tempos de crise, qual o papel da instituição, do professor, do estudante e quais ferramentas podem contribuir para mantermos a qualidade do ensino mesmo em períodos de crise.

2. Instituições de ensino e a adoção de tecnologias educacionais

No contexto antes apresentado, um dos principais desafios enfrentados pelas Instituições de Ensino Superior (IES) foi a rápida adoção de tecnologias educacionais para manter ativo o ensino e, ainda, buscar uma linguagem pedagógica apropriada à aprendizagem mediada pelas diversas mídias disponíveis. Nas atuais circunstâncias, os gestores educacionais foram confrontados com a necessidade de oferecer uma estrutura tecnológica informacional apropriada para desenvolver e facilitar o processo de aprendizagem virtual.

Torna-se relevante destacar que, neste momento emergencial, as IES não tiveram a oportunidade de preparar um planejamento adequado para o oferecimento do ensino com suporte tecnológico, inclusive com a devida preparação do quadro de profissionais que ali atuam, quer seja o pessoal técnico e administrativo, quer seja o corpo docente. As instituições que já ofereciam cursos a distância tiveram alguma vantagem, mas em muitas as estruturas são distintas e tiveram que se integrar rapidamente.

São as instituições de ensino que devem disponibilizar a estrutura tecnológica e informacional para viabilizar o oferecimento de aulas a distância. De um lado, temos as instituições que investiram recursos financeiros para desenvolver ou adquirir plataformas educacionais, principalmente as instituições privadas de ensino. Do outro lado, existem aquelas instituições que suspenderam as atividades de ensino nesse período de isolamento, na sua maioria as instituições públicas, para melhor se prepararem para a adoção do ensino *on-line*. Essas instituições alegam que não possuem estrutura tecnológica compatível para oferecer as aulas *on-line* com a quantidade de estudantes matriculados; afirmam que os servidores e plataformas educacionais não conseguem atender a conexão de um volume que pode chegar a 500 turmas com aulas oferecidas ao mesmo tempo; pontuam ainda que alguns estudantes seriam excluídos por não terem necessariamente o acesso a equipamentos e à internet de suas casas.

Nessa perspectiva, percebemos realidades muito distintas entre as diferentes instituições de ensino. Além de a estrutura tecnológica das instituições não ser compatível para o ensino *on-line*, pesquisas realizadas por órgãos educacionais brasileiros confirmam que um percentual significativo de estudantes não possui condições de conectividade por meio da tecnologia, o que é considerado uma situação de impedimento à educação. Mesmo aqueles que possuem computadores e acesso à internet em casa, no isolamento social, com os pais e mães muitas vezes trabalhando também de casa, têm que dividir essa estrutura com os diversos membros da família.

O cenário atual nos leva a reflexões importantes sobre a educação em nosso país. Mostra que devemos reforçar as reivindicações para a criação de políticas públicas que promovam o desenvolvimento educacional e a inclusão digital disponibilizados com igualdade à sociedade.

De qualquer forma, a realidade vivenciada no ambiente educacional brasileiro evidencia que as tecnologias educacionais foram adotadas para manter ativo o ensino nesse momento de crise. Importante diferenciar a modalidade de ensino a distância (EaD) e as atividades remotas de ensino. A EaD é uma modalidade regulamentada, com funcionamento que requer a concepção didático-pedagógica, estruturado com estratégia pedagógica predefinida e contemplando todo o processo avaliativo discente. As atividades remotas de ensino, que foram adotadas para suprir as aulas presenciais devido ao isolamento social imposto pela pandemia, constitui uma atividade pedagógica temporária e adotada pontualmente, com o uso da conexão via internet.

Como dito anteriormente, algumas instituições de ensino que já atuavam oferecendo a modalidade EaD aproveitaram a experiência e estrutura para operacionalizar o oferecimento de atividades remotas por meio de ambientes virtuais de aprendizagem e aplicação de tecnologias educacionais.

O setor de tecnologia educacional virou o acionador e passou a oferecer recursos gratuitos para gestores, educadores e famílias. Uma vasta diversidade de recursos tecnológicos para o ambiente educacional é disponibilizada, como: *softwares*, conferências *on-line*, *chats*, fóruns, aulas e palestras via videoconferências, *webcasts* ou *podcasts*, bases de dados, dentre outros. Contudo, é necessário que os gestores acadêmicos promovam a capacitação dos docentes, principalmente dos menos familiarizados com essas ferramentas, para a utilização de tecnologias que apoiem suas aulas, seja para atividades síncronas ou assíncronas.

As inesperadas mudanças que ocorreram no ensino com a adoção de tecnologias educacionais, considerando o contexto de isolamento, tornam difícil para as pessoas se adaptarem, pois elas normalmente tendem a defender os seus métodos, valores e crenças e, muitas vezes, não estão dispostas a correr riscos, o que poderá ocasionar a resistência à aceitação de novas tecnologias no ambiente educacional.

As instituições e professores nesse momento estão preocupados em fazer a operação *on-line* rodar, não há tempo para planejar e avaliar os métodos e ferramentas. Percebe-se que não é mais se a tecnologia é útil ou não, mas, sim, qual tecnologia usar e como utilizá-la da melhor maneira para atender as necessidades de cada estudante ou professor. Devido à necessidade de isolamento social, os questionamentos de gestores acadêmicos e professores são: Como organizar aulas a distância para milhares de alunos dos cursos presenciais? Quais tecnologias usar? Como diversificar as metodologias de ensino no ambiente virtual? A estrutura operacional (ambiente virtual de aprendizagem) é compatível para a conectividade?

As questões apresentadas envolvem características relacionadas à infraestrutura educacional e que requerem a organização escolar em relação à concepção didático-pedagógica, que poderão influenciar no desempenho dos estudantes. No contexto da organização educacional, temos a figura do coordenador de curso. Todavia, pergunta-se: como tem sido o seu papel nesse período de transição para o ensino remoto?

2.1 Concepção didático-pedagógica, coordenadores e gestores acadêmicos

Conforme mencionado na seção anterior, com a crise gerada pela pandemia e o decorrente isolamento social, as instituições de ensino não tiveram tempo para o planejamento da adoção de tecnologias educacionais de modo a atender as atividades remotas de ensino que substituíram as aulas presenciais. Dessa forma, a concepção didático-pedagógica proposta para os cursos presenciais sofre alterações, englobando tanto o suporte tecnológico como sua utilização na mediação pedagógica.

Nessas circunstâncias, para atingir os objetivos pedagógicos com o apoio dos recursos tecnológicos, é necessária a adoção de estratégias de ensino claramente definidas e a compreensão das suas possibilidades e limitações no processo de ensino-aprendizagem. A crescente adesão à tecnologia na educação, com o oferecimento de atividades remotas de ensino, tem gerado muitos questionamentos sobre as práticas pedagógicas dos professores, principalmente aqueles concernentes aos desafios do uso de novos instrumentos e de como desenvolver habilidades tecnológicas.

Nesse contexto, a pesquisa realizada pelo portal *Desafios da Educação*[2] apresenta depoimentos de coordenadores e gestores acadêmicos sobre como as instituições de ensino aprenderam em pandemia do coronavírus. Os gestores compartilham diversos desafios enfrentados na transição para o ensino remoto e fica claro nos depoimentos que o papel dos professores foi essencial, pois auxiliaram a produzir tutoriais, manuais de referência em suas áreas, ofereceram suporte aos colegas com menor experiência na utilização de tecnologias educacionais, além de buscarem formas de motivar os estudantes a se engajarem nas atividades remotas de ensino.

Relatam, ainda, que o cenário propiciou discussões sobre a inserção de tecnologias na educação de uma forma que não tem retorno. Os gestores abordam que, a partir do momento em que os professores experimentaram o uso de tecnologias no ambiente educacional e que os alunos tiveram o acesso a cursos formatados por meio do Ambiente Virtual de Aprendizagem (AVA), nenhum deles irá querer abrir mão dessas ferramentas no futuro, pois descobriram o potencial e as possibilidades que as tecnologias oferecem no ambiente educacional.

A professora Karina Tomelin, em reportagem ao portal *Desafios da Educação*, apresenta cinco conselhos aos coordenadores de cursos durante a crise da pandemia. São eles:

1. **Foco na comunicação**: os gestores devem manter toda a comunidade acadêmica informada sobre as estratégias direcionadas para cada público, mantendo a equipe alinhada sobre as ações adotadas.
2. **Manter serenidade no processo**: os coordenadores devem manter o equilíbrio emocional para acolher as pessoas que terão dificuldades em se adaptar, em sair de sua rotina, com resistências ao novo modelo.
3. **Supervisionar e oferecer** *feedback*: criar um guia de referência para apoiar a supervisão da qualidade das aulas, dos materiais postados, das videoaulas e apresentar *feedback* aos professores e equipe envolvida.
4. **Orientar e produzir material de referência**: o professor precisará de apoio para melhorar a interação por meio das ferramentas tecnológicas. Sugere-se criar estratégias claras de avaliação e suporte para a gravação de aulas de qualidade. Oferecer capacitação aos professores para uso de recursos tecnológicos e disponibilizar materiais que sirvam de referência.
5. **Qualificação dos gestores educacionais**: além da resolução de problemas, gestão de crise, tomada de decisão e atendimento da comunidade acadêmica, os gestores precisarão se envolver no novo processo para garantir a segurança de toda a equipe envolvida. É fundamental que o coordenador conheça as plataformas e recursos tecnológicos, além de colocar em prática sua utilização.

Fica claro que para aplicar o ensino com tecnologia precisamos compreender que o processo abrange a integração entre estudantes, professores, instituição (gestores acadêmicos), ferramentas tecnológicas e conteúdo do curso. O desafio implica identificar as potencialidades e fragilidades técnicas e operacionais na atuação dos envolvidos quanto ao uso de tecnologias.

Torna-se relevante que os coordenadores avaliem os projetos pedagógicos dos cursos nesse período de transição para atividades remotas de ensino. A participação dos professores nesse momento é essencial, pois seus planos de ensino são alterados e é adotada uma diversidade de recursos tecnológicos educacionais para atender distintos fins. O professor precisa escolher e relatar as estratégias de ensino aplicadas e ficar atento àquelas mais apropriadas ao formato e ao conteúdo das disciplinas, que sejam consistentes com o objetivo educacional proposto em seus planos de ensino e condizentes com o projeto pedagógico. É necessário refletir sobre as possibilidades e limites de cada uma.

A literatura educacional recomenda que os professores descubram novos caminhos didáticos, capacitando-se ao uso das novas tecnologias. Contudo, a realidade evidencia que a maioria dos professores não possui habilidades tecnológicas básicas e ainda manifesta dificuldades para se adaptar em relação à mudança em seus estilos de ensinar a distância, sem estabelecer o contato face a face com os estudantes.

As atividades remotas de ensino, ao contrário do que muitos pensam, exigem que o professor disponibilize mais tempo para preparar e analisar "o que" e "como" os conteúdos podem ser apropriados com o uso de ferramentas tecnológicas. A questão que se coloca parte do uso dessas tecnologias na educação superior sem planejamento e capacitação.

Assim, um dos maiores desafios impostos é que coordenadores e gestores acadêmicos ofereçam uma estrutura tecnológica informacional de qualidade nas instituições e que promovam suporte técnico e pedagógico aos docentes para que estes se sintam confortáveis para aplicar essas novas ferramentas didáticas com o uso de tecnologia. Isso significa conhecê-las, dominar os principais procedimentos técnicos para sua utilização, avaliando-os e criando novas possibilidades pedagógicas. Mas tudo isso acontecendo muito rápido, em tempos de crise, leva-nos a perguntar: **Será que os professores possuem formação adequada para atender a todos os requisitos pedagógicos requeridos?** É a formação docente que será discutida na próxima seção.

3. Formação docente em tempos de crise

Como dissemos, nenhum docente havia se preparado especificamente para a situação de isolamento imposta pela pandemia. Todos nós fomos pegos de surpresa por uma situação inesperada. Mas fomos afetados de formas diferentes. Nessa perspectiva, podemos dividir os professores do ensino superior em três grandes grupos: (i) aqueles vinculados a instituições que mantiveram as atividades de ensino durante o isolamento; (ii) aqueles cujas instituições suspenderam as atividades por um período, para organizar uma transição, e retomaram as atividades após esse período; (iii) aqueles cujas instituições paralisaram as atividades de ensino durante o isolamento, que é o caso da maioria das instituições federais.[3] Ou seja, se pensarmos especificamente no período de isolamento, são realidades muito distintas.

Os dois primeiros grupos foram os mais afetados inicialmente. Houve um verdadeiro choque de realidade, dormir com um plano de aulas presencial e acordar com a tarefa de implementá-lo a distância. Todos foram tirados da sua zona de conforto. As reações de cada um dependem, em maior parte, do seu *background*, da sua bagagem anterior. São os saberes acumulados por cada professor que são mobilizados de diferentes formas para enfrentar o desafio imposto.

É surpreendente o protagonismo que a tecnologia da informação assumiu nesse contexto de isolamento, como meio de conectar as pessoas, em todas as áreas, inclusive no âmbito da Educação. Todos se viram diante da necessidade de dominar novos aplicativos, novas plataformas, novas formas de contato... (alguns exemplos são apresentados na seção 5). Mas o desafio não se resume ao uso da tecnologia no contexto educacional. O plano de ensino teria que ser remodelado, os processos avaliativos teriam que ser adaptados, os métodos teriam que ser revistos.

Diante disso, muitas perguntas surgem: Nós, docentes do ensino superior, estávamos preparados para enfrentar com êxito o desafio? Que tipo de formação nos proporcionaria a base necessária para realizar o processo de ensino-aprendizagem (inclusive num contexto de crise)? Que tipos de saberes deveriam ou poderiam ser mobilizados? Como viabilizar o uso de metodologias ativas a distância? Vamos refletir sobre estas questões nas linhas a seguir.

3.1 Saberes necessários à docência

A verdade é que ainda predomina, no ensino superior brasileiro, a ideia de que o domínio do conteúdo específico é suficiente para se atuar na docência. Muitos estudos demonstram que os programas de pós-graduação *stricto sensu* não têm como foco o preparo para o exercício da docência.[4,5,6] Muito embora a Lei de Diretrizes e Bases da Educação Nacional (LDBEN), Lei nº 9.394 de 1996, estabeleça que a formação docente para o ensino superior deva ser realizada prioritariamente na pós-graduação, a maioria de nós acaba sendo formada pela experiência em sala de aula.

Há poucas décadas, os estudiosos da educação começaram a preconizar a necessidade de uma formação sistematizada para o exercício da docência. Ao mesmo tempo, começaram a ser discutidos quais seriam os saberes, competências ou conhecimentos necessários a tal formação. A fala de Barlow mostra que muitos "saberes" seriam necessários para um professor ideal, veja:

> O ensino é uma profissão tão paradoxal que quem a exerce deveria possuir, ao mesmo tempo, as qualidades de estrategista e de tático de um general do exército; as qualidades de planejador e líder de um dirigente de empresa; a habilidade e a delicadeza de um artesão; a destreza e a imaginação de um artista; a astúcia de um político; o profissionalismo de um clínico geral; a imparcialidade de um juiz; a engenhosidade de um publicitário; os talentos, a ousadia e os artifícios de um ator; o senso de observação de um etnólogo; a erudição de um hermeneuta; o charme de um sedutor; a destreza de um mágico e muitas outras qualidades cuja lista seria praticamente ilimitada.[7]

Embora pareça exagero a quantidade de adjetivos elencados pela autora, lembramos que cada uma dessas qualidades acaba sendo forjada durante a escola, para ser mobilizada posteriormente pelos docentes.

Puentes, Aquino e Quillici Neto[8] fizeram um levantamento e a compilação dos principais estudos relacionados aos saberes/competências/conhecimentos necessários à docência. Os saberes eram diversos entre os diferentes autores, mas os mais recorrentes nesses estudos estão apresentados no Quadro 1.

Quadro 1. Dimensões dos saberes docentes e seus respectivos autores

Autores	Saberes			
	Práticos	Humanos	Técnico--científicos	Didático--pedagógicos
Shulman (1986,[9] 1987,[10] 2005[11])		X	X	X
Garcia (1992)[12]		X	X	X
Freire (2000)[13]		X	X	X
Pimenta (1998)[14]	X		X	X
Pimenta e Anastasiou (2002)[15]	X		X	X
Gauthier et al. (1998)[16]	X			X
Tardif (2000,[17] 2003[18])	X			X
Cunha (2004)[19]		X		X
Masetto (1998)[20]		X	X	X
Braslavsky (1999)[21]			X	
Perrenoud (2000)[22]		X	X	X
Zabalza (2006)[23]		X	X	X

Fonte: Organizado pelos autores com base em Puentes, Aquino e Quillici Neto.[24]

Os **saberes práticos**, ou experienciais, são os saberes que nascem da prática e são por ela validados, estão vinculados ou baseados no trabalho cotidiano docente e no conhecimento de seu meio. Eles têm em comum a experiência profissional da própria atividade desenvolvida pelos professores em sala de aula. Na área de negócios, podemos acrescentar que a atuação no mercado de trabalho também proporciona saberes experienciais que poderão ser mobilizados em sala.

Em uma análise inicial do cenário de crise, pode-se dizer que docentes com mais tempo de experiência, tanto de sala de aula quanto de mercado, estarão mais habilitados para enfrentar situações inesperadas como o isolamento social imposto pela pandemia. O conhecimento e experiência de ferramentas tecnológicas e os demais saberes experienciais são possibilidades a serem mobilizadas para enfrentar desafios. Todavia, a experiência só vem com o tempo, e aprender por tentativa e erro acaba custando caro.

Os **saberes humanos** se referem à capacidade de relacionamento interpessoal, de respeito aos saberes dos educandos, de ética na relação com os discentes, da corporificação das palavras pelo exemplo, habilidades de incentivo à curiosidade dos alunos e o conhecimento das condições de aprendizagem e das múltiplas possibilidades que articulam conhecimento e prática social.

Um dos maiores desafios impostos aos docentes no ensino a distância é o envolvimento dos estudantes, mantê-los conectados, perceber suas dificuldades com o conteúdo, com a tecnologia, com os equipamentos etc. Sem dúvida, o docente que tem uma formação voltada para o relacionamento interpessoal terá mais condições de superar os momentos de crise. Essa formação poderá também ajudar os docentes a se prevenirem contra doenças psíquicas tão comuns na atualidade, como estresse, ansiedade, síndrome de *burnout* etc., que são ainda mais acentuadas no contexto da crise de Covid-19.

Os **saberes técnico-científicos** se referem ao conhecimento do conteúdo específico a ser ensinado. São os saberes dos diversos campos do conhecimento, tais como se encontram hoje integrados nas universidades, sob a forma de disciplinas, como, por exemplo, matemática, literatura, contabilidade introdutória, entre outras. Esses saberes sempre foram valorizados, pois entende-se que não é possível ensinar algo sem que se tenha conhecimento desse algo. Assim, a formação acadêmica, especialmente mestrado e doutorado, é o meio para se construir uma base acadêmica, científica.

A expansão da pós-graduação *stricto sensu* no Brasil, na última década, tem contribuído sobremaneira para a qualificação docente, notadamente na área de negócios. A formação acadêmica habilita o docente para empreender pesquisas, principalmente o acesso a publicações recentes e qualificadas, a bases de dados de diferentes partes do mundo, o desenvolvimento do espírito crítico, habilidades para publicações científicas e assim por diante. Ou seja, o docente com titulação de mestrado e doutorado é habilitado a acompanhar a construção do conhecimento na área que pesquisa e/ou ensina. Essas habilidades são fundamentais em momentos de crise para ajudá-lo a acompanhar as tendências e possibilidades de atuação e a buscar recursos nas pesquisas desenvolvidas na área, tomando decisões e definindo ações em bases mais seguras.

Os **saberes didático-pedagógicos** se referem, entre outros aspectos, aos princípios e estratégias gerais de condução e organização da aula, relação professor-aluno, importância da motivação e do interesse dos alunos no processo de aprendizagem, metodologias ativas, processo de ensino-aprendizagem, processos de concepção e gestão do currículo e domínio da teoria e da prática básica da tecnologia da educação.

Como pode ser percebido, é bastante amplo o escopo dos saberes didático-pedagógicos. Eles incluem, inclusive, conhecimentos relativos à tecnologia da educação. Perrenoud[25] e Zabalza[26] elencam, além dos saberes didático-pedagógicos, saberes relativos à capacidade de utilizar novas tecnologias e manejo das novas tecnologias, respectivamente. Ou seja, grandes problemas enfrentados pelos docentes no período de isolamento, como uso da tecnologia, processo de planejamento de aulas, de avaliação e uso de metodologias ativas poderiam ser mais facilmente superáveis se tivesse havido uma formação pedagógica para a construção desses saberes previamente.

Mas a análise das metodologias ativas associada ao uso de ferramentas tecnológicas merece aprofundamento.

3.2 Metodologias ativas no ensino a distância

O propósito central do processo de ensino-aprendizagem deve ser o alcance dos objetivos educacionais. Espera-se que a escola seja capaz de ajudar os estudantes a construírem **conhecimentos** nas diversas áreas do saber. Em um curso de Administração, o discente deve construir conhecimentos sobre finanças, marketing, operações etc. Em um curso de Ciências Contábeis, o estudante deve construir conhecimentos sobre contabilidade societária, auditoria, perícia, orçamentos etc. Espera-se que os discentes desenvolvam **habilidades** necessárias para o desempenho do curso que realizam. Capacidade de trabalhar em equipe, liderança e capacidade de empreender pesquisas são habilidades necessárias aos cursos citados. Espera-se, por fim, que o curso proporcione aos discentes o desenvolvimento de **atitudes** pertinentes à área, como ética, respeito, resiliência.

Para que o professor tenha condições de ajudar os estudantes a alcançarem os objetivos educacionais que destacamos, eles precisam mobilizar saberes práticos, humanos, técnico-científicos e didático-pedagógicos. Notadamente estes últimos, que incluem os métodos de ensino.

Focando exclusivamente nas metodologias, podemos dizer que são **meios** utilizados para se desenvolverem conhecimentos, habilidades e atitudes. E o mais importante: quanto mais ativas as metodologias, maior o envolvimento discente e maiores as chances de se alcançar o fim pretendido!

Como vimos no início deste capítulo, a maioria dos docentes que atua no ensino superior não teve uma formação sistematizada para o exercício da docência. Assim, para o uso das metodologias ativas, deveria buscar uma formação apropriada.

No entanto, em situações de crise, ou apenas de distanciamento, as metodologias deveriam ser ministradas a distância. Pode-se dizer que, nessa situação, as metodologias tradicionais, por serem mais passivas, como uma palestra, por exemplo, são mais fáceis de serem ministradas, uma vez que exigem menos recursos. Já as metodologias ativas exigiriam maiores níveis de domínio das diferentes tecnologias para serem viabilizadas, devido à necessidade de maior interação entre docente e estudantes, entre os estudantes e o conteúdo, e também entre os próprios estudantes. Ou seja, nessa situação, a formação docente é ainda mais relevante, pois são necessários conhecimentos sobre as metodologias ativas e sobre as tecnologias educacionais.

Diante do exposto, a seção 5 deste capítulo tem o propósito de apresentar algumas ferramentas *on-line*, enquanto os capítulos subsequentes apresentam diversas metodologias ativas e também indicativos sobre possibilidades de avaliação e de uso delas a distância.

4. Discente: aspectos relacionados aos estudantes

4.1 Nova geração de estudantes

Muito se fala sobre a nova geração de estudantes, que nasceu conectada e já imersa em um mundo digital, e que tem por isso imensa facilidade em interagir tanto com a tecnologia quanto entre si, com a mediação da tecnologia: seriam eles os nativos digitais. Apesar de várias pesquisas alertarem para a necessidade de limitar o tempo nesse mundo digital na infância, outras tantas pesquisas ressaltam que essa realidade precisa ser contemplada em sala de aula e que as instituições de ensino precisam se preparar para uma mudança disruptiva, como a que aconteceu em outros setores, como a música, por exemplo.

Apesar de nossos estudantes viverem em um mundo conectado, precisamos nos conscientizar de que nem sempre eles têm conhecimento das ferramentas tecnológicas que precisarão ser utilizadas nas salas de aula, quer sejam elas *on-line* ou presenciais. O que queremos dizer com isso? Que ao mesmo tempo que muitos sabem editar um vídeo curto ou uma foto para postar em uma rede social, poucos saberão utilizar uma planilha eletrônica, a fim de preparar uma análise de demonstração financeira para uma aula de contabilidade, ou um processador de texto, a fim de escrever um relatório ou um parecer para um curso de Economia ou de Administração.

Por isso, alertamos os professores sobre a necessidade de conhecer as habilidades e competências tecnológicas de seus estudantes, e de não ter por certo de que eles estarão preparados para algumas das atividades propostas em seu curso. Caso eles não estejam preparados, é relativamente fácil identificar e disponibilizar alguns recursos, como vídeos no YouTube® ou cursos abertos nas plataformas (como Coursera ou edX) para que eles se preparem. E, quanto a isso, podem estar tranquilos, eles estão acostumados a aprender por si mesmos utilizando vídeos e cursos abertos.

A ambientação nas plataformas e nos Ambientes Virtuais de Aprendizagem (AVA), como Moodle®, Google Sala de Aula® (ou Google Classroom) ou BlackBoard®, também precisa ser considerada. Na primeira vez que o estudante acessa a plataforma, ele pode se sentir perdido e ter dificuldade em localizar recursos. Por isso, recomenda-se que os professores invistam um tempo em explorar a plataforma e, de quando em quando, ocupe-se em detalhar um ou outro recurso.

Adicionalmente, ferramentas de interação como o Skype®, GoogleMeet®, Zoom®, entre outras, igualmente podem trazer desafios e demandam certa etiqueta virtual que deve ser discutida com os estudantes. Quando acionar o vídeo, a importância de manter o microfone desativado quando não estiver falando, entre outras normas de comportamento, deve ser apresentada para que se tenha o melhor aproveitamento da interação.

Finalmente, antes de encerrarmos esta seção, vale alertar que cursos *on-line* demandam dos estudantes algumas competências que também necessitarão de preparo prévio na transição para o ensino remoto emergencial. Algumas dessas competências estão relacionadas a mitos do ensino *on-line*. Vamos a elas?

4.2 Mitos do ensino *on-line*

Antes de continuarmos a conversa, é importante reforçar a diferenciação entre a educação a distância e os cursos *on-line*. Bryant, Kahle e Schafer, conforme citados por Cornacchione, Casa Nova e Trombetta,[27] ressaltam a confusão entre *distance education* (educação a distância – EaD) e *on-line education* (educação *on-line*), indicando os elementos que definem a primeira como sendo: separação quase permanente entre professor e aluno; a influência da instituição de ensino no planejamento e preparo do material de ensino e na oferta de serviços de suporte aos estudantes; o uso do meio técnico (impresso, em áudio ou vídeo, ou computador) para aproximar professor, aluno e conteúdo; meios de comunicação bidirecionais; ausência quase permanente de grupos de alunos, com exceção de reuniões ocasionais. Para os autores, a educação *on-line*, ou *e-learning*, foca nos meios pelos quais a instrução se dá.

Ao falar sobre o *e-learning*, já em 2007, Cornacchione[28] alertava para os mitos e distratores. Vamos nos centrar naqueles que se mantêm com o tempo, e que a experiência mostra que merecem atenção.

O primeiro é sobre a **qualidade**. Muitas pessoas associam os cursos *on-line* ou a distância a cursos de menor qualidade. Contudo, esse mito já foi derrubado há muito tempo: a conclusão é que os cursos *on-line* têm qualidade e são eficazes, e, como os presenciais, dependem do envolvimento e comprometimento dos estudantes. Na verdade, além de a qualidade dos cursos *on-line* ter sido verificada, outro ponto que se faz relevante nesse momento de pandemia é que a transição para o ensino remoto forçou os professores a se dedicarem ao planejamento de suas aulas, seja por insegurança com a tecnologia de interação, no caso de aulas síncronas, seja pela necessidade de gravar e editar as aulas, no caso de aulas assíncronas.

O outro mito refere-se a quanta dedicação exatamente os cursos *on-line* demandam: cursos *on-line* não criam horas no relógio e exigem disciplina e autonomia. É, portanto, um mito a respeito do **tempo**. O que queremos dizer com isso? Bem, as aulas presenciais e os encontros que elas promovem entre professores e estudantes determinam uma rotina que os estudantes organizam em termos de suas tarefas e da atribuição de tempo para sua realização.

Muitos dos cursos *on-line* quebram essa rotina e demandam dos estudantes o desenvolvimento de uma **autonomia**. Como alerta Cornacchione, "[i]sso significa dizer que, se o indivíduo não se organizar para fazer suas leituras, exercícios, trabalhos, atividades em grupos, apresentações, entre outras tarefas, o aprendizado não acontecerá, independentemente do formato utilizado". Por isso, cabe ao professor, cabe à professora, nesse momento de transição, apoiar o desenvolvimento dessa autonomia discente, seja utilizando lembretes, seja organizando um plano de estudo e alertando para o fato de que algumas atividades podem precisar de mais tempo de elaboração do que parece inicialmente.

E, por falar em se organizar, vamos falar de **procrastinação**? Bom, a atividade a ser entregue amanhã, ou no final de semana, pode parecer menos atrativa que a série do Netflix ou que o vídeo do *youtuber* preferido. Assim, vale alertar os estudantes sobre o ciclo da procrastinação[29] que está detalhado na Figura 1.

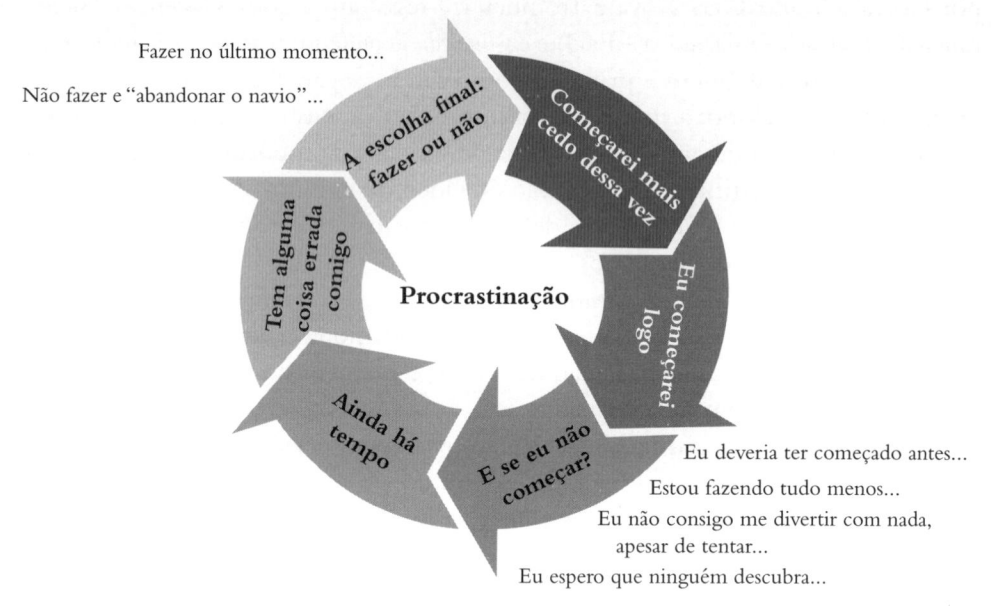

Fazer no último momento...
Não fazer e "abandonar o navio"...

A escolha final: fazer ou não
Começarei mais cedo dessa vez
Tem alguma coisa errada comigo
Procrastinação
Eu começarei logo
Ainda há tempo
E se eu não começar?

Eu deveria ter começado antes...
Estou fazendo tudo menos...
Eu não consigo me divertir com nada, apesar de tentar...
Eu espero que ninguém descubra...

Fonte: Adaptada de Burka e Yuen.[30]

Figura 1. Ciclo da procrastinação

A procrastinação afeta o bem-estar, trazendo ansiedade e acarretando no estresse. Se considerarmos ainda que as incertezas com relação à pandemia e ao isolamento social trazem ainda mais ansiedade, é aconselhável que os professores planejem atividades e entregas intermediárias, como forma de quebrar o ciclo da procrastinação, com retornos aos estudantes e dicas sobre como prosseguir com o projeto e/ou atividade até a data da entrega. Atividades em grupo também são interessantes nesse momento, quebrando o sentimento de solidão e permitindo o compartilhamento de experiência e a reunião de talentos.

Ao analisar especificamente o contexto do ensino durante a pandemia, Bessette, Chick e Friberg[31] chamam a atenção para o fato de que essa transição emergencial não deve ser utilizada como base para tirar conclusões apressadas sobre o valor do ensino *on-line*, reproduzindo mitos em uma situação que é cheia de nuances e de especificidades. As autoras afirmam que, com certeza, algumas instituições e colegas souberam lidar melhor com a transição do que outros, mas que se deve evitar a todo custo reforçar alguns mitos. Vamos nos apoiar nessa análise para enfatizar que mitos são esses e como eles devem ser considerados nas discussões sobre essa transição e nos aprendizados que podemos tirar da experiência. Os mitos são:

1. **As aulas presenciais se transformaram em cursos *on-line***. Não. O que houve foi uma transição emergencial que não deve ser entendida como a educação *on-line* típica. O ensino *on-line* típico demandaria entre seis meses e um ano de preparo prévio. O que vivenciamos foi as instituições migrando para o ensino remoto da forma mais acessível e simples possível. Depois de passado o vendaval, precisaremos todos fazer uma análise pedagógica de nossas experiências.
2. **As instituições não estavam preparadas para a transição**. Na escala e velocidade que a crise demandou? Sim, é verdade. Mas como poderiam? No entanto, o que testemunhamos foram exemplos notáveis de como muitas instituições mobilizaram seus recursos e *expertise* para apoiar esse processo. E esses recursos e especialistas já estavam fazendo cotidianamente o que fizeram durante a crise. Os níveis de preparo variaram, mas a capacidade instalada estava lá, e muito do compartilhamento de experiências e da solidariedade também se fizeram presentes.
3. **A qualidade do ensino sofreu**. Pesquisas demonstraram que a grande maioria dos professores aderiu ao ensino *on-line*, muitos deles experimentando métodos de ensino novos, reduzindo a carga de atividade dos estudantes, e muito poucos reduzindo as expectativas sobre a qualidade dessas atividades discentes. Considerando o contexto de crise, essas adaptações indicam uma das preocupações do ensino de excelência, que deve ser feito exatamente com atenção ao contexto. Para garantir o acesso dos estudantes, perguntas importantes foram feitas, como: Os estudantes podem completar essa atividade usando telefones celulares? Que atividades de aprendizagem podem se tornar assíncronas? Como posso compartilhar material instrucional sem sobrecarregar os estudantes em termos de descarga de dados?
4. **Os professores e instrutores não sabiam o que fazer**. Claro que sentimos todos um grande nível de ansiedade e de dúvida sobre quão bem o semestre se desenrolaria. Claro que havia ferramentas ou tecnologias que não sabíamos ainda usar. Mas isso é diferente de não saber como ensinar, como lidar com os estudantes. Como abordamos anteriormente, a formação docente é composta por diferentes saberes e todos foram mobilizados para lidar com essa transição emergencial. Muitos de nós mobilizamos os outros recursos que temos à disposição, para lidar com nossas defasagens e fazer frente ao desafio. Além disso, muitos recorreram às pesquisas sobre o tema e se muniram de informação sobre ações em outros momentos de crise. Finalmente, muitos recorreram aos seus estudantes e buscaram seu retorno para pensarem juntos estratégias, demonstrando vulnerabilidade, humildade e empatia.

Capítulo 0

5. **Esse foi o fim do ensino superior como o conhecemos**. Com certeza, esse evento mudou as regras do jogo e não podemos antecipar quais serão as mudanças que vieram para ficar e quais ainda estão por vir. Também precisamos atentar para agora não confiarmos excessivamente em soluções tecnológicas. A forma mais sábia de proceder é ter uma visão matizada e continuar o diálogo, tendo em vista os próximos meses e o futuro mais distante. A verdade, como enfatizam as autoras, é que os professores começaram a rever sua prática de ensino e a reconsiderar as necessidades emocionais e acadêmicas de seus estudantes de formas novas e diferenciadas. Portanto, esse é o início, e não o fim do processo de mudança.

A mensagem principal é que devemos todos e todas lidar com a ansiedade que esse contexto de mudança trouxe e, depois que a poeira baixar um pouco, refletir sobre o que, nessa experiência quase sem precedentes, nos levará a encontrar novas formas de melhorar o ensino superior.

4.3 Ansiedade e estresse

E, falando em ansiedade, cada vez mais as pesquisas mostram que os níveis de ansiedade têm aumentado entre os estudantes do ensino pós-secundário, seja na graduação ou na pós-graduação, acarretando estresse e, em último caso, depressão. Por isso, como professores, nesse momento, precisamos estar atentos e saber que recursos institucionais podemos mobilizar e/ou indicar.

Altoé, Fragalli e Espejo[32] relatam, em sua pesquisa com pós-graduandos, que os sintomas mais apresentados foram tensão muscular, insônia, cansaço constante, esquecimento, angústia ou ansiedade diária e irritabilidade sem causa aparente. Já Reis, Miranda e Freitas,[33] analisando o fenômeno da ansiedade entre estudantes de Ciências Contábeis, confirmaram a sua relação com o desempenho acadêmico. O estudo indica ainda que a ansiedade gera reações como dificuldade de concentração, "brancos", inquietações e dores de cabeça, e que as mulheres tendem a apresentar maiores níveis de ansiedade. Considerando a relação com o desempenho acadêmico e, portanto, com a aprendizagem, os autores sugerem que as instituições busquem ativamente por formas de atuar de modo a diminuir os níveis de ansiedade dos discentes.

E aqui cabe um alerta: a ansiedade e o estresse atingem os professores também. Assim, fique atento a si mesmo e se cuide. Não podemos ajudar os outros sem que antes cuidemos de nós mesmos.

4.4 Inclusão e exclusão digital

Outro ponto a considerar é o acesso aos recursos demandados para a efetividade do ensino *on-line*. Já alertamos para esse ponto ao tratar dos desafios enfrentados pelas instituições e que devem fazer parte da estrutura oferecida aos docentes e discentes. Mas a verdade é que, nesse momento de adoção forçada, a viabilidade do acesso ficou a cargo da estrutura que professores e estudantes tinham à disposição em suas casas, como, por exemplo, computadores, celulares, plano de acesso à internet.

A realidade do país mostra o desafio que depender dessa estrutura familiar pode ser: notícias[34] dão conta de que 30% dos domicílios não têm acesso à internet. Essa falta de acesso é acentuada de acordo com a classe social. Para as famílias com renda de até um salário mínimo, metade não tem acesso à internet; na classe A, apenas 1% não tem conexão. A disponibilidade de computadores é também uma questão. O equipamento mais presente nas residências brasileiras é o televisor (96%), seguido pelo celular (100% na classe A e 84% nas classes D e E).

Ou seja, no contexto de uma adoção planejada, todos esses fatores deveriam ser considerados cuidadosamente, para não implicar a exclusão de estudantes por falta de estrutura de acesso. No médio prazo, a adoção mais inclusiva parece indicar a adoção do *mobile learning*, com a mediação sendo feita pelo celular. Nesse caso, todas as ferramentas tecnológicas utilizadas para o ensino necessitariam estar disponíveis para uso por celular.

4.5 Ensino *on-line* na realidade do estudante

Por último, a adoção do ensino *on-line*, seja de forma emergencial, seja de forma planejada, como uma estratégia que faça parte do Plano de Desenvolvimento Institucional da organização, deve levar em conta a realidade dos estudantes. O perfil típico do estudante do ensino superior brasileiro, de acordo com o Censo da Educação Superior, na modalidade presencial é feminino, em instituição privada, cursando o bacharelado, no turno noturno, com 19 anos no ingresso. Nos cursos a distância, o perfil é feminino, em instituição privada, cursando a licenciatura, com 21 anos. No ano de 2018, 40% dos ingressos e 24% das matrículas no ensino superior no país foi em cursos a distância.

Muitos dos estudantes no ensino superior são os chamados não tradicionais, que não ingressaram diretamente do ensino médio e que não se dedicam exclusivamente ao estudo. Ou seja, muitos são trabalhadores-estudantes, que dividem sua dedicação com os estudos, com o trabalho e a família. Essa condição traz a necessidade de que o volume e o tipo de atividade previstos para o curso sejam cuidadosamente pensados, de forma a não acarretar sobrecarga e, portanto, ansiedade e estresse, que prejudicam o aprendizado e o desempenho.

No contexto da pandemia de Covid-19, esse quadro está ainda mais agravado. As pessoas estão inseguras, têm passado por perdas e tiveram sua rotina fortemente alterada. Estão tendo que se readaptar, que encontrar um novo normal. Além disso, enfrentam mudanças nos ambientes profissional, educacional e familiar. Fica aqui a reflexão sobre o papel do professor e das instituições de ensino nesse momento.

Pensamos que é o momento de mobilizarmos dentre as competências docentes os saberes humanos, utilizando a nossa capacidade de relacionamento interpessoal, de respeito aos saberes dos educandos, de ética na relação com os discentes, pela corporificação das palavras pelo exemplo. É o momento de acolhermos nossos estudantes e de compartilharmos essa experiência, com resiliência e empatia.

5. Ferramentais *on-line*

Uma vez que já discutimos nas seções anteriores sob a ótica da instituição, do docente e do discente, adentramos agora a temática de quais ferramentas utilizar para o ensino *on-line*. Antes de selecionar as ferramentas digitais que serão utilizadas no curso, é importante o planejamento da disciplina/curso/aula. O *design* apropriado proporcionará melhor uso da tecnologia e um resultado satisfatório, contribuindo de fato para que os objetivos educacionais sejam alcançados.

Quando falamos em aula *on-line*, de imediato pensamos em aulas ao vivo (como as *lives* do Instagram® e encontros pelo Google Meet® ou Zoom®). Contudo, é importante lembrar que quando uma disciplina ou um curso migra para o ambiente *on-line* não basta apenas converter a aula presencial em *on-line*, estamos mudando a modalidade de ensino. Sendo assim, não basta converter uma aula expositiva de 100 minutos do ensino presencial para 100 minutos *on-line*. Se no ensino presencial já temos sérias restrições quanto ao uso de longos períodos expositivos, *on-line* isso se agrava ainda mais.

Em síntese, o **primeiro passo** é planejar a disciplina com foco no objetivo educacional. Pense: Quais conteúdos quero que meus alunos aprendam? Quais competências/habilidades/atitudes preciso que eles trabalhem dentro desta disciplina/curso? Quais são os objetivos principais?

A partir dessas perguntas, o **segundo passo** é refletir qual a ferramenta mais adequada para cada conteúdo/habilidade. Posso utilizar texto, vídeo, áudio, *quiz*, lista de discussões, fórum, aula ao vivo etc. **Em resumo, pensando naquele conteúdo/competência, qual a ferramenta tecnológica mais adequada para atingir meu objetivo?** Nesse segundo passo, também teremos incluído a discussão sobre quais atividades o estudante pode fazer sozinho (atividades assíncronas), sendo que ele determinará quando fazê-las, desde que dentro do prazo disponível para a atividade. E, também, quais atividades serão realizadas com a turma e docentes juntos (atividades síncronas), necessitando de um ambiente *on-line* para a transmissão ao vivo. A partir de então, passamos ao **terceiro passo**, que é elaborar o conteúdo.

Esse planejamento inicial irá proporcionar que se estruture a espinha dorsal do curso/disciplina, dando a ele sustentação e organização para que funcione adequadamente. E, nessa reflexão, sugerimos que se pense também como estudante. Como discutimos na seção 4.1, temos uma geração bem diferente das anteriores, vídeos longos não prendem a atenção, atividades que não tenham finalidade clara são abandonadas, então é importante ter a visão do estudante na execução das atividades. Esse equilíbrio entre o ponto de vista docente e discente tende a contribuir para um curso/disciplina mais produtivo.

Nas próximas seções, abordaremos algumas ferramentas que podem ser utilizadas nas aulas *on-line*. Certamente você pode conhecer outras, mas devido a nossa limitação de espaço procuramos dar enfoque às mais utilizadas e sobre cujo funcionamento já tínhamos conhecimento. Vamos iniciar abordando os Ambientes Virtuais de Aprendizagem; na sequência, apresentaremos as ferramentas para uso síncrono e assíncrono.

5.1 Ambiente Virtual de Aprendizagem (AVA)

Ambientes Virtuais de Aprendizagem (AVAs) são *softwares* desenvolvidos para o gerenciamento da aprendizagem via *web*.[35] Nesses ambientes, o docente pode construir seu curso/disciplina, deixando organizada a sequência em que o conteúdo será abordado, disponibilizando arquivos, fóruns para dúvidas, atividades etc. A disposição em um AVA auxilia a centralizar os recursos, atividades e demais informativos da disciplina. Além disso, o próprio AVA pode funcionar como ferramenta de comunicação, permitindo o envio de mensagens aos estudantes matriculados.

Há diversos tipos de AVA. No Brasil, o mais comumente utilizado é o Moodle®,[36] visto que é um *software* livre que pode ser instalado em *sites* de instituições de ensino sem a necessidade de pagamentos. Além disso, por ser amplamente utilizado, tem-se material com tutorial de uso disponível *on-line* em diversos *sites* e a adoção tende a ser mais facilitada, considerando que discentes/docentes podem já ter experimentado em alguma oportunidade, como cursos, treinamentos, disciplinas etc.

Caso sua instituição não disponibilize o Moodle® ou outro AVA, uma saída pode ser o uso do Google Classroom® (ou Google Sala de Aula – www.classroom.google.com). Esse recurso é gratuito e permitirá que você organize sua disciplina como em um AVA, podendo disponibilizar materiais, atividades, comunicar-se com os estudantes etc.

Dentro do AVA, você poderá utilizar uma série de recursos. Sugere-se neste ponto que você verifique no ambiente *on-line* da sua IES quais ferramentas estão disponíveis (pode variar de acordo com a versão do *software*). Independentemente das ferramentas que seu AVA disponibilize, podem ser utilizados outros recursos *on-line* que apresentaremos nas próximas seções para complementar seu leque de opções.

5.2 Momentos síncronos

Momentos síncronos são aqueles em que professor e discente dividem uma sala de aula virtual (ou atividade) ao mesmo tempo. Mesmo que fisicamente distantes, os encontros síncronos permitirão aproximar a turma e o docente para construírem conjuntamente o conhecimento. Esses momentos são imprescindíveis para conteúdos que precisam da participação ativa e efetiva do docente e do discente ao mesmo tempo. Discussão mais profunda do assunto, interação com a turma, proposta de atividades em grupo etc. são exemplos de uso para este momento.

Quando o professor precisar fazer uma exposição síncrona ou discutir um conteúdo com a turma, deve recorrer às ferramentas para videoconferência, sendo algumas opções as apresentadas no Quadro 2.

Quadro 2. Ferramentas para videoconferência

Nome	Site	Limite máx. pessoas
Google Meet®	meet.google.com	250
Google Hangouts®	hangouts.google.com	10
Zoom®*	www.zoom.us	100
Microsoft Teams®	products.office.com/pt-br/microsoft-teams	250
Skype®	www.skype.com	50

* A versão gratuita do Zoom® tem um limite de 40 minutos.

Obs.: todos esses recursos podem ser acessados por computador e *smartphone* (iOS e Android).

Dos ferramentais disponíveis dentro dos *softwares* disponíveis no Quadro 2, todos oferecem transmissões de vídeo, áudio, *chat*, compartilhamento de tela (exceto o Google Hangouts®), bloqueio de vídeo, bloqueio de áudio e expulsão de participantes.[37] Alguns *softwares* podem ter ferramentais extras, como por exemplo o Zoom, que permite dividir os participantes em grupos e também disponibilizar *quiz* aos estudantes durante a aula *on-line*. Naturalmente, cada um desses recursos tem suas vantagens, desvantagens e disponibilização de recursos, cabe ao docente verificar qual deles melhor se adapta à sua necessidade.

Veja neste vídeo como utilizar o Google Meet® para fazer uma aula on-line: https://youtu.be/Mv4tmjRX4Cc. Acesso em: 02 jun. 2020.
E este vídeo demonstra uma extensão que auxiliará a fazer a chamada (registro de frequência) durante a aula no Google Meet®: https://www.youtube.com/watch?v=y2E9VkZkWuQ. Acesso em: 02 jun. 2020.

Da mesma forma que as aulas *on-line* modificam a realidade do ensino presencial, elas também abrem novas oportunidades, visto que podem ser convidados especialistas para participarem da videoconferência, contribuindo assim para enriquecer as discussões ao vivo. Para os demais momentos de aprendizagem (assíncronos), podem ser utilizados outros *softwares* que serão apresentados na próxima seção.

5.3 Momentos assíncronos

As atividades dos momentos assíncronos exigem que os docentes as preparem previamente e programem sua execução, disponibilizando tempo hábil para que os estudantes possam executá-las. Sugere-se que as atividades fiquem disponíveis por alguns dias no AVA, permitindo que os discentes as façam no momento que julgarem mais apropriado.

Essas atividades podem ser pré ou pós-aula *on-line* (momento síncrono), permitindo preparar o discente para o encontro *on-line* ou uma atividade de aprofundamento que venha depois (pensando em uma disciplina/curso que trabalhe com atividades síncronas e assíncronas). Esse material que antecede a aula pode ser um vídeo, texto (capítulo de livro) ou áudio que explore em parte o assunto em seus níveis mais elementares, permitindo o adequado preparo para o desenvolvimento da atividade *on-line*. O conteúdo pós-aula normalmente apresenta maior exigência, visto que é disponibilizado após o contato com o assunto.

Para disponibilização desse material pré/pós-aula síncrona podem ser utilizados: fórum, lista de discussão, enquete, leitura ativa, *wiki* etc.

O fórum e a lista de discussão serão úteis para proporcionar uma discussão mais profunda sobre determinado conteúdo. Como a atividade ocorre no tempo do estudante, permitirá que ele leia, reflita sobre a postagem do professor e elabore sua resposta/posicionamento, contribuindo para desenvolvimento do raciocínio crítico, argumentação, organização das ideias e elaboração da síntese para responder ao tópico. O uso de fórum e lista de discussões é discutido com maior profundidade no Capítulo 7 deste livro.

A enquete *on-line* (questionário/formulário) permitirá captar a compreensão dos estudantes sobre determinado conteúdo. Esse ferramental está disponível dentro da maioria dos AVAs (Moodle®, Google Classroom® etc.), mas pode também ser acessado utilizando outros recursos *on-line*, como o Kahoot!™. Amplamente conhecido pela sua abordagem síncrona (em sala de aula ou *on-line*), o Kahoot!™ também disponibiliza uma versão assíncrona, permitindo que cada estudante responda

No Capítulo 9 deste livro, fazemos uma abordagem mais completa sobre o Kahoot!™. Você poderá ver como funcionam as opções síncrona e assíncrona do Kahoot!™ neste vídeo: https://youtu.be/SDHUetQ0mVs. Acesso em: 02 jun. 2020.

o questionário no seu tempo e proporcionando uma competição saudável entre os discentes.

A leitura ativa também pode ser uma estratégia de aprendizagem a ser utilizada *on-line*. Oferecer aos estudantes um texto para leitura, disponibilizando questões que direcionem a leitura e que promovam a revisão do conteúdo lido, permitirá maior apreensão do conteúdo disponível no texto, contribuindo para o aprendizado de longo prazo. O texto pode ser disponibilizado via AVA ou *e-mail* para a turma.

Além disso, os estudantes podem construir coletivamente o próprio texto sobre determinado assunto, utilizando para isso a *wiki*, que é a produção colaborativa de material. O docente também pode participar na elaboração do texto, contribuindo com críticas e sugestões.

Existem outros ferramentais que podem ser utilizados *on-line*. Procuramos compartilhar apenas alguns dos mais comuns e conhecidos, mas a experiência do uso e a conversa com outros colegas podem permitir novos recursos. Aproveite as oportunidades para conhecer novos *softwares* e *sites*, sempre aparecem inovações que podem tornar as aulas ainda mais interativas e dinâmicas.

Parte I
Metodologias ativas de ensino

Parte I

1 *Design Thinking*: fundamentos e aplicações na sala de aula

JOÃO PAULO BITTENCOURT
CAROLINA COSTA CAVALCANTI

> *A tarefa não é tanto ver aquilo que ninguém viu, mas pensar o que ninguém ainda pensou sobre aquilo que todo mundo vê.*
>
> Arthur Schopenhauer

Capítulo 1

1. Introdução

Podemos considerar o *Design Thinking* (DT) uma abordagem difundida na área dos negócios no Brasil. Inicialmente, foi bastante utilizado na busca por inovação em produtos, processos e serviços. No entanto, ao longo do tempo, sua utilização expandiu-se para a área educacional, e a abordagem, geralmente embasada por uma ou mais metodologias de educação, passou a fazer parte do currículo de escolas, universidades, programas de educação corporativa e escolas de negócios.

O DT é uma abordagem ancorada na perspectiva teórica do *Human-Centered Design*, ou *Design* Centrado no Humano (DCH), que se preocupa com a maneira pela qual as pessoas veem, interpretam e convivem com qualquer artefato que possa ser projetado por um *designer*, sejam eles produtos tangíveis, informações, identidades ou marcas.[1]

2. Descrição dos conceitos e abordagens "o que é a estratégia (técnica)"?

A empresa norte-americana IDEO disseminou, no começo dos anos 2000, a metodologia do DT que está embasada nos princípios do DCH. Inspirada em etapas, métodos e tipos de pensamento adotados por profissionais e acadêmicos que atuam no campo do *design*, criou uma abordagem que tem instrumentalizado organizações sociais, públicas e privadas a inovar. Em 2009, a empresa projetou e lançou o *HCD Toolkit*, uma publicação que impulsionou o uso do DT em diferentes contextos[2] por uma comunidade composta por profissionais que atuam em diversas áreas. Em 2015, a segunda edição da publicação trouxe 57 métodos de *design*, assim como as principais formas de pensar que sustentam o DT, além de casos práticos que exemplificavam a aplicação dessa abordagem em diferentes contextos.

Por meio do *Human Centered Design – Kit de ferramentas*,[3] a empresa oferece subsídios para a utilização do DT a partir das lentes do DCH: desejo do usuário, praticabilidade (o que é possível técnica e institucionalmente) e viabilidade (o que é viável financeiramente).

A abordagem do DCH inspirou diversas visões sobre o DT, que são colocadas em prática nas organizações por meio da interpretação de diferentes autores e consultores. Apesar das múltiplas visões, encontramos alguns pontos em comum entre as diferentes intepretações: todas apresentam um **processo**, que, geralmente, varia de três a seis fases, com um *mindset* ("mentalidade", "modo de pensar", "atitude") relacionado ao ambiente a ser criado para a aplicação do DT.

2.1 Processo do DT

O material da IDEO indica que, nessa concepção, o DT é composto pelas etapas Ouvir (*Hear*), Criar (*Create*) e Implementar (*Deliver*). Esse é um processo cíclico e iterativo, que pode se repetir até que os resultados práticos sejam considerados adequados. Isso significa que, mesmo que completemos o processo e implementemos um resultado, é bem possível que seja preciso voltar ao ponto inicial para aperfeiçoar e adequar a solução para que atenda às lentes desejo do usuário, viabilidade e praticabilidade.

De acordo com Chaves, Bittencourt e Taralli, durante o processo, "o pensamento do *designer* alternará do concreto ao abstrato, identificando temas e oportunidades e, mais tarde, retornará ao concreto com soluções e protótipos".[4]

> *De acordo com a IDEO, o DT é um processo cíclico e iterativo, composto pelas etapas OUVIR, CRIAR e IMPLEMENTAR.*

Outras perspectivas do processo de DT são usuais e uma das mais notórias é a desenvolvida no Hasso Plattner Institute of Design at Stanford, conhecida usualmente como d.School. A abordagem Hasso Plattner considera como componentes do processo do DT as seguintes etapas: Entender; Observar; Definir; Idealizar; Prototipar; e Testar. Outros processos de *design* têm pontos-chave semelhantes que podem ser descritos de forma ligeiramente diferente.

As etapas são iterativas e constantes, devem ser vivenciadas preferencialmente por um grupo multidisciplinar e com o tempo previamente delimitado. De todo modo, o processo de DT pode ser caracterizado como não linear, ou seja, a qualquer momento pode ser – e frequentemente é – necessário revisitar as fases anteriores e aperfeiçoar o trabalho.[5,6,7]

> *De acordo com a abordagem Hasso Plattner, os componentes do processo de DT são as etapas: ENTENDER, OBSERVAR, DEFINIR, IDEALIZAR, PROTOTIPAR e TESTAR.*

A d.School disponibiliza em sua página na internet um documento denominado *Bootcamp Bootleg*,[8] que apresenta a metodologia, as etapas e as ferramentas do DT, conforme sua concepção.

A partir da observação dos processos de DT utilizados pela IDEO[9] e pela d.School,[10,11,12] é possível encontrar elementos em comum entre as abordagens. Buscando uma abordagem integradora para este trabalho, as diferentes fases encontram-se associadas de acordo com os seus objetivos, conforme é possível verificar na Figura 1.

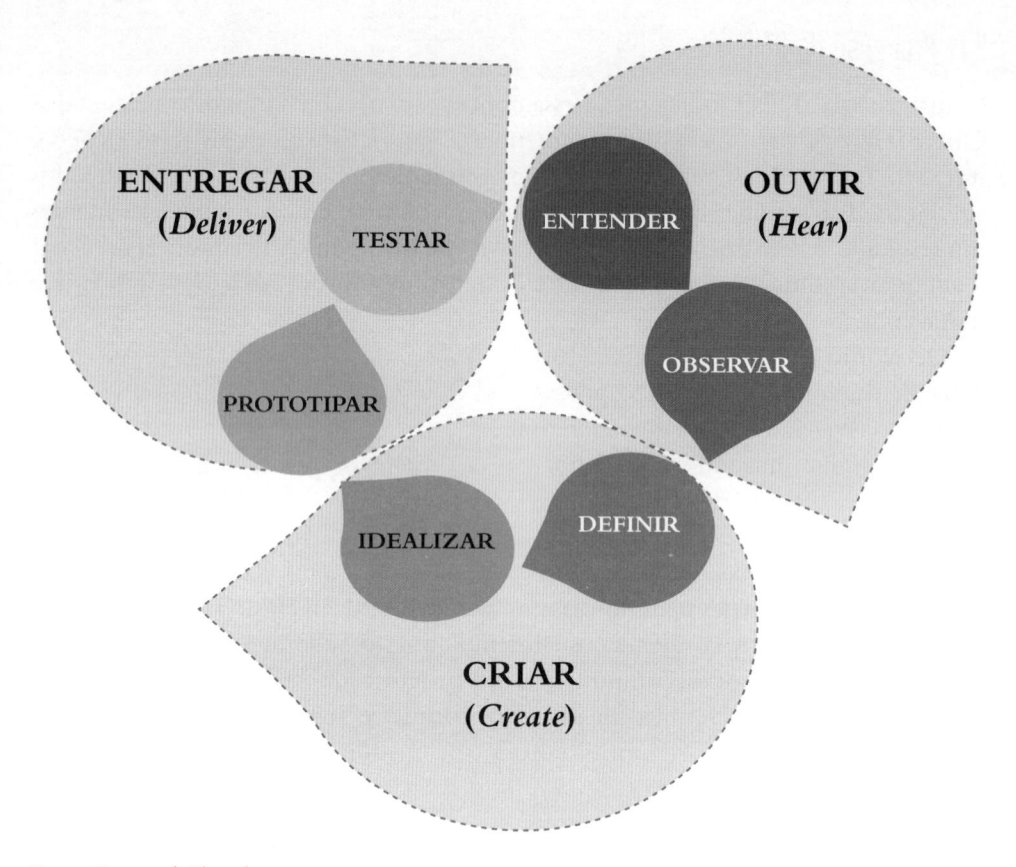

Fonte: Desenvolvida pelos autores.

Figura 1. Visão integradora das etapas do *Design Thinking* da IDEO e da d.School

2.2 DT aplicado ao campo educacional

No campo da educação, Cavalcanti e Filatro[13] propuseram um processo composto por quatro etapas que consideram o incentivo a uma lógica abdutiva que alterna momentos de abstração e de "mãos na massa".

As etapas propostas pelas autoras são: Compreender o problema; Projetar soluções; Prototipar; Implementar a melhor opção (Figura 2). Nesse processo, o grupo de estudantes identifica um desafio, problema ou necessidade e cria soluções a partir da compreensão profunda do problema analisado. Em seguida, desenvolve e testa protótipos da solução e, por fim, implementa a melhor solução.

Cavalcanti e Filatro[14] destacam que, quando é adotado para fins educacionais, o DT geralmente tem três principais aplicações: abordagem de inovação, metodologia para solução de problemas e estratégia de aprendizagem ativa (centrada no protagonismo do aprendiz). As autoras defendem que, às vezes, um projeto começa a ser desenvolvido quando se tem apenas uma dessas três aplicações em mente (por exemplo, estratégia de aprendizagem que visa ajudar os alunos a articular a teoria e a prática), mas ao final do processo de DT fica evidente que elementos das três aplicações foram vivenciados pelos envolvidos no projeto.

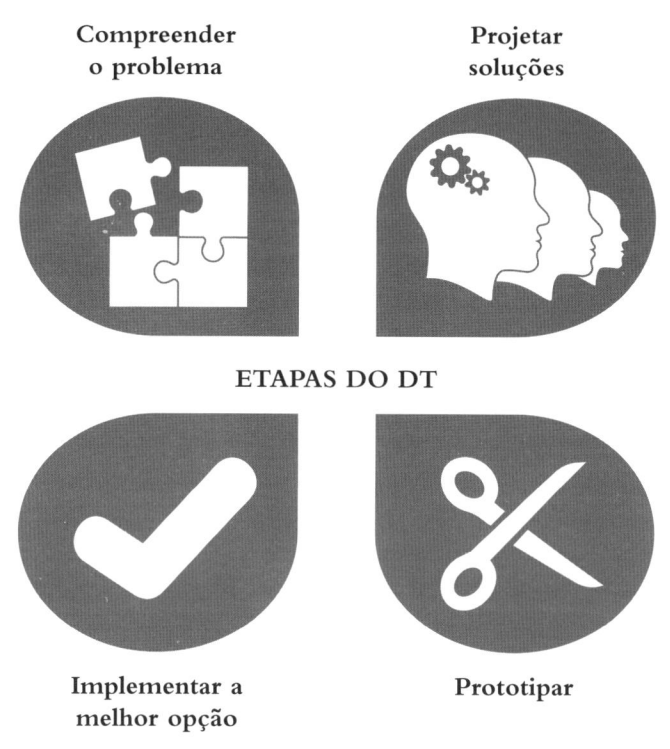

Compreender o problema

Projetar soluções

ETAPAS DO DT

Implementar a melhor opção

Prototipar

Fonte: Cavalcanti e Filatro (2017).

Figura 2. Etapas do DT na educação

Um fator fundamental da adoção do DT para fins educacionais é que o processo possibilita que o conhecimento empírico estimule diversas formas de raciocínio. Chaui[15] ressalta que, entre os filósofos gregos e os modernos que tiveram como objeto de estudo o conhecimento, podem ser encontrados elementos que constituem duas grandes orientações teóricas: racionalismo (Ex.: Platão e Descartes) e empirismo (Ex.: Aristóteles e Locke). Dunne e Martin[16] afirmam que o DT tem perspectiva empiricista e articula os raciocínios indutivo, dedutivo e abdutivo. Na lógica aristotélica, o raciocínio indutivo é a generalização a partir de casos específicos, enquanto o raciocínio dedutivo envolve inferência a partir de premissas lógicas. Charles Pierce (1905)[17] descreve a lógica abdutiva como "o processo

> *O DT geralmente tem três principais aplicações para fins educacionais: abordagem de inovação, metodologia para solução de problemas e estratégia de aprendizagem ativa.*

de formação de uma hipótese explicativa. É a única operação lógica que introduz alguma ideia nova".

Chiasson[18] explica que, na visão de Pierce, além das formas lógicas comumente aceitas de inferência dedutiva (cujo objetivo é explicar e demonstrar) e inferência indutiva (cujo objetivo é generalizar ou amplificar), há uma terceira forma lógica: a inferência abdutiva. O propósito de uma inferência abdutiva é desenvolver palpites e gerar novas ideias. Um *design thinker* (pessoa que desenvolve projetos a partir da abordagem do DT) usa a abdução para gerar uma ideia ou várias, dedução para projetar tais ideias às suas consequências lógicas e prever seus resultados, testando essas ideias na prática, e indução para generalizar a partir dos resultados.[19]

2.3 Mindsets do DT

A composição dos *mindsets* considerados relevantes para a aplicação do DT na educação inclui a **empatia** em relação às pessoas que vivenciam o contexto analisado (ou seja, os *stakeholders*). O primeiro autor a traduzir o termo *Einfühlung* por *empatia* (*empathy*) foi Edward Bradford Titchener, no ano de 1909. Ele a compreendia como a capacidade de conhecer a consciência de outra pessoa e de pensar de um modo análogo por meio de um processo de imitação interna. Por isso, a empatia é a base para a compreensão do outro, para a identificação de problemas vivenciados, para o entendimento da realidade, para evitar o julgamento. Para Carl Rogers, estabelece-se a empatia quando chegamos a compreendê-la "de dentro". Isso implica a sensibilização por meio do relato do outro, a apreensão e a compreensão de seus estados internos, resistindo à tendência natural de emitir julgamento de valor sobre a subjetividade do outro.[20]

Além disso, a literatura[21,22] apresenta a necessidade de adoção de outros *mindsets* como **geração de ideias sem juízo de valor e focadas na quantidade**, **colaboração radical**, uso de **linguagem visual** e **predisposição à ação**, conforme descrito no Quadro 1.

Quadro 1. *Mindsets* para adotar o DT em contextos educacionais

Necessidade	Características
Empatia	O termo *empatia* tem sua origem na palavra grega *empatheia*, que significa "paixão" ou "ser muito afetado". A empatia é o fundamento que sustenta as práticas do DT, uma vez que, sem ela, todos os processos adotados durante um projeto perdem seu propósito.
Geração de ideias sem juízo de valor e focadas na quantidade	Essas ideias serão complementadas, aparadas, potencializadas e fundidas em momentos adequados; no momento de geração delas, é preciso sair do lugar-comum das ideias preconcebidas, das respostas prontas e das coisas possíveis já imaginadas.

(continua)

(continuação)

Necessidade	Características
Colaboração radical	Trata de genuinamente construir com o outro e para o outro. Em grupos, geralmente há disparidade de poder e de conhecimento sobre as temáticas, o que gera um desequilíbrio natural. Esse desequilíbrio precisa ser tratado e gerido pelos facilitadores de aprendizagem (que no DT chamamos do líder de projeto – papel geralmente assumido pelo professor ou instrutor). Uma das maneiras efetivas de se lidar com o fomento à colaboração radical é o uso de métodos que a facilitem. O DT prevê que, no trabalho em grupo, os papéis sejam delimitados e que a riqueza de experiências e conhecimentos dos participantes (os *design thinkers*) seja valorizada e dê respaldo a todas as etapas do processo.
Linguagem visual	Busca incentivar e ser "legível" a diferentes formas de expressão e comunicação. É por meio da linguagem visual que estimulamos os perfis diversos a interagir e se compreender. Isso porque, ao desenharmos algo, damos tangibilidade (visual) ao que é falado (verbal). Muitas vezes, ao mesclar as linguagens, criamos algo físico (tátil), o que enriquece o processo de comunicação e complementa a colaboração. No DT, essa linguagem é explorada enquanto protótipos da solução são criados e testados.
Predisposição à ação	A adoção do processo e *mindsets* do DT para mediar o processo educacional prevê a criação de um ambiente de ação, de disposição e engajamento para identificar e resolver problemas. Afinal, todas essas características, por mais bem planejadas que sejam, não serão colocadas em prática por um aluno sentado confortavelmente em sua cadeira, vendo as atualizações nas redes sociais de seu celular. Por isso, antes de tudo, é preciso que o processo faça sentido dentro do currículo do curso, da(s) unidade(s) curricular(es) trabalhada(s), e que os estudantes estejam engajados no processo.

3. Apresentação dos objetivos educacionais da estratégia (técnica)

O uso do DT na educação deve ser vinculado a objetivos de aprendizagem previamente estabelecidos e que contemplem o desenvolvimento de competências múltiplas, como solução de problemas, criatividade, pensamento crítico, empatia, autonomia, entre outras. Por isso, quando falamos no DT como uma estratégia educacional, falamos de uma abordagem com muitas potencialidades. Assim, é fundamental que o educador vislumbre a aplicação do DT com um olhar amplo sobre um curso ou unidade curricular. Assim, em quais cursos ou unidades curriculares é possível utilizar essa abordagem?

Uma metodologia de aprendizagem baseada no DT implica admitir a não existência de uma realidade única, pois o DCH considera que a realidade e os conhecimentos são construídos e compartilhados socialmente. Por isso, é necessário que os sujeitos estejam abertos a compreender a "realidade" do outro, tanto dos colegas de trabalho ou de curso quanto das pessoas a quem se destina o processo. Defendemos que é possível adotar o DT em qualquer área de formação, mas isso enseja abertura dos atores e, principalmente, interesse do corpo docente em explorar a abordagem.

O DT possibilita uma metodologia centrada no humano que integra perspectivas do *design*, das ciências sociais, engenharia e negócios. Sob uma perspectiva pedagógica, consiste em uma abordagem que promove a autonomia do estudante, a colaboração multidisciplinar, a inovação e a aprendizagem significativa, por meio da observação, da colaboração e do conceito de prototipagem rápida, com análise de diferentes realidades. Ao combinar os raciocínios indutivo, dedutivo e abdutivo, propicia o aperfeiçoamento iterativo a fim de produzir sistemas, produtos e processos inovadores e centrados no usuário final. Os estudantes são instigados à autonomia, pois as situações de aprendizagem objetivam ativar a discussão de pontos de vista divergentes, em detrimento da pura repetição de ideias e crenças, porém dentro de regras de respeito mútuo e cooperação.

> *O DT é uma abordagem que promove autonomia do estudante, colaboração multidisciplinar, inovação e aprendizagem significativa.*

Fica claro que as concepções pessoais dos professores a respeito de educação e aprendizagem são decisivas nesse processo. Os órgãos colegiados que desejam explorar alternativas como o DT devem utilizar a própria abordagem para planejar em conjunto com os professores as estratégias de atuação. No caso de um ou mais professores que desejam implantar a abordagem em suas disciplinas, ressalta-se a necessidade de comunicação clara e confiança mútua.

4. Descrição dos conteúdos (assuntos) e tipo de aprendizagem

O DT na aprendizagem permite catalisar a colaboração, a inovação e a aprendizagem com ênfase na observação e na colaboração, embasada na prática de prototipagem rápida, com análise de diferentes realidades.[23] Segundo Cooper, Junginger e Lockwood,[24] o DT é uma perspectiva que permite que os alunos imaginem estados futuros, pensem por meio do processo de *design* e gerem produtos, serviços, experiências e soluções para problemas reais. Sob o paradigma do DT, os alunos são incentivados a pensar amplamente sobre problemas, a desenvolver uma compreensão profunda a respeito de quem vai utilizá-los e a reconhecer o valor das contribuições dos outros.²⁵ Esse processo facilita a articulação entre os conteúdos curriculares abordados em ambientes

> *O DT permite que alunos imaginem estados futuros, pensem por meio do processo de design, assim como gerem produtos, serviços, experiências e soluções para problemas reais.*

formais e não formais de aprendizagem e a realidade encontrada em contextos concretos que serão investigados de uma perspectiva empática.

Além dos autores referenciados e que são entusiastas do uso do DT em educação, em nossa atuação cotidiana utilizamos o DT e suas ferramentas para ensinar e aprender, para estimular alunos, profissionais de mercado, professores, tutores, coordenadores e diretores a criar soluções colaborativas e, sobretudo, significativas.

5. Tipo de aluno

O DT é aplicável a qualquer etapa de um curso, mas é preciso considerar o que o aluno já sabe sobre a abordagem, pois isso pode significar um desafio de tempo para os planejadores e executores do processo de ensino-aprendizagem (papéis geralmente assumidos por professores). Os discentes podem vir de uma cultura relacionada a uma verdade única e ter tido uma trajetória estudantil de sucesso traçada praticamente de forma individual. Podem, ainda, ter séria aversão ao erro e estar pouco dispostos à ação.

Todas essas questões são contornáveis, mas ensejam tempo e esforço para assimilação dos *mindsets* que embasam o uso do DT na educação. Por isso, quanto antes os estudantes forem expostos à metodologia e vivenciarem o desenvolvimento de projetos colaborativos, mais bem preparados estarão para adotar o DT. Hoje, algumas instituições disponibilizam laboratórios de DT para a formação de seus alunos, mas ainda vemos as salas sendo utilizadas para aulas tradicionais e/ou para reuniões realizadas em um formato pouco colaborativo e empático.

> *Os participantes escolhem um campo de pesquisa específico e de seu interesse, para depois identificarem problemas e prototiparem soluções. Isso cria engajamento e entusiasmo entre os estudantes.*

Ressaltamos que os alunos precisam ver sentido no processo para se engajar e, em nossa experiência, o DT facilita esse aspecto. Geralmente, a partir de um tema geral proposto pelo professor e compatível com os conteúdos curriculares abordados na disciplina ou curso, os participantes escolhem um campo de pesquisa específico e de seu interesse, para depois identificarem problemas e prototiparem as soluções. Isso costuma criar engajamento e entusiasmo entre os estudantes.

No entanto, é muito usual que eles se sintam tentados a sair da sala com o problema definido, sem mesmo consultarem o usuário. Ou ainda a já pensar na solução antes de observar e compreender a realidade. Isso é absolutamente normal; mesmo na formação de professores, vivenciamos essa ansiedade em dar respostas e soluções às temáticas abordadas.

É preciso ter atenção ao processo, pois o DT vai (e precisa ir!) muito além de gerar uma experiência positiva e colar muitas folhas de bloco adesivo em paredes e lousas. O aprendizado se dá a partir do momento que deixamos as respostas de lado e vamos atrás das perguntas: o que essa realidade ou contexto me apresenta que merece ser investigado? Que problemas emergem dessa realidade? O que essas pessoas desejam? O que é prático e viável?

Além de fazer perguntas, outro momento crucial é quando os estudantes partem para a geração de ideias. Como os assuntos geralmente já são de interesse deles, pois escolheram o tema e definiram o problema, uma série de ideias já está em suas cabeças. Contudo, em duas rodadas de ideação/idealização, essas ideias se esgotam. É aí que tem início o verdadeiro trabalho de geração de ideias do DT. Em conjunto, tendo por base uma quantidade relevante de ideias, são construídas possibilidades colaborativas que trazem genuinamente o olhar para aquilo que o usuário precisa e quer, soluções inovadoras e novos olhares, oriundos da colaboração.

> *O verdadeiro trabalho de geração de ideias do DT se inicia quando construimos em conjunto, a partir de uma quantidade relevante de ideias, possibilidades colaborativas que trazem genuinamente o olhar para aquilo que o usuário precisa e quer.*

Ultimamente, temos vivenciado a **limitação da plataforma**. Quando os estudantes começam a pensar nos problemas, em paralelo já começam a falar entre si que precisam fazer uma plataforma ou um aplicativo para solucionar a situação. Não significa que o protótipo da solução não possa ser um aplicativo ou até mesmo uma plataforma, mas estes precisam emergir do usuário. Do contrário, estamos deixando de centrar no ser humano e centrando no produto, serviço ou solução que queremos fazer.

Consideramos que o tipo de aluno que tem sucesso em projetos e DT é aquele que sabe trabalhar de forma colaborativa, que acredita que o erro faz parte do processo de aprendizagem e de criação de uma solução relevante e que se mostra engajado, motivado, flexível para vivenciar novas experiências e pronto para explorar temas, conceitos e ambientes que não conhece.

6. Experiência do docente

Os docentes interessados em vivenciar e aplicar o DT podem iniciar seu mergulho no *HCD Toolkit*, que já citamos, e nas ferramentas que descrevemos ao final deste capítulo. A preparação é fundamental para a aplicação desta estratégia, uma vez que os tempos das aulas parecem sempre ser curtos demais para que os conteúdos curriculares sejam explorados e possam embasar a aplicação das atividades do projeto de DT a serem vivenciadas pelos alunos.

Dessa maneira, é indicado que se assistam a vídeos a respeito da aplicação da metodologia, leiam o *Toolkit* e que planejem detalhadamente os momentos em que serão trabalhados conceitos que irão fundamentar o desenvolvimento do projeto de DT. Seu papel é conduzir os estudantes nas diferentes etapas do DT, propondo atividades, dinâmicas e ações que coloquem os próprios grupos como responsáveis pela busca e pelo compartilhamento do conhecimento. Apesar de o professor não assumir o papel de protagonista da aprendizagem, cabe a ele orquestrar e adaptar as atividades propostas de acordo com a resposta dos grupos de estudantes e os objetivos de aprendizagem previamente delineados.

> *O papel do docente é conduzir os estudantes nas diferentes etapas do DT, propondo atividades, dinâmicas e ações que coloquem os próprios grupos como responsáveis pela busca e pelo compartilhamento do conhecimento.*

Se, por exemplo, o professor quer realizar uma aula de geração de ideias, é necessário que tenha as ferramentas que vão estimular uma quantidade relevante de novas ideias. Algumas ferramentas podem ser encontradas em *sites* em inglês, como o Creativity Tools,[26] e em português, como no *Toolkit* da IDEO, nos livros de Cavalcanti e Filatro[27] e de Brown, Gray e Macanufo.[28]

Assim como em diversas outras estratégias, o preparo do professor fará a diferença na aplicação. É importante prever, durante a preparação, que em algumas aulas serão necessárias decisões, como a forma de trabalhar o conteúdo e qual será a prioridade (conteúdo da disciplina ou compreensão da abordagem, por exemplo, em casos em que os alunos desconhecem o DT).

7. Tempo disponível

Existem múltiplas formas de aplicar o DT em uma disciplina ou curso. Uma delas é utilizar diversas aulas ao longo do período letivo para desenvolver um trabalho de campo. Outras aulas podem ser utilizadas para sensibilizar os estudantes a respeito de uma realidade. Dependendo da situação, o tempo varia significativamente, mas dificilmente uma sessão de DT vai durar menos de 60 minutos.

Uma estratégia que pode ser interessante, principalmente quando pensamos na graduação e no seu contexto (conteúdos obrigatórios, preparação para ENADE, modelos de provas previamente especificados, número mínimo de dias letivos, feriados

Capítulo 1

> *A delimitação do tempo em que o DT será utilizado em um programa é fundamental para auxiliar o professor a selecionar as estratégias que serão adotadas para obter os resultados esperados.*

e tantos outros eventos que não estão sob o controle do docente), é trabalhar, ao longo de um semestre, mesclando parte da aula para o DT e parte da aula para os conteúdos específicos e compromissos institucionais.

De qualquer forma, o DT também pode ser adotado em *workshops* de 4, 8 ou 12 horas, nos quais os estudantes podem vivenciar algumas estratégias de cada etapa do processo e criar protótipos rápidos. Por isso, a delimitação do tempo em que o DT será utilizado em um programa educacional é fundamental, pois ajudará o professor a selecionar as estratégias que serão adotadas a fim de se obter os resultados esperados.

8. Estrutura física

A estrutura física ideal para a aplicação do DT para a educação é uma sala onde: há espaço para movimento entre os grupos, sem obstáculos; as mesas e cadeiras se prestam a diferentes configurações; e as pessoas podem discutir olhando umas para as outras.

Cadeiras e mesas com rodas, *flipcharts* móveis, cartolinas, material que permita trabalhar com protótipos de baixa resolução, como canetas, barbantes, cola, réguas, papel de diferentes gramaturas são artefatos que auxiliam o processo. Em contextos mais modestos do que o descrito, com recursos limitados, é preciso analisar variáveis como o número de estudantes em sala, o tempo disponível e as características de infraestrutura. Em nossa experiência, passamos por salas em que mais de uma centena de pessoas se acomodam em cadeiras praticamente coladas umas às outras e não há material suficiente para todos. Nesses casos, distribuição em equipes e uso parcimonioso dos materiais são relevantes.

É importante ressaltar, entretanto, que DT é, antes de tudo, um *mindset*. A estrutura potencializa a estratégia e o processo o racionaliza. No entanto, é a mentalidade dos sujeitos que torna o DT uma abordagem que vale a pena aplicar na formação de profissionais aptos a um mundo que ainda não existe. Por isso, mesmo sem uma estrutura adequada, vale a pena utilizar os princípios da estratégia no processo de ensino-aprendizagem.

9. Tipo de conteúdo

Os conteúdos exercem papel relevante na implantação de uma metodologia de aprendizagem. No caso do DT, eles podem ser trabalhados com ênfase nas etapas iniciais, no exercício da empatia (ouvir, observar, entender, compreender e definir o problema), mas, como o processo é iterativo, em diversos momentos professor(es) e alunos voltarão à etapa conceitual para responder, questionar e aperfeiçoar resultados.

Nesse exercício, não há limitação de conteúdo. Inclusive os conteúdos podem vir de múltiplas áreas de conhecimento. Imagine-se que em um curso de Administração uma atividade ou projeto tenha foco em desenvolver uma ou mais competências e habilidades expressas nas Diretrizes Curriculares Nacionais (DCNs).[29] Tomemos como base aquelas expressas no item I do quarto artigo: "Reconhecer e definir problemas, equacionar soluções, pensar estrategicamente, introduzir modificações no processo produtivo, atuar preventivamente, transferir e generalizar conhecimentos e exercer, em diferentes graus de complexidade, o processo da tomada de decisão".[30] Essa competência pode ser desenvolvida por meio de diversos conteúdos, porque ela é o conteúdo assimilado pelos estudantes e transformado em ação. Ao utilizar o DT como estratégia de ensino, é possível adequar os conteúdos para ir a campo, identificar problemas da população, das empresas ou de organizações do Terceiro Setor e utilizar os conteúdos aprendidos para gerar soluções de problemas reais.

Como exemplo, podemos citar o *workshop* de DT no desenvolvimento de soluções sustentáveis, ministrado por Carolina Costa Cavalcanti, João Paulo Bittencourt e Vitor Takeshi no evento Encontros de Sustentabilidade – FEA-USP, realizado em agosto de 2015. O desafio proposto para um grupo de participantes era pensar em soluções sustentáveis para uniformes escolares seguindo as etapas, *mindsets* e estratégias do DT.

Depois de participar de atividades de coleta e análise de dados, os participantes criaram e apresentaram soluções na forma de protótipos. Um deles era uma plataforma colaborativa de gerenciamento sustentável para comercialização e troca de uniformes escolares. Nela, os pais e mães poderiam comprar, trocar e reformar uniformes. As próprias escolas poderiam se cadastrar para conectar os pais, mães e fornecedores. Durante o *workshop*, os participantes não somente aprenderam a usar o DT na prática, mas também refletiram e aplicaram conceitos de sustentabilidade apresentados anteriormente em palestra ministrada na plenária do evento por um especialista.

O exemplo apresentado foi realizado em poucas horas; no entanto, consideramos que as ações de ir a campo, "colocar as mãos na massa", gerar e testar soluções devem ir além de apenas ouvir e gerar um trabalho em sala de aula que dificilmente será lido pelos usuários. Trata-se de encontrar os verdadeiros problemas daquela realidade analisada com maior profundidade, vivenciar o que profissionais da área vivem, consultar especialistas, propor soluções que inicialmente até podem ser superficiais e ingênuas, mas que vão ficando robustas à medida em que se testa, dialoga e melhora o protótipo. Isso pode ser feito por meio de diversos conteúdos que a própria DCN direciona aos cursos de graduação em Administração, sejam eles de

Capítulo 1

> *Trata-se de encontrar os verdadeiros problemas daquela realidade analisada com maior profundidade, vivenciar o que profissionais da área vivem, consultar especialistas, propor soluções que inicialmente até podem ser superficiais e ingênuas, mas que vão ficando robustas à medida em que se testa, dialoga e melhora o protótipo.*

formação básica, profissional, estudos quantitativos e suas tecnologias, ou ainda de formação complementar.

Na graduação em Administração de uma universidade particular da cidade de São Paulo, João Paulo Bittencourt trabalhou, durante a disciplina de Gestão de Processos, a vivência dos estudantes com a temática por meio do uso do DT. Como se tratava, em sua maioria, de alunos nos primeiros contatos com a vida profissional, o desafio estabelecido era que eles melhorassem a própria empregabilidade. Por meio da criação de processos que unissem objetivos de vida, rotina de estudos e compartilhamento de conhecimentos entre colegas, os conceitos de área funcional, processos de negócio, fluxogramas, formulários eletrônicos e outros foram sendo assimilados no cotidiano dos discentes. Ao final, os protótipos previam processos de engajamento, partilha de conhecimento, apoio à empregabilidade e participação ativa de estudantes, diretórios acadêmicos e professores no desenvolvimento dos discentes.

Na graduação em Administração da Universidade de São Paulo, a disciplina de Comportamento Organizacional fez uso do DT de diferentes maneiras. De um lado, professores faziam inserções da abordagem para conectar os alunos com temáticas relacionadas à comunicação, à empatia e à geração de soluções de forma proativa. De outro lado, como no caso que foi apresentado por Rodrigues et al.,[31] grupos de alunos planejavam as aulas em sessões de DT no laboratório de inovação da faculdade, ajustavam os objetivos educacionais e escolhiam estratégias de ensino e aprendizagem. A professora facilitava o processo desde o planejamento, passando pela execução e avaliação. Nesse caso, o DT foi usado como ferramenta de planejamento do processo de ensino-aprendizagem, assim como de empoderamento dos estudantes sobre seu próprio desenvolvimento.

Podemos pensar em diversas áreas e conteúdos e ainda assim teríamos complementaridade com a estratégia. Se um conteúdo é, de alguma maneira, relevante para as pessoas, estamos falando de um conteúdo que pode ser articulado com o DT para gerar soluções para as pessoas.

10. Processo de avaliação

A avaliação do aluno, idealmente, necessita ser diagnóstica, processual e somativa, uma vez que a nota final avalia diferentes aspectos do processo educativo. Nesse sentido, o professor deve aplicar ferramentas para o levantamento de características dos estudantes antes do início da disciplina, a fim de que possa ser mensurado o aprendizado no decorrer das aulas (avaliação diagnóstica). O engajamento e a participação ao longo do processo de desenvolvimento do projeto com DT também são considerados (avaliação processual), e o protótipo ou solução criada pelo grupo deve compor a nota dos estudantes (avaliação somativa). Em alguns casos, além do protótipo, os grupos elaboram um relatório em que articulam os conteúdos curriculares abordados na disciplina e como tais conhecimentos fundamentaram o desenvolvimento do protótipo criado. Essa entrega final também é avaliada.

Para se planejar a avaliação, Krasilchik[32] sugere o uso de referências, como a periodicidade, o tempo, os instrumentos que serão utilizados e a forma de avaliação. Como referências adicionais de avaliação, sugerem-se: o respeito pelo prazo e a conclusão das etapas, o protótipo final, possíveis projetos finais (como a criação de plataformas coletivas de conhecimento, elaboração de artigos em forma de estudo de caso avaliativo, proposição de soluções a desafios estratégicos reais na forma de produtos, processos e serviços, entre outras possibilidades adequadas ao contexto de cada curso e projeto pedagógico) e a proficiência dos discentes nos *mindsets* do DT. Além da avaliação por parte do professor e dos monitores (se houver), e tendo como base a mentalidade do DT, encorajam-se a avaliação entre pares e a autoavaliação. Essa ação pode implicar desde um percentual na nota final até uma nota total atribuída pelo docente, a ser dividida no grupo.

11. Tecnologia

São variadas as tecnologias que podem apoiar o uso do DT em contextos educacionais, sejam eles presenciais, híbridos ou a distância. Geralmente, em maior ou menor grau, Ambientes Virtuais de Aprendizagem (AVAs), ferramentas colaborativas do Google Drive e recursos como Survey Monkey, Skype, WhatsApp, Muraly, Dropbox, Prezi servem para que grupos de estudantes compartilhem informações, imagens, vídeos, textos, entre outros materiais coletados nas fases iniciais do DT. Nesses ambientes, também são utilizados recursos de *chat*, fórum e videoconferência para discutir perspectivas, explorar possibilidades e criar soluções centradas nos *stakeholders* analisados.

Na fase de prototipagem, é possível adotar recursos analógicos (como cartolina, canetinha, papelão, massa de modelar etc.). Entretanto, existem ainda ferramentas de prototipagem digital, como InVision, Marvel, Atomic e Pixate, que possibilitam que as soluções criadas pelos estudantes sejam testadas pelos usuários em plataformas digitais ou utilizando tecnologia móvel (como *smartphones* e *tablets*).

Em projetos de DT, a tecnologia ainda serve de recurso para grupos de estudantes que não estão no mesmo espaço físico. A diversidade de visões e realidades enriquece o processo criativo e a busca por soluções centradas no ser humano.

12. Exemplo prático (passo a passo do uso da técnica)

Escolhemos uma proposta para demonstrar um passo a passo do uso do DT como metodologia no curso de graduação em Engenharia da Universidade Virtual do Estado de São Paulo (UNIVESP). Segundo Filatro e Cavalcanti,[33] nesse contexto, um tema central do projeto é definido a cada semestre pelo corpo docente de acordo com os conteúdos das disciplinas a serem cursadas. Em seguida, os alunos adotam o processo e estratégias do DT para resolver um problema complexo identificado na comunidade ou região onde vivem. Nesse processo, um tutor orienta as atividades colaborativas em encontros presenciais e virtuais. O objetivo é que os grupos elaborem e testem protótipos da solução criada e produzam um relatório final de pesquisa utilizando ferramentas como Google Hangouts e Google Docs.

Em 2016, os alunos do terceiro ano de Engenharia de Computação trabalharam em um projeto cujo tema central era "Melhoria de espaços públicos".[34] Depois de fazerem um levantamento em sua cidade, encontraram um parque onde os usuários relataram ter passado mal depois de consumir a água dos bebedouros. Em seguida, o grupo definiu o seguinte problema de pesquisa: "Como fazer melhorias internas nos bebedouros do parque do Clube Escola Vila Alpina[35] para assegurar ao usuário que o processo de inspeção e/ou manutenção dos bebedouros seja executado?". Depois de vivenciar as etapas do DT (sustentadas pelos conteúdos vistos nas disciplinas cursadas e nos dados coletados e analisados no contexto investigado), o grupo apresentou um protótipo de solução, conforme descrito por Filatro e Cavalcanti:[36]

> A solução criada pelo grupo é um painel digital, concebido com base em Arduino, que contém um relógio com a data atual e a possibilidade de ser programado. O Arduino é uma plataforma de prototipagem eletrônica de hardware livre. O grupo sugere que a placa seja inserida na parte interna dos bebedouros com o objetivo de alertar os gestores do parque, quando houver a necessidade de realizar manutenção nos bebedouros ou se a data da manutenção tiver passado. Outra funcionalidade do painel é bloquear a passagem de água para que o frequentador do parque seja impedido de beber água em bebedouro cuja manutenção não tenha sido realizada.

A literatura[37,38,39] evidencia que na aplicação do DT em sala de aula e ambientes *on-line* de aprendizagem existem desafios relevantes que devem ser considerados para que os alunos não tenham perda de aproveitamento durante o processo. Por isso, também apresentamos aqui os elementos que representam os principais desafios a serem considerados.

O uso do DT pode compreender mudanças de perspectivas curriculares e estruturais em um curso, o que impactaria significativamente a possibilidade de aplicação do projeto. Por isso, escolheu-se planejar a abordagem para uma disciplina com a possibilidade de extensão para o curso completo. Espera-se, dessa maneira, contribuir com a estrutura pedagógica do curso de forma sistêmica, mas também localizada na ação docente e sua relação com discentes, demais professores e coordenação do curso.

12.1 Aspectos organizacionais

Para adoção do DT, é relevante envolver os responsáveis e realizar o planejamento instrucional em conjunto. Como premissa para a realização de qualquer planejamento, são imprescindíveis o conhecimento e a compreensão a respeito do projeto e dos currículos do curso – o formal e o oculto.[40] Outros pontos a considerar são a autonomia do professor para implementar novos projetos dentro do curso e a participação de cada um dos atores (coordenador, Núcleo Docente Estruturante, colegiado de curso, discentes etc.) no processo, a necessidade ou não de autorização desses órgãos para o uso do DT, os espaços físicos disponíveis e os materiais a serem utilizados. É relevante que se considere o processo de organização de forma sistêmica, a fim de propiciar adequadas condições para a aplicação.

Nessa fase, reuniões de planejamento entre docente (ou docentes) e monitores (caso existam) devem ser conduzidas, para fundamentar a estratégia pedagógica e os objetivos da aprendizagem, prever o tempo e o espaço para que a aprendizagem ocorra. É relevante que haja o aprofundamento do conhecimento sobre as estratégias didáticas, a externalização e a elicitação de percepções a respeito dos objetivos do curso, assim como sua definição. Como a abordagem do DT é centrada no aluno, sugerem-se as perspectivas teóricas de Benjamin Bloom, revisitadas e atualizadas por Anderson *et al*.[41]

Joseph Novak,[42] a partir da perspectiva da aprendizagem significativa, afirma que são três os elementos mais importantes para que ela ocorra: o conhecimento prévio do estudante, a sua escolha em aprender e o quanto o material utilizado para a aprendizagem é significativo. No entanto, Ausubel[43] afirma que considerar o conhecimento prévio do aluno, ajustando o material e as estratégias de aprendizagem a essas características, é o elemento mais expressivo no ensino. É importante que na fase de concepção da Arquitetura Pedagógica (AP) seja definido um instrumento para levantamento do conhecimento prévio do estudante ao início da disciplina, que deve ser adequado ao conteúdo a ser estudado.

O aspecto organizacional está diretamente relacionado aos demais elementos, uma vez que essa dimensão antecede as demais. Nesse momento, são realizadas as reflexões a respeito dos objetivos de aprendizagem do curso, os aspectos relativos à avaliação de aprendizagem durante o processo, assim como a maximização do uso de experiências e conhecimentos prévios do aluno. A seguir, definem-se outros importantes elementos da AP: o conteúdo a ser trabalhado, a metodologia e os aspectos tecnológicos intervenientes.

12.2 Aspectos metodológicos e de conteúdo

A definição de materiais didáticos, ferramentas de aprendizagem, atividades, formas de comunicação e procedimentos de avaliação passa por escolhas do planejador e deve considerar como se dará o alinhamento entre os conteúdos programáticos da própria disciplina com conteúdos e práticas de DT. É importante tomar cuidado com o excesso de informações e mesclar ação e reflexão de forma consciente.

Com essa prerrogativa em mente, sugere-se que os alunos recebam informações a respeito da metodologia de aprendizagem ainda antes do início da disciplina. Essas informações devem ser gráficas e didáticas, levando em consideração que se quer oferecer um panorama estimulador, e não apenas informacional. Assim, vídeos, imagens, o *Human Centered Design – Kit* de ferramentas[44] e outras atividades relacionadas a aspectos de conteúdo ou do próprio DT podem ser enviados previamente. O primeiro encontro deve ser orientado para discutir a disciplina e levantar – se possível, mensurar – os conhecimentos prévios dos participantes.

Sugere-se também que nos primeiros encontros sejam realizadas vivências de DT, em torno de 40 minutos, em que se possa realizar o processo completo (Entender, Observar, Ouvir, Definir, Idealizar, Criar, Prototipar e Testar) dentro dos *mindsets* do DCH. O assunto a ser escolhido deve ser algo distante da realidade cotidiana dos participantes, a fim de que não se exaltem os ânimos e nem existam pessoas que se destaquem ou desejem controlar a atividade. Entre as sugestões de desafios possíveis para a vivência do processo, estão: como acabar com a fome na África; como resolver o problema de mobilidade urbana das grandes cidades brasileiras; criação de produtos sustentáveis de vestuário etc. O enfoque dessa vivência não está na resolução do problema, mas sim na experimentação do processo.

É importante associar o conteúdo e as perspectivas da disciplina à vivência do processo, uma vez que o DT pode ser utilizado em inúmeras disciplinas e perspectivas. A ideia principal é que os discentes, a partir de um desafio estratégico fornecido pelo professor (que estará intimamente ligado com o objetivo e conteúdo da disciplina que valerá para o semestre), vivenciem as etapas do DT e produzam colaborativamente (em grupos) um processo, produto ou serviço que contribua para o desenvolvimento social, organizacional e individual, que poderá ser apresentado ao final da disciplina para diferentes *stakeholders*, ou pessoas interessadas no desafio estratégico.[45]

O desafio estratégico orientará a elaboração das perguntas que o estudante fará durante as pesquisas de campo e posteriormente as soluções que irão desenvolver colaborativamente. "Um Desafio Estratégico, no DCH, é expresso por frases que tragam um senso de possibilidades. Por exemplo: Criar produtos de investimento e rendimento que são apropriados para as pessoas que vivem nas áreas rurais."[46] Ele deve ser elaborado em termos humanos (e não em tecnologia, produto ou funcionalidade de serviço), abrangente o suficiente para possibilitar que se descubram áreas de valor inesperado e específico o suficiente para tornar o desafio gerenciável.

O DT pode ser caracterizado pela relação iterativa e alinhada entre as etapas que vão desde o entendimento até a testagem. A cuidadosa coleta de informações sobre o problema, realizada nas etapas de entender e observar (Ouvir), propicia a base para se imaginar e avaliar possíveis soluções nas fases de definição e idealização (Criar), prototipagem e testes (Implementar).

A seguir, são discutidas cada uma das fases apresentadas anteriormente na Figura 1, incluindo uma reflexão de possíveis desafios e algumas ferramentas comumente utilizadas por equipes.

12.2.1 Entender (Ouvir)

Considerando a necessidade de compreensão a respeito do conteúdo e da aula, nesta fase, os alunos são levados a mergulhar e aprender sobre as questões relacionadas ao desafio estratégico. Conversas com especialistas, leitura de artigos, revisões bibliográficas e pesquisa em bases de dados podem auxiliar. Ressalta-se aqui o potencial que o uso de recursos tecnológicos oferece. Em determinados momentos, os alunos deverão dividir-se para buscar entendimento de variadas realidades relacionadas ao desafio estratégico, e os ambientes virtuais e ferramentas digitais irão possibilitar que compartilhem informações e interajam fora da sala de aula. As aulas dedicadas a essa etapa são oportunidades para intensas discussões e reflexões a fim de externalizar e elicitar[47] o que os estudantes já sabem a respeito dessa realidade, assim como trazer novas e atuais reflexões.

Os principais desafios dessa etapa relacionam-se com:

- aprofundamento suficiente pelos alunos na pesquisa a respeito do assunto;
- utilização dos conhecimentos prévios dos alunos;
- desequilíbrio na participação ou interesse dos alunos, em função de níveis de conhecimento muito variados sobre o assunto;
- acompanhamento e fornecimento de *feedback* acurado pelo docente.

Consideramos que o professor que adota um modelo pedagógico pessoal centrado no aluno tenha estratégias e instrumentos que possam ser utilizados nessas fases. No Quadro 2, são apresentados alguns exemplos de instrumentos adequados a esta etapa e que podem facilitar o trabalho do docente.

Quadro 2. Ferramentas adequadas à etapa Entendimento

Ferramenta/ Método	Procedência	Características
Definição do desafio estratégico	HCD Toolkit	Elaboração de frases que representem o desafio estratégico que orientará as perguntas que serão feitas na etapa Ouvir. As frases devem ser redigidas de tal maneira que apresentem possibilidades para o futuro. Exemplo: "Criar propostas educacionais que permitam que o aluno seja protagonista do processo de aprendizagem".
Avaliar conhecimento preexistente	HCD Toolkit	Documentação das informações prévias que a equipe possui sobre o desafio proposto. Identificar quais são as contradições ou tensões que surgem na apresentação das informações; onde o conhecimento da equipe é mais forte; onde estão as maiores necessidades de pesquisa; e quais categorias podem ser criadas para estruturar as futuras discussões.

Fonte: Adaptado de IDEO.[48]

12.2.2 Observar (Ouvir)

Esta é uma das fases mais importantes do processo, por estar diretamente relacionada com a empatia. Os estudantes falam com as pessoas sobre o que estão fazendo, fazem perguntas e refletem sobre o que veem. Entram em contato intensamente com a realidade vivida, procurando desenvolver genuína empatia e livrando-se de estereótipos e crenças prévias. Entre os métodos possíveis, estão: entrevistas individuais; entrevistas em grupo; imersão em contexto; autodocumentação; descoberta guiada pela comunidade ou organização estudada; entrevistas com *experts*; busca de inspiração em novos locais; e outros.[49,50] Torna-se relevante a triangulação intramétodo de dados, ou seja, a utilização de "múltiplas técnicas dentro de um mesmo método para coletar e analisar dados",[51] tratando-se no caso de dados qualitativos e subjetivos.

Este é um momento crítico na utilização de novas tecnologias, uma vez que os grupos farão o processo em seu dia a dia, mesclando a observação com sua vivência profissional. É de se supor que estejam distantes geograficamente e necessitem interagir, compartilhar achados e até entrevistar especialistas que estão do outro lado do mundo. Sugere-se aqui que o docente e o monitor – se houver – dediquem-se a acompanhar de perto o processo e reservem parte das aulas de conteúdo para orientar o andamento do trabalho, propiciando assim aos estudantes tempo para se reunir e discutir, além de evoluir e aprofundar o entendimento do trabalho com base nessa orientação.

As fases Entender (Ouvir) e Observar (Ouvir) do DT ajudam os alunos a desenvolver um senso de empatia com as situações reais, por isso, é de se esperar que os grupos acreditem que já têm a solução para esses problemas desde o momento inicial. Contudo, é relevante que todos sigam o *mindset* do DT (inclusive e sobretudo o docente responsável pela disciplina) e tenham consciência do processo, pois esta não é a fase de se supor ou buscar soluções.

Os principais desafios dessa etapa estão relacionados com:

- tempo dos estudantes dedicado a se aprofundar na realidade estudada;
- compreensão do *mindset* do DT;
- interesse dos participantes em estudar os materiais referentes à abordagem;
- tato e habilidade para realizar a entrevista empática;
- tempo que os entrevistados podem disponibilizar;
- criação adequada de ferramentas de planejamento de definição de *stakeholders*;
- uso da rede de contatos como uma fonte de pesquisa;
- acompanhamento e avaliação do processo por parte do docente.

Considerando as características e a relevância do desenvolvimento da empatia nessa etapa, no Quadro 3 são indicadas ferramentas que podem facilitar o processo.

Quadro 3. Ferramentas adequadas à etapa Observação

Ferramenta/ Método	Procedência	Características
a) Mentalidade de um iniciante b) Mente de um principiante	a) *Bootcamp Bootleg* b) *HCD Toolkit*	Aproximação da realidade das pessoas (*stakeholders*) impactadas pelo desafio estratégico sem julgar o contexto, as ações, as decisões ou problemáticas encontradas.
a) Identifique pessoas com quem conversar (*stakeholders*) b) Usuários extremos	a) *HCD Toolkit* b) *Bootcamp Bootleg*	Levantamento de informações dos sujeitos que serão objeto de pesquisa nas fases iniciais do DT. Esses participantes devem fazer parte dos diferentes grupos de usuários ou *stakeholders*. O trabalho dos alunos será enriquecido se o grupo for composto por pessoas que representem os "extremos", ou seja, aqueles que conhecem muito e aqueles que sabem pouco sobre o produto, serviço ou projeto contemplado no desafio estratégico.

Fonte: Adaptado de IDEO (2009)[52] e d.School (2011).[53]

12.2.3 Definir (Criar)

Esta é a fase em que é definido o problema a ser resolvido por cada equipe, a partir do ponto de vista do *stakeholder*. Geralmente, em um curso, o problema é dado logo no início aos estudantes. Neste caso, eles buscarão em grupo, de forma empática, um problema que emerge dos *stakeholders*.

O problema deve ser elaborado em formato de afirmação e ensejando reflexões a respeito de como se pode (Como podemos?) responder ao desafio estratégico. Nesse momento, é importante considerar quem são os seres humanos e suas necessidades para propor um problema a ser resolvido tendo por base os *insights* que emergiram das etapas anteriores. Essa definição é fundamental para criar soluções de sucesso.[54]

A partir daí, o processo será orientado a soluções inovadoras para o problema definido. Os desafios desta etapa estão relacionados com:

- entendimento dos participantes em relação à definição do problema;
- sentido e importância desta etapa, antes de se lançar à solução;
- ansiedade dos alunos em produzir algo concreto em uma fase abstrata;
- centralização do problema no ser humano;
- acompanhamento próximo pelo docente nesta etapa;
- clareza que cada grupo possui de que o conteúdo estudado na disciplina será associado ao problema descoberto para gerar uma solução dentro das lentes do DCH (desejo, viabilidade, praticabilidade).

O Quadro 4 apresenta ferramentas que podem auxiliar nessa etapa do processo, assim como indica suas respectivas fontes.

Quadro 4. Ferramentas adequadas à etapa Definição

Ferramenta/ Método	Procedência	Características
Encontrando temas	*HCD Toolkit*	Compilação das informações coletadas pelos diversos membros da equipe explorando as semelhanças, diferenças, inter-relações e ordenando as ideias em categorias. Essa ferramenta propõe que a equipe busque relações entre as categorias e que agrupe e reagrupe as informações coletadas e geradas das discussões da equipe.
Definição do enunciado do problema	*Bootcamp Bootleg*	Redação de uma frase que retrate o problema central que emergiu durante a compilação e interpretação dos dados coletados. Para redigir o enunciado do problema, a equipe pode seguir o modelo proposto: _____ (NOME DA PESSOA OU GRUPO DE PESSOAS) precisa(m) de _____ _____ (DESCREVER A NECESSIDADE DETECTADA) porque _____ _____ (INCLUIR OS PRINCIPAIS *INSIGHTS*).

Fonte: Adaptado de IDEO (2009)[55] e d.School (2011).[56]

12.2.4 Idealizar (Criar)

Nesta etapa, os estudantes são instigados a trazer alta quantidade de ideias para atender ao desafio estratégico a partir do conhecimento da realidade e desejo do usuário. Aconselha-se o uso intensivo de ferramentas como *brainstorming* (chuva de ideias) e a combinação de atividades remotas e presenciais. A abertura a ideias deve ser expressiva e, para isso, as fases iniciais podem ser facilitadas em sala de aula pelo docente.

Se as ideias não fluírem e não houver comprometimento e motivação dos alunos, pode ser necessário voltar às fases anteriores e checar se o problema foi definido adequadamente ou se há aspectos diferentes a serem entendidos e observados. Os desafios desta fase estão relacionados:

- à mentalidade de crítica e julgamento de ideias, em um momento em que tal postura é prejudicial;
- à ansiedade dos alunos julgar as ideias antes de proporcionar uma boa quantidade delas;
- à garantia de que o *mindset* do DT está sendo seguido e ao reforço de que os "deslizes" nesta etapa prejudicarão a próxima fase.

O Quadro 5 apresenta ferramentas que podem auxiliar no processo.

Quadro 5. Ferramentas adequadas à etapa Idealização

Ferramenta/Método	Procedência	Características
a) Criando áreas de oportunidade b) Questões "Como podemos...?"	a) *HCD Toolkit* b) *Bootcamp Bootleg*	Na criação de áreas de oportunidade os estudantes transformam os *insights* em soluções. As sessões de chuva de ideias (*brainstorming*) podem ser desencadeadas pela pergunta "COMO PODERÍAMOS?". As respostas dos membros da equipe devem enfocar nas oportunidades e *insights* que vislumbram como possíveis soluções para problema. Aqui o enfoque é a quantidade, e não qualidade, das ideias propostas.

Fonte: Adaptado de IDEO (2009)[57] e d.School (2011).[58]

12.2.5 Prototipar (Implementar)

Depois que a fase de idealização for realizada, é o momento de a equipe agrupar as ideias e verificar sua complementaridade, sempre com o cuidado para que a crítica não atrapalhe o processo de colaboração. Podem ser escolhidas, por exemplo, a ideia mais inovadora, a ideia mais eficiente, a mais radical e a favorita do grupo.

Logo em seguida a esse processo, devem ser escolhidas as ideias que serão colocadas em prática por meio da criação de um ou mais protótipos. Conforme Carroll *et al.*,[59] um protótipo pode ser um produto, um processo ou um serviço, representado por esboço ou modelo tridimensional de baixa resolução, feitos de diversos materiais, como papelão, massas de modelar ou papel. É uma forma de transmitir uma ideia rapidamente. *Storyboards*, diagramas, filmagens, *role-plays*, maquetes, páginas da internet e programas de computador são exemplos de protótipos possíveis.

A variedade de materiais é adequada na criação de protótipos, que possuem como objetivos testar e validar as soluções. É bom que as falhas apareçam nessa etapa do processo, à medida que se desenvolvem os protótipos.

A prototipagem de uma ou mais ideias é o trabalho central desta atividade, pois o protótipo permite a utilização de múltiplas linguagens sensoriais, uma vez que "tornar ideias tangíveis sempre facilita a comunicação".[60] No protótipo, percebem-se claramente os desafios e as oportunidades da cultura de experimentação. Em lugar de criticar uma ideia não compreendida perfeitamente, o pensamento deve ser estimulado por meio de perguntas como: "Por que não?". Depois de criados os protótipos, eles devem ser analisados por meio de ferramentas adequadas às lentes do DCH: desejo, praticabilidade e viabilidade.[61] No Quadro 6, apresentamos algumas ferramentas que podem facilitar a elaboração de protótipos.

Quadro 6. Ferramentas adequadas à etapa Prototipagem

Ferramenta/ Método	Procedência	Características
a) Protótipos para testagem b) Transformando ideias em realidade	a) *Bootcamp Bootleg* b) *HCD Toolkit*	Criação de protótipos que permitem que ideias e soluções se tornem tangíveis e sejam avaliadas pelos *stakeholders*. Protótipos não precisam ser necessariamente um objeto físico (ou o modelo físico de um produto). O importante é que permitam explorar ideias. Alguns exemplos de protótipos são: desenhos, teatro, diagramas, fluxogramas de processos, vídeos etc.
Prototipagem para empatia	*Bootcamp Bootleg*	Solicitar que o *stakeholder* prepare um protótipo que represente a solução que daria para determinado problema.

Fonte: Adaptado de IDEO (2009)[62] e d.School (2011).[63]

12.2.6 Testar (Implementar)

O objetivo da elaboração de protótipos, além de comunicar as ideias, é testar o seu alinhamento com as lentes do DCH. Por isso, testá-las é indispensável para o processo de DT na educação. É importante, no planejamento dos projetos, prever tempo para no mínimo uma testagem das ideias prototipadas.

Na abordagem do DT, são variados os *insights* que emergem durante a etapa de idealização e que são tangibilizados por meio dos protótipos. Esses *insights* podem ou não ser desejados pelos usuários finais, e tanto podem representar soluções inovadoras e adequadas, quanto não ser compreendidos e não percebidos como agregadores. Por isso, é imprescindível aos estudantes que não estejam apegados às suas ideias, a fim de ajustar e aperfeiçoar seu protótipo a partir da testagem. A cultura da prototipagem, dessa maneira, está relacionada à necessidade de ser altamente experimental,[64] o que depende de elicitar ideias e receber *feedback* de maneiras que ajudam a chegar a uma solução melhor do que a inicial.

A apresentação final dos protótipos pode ser um processo usual ao final da disciplina ou um evento que reúna especialistas da área, comunidade e outros docentes, com espaço para participação, *feedback* e novas ideias, envolvendo todos em um processo de colaboração criativa, com foco em soluções de problemas reais e próximos às realidades acadêmica e profissional.

Quadro 7. Ferramentas adequadas à etapa Testes

Ferramenta/Método	Procedência	Características
a) Coletando *feedback* b) Grade para coleta de *feedback*	a) *HCD Toolkit* b) *Bootcamp Bootleg*	Apresentação dos protótipos para os *stakeholders* a fim de ouvir o que têm a dizer sobre as soluções projetadas pela equipe. Uma das maneiras de coletar tais informações é pela aplicação da ferramenta Grade para coleta de *feedback*. A ferramenta solicita que o *stakeholder* responda às seguintes questões sobre o protótipo: (a) o que funcionou?; (b) o que pode ser aperfeiçoado?; (c) questões?; (d) ideias.

Fonte: Adaptado de IDEO[65] e d.School.[66]

A proposição da concepção e implementação dessa metodologia embasada no DT é sumarizada na Figura 3.

Por fim, é relevante reforçar a necessidade de regras claras desde o início do curso para todos os *stakeholders*, por meio de planejamento prévio adequado, clareza do que se deseja obter e comunicação efetiva entre todos os participantes.

Aspectos organizacionais

- uma disciplina da graduação da área das ciências sociais aplicadas com duração de um semestre e no mínimo um encontro presencial por semana;
- considerar o currículo e o projeto pedagógico do curso, assim como as competências previstas em diretrizes e avaliações externas;
- planejar materiais, espaços e estratégias;
- escolher a teoria educacional que vai embasar o trabalho;
- planejar a avaliação de conhecimentos ou competências prévias;
- planejar a divisão de conteúdos da disciplina e a prática do *Design Thinking* (ex.: metade das aulas para o conteúdo e metade para praticar o DT e orientar o projeto final).

Método, conteúdo e tecnologia

- dividir parte do tempo das aulas para exposições, apresentações e discussões e para as atividades de *Design Thinking* (Conteúdo de DT + Conteúdo específico da disciplina);
- lançar o desafio estratégico (DE) relacionado com o conteúdo da disciplina;
- seguir as etapas do *Design Thinking*.

ENTENDER
- compreensão do tema da aula;
- instrumentos: leitura de artigos, revisões bibliográficas e pesquisa em bases de dados podem auxiliar intensas discussões e reflexões a respeito do assunto principal da aula.

OBSERVAR
- desenvolvimento do senso de empatia com as situações reais e pessoas-chave;
- realização do processo de acordo com o *mindset* do DT;
- instrumentos de pesquisa qualitativa.

DEFINIR
Aqui se define o problema.
- *Empathy-Map*;
- *Role-Play*;
- *Personas*;
- entendimento dos problemas, necessidades e desafios vivenciados pelo *stakeholder* avaliado.

TESTAR
- mínimo de um teste do protótipo;
- elicitar e receber *feedback* dos *stakeholders*;
- estar aberto a mudanças e melhorar a solução inicial.

PROTOTIPAR
- tornar ideias tangíveis;
- produtos, processos, serviços, *storyboards*, diagramas, filmagens, maquetes, *site* e *software*;
- lentes do DCH: desejo, praticabilidade e viabilidade.

IDEALIZAR
- *brainstorning* presencial e remoto;
- foco na quantidade de ideias;
- evitar a crítica a respeito das ideias;
- garantir um ambiente propício à criatividade e à cocriação.

Avaliação

- a avaliação de conhecimento deve ocorrer durante e ao final do processo;
- sugere-se apresentação do protótipo após o teste: especialistas da área, conumidade e outros docentes, com espaço para participação, *feedback* e novas ideias.
- referências possíveis: conhecimento prévio e o agregado; respeito pelo prazo e a conclusão das etapas; o protótipo final e o alinhamento com o *mindset* do DT;
- sugestões: plataformas coletivas de conhecimento, elaboração de artigos em forma de estudo de caso avaliativo, pesquisas-ação, entre outras possibilidades adequadas ao contexto de cada curso e projeto pedagógico.

Fonte: Elaborada pelos autores.

Figura 3. Proposta de concepção e implementação do DT como metodologia de aprendizagem

13. Considerações finais

Neste capítulo, exploramos e exemplificamos como o DT pode ser adotado como estratégia de ensino-aprendizagem em diferentes ambientes educacionais. Ficou evidente que, para incorporar a abordagem em cursos e programas que já possuem uma estrutura curricular predefinida, é preciso integrar, de forma coesa e articulada, aspectos fundamentais do processo educacional, como: metodologias de ensino, estratégias de aprendizagem e modelos avaliação de aprendizagem individual e coletiva.

Em nossa experiência, temos visto que um dos grandes desafios de professores que implementam projetos de DT em sala de aula e ambientes *on-line* é a organização do tempo entre aulas, em que conteúdos curriculares são abordados e atividades colaborativas embasadas nas estratégias e processo do DT são propostas. Além disso, o desenho e a implementação de atividades avaliativas que deem conta de capturar a riqueza do processo de construção de conhecimentos vividos por alunos que aprendem com DT também são bastante desafiadores e demandam bom senso e prática por parte do professor.

Em vista disso, recomendamos que professores que desejam começar a adotar o DT em contextos educacionais iniciem com a aplicação de algumas estratégias de *design* (como entrevista empática, persona, *brainstorming*) e, depois que estiverem mais seguros com a gestão do tempo e condução das atividades em sala de aula e ambientes *on-line*, proponham para uma turma-piloto o desenvolvimento de um projeto completo a partir da abordagem. Temos visto que o DT é engajador e apreciado pelos estudantes, que assumem um papel ativo em sua aprendizagem enquanto buscam soluções para problemas reais. Isso pode transformar aulas regulares em vivências transformadoras.

2 Aprendizagem cooperativa no Ensino Superior: contribuições da *Team-Based Learning* (TBL)

SIDNEI CELERINO DA SILVA
FATIMA EDUARDA SCHMITK COLLE
DENIZE CAVICHIOLI
ROBERTO FRANCISCO DE SOUZA

Nada de novo que seja realmente interessante surge sem colaboração.

James Watson (Prêmio Nobel de Medicina)

Capítulo 2

1. Introdução

As metodologias ativas agrupam estratégias de ensino e aprendizagem disponíveis aos educadores, dentre elas, a aprendizagem baseada em equipes, conhecida como *Team-Based Learning* (TBL). A TBL tem por objetivo criar oportunidades e proporcionar benefícios com a aplicação de atividades em pequenos grupos de aprendizagem, de modo a formar equipes de trabalho no mesmo espaço físico, ou seja, a sala de aula.

O método TBL assessora o professor no trabalho com a mobilidade do conhecimento do aluno, que é motivado a desenvolver novas habilidades, construídas conjuntamente pelas pessoas envolvidas. Convidamos o leitor a conhecer os princípios propostos pela TBL e como aplicá-la em sala de aula.

2. O que é a *Team-Based Learning* (TBL)?

A TBL originou-se no final da década de 1970, nos cursos da área de gestão da Universidade de Oklahoma, como estratégia implementada pelo professor Larry Michaelsen para o atendimento de classes numerosas. Compreender a dinâmica de pequenos grupos e sua transformação em equipes de aprendizado de alto nível, por meio da TBL, foi objeto de seus esforços por um longo período.[1] Esses esforços defendem a concepção de que o poder da TBL advém do nível de coesão e de confiança que pode ser desenvolvido dentro das equipes, a partir de um conjunto de princípios e práticas que são essenciais para esse processo de transformação.[2]

O seguimento de tais princípios e práticas é a essência para o bom andamento dos trabalhos desenvolvidos com a TBL, pois as tentativas de implementação malsucedidas dessa estratégia de ensino, quase sempre, advêm da omissão ou da alteração desses elementos.[3] Os quatro princípios essenciais da aprendizagem baseada em equipe e algumas das possíveis consequências de sua alteração ou omissão são apresentados no Quadro 1.

A formação de equipes para a TBL, compostas por cinco a sete membros, segue basicamente três premissas: (1) tornar o processo transparente para que todos os alunos saibam como eles acabaram em uma equipe específica; (2) distribuir "os recursos" para uma equipe da forma mais uniforme possível, atribuindo membros com características ativas e passivas de aprendizagem e com características distintas no que tange ao nível de conhecimento específico (distribuindo em equipes distintas, por exemplo, aqueles com conhecimento teórico mais avançado); (3) compor equipes diversificadas, isto é, com equilíbrio de gênero, entre outras características, buscando evitar a junção de parentes, amigos e cônjuges na mesma equipe, deixando os membros tomarem conhecimento de que todas as equipes possuem diversidade).[4,5] Recomenda-se a adoção de inventários de estilos de aprendizagem, como forma de alcançar maior heterogeneidade entre os membros da equipe.

Quadro 1. Princípios da TBL

Princípios	Possíveis consequências da alteração ou omissão do princípio
Os grupos devem ser adequadamente formados e gerenciados.	A ausência de heterogeneidade dos membros das equipes interfere no desenvolvimento e coesão do grupo, afetando a oportunidade de transformação para equipes de aprendizado; os membros devem permanecer na mesma equipe durante todo o curso/disciplina, caso contrário, a coesão coletiva do grupo, no decorrer das atividades, ficará comprometida.
Os estudantes devem ser responsáveis pela qualidade do seu trabalho individual e em grupo.	A falta de preparação prévia coloca limites claros à aprendizagem individual e ao desenvolvimento da equipe, prejudicando o desenvolvimento da coesão, pois aqueles que se esforçam para estar preparados ressentirão de ter de carregar seus pares (efeito carona). A ausência de um meio eficaz de avaliação do desempenho individual e dos grupos contribui para a ausência de responsabilidade dos membros em contribuir para a evolução da equipe.
Os estudantes devem receber *feedback* frequente e oportuno.	A ausência de *feedback* dificulta o processo de aprendizagem e retenção do conteúdo e, consequentemente, afeta o desenvolvimento da equipe.
As tarefas em equipe devem promover o aprendizado e o desenvolvimento da equipe.	A maioria dos problemas relatados com grupos de aprendizagem é resultado direto de atribuições de tarefas inapropriadas ao grupo. A razão pela qual as atribuições de grupo produzem problemas consiste em tarefas estruturadas de forma que os estudantes trabalhem sozinhos em vez de trabalharem com o grupo. Ou seja, tarefas que podem ser divididas entre os membros da equipe devem ser evitadas.

Fonte: Adaptado de Michaelsen;[6] Michaelsen e Sweet.[7]

A responsabilização dos membros das equipes pela preparação individual e pelo desempenho da equipe, bem como a avaliação precisa das contribuições dos membros para o sucesso das equipes, constitui-se como a pedra angular do sucesso da TBL, já que os indivíduos, as equipes e o professor são claramente responsáveis por se comportarem de maneira a promover o aprendizado. Os alunos são responsáveis por comparecer

O professor é responsável por fornecer aos alunos a base cognitiva que eles precisarão para lidar com os problemas que enfrentarão na prática.

às aulas, preparar-se previamente e investir tempo e esforço na equipe. O professor é responsável por fornecer aos alunos a base cognitiva que eles precisarão para lidar com os problemas que enfrentarão na prática, inclusive no que tange à avaliação dos membros e das equipes, por meio de ferramentas como a avaliação entre pares, pois sua utilização torna os alunos responsáveis pelos membros de suas equipes e possibilita o aprendizado sobre como dar *feedback* construtivo.[8,9,10]

3. Gerenciando os objetivos educacionais por meio das etapas da TBL

Além dos princípios, alguns aspectos práticos são essenciais para o sucesso na implementação da TBL, entre eles, o planejamento das atividades. O planejamento necessário envolve a tomada de decisões relacionadas aos objetivos instrucionais.

> *A criação de um curso com a utilização da TBL requer um design retroativo, isto é, planejamento voltado ao que os professores almejam para quando os estudantes terminarem o curso.*

Para tanto, a criação de um curso com a utilização da TBL requer um *design* retroativo, isto é, planejamento voltado ao que os professores almejam para quando os estudantes terminarem o curso, para, então, pensar sobre o que os acadêmicos precisam saber. Ao imaginar um contexto real, com detalhes sobre como esse egresso está executando seus afazeres, será possível a organização do curso em unidades, a utilização do tempo para construção do conhecimento aplicado e a elaboração de critérios para as avaliações.[11]

Esse planejamento deve estar pautado nas etapas da TBL que compõem o *Readiness Assurance Process* (RAP), ou Processo de Garantia de Preparação, em que cada atividade deve ser pensada e projetada para desenvolver a compreensão dos alunos sobre o conteúdo do curso e aumentar a coesão do grupo por uma estruturação adequada e *feedback* imediato, conforme apresentado na Figura 1.

O TBL tem uma sequência instrucional de três fases principais:

1. preparação pré-classe, na qual os acadêmicos fazem a leitura do material selecionado para a unidade instrucional;
2. garantia de preparo, que consiste na resolução do Teste de Garantia de Preparo Individual (denominado iRAT) e Teste de Garantia de Preparo em Equipe (denominado gRAT);
3. aplicação de conceitos, quando os estudantes aplicam os conceitos do assunto na resolução de exercícios práticos.[12,13]

A segunda fase, denominada garantia de preparo, é composta de quatro etapas, quais sejam:

Repetir em cada unidade instrucional principal, ou seja, 5-7 por curso

Preparação	Garantia de preparo	Aplicação de conceitos
Pré-classe	Feedback diagnóstico	
	45–75 minutos do tempo de aula	1–4 horas de aula

1. Estudo individual
2. Teste individual
3. Teste em equipe
4. Apelação por escrito (das equipes)
5. Feedback do professor
6. Atividades orientadas

Fonte: Adaptada de Michaelsen e Sweet.[14]

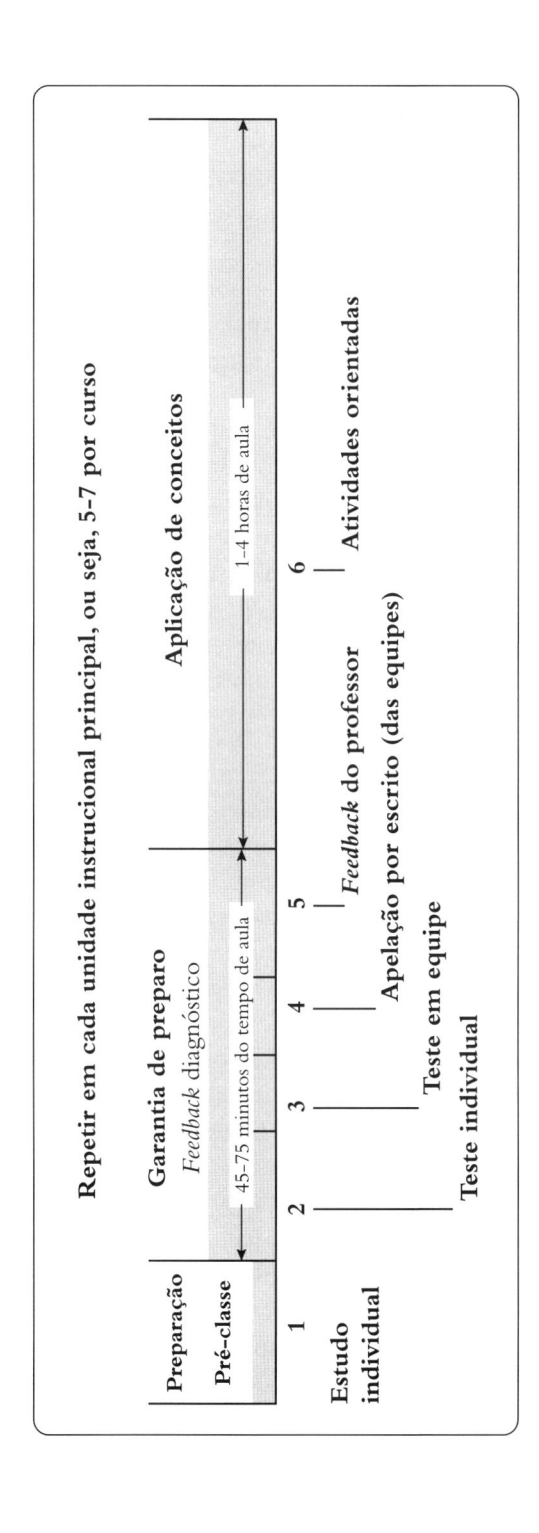

Figura 1. Etapas da TBL – sequência de atividade instrucional

a) o Teste de Garantia de Preparo Individual (iRAT), que consiste na resolução por parte dos estudantes de um teste curto e de múltipla escolha elaborado com base nos materiais de preparação;
b) o Teste de Garantia de Preparo em Equipe (gRAT), elaborado após a entrega dos testes individuais, que consiste na aplicação do mesmo teste da etapa iRAT para os grupos que deverão chegar ao consenso das respostas e receber *feedback* imediato sobre seu desempenho (IF-AT);
c) a apelação, que é a etapa na qual as equipes podem defender suas respostas marcadas como incorretas por meio de uma apelação por escrito, elaborada a partir dos materiais do curso, em uma declaração argumentativa clara e com evidência citada dos materiais de preparação;
d) o *feedback* do professor, que consiste em uma palestra esclarecedora imediatamente após o processo de recursos, na qual o professor, tendo por base as informações das pontuações do gRAT, esclarece qualquer dúvida ou confusão que possa ter ocorrido em relação aos conceitos apresentados nas leituras.[15,16] A estratégia ideal na etapa de *feedback* do professor é conduzir uma discussão de classe em que as equipes que responderam corretamente às perguntas desafiadoras possam explicar como chegaram a suas respostas, ou apresentar uma minipalestra corretiva e explicativa, caso as explicações dos estudantes sejam insuficientes.[17]

Em síntese, em um curso sob os moldes da TBL: os acadêmicos são estrategicamente organizados em grupos permanentes; o conteúdo do curso é organizado em unidades principais, normalmente de cinco a sete unidades; antes de qualquer trabalho em aula, os acadêmicos devem estudar os materiais designados previamente; cada unidade começa com o Processo de Garantia de Preparação (RAP), que consiste em um breve teste sobre as principais ideias das leituras que os acadêmicos realizam; em seguida, eles fazem o mesmo teste em equipe, chegando a um consenso sobre as respostas da equipe. Os acadêmicos recebem o *feedback* imediato sobre o referido teste, seguido da oportunidade de escrever apelações com argumentos válidos para reconsideração de questões que foram respondidas de forma errada. O passo final do RAP é o esclarecimento, por parte do professor, a partir de uma curta exposição acerca de quaisquer percepções errôneas constatadas durante o teste da equipe, momento em que a unidade de aprendizado é direcionada à realização de tarefas em sala de aula que exigem o uso prático dos conteúdos do curso, ou seja, a aplicação de conceitos.[18]

Na etapa denominada iRAT, o formulário para preenchimento das respostas deve possibilitar que os acadêmicos façam suas apostas (com pontuações de 0 a 4 pontos) para cada alternativa (A, B, C, D), de acordo com a confiança em sua resposta. Havendo dúvidas sobre as alternativas, o estudante pode apostar, de forma que sua resposta final possa apresentar várias combinações, diminuindo sua pontuação em comparação a assinalar apenas a resposta correta.[19,20]

Na etapa denominada gRAT, que consiste na resolução do mesmo teste em grupo, o formulário de resposta deve conter o *feedback* imediato (IF-AT®), que possibilita

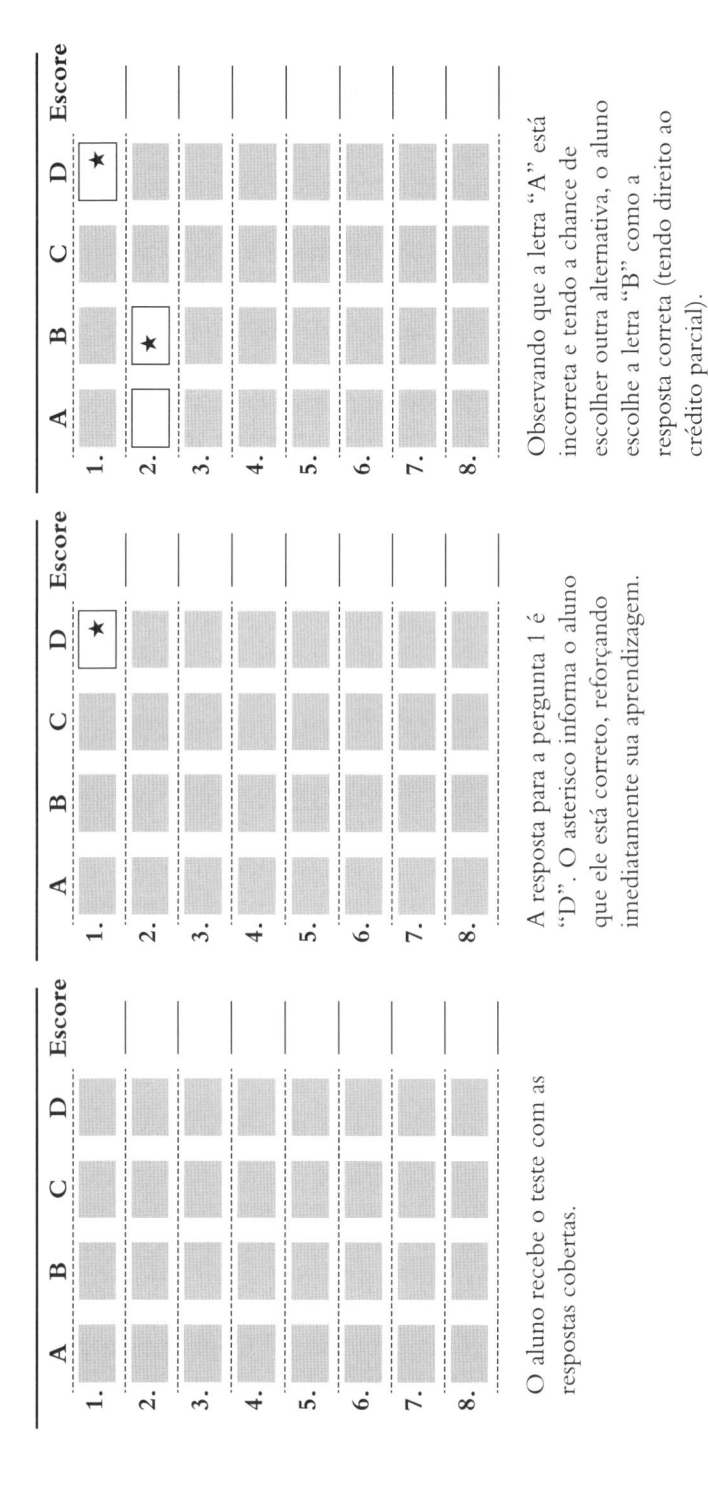

O aluno recebe o teste com as respostas cobertas.

A resposta para a pergunta 1 é "D". O asterisco informa o aluno que ele está correto, reforçando imediatamente sua aprendizagem.

Observando que a letra "A" está incorreta e tendo a chance de escolher outra alternativa, o aluno escolhe a letra "B" como a resposta correta (tendo direito ao crédito parcial).

Fonte: Adaptada de Epstein Educational Enterprises, Cincinnati (www.epsteineducation.com).

Figura 2. Cartão de *feedback* imediato

que os alunos raspem a cobertura de uma das quatro caixas em busca da marca que indica a resposta correta, conforme apresentado na Figura 2.

Ao encontrarem a marca na primeira tentativa, os alunos recebem crédito total, caso contrário, sua pontuação é reduzida, sendo que quatro etiquetas raspadas equivalem a 0 ponto. O *feedback* imediato permite aos membros dos grupos perceberem imediatamente seus equívocos, eliminando a possibilidade de que poucos membros possam dominar as discussões em equipe.

O RAP é considerado a espinha dorsal da TBL,[21,22] pois fornecer uma maneira prática de garantir que, mesmo em turmas numerosas, os estudantes sejam expostos a um alto volume de *feedback* imediato, seguido da oportunidade de aprofundar seu entendimento usando os conceitos aprendidos para resolver algum tipo de problema, aspecto considerado na aplicação de conceitos, que deve ser elaborada com vistas à promoção de discussões, à tomada de decisões práticas e ao compartilhamento de suas conclusões de uma forma comparativa entre equipes. A projeção das atribuições da equipe, nessa etapa, também é considerada uma tarefa desafiadora.[23,24]

Por um lado, a TBL proporciona postura proativa dos estudantes, com engajamento e desenvolvimento de habilidades de negociação e resolução de conflitos, competências esperadas no perfil dos egressos e objetivos da maioria dos cursos; por outro, cresce a responsabilidade do corpo docente na organização dos conteúdos, construção dos testes e atividades de aplicação de conceitos, pois impropriedades (não cobrir os conceitos principais do assunto nas questões, estrutura ampla ou muito restrita dos casos práticos) nessa etapa geram prejuízo em todo o processo de aprendizagem. Ou seja, como enfatizado anteriormente, muito investimento deverá ser feito na preparação do material de aprendizagem, na seleção das leituras e atividades preparatórias e na elaboração dos testes.

> *Muito investimento deverá ser feito na preparação do material de aprendizagem, na seleção das leituras e atividades preparatórias e na elaboração dos testes.*

4. Tipos de aprendizagem e organização dos conteúdos

Traçando um paralelo com a aprendizagem cooperativa, pode-se dizer que a TBL possui, em sua essência, **todas as características para o fortalecimento e implantação de um processo de aprendizagem cooperativo**, principalmente em virtude de considerar que a mera divisão de alunos em grupo não resulta, necessariamente, em esforços cooperativos.[25] **O primeiro passo para o aumento do uso da aprendizagem cooperativa nas universidades consiste na compreensão dos modos pelos quais ela pode ser usada e incentivada em salas de aula das faculdades.**

A TBL tem a capacidade de solucionar alguns dos maiores problemas encontrados por educadores, que são a necessidade de que os estudantes compreendam um volume crescente de conteúdos e que saibam como utilizá-los para solucionar problemas na sua vida profissional, a necessidade de que os estudantes desenvolvam habilidades interpessoais sofisticadas para que possam trabalhar de forma efetiva em equipes interdisciplinares e a habilidade de trabalhar em turmas grandes.[26]

Estudos em geral apresentam que a TBL auxilia no desenvolvimento de pensamento crítico, resolução de problemas e aprendizagem aprofundada sobre determinada questão ou tema, se comparada com aulas expositivas tradicionais, possibilitando a retenção do material em longo prazo, o que geralmente ocorre quando o aprendizado ativo é realizado.

Um dos elementos práticos da TBL é a aplicação de atividades que promovem o pensamento crítico e o desenvolvimento de equipe. Os autores apresentam três benefícios que a TBL proporciona aos alunos: (1) as posições que eles estão defendendo são verdadeiramente autênticas; (2) consistente com todas as abordagens de melhores práticas, desde que não desanimem e desistam, os alunos aprendem mais com as questões que enfrentam ao se tornarem mais difíceis; (3) como a TBL explora explicitamente o poder das equipes reais, os professores são capazes de fornecer tarefas de decisão que demandariam esforço excessivo para estudantes resolverem individualmente, ou muito difíceis para a maioria dos grupos de aprendizagem.[27]

Por isso, os conteúdos que contemplam os princípios de uma aprendizagem cooperativa[28] são adequados de acordo com a sequência instrucional da TBL, mediante a elaboração de questões que promovam o pensamento crítico e aprofundado dos estudantes em cumprimento aos 4S para elaboração dos exercícios da TBL: *Significant Problem* (Problema Significativo); *Same Problem* (Mesmo Problema); *Specific Choice* (Escolha Específica); *Simultaneous Report* (Relatório Simultâneo). Pode-se afirmar, inclusive, que a elaboração das questões é considerada o calcanhar de Aquiles da TBL em sua aplicação na área de negócios, assunto abordado com maior profundidade na seção "Preparação e experiência do docente" deste capítulo.

> *4S para elaboração dos exercícios da TBL: Significant Problem (Problema Significativo); Same Problem (Mesmo Problema); Specific Choice (Escolha Específica); Simultaneous Report (Relatório Simultâneo).*

A partir da sequência instrucional da TBL, o conteúdo a ser trabalhado pode ser organizado de acordo com o período avaliativo institucional. O Quadro 2 apresenta a adequação de conteúdo para um bimestre da disciplina de Pesquisa em Contabilidade II, ministrada no curso de Ciências Contábeis.

Quadro 2. Adequação dos conteúdos para aplicação da TBL

Período de avaliação: bimestral		
Conteúdo global	Divisão do conteúdo	Sequência instrucional aplicada
Elementos essenciais da pesquisa e do trabalho científico.	Abordagens e tipologias de pesquisa – (rodada 1).	Envio de material via Ambiente Virtual de Aprendizagem (AVA) para preparação pré-classe dos acadêmicos; seguido do iRAT, gRAT, apelação e *feedback* do docente; Aplicação de Conceitos.
	Formulação de hipóteses – (rodada 2).	
	Tipos de delineamento de pesquisa – (rodada 3).	
	Estrutura e revisão de artigos – (rodada 4).	

Fonte: Elaborado pelos autores.

Observou-se que o conteúdo global do bimestre foi subdividido em quatro rodadas de aprendizagem:

1. abordagens e tipologias de pesquisa;
2. formulação de hipóteses;
3. tipos de delineamentos de pesquisa;
4. estrutura e revisão de artigos.

Cada rodada contemplou a aplicação da sequência instrucional da TBL nas três fases principais:

1. preparação pré-classe;
2. iRAT, gRAT, apelação e *feedback* do docente;
3. aplicação de conceitos.

A etapa 2 ocorreu sem consulta ao material, enquanto a etapa 3 abrangeu atividades em classe e extraclasse e consulta ao material. Um ponto a ser destacado é que a adequação dos conteúdos se dará a partir da necessidade do docente no que tange ao cumprimento dos conteúdos elementares, bem como o objetivo de aprendizagem planejado para a disciplina/curso. Nada impede a flexibilização dos conteúdos e a aplicação da metodologia em rodadas únicas.

5. Perfil de aluno

Na aplicação da TBL, além dos cuidados na construção das questões e formas de aplicação dos conceitos, não se pode desconsiderar o perfil dos estudantes, particularmente na área de negócios, em que predominam cursos noturnos e a presença do estudante-trabalhador, que tem o estudo como atividade principal, mas que deve conciliá-la com o trabalho a partir das etapas avançadas do curso, e do trabalhador-estudante, que tem o trabalho como atividade predominante e o concilia com a dedicação ao estudo, em geral realizado no período noturno. Ou seja, ambos cumprem jornadas de oito horas, chegam cansados do trabalho, do transporte e outras agitações pessoais e com a alimentação deficiente.[29] Nessa perspectiva, se, por um lado, os estudantes apreciam a variação das estratégias de ensino, por outro, compete ao corpo docente considerar o contexto do estudante no processo de aprendizagem e na adoção de metodologias ativas, sem desconsiderar a preferência por aulas expositivas e resolução de exercícios, bem como predomínio de perfil passivo em sala.[30] A compreensão do perfil e da realidade dos estudantes possibilita a identificação das características para a composição das equipes heterogêneas. Critérios como notas alcançadas em períodos ou bimestres/semestres anteriores, vínculos e nível de comprometimento dos alunos podem ser utilizados na formação das equipes, fazendo com que surjam relacionamentos entre indivíduos com distintos níveis cognitivos e de comprometimento.

> *Compete ao corpo docente considerar o contexto do estudante no processo de aprendizagem e na adoção de metodologias ativas.*

O professor precisa estruturar a disciplina em uma amplitude maior quando trabalha com TBL, se comparada a metodologias tradicionais, enquanto o aluno também tem que se preparar melhor para as aulas e desenvolver o hábito de leitura. Eis o elemento crucial para o alcance dos objetivos educacionais propostos com a utilização da modalidade didática TBL: a leitura prévia, ou hábito de leitura. Essa é a principal dificuldade dos estudantes de Ciências Contábeis no andamento das aulas com a utilização da TBL, a superação da resistência cultural ao hábito de leitura.[31]

O trabalho em grupos tem obviamente um grande potencial, porém, são apresentados pesquisas e relatos de estudantes que denotam alguns pontos negativos do uso da TBL: alguns alunos realizam todo o trabalho e, ao final, todos têm a mesma nota; muitos alunos não se importam com a tarefa recebida; outros encontram dificuldades para encontros do grupo fora da sala de aula e nem todos os integrantes podem comparecer.[32] Enfatizam que parte dos professores precisam aprender sobre as diferentes formas de usar pequenos grupos em seu ensino e aprender como avaliar. Outra desvantagem que pode ser destacada é a resistência à metodologia, tanto de alunos quanto de professores.[33] A aplicação da TBL cria a necessidade de comparecer às aulas para que possa participar das discussões; afinal, nas aulas, não há somente o conteúdo ministrado pelo professor e recebido de forma passiva – é preciso desenvolver a capacidade de raciocínio para a resolução de problemas reais.[34]

Outro obstáculo para a adoção da TBL é a compatibilidade da abordagem pedagógica do adotante com a cultura organizacional dominante, por exemplo, a participação com maior envolvimento ativo dos alunos pode ser considerada negativamente por eles. Alguns, inclusive, podem se ressentir do rigor da frequência regular, preparação prévia, permanência nas equipes e responsabilidade por sua aprendizagem.[35,36,37]

O perfil do estudante do ensino superior contemporâneo e seu comprometimento com sua educação são fatores fundamentais na aprendizagem com o uso de qualquer modalidade didática, principalmente as modalidades ativas. Desse modo, a implementação da TBL requer estudo, planejamento e sensibilidade do docente.

6. Preparação e experiência do docente

A implantação bem-sucedida da TBL possui estreita ligação com a aplicação total dos princípios e práticas que envolvem desde o planejamento da unidade de ensino até a formação dos grupos e a aplicação de conceitos. Ressalte-se, porém, que uma dessas práticas, em especial, além de ser pouco considerada na literatura, constitui-se ainda como parte daquilo que é considerado como **espinha dorsal da TBL: a elaboração das tarefas ou questões que embasarão as sequências instrucionais da TBL.**

A elaboração das questões é considerada o calcanhar de Aquiles da TBL, principalmente na área de negócios, além de ser integrante do que é tido como a espinha dorsal da TBL, o RAP.[38,39,40] Questões mal elaboradas que não contemplam totalmente o conteúdo interferem no desenvolvimento de coesão e confiança nos grupos, por não estimularem discussões e trocas de ideias. Além disso, um *feedback* imediato deficitário, seguido de uma aplicação prática que não oportuniza o aprofundamento do entendimento dos conceitos, prejudica o processo de aprendizado. Ou seja, questões mal concebidas influenciam todo o processo, tendo em vista que omitem ou alteram elementos tidos como essenciais para o sucesso da TBL e, consequentemente, não possibilitam o alcance dos objetivos de aprendizagem necessários para o desenvolvimento do estudante.

> *A elaboração das questões é considerada o calcanhar de Aquiles da TBL, além de ser integrante do que é tido como a espinha dorsal da TBL, o RAP.*

A literatura sobre TBL recomenda a elaboração de exercícios que promovam o pensamento profundo dos estudantes e a discussão engajada com o conteúdo, pois a utilização de tarefas bem planejadas proporciona o

aprendizado entre os membros da equipe, concomitante à confiança no valor de se trabalhar em equipe. Em cada um dos estágios, a literatura recomenda que os alunos sejam submetidos à resolução de tarefas desenvolvidas a partir do que é chamado de 4S, já mencionadas anteriormente e apresentadas detalhadamente no Quadro 3.

Quadro 3. 4S para elaboração de exercícios da TBL

S	Encaminhamentos
Problema Significativo (*Significant Problem*)	O problema base selecionado para um exercício de aplicação deve ser semelhante a um problema encontrado na vida real, que, uma vez possuindo uma ligação clara entre o conteúdo e sua aplicação prática, se tornará significativo. A chave para identificar o que será significativo para os estudantes é a utilização do *design* retroativo.
Mesmo Problema (*Same Problem*)	Todos os grupos devem estar trabalhando no mesmo problema. A atribuição de diferentes exercícios para os grupos acarreta a perda da possibilidade de discussão para o aprendizado. Além disso, os grupos não devem escolher seus problemas.
Escolha Específica (*Specific Choice*)	Quanto mais específica for a pergunta, melhor o aprendizado, pois uma questão específica requer análise mais profunda e contribui para que a equipe trabalhe conjuntamente para avaliar o exercício criticamente e fazer um julgamento sobre a situação apresentada.
Relatório Simultâneo (*Simultaneous Report*)	Quando todos os grupos são solicitados a entregar suas respostas a uma pergunta ao mesmo tempo, a coesão do grupo aumenta. O uso de problemas difíceis aumenta o potencial para desentendimentos que podem levar a discussões, tornando as equipes mais coesas ao se reunirem numa tentativa de defender sua posição. Além disso, o envolvimento dos estudantes nas discussões do grupo faz com que eles percebam que, no caso de não acertar, não será possível se esconder, pois o envolvimento público simultâneo com uma escolha específica aumenta tanto a aprendizagem quanto o desenvolvimento da equipe.

Fonte: Adaptado de Michaelsen e Sweet;[41] Parmelee e Michaelsen.[42]

Embora esses quatro procedimentos forneçam algumas orientações (limitadas) sobre como usar os exercícios, a lacuna literária de auxílio à criação de exercícios contribui para a ausência de desenvolvimento de discussões sobre o assunto, uma vez que praticamente nenhum exercício preparado e testado para uso nas sequências instrucionais da TBL está disponível. A literatura sobre TBL apresenta abordagem rica sobre todas as demais etapas ou práticas no processo, mas a maior e, possivelmente, a mais significativa lacuna sobre como administrar um processo de aprendizagem baseada em equipe é o desenvolvimento adequado de exercícios para a disciplina, com vistas ao atingimento dos objetivos de aprendizagem almejados.[43]

Objetivando amenizar o problema, os autores sugerem que o desenvolvimento de exercícios para a TBL, na área de negócios, tenha como base as seguintes decisões:

a) Quais são os resultados desejados para aprendizagem (*design* retroativo)?
b) Quantos exercícios serão associados a cada unidade de material?
c) Qual será a profundidade de cada exercício?
d) Quantas perguntas serão associadas a cada exercício?

Tais perguntas, uma vez respondidas pelo professor, auxiliam a escolha ou a preparação de exercícios apropriados para discussão e tomada de decisões.

Ainda segundo os autores, há quatro meios viáveis para o desenvolvimento de exercícios adequados:

1. casos;
2. notícias;
3. episódios personalizados;
4. simulações.[44]

Um caso propício para a TBL apresenta algumas características: é relevante e interessante; desafia os alunos a processar informações em níveis mais altos de complexidade cognitiva; exige que os estudantes cheguem a uma escolha específica; e pede que as equipes defendam sua escolha. As notícias utilizadas no objetivo de ensino podem ser de fontes relevantes, como jornais que publicam assuntos sobre a área de negócios, e, aliadas a questões conceituais e ferramentas, capacitam os estudantes à aplicação dos conceitos práticos na última etapa sequencial. Os episódios personalizados consistem na utilização de uma reportagem ou evento que chamou a atenção do professor e está relacionado à unidade de estudo, possibilitando a inspiração para criação de um exercício personalizado baseado em algum fato relevante. As simulações podem incluir exercícios específicos para um conjunto de questões ou pode ser a base para perguntas durante todo o período de aplicação da TBL.[45]

A elaboração das questões como lacuna importante para implementação da TBL acentua-se em razão da lógica por trás do aprendizado baseado em equipe, que se difere da aprendizagem cooperativa. A TBL requer a reconfiguração de todo o curso do começo ao fim, antes mesmo de começar o período letivo,[46,47] e na aprendizagem cooperativa as atividades de grupo são usadas dentro de uma estrutura de curso preexistente.[48,49,50] Ao mudar uma abordagem de ensino, a carga de trabalho do professor também muda, em razão do planejamento e da reconfiguração da disciplina, da elaboração dos testes, do *feedback* e da escolha do material de leitura prévia. Tais percepções são úteis para que as instituições de ensino forneçam apoio administrativo aos professores, como ajustamento da carga de trabalho e treinamentos adicionais para utilização da TBL.[51,52]

Para finalizar, outro cuidado relacionado à elaboração das questões para as etapas sequenciais da TBL consiste na seleção de materiais adequados para preparação prévia dos estudantes, em razão da sobrecarga de trabalho de autoestudo dos alunos,[53] que também pode influenciar o sucesso da implementação da TBL, já que, no contexto brasileiro, é comum os acadêmicos dos cursos das áreas de negócios, que são sobretudo estudantes-trabalhadores e trabalhadores-estudantes, relatarem falta de tempo para leitura.[54] Embora alguns estudos[55,56,57] alertem sobre a possibilidade de os alunos ressentirem-se de rigores da frequência regular, preparação prévia, permanência nas equipes e responsabilidade por sua aprendizagem, a experiência pessoal leva-nos a salientar que a ausência de estudo prévio dos materiais por parte dos acadêmicos, sem dúvida, constitui-se como grande limitador do sucesso da implementação da TBL na área de negócios. Ressalte-se, porém, que, a dinâmica da aula é um ponto forte da TBL, tendo em vista que os estudantes perceberam contribuições no aprendizado e no fortalecimento do comprometimento com os estudos.[58]

O comprometimento e a experiência do docente no planejamento dos objetivos, organização dos conteúdos, construção das questões e aplicação dos conceitos, mais a observação dos princípios e etapas da TBL, serão um diferencial no nível de aprendizagem e desenvolvimento dos estudantes, mesmo que o tempo e o perfil do estudante da área de negócios seja um desafio crescente para a formação profissional no século XXI.

7. Tempo disponível para cada rodada da TBL

O planejamento do tempo disponível deve considerar os conteúdos descritos na ementa do curso, os objetivos previstos no plano de ensino e a sequência instrucional da TBL e suas fases. O Quadro 4 sintetiza o planejamento e execução do assunto em cada rodada.

Quadro 4. Exemplo de aplicação da TBL

Etapas	Tempo previsto
Teste de Garantia de Preparo Individual	25 min
Teste de Garantia de Preparo em Equipe	35 min
Feedback e aprofundamento do professor	30 min
Teste de aplicação dos conceitos	1h 30 min

Fonte: Elaborado pelos autores.

O Teste de Garantia de Preparo Individual (iRAT) demanda entre 20 e 25 minutos. O tempo estimado para leitura da questão projetada e resposta no gabarito é de 1min30s a 2min30s. No Teste de Garantia de Preparo em Equipe (gRAT), as questões podem ser entregues em formulário impresso para os estudantes sob a determinação de que a sua resolução seja realizada em no máximo 35 minutos. Em geral, os testes, individual e em equipe, abrangem dez questões cobrindo os principais conceitos do conteúdo. A fase de *feedback* das respostas e aprofundamento dos assuntos duvidosos demandam, em média, 30 minutos. O teste de aplicação de conceitos envolve a resolução de casos práticos, e sua resolução, quando realizada em classe, demanda em média 1 hora e 30 minutos. Essa última etapa poderá ser iniciada em sala, com possibilidade de consulta aos textos-base e outros, levada para o estudo extraclasse e concluída em sala, com fechamento e entrega do relatório e discussão das respostas. Em síntese, o processo é dinâmico, depende da complexidade e abrangência do assunto e do nível de questionamentos durante o *feedback* do docente e discussão das questões. Portanto, facilmente, cada rodada demanda, **no mínimo, quatro horas-aula em sala**.

8. Estrutura física para aplicação da TBL

A aplicação da TBL não exige adequações complexas do espaço físico existente nas salas de aulas contemporâneas. Mesmo em locais que não possuam projetor multimídia e acesso à internet, é possível aplicar a TBL. Basta efetuar alguns ajustes no que se refere à apresentação das questões na etapa iRAT, por meio da entrega das questões individualmente com tempo estipulado de entrega do gabarito com as respostas, e correção manual ao final da etapa gRAT, o que pode ser feito a partir da estrutura oferecida por uma equipe de apoio ou de autocorreção e correção por pares, em razão da necessidade do *feedback* imediato nessa etapa. Em síntese, o ponto crucial para adequação na estrutura física é o agrupamento dos acadêmicos em equipes de cinco a sete membros, o que não exige necessariamente um ambiente projetado para isso.

No caso de ambientes que oferecem projetor multimídia e acesso à internet, a aplicação das questões do iRAT pode ser feita mediante a projeção destas com tempo cronometrado e posterior correção. Ainda, equipamentos tecnológicos como computadores, *tablets* ou celulares com internet na sala de aula possibilitam a apresentação das questões via Ambientes Virtuais de Aprendizagem (AVAs) e a correção automatizada das questões elaboradas para cada fase da sequência instrucional da TBL, inclusive no que diz respeito ao envio ou disponibilização dos materiais para a fase de preparação pré-classe dos acadêmicos. Cabe ressaltar, ainda, que aplicativos de avaliação em tempo real (como, por exemplo, *Plickers*) tornam-se úteis para o levantamento das questões do gRAT, que necessitam de aprofundamento.

9. A TBL é mais adequada para conteúdos teóricos ou práticos?

Embora a TBL seja usada na estruturação de cursos inteiros na área da saúde, a experiência relatada foi na aplicação da estratégia em turmas do quarto ano do curso de Ciências Contábeis na disciplina Pesquisa em Contabilidade II, em um bimestre, ou seja, após compreensão do perfil e da realidade dos estudantes. Observou-se que uma característica peculiar da utilização da TBL na área de negócios, mais especificamente no curso de Ciências Contábeis, consiste na dificuldade de sua aplicação em disciplinas práticas. A utilização da TBL apresenta-se como uma alternativa válida para o encaminhamento de disciplinas ou conteúdos teóricos. Isso se dá em razão da dinâmica presente no Processo de Garantia de Preparação (RAP) no que tange à resolução de testes de múltipla escolha, que são elaborados a partir das principais ideias das leituras realizadas pelos acadêmicos.

Ou seja, os conteúdos conceituais necessitam ser integrados às duas fases principais da sequência instrucional da TBL, quais sejam: (1) preparação pré-classe: com a seleção do material que os acadêmicos vão ler para resolução dos testes; (2) garantia de preparo: com questões elaboradas a partir do material selecionado para resolução do iRAT e do gRAT. Somente na última fase da TBL que ocorrerá a aplicação de conceitos, que envolve a aplicação dos conteúdos conceituais na resolução de exercícios práticos.

Ainda que a experiência com a TBL relatada na disciplina Pesquisa em Contabilidade II tenha ocorrido com a utilização de conteúdos teóricos e com a aplicação dos conceitos em cada rodada, há também relatos positivos de experiências brasileiras nas disciplinas do curso de Sistemas de Informação nos anos 2014 e 2015[59] e relatos internacionais. Estudos relatam que a TBL foi utilizada por professores nos Estados Unidos da América (EUA) nas disciplinas de Química, Finanças, Geografia, Ciência Política e Trabalho Social. Os resultados mostraram que a TBL não só aumentou a autoconsciência dos alunos de sua aprendizagem, mas também revelou que os alunos tinham uma afinidade para metodologia, muitas vezes preferindo TBL em cursos tradicionalmente estruturados.[60] Em Contabilidade, há relatos de aumento do nível de satisfação dos alunos na Bélgica e Austrália.[61]

Cabe a cada docente variar as estratégias de ensino para que as aulas sejam mais dinâmicas. Portanto, em toda disciplina que apresente conteúdo teórico, que oriente e permita questionar a prática, é oportuna a adoção da TBL em conteúdos específicos, ou com abrangência parcial ou total da disciplina.

10. Processo de avaliação

Etimologicamente, *avaliar* é estimar o valor. Ainda que no processo de avaliação sejam usados números, tais números resultam de um processo de interpretação. A avaliação é subsidiária de uma interpretação, a qual, por sua vez, depende de teorias ou do contexto. Assim, ganham relevância dois caminhos no processo de avaliação: o planejamento e uma vigorosa dimensão ética no trabalho do professor.[62]

Quanto aos direcionamentos do planejamento da avaliação, essa é um ato subsidiário do processo de construção da aprendizagem satisfatória e ao desejo que o aluno cresça e se desenvolva.[63]

Nesse contexto, o processo de avaliação é complexo, pois envolve elementos como conhecimento, medidas a serem adotadas e valor atribuído em cada avaliação; logo, o planejamento, a transparência, a coerência e o *feedback* são fundamentais na construção da avaliação. Na aplicação da TBL, a literatura sugere uma estrutura de pontuação dividida da seguinte forma: 20% atribuída ao iRAT, 20% ao gRAT e 40% à aplicação de conceitos. Portanto, a pontuação é projetada para maximizar a preparação dos estudantes individualmente e na colaboração dos mesmos em sua equipe.[64]

A avaliação entre pares é uma possibilidade. Nela, os parâmetros observados devem incluir a contribuição dos membros da equipe em termos de aprendizagem, comunicação e habilidades interpessoais. Adicionalmente, é um incentivo para que os alunos contribuam positivamente para a aprendizagem do grupo, fornecendo um *feedback* qualitativo e quantitativo para os membros da equipe.[65]

Nas experiências com a aplicação da TBL, a avaliação ocorreu em todas as etapas. Portanto, foram atribuídas três notas em cada rodada, de acordo com as fases da sequência instrucional da TBL (iRAT, gRAT e aplicação de conceitos). A média das notas de cada rodada compôs a nota final, que representou 50% da nota do bimestre. Não foi adotada a avaliação por pares.

A literatura orienta que nos testes de garantia de preparo individual sejam atribuídas pontuações de 0 a 4 para cada questão, conforme a confiança que o aluno tenha em sua resposta e o cartão de *feedback* imediato, apresentado na Figura 2, para o gRAT.[66]

Para tornar didática a medida adotada nas experiências com a TBL, para cada questão do teste de garantia de preparo individual e em equipe, os estudantes tinham dez pontos, os quais poderiam ser atribuídos a uma alternativa, em caso de certeza, ou, em caso de dúvidas, divididos entre quantas julgassem adequadas, conforme modelo de cartão de resposta (Quadro 5). As questões, em geral, apresentavam enunciado e quatro alternativas para julgamento sobre o assunto.

No gRAT, para registro das respostas, foram adotados critério e cartão semelhante ao apresentado no Quadro 5. A distinção estava no cabeçalho (Cartão de resposta em equipe) e na identificação da etapa (Etapa 2: garantia de preparo em equipe). A correção dos cartões ocorreu rapidamente durante as aulas e, em seguida, o *feedback* das respostas, com ênfase nos pontos duvidosos. Além disso, em caso de questionamento ou impropriedades na estrutura das questões, os estudantes foram orientados a fazer a apelação fundamentada e foi concedido o prazo de cinco dias para envio das fundamentações por *e-mail*.

Caso adotada a avaliação entre pares, essa pode representar entre 10% e 20% da nota e requerer a justificativa da nota atribuída aos membros, podendo ocorrer em cada rodada da TBL. Se por um lado na TBL há orientação que os problemas da equipe sejam resolvidos entre os membros, por outro, esse processo e a justificativa possibilitam ao docente acompanhar o que está ocorrendo em cada equipe.

Quadro 5. Modelo de cartão de resposta individual

TEAM-BASED LEARNING (TBL) – CARTÃO DE RESPOSTA INDIVIDUAL					
Nome: _____ Equipe nº _____					
Conteúdo: _____					
Etapa 1: Garantia de preparo individual/*individual readiness assurance test* **(iRAT)**					
Instruções: cada questão vale dez pontos e você deve indicar um total de dez pontos em cada linha. Pode colocar dez pontos em uma só alternativa ou, se estiver inseguro sobre a resposta, pode dividir os dez pontos em mais de uma alternativa. Exemplo: Questão 1: cinco pontos atribuídos na alternativa A e cinco na alternativa D. A nota será atribuída pelo professor no ato da correção, conforme o acerto.					
	A	B	C	D	Nota
1					
2					
3					
4					
5					
6					
7					
8					
9					
10					
Nota final:					

Fonte: Elaborado pelos autores.

11. Como a tecnologia pode contribuir na aplicação da TBL?

A integração da TBL com recursos tecnológicos pode ocorrer em todas as fases da sequência instrucional dessa estratégia de ensino. Ambientes Virtuais de Aprendizagem podem facilitar o processo de aplicação do iRAT e da aplicação de conceitos. Também pode ser uma ferramenta válida para o envio dos materiais aos acadêmicos para preparação pré-classe e, igualmente, para postagem de recursos na fase de apelação. Aplicativos de avaliação em tempo real (como, por exemplo, *Plickers*) podem ser úteis após a aplicação do gRAT, tendo em vista o levantamento instantâneo das questões que necessitam de maior aprofundamento dos assuntos duvidosos por parte do docente na etapa de *feedback* das respostas.

É digno de nota que, para aplicação do iRAT e gRAT, a literatura da TBL recomenda a utilização dos formulários de *feedback* imediato IF-AT®, que podem ser encomendados no *site* www.epsteineducation.com. Autores enfatizam que esses formulários apresentam diferentes padrões de respostas corretas, impedindo a memorização por parte dos estudantes. Além disso, proporcionam ao professor uma chave para encontrar as respostas corretas em determinado conjunto de formulários.[67]

12. Aplicação da TBL na área de negócios

A aplicação da TBL na disciplina de Pesquisa II em Contabilidade abrangeu quatro unidades ou assuntos previstos para o bimestre: abordagens e tipologias (rodada 1); formulação de hipóteses (rodada 2); tipos de delineamentos de pesquisa (rodada 3); e estrutura e revisão de artigos (rodada 4). Inicialmente, foi apresentada a modalidade didática TBL aos alunos e formada as equipes heterogêneas, conforme critérios descritos na seção "Perfil de aluno".

Em cada rodada foram aplicados três testes, sendo o Teste de Garantia de Preparo Individual (iRAT), Teste de Garantia de Preparo em Equipe (gRAT) e de aplicação de conceitos, segundo determinado pela sequência instrucional da TBL. Foi utilizado AVA (Moodle® – *Modular Object-Oriented Dynamic Learning Environment*) para postagem dos materiais antes das aulas. A leitura antecipada foi estimulada.

O Quadro 6 sintetiza o planejamento e execução do assunto, efetuados em cada rodada.

Quadro 6. Exemplo de aplicação da TBL

Etapas	Atividades planejadas e executadas	Tempo previsto
Teste de Garantia de Preparo Individual	Foram elaboradas dez questões cobrindo os principais conceitos do conteúdo, sendo projetadas e o tempo para resposta no cartão variou de 1min30s a 2min30s.	25 min
Teste de Garantia de Preparo em Equipe	Em equipes, os estudantes receberam a prova impressa e uma via do cartão de respostas e resolveram as mesmas questões.	35 min
Feedback e aprofundamento do professor	Após o *feedback* das respostas, o docente aprofunda os assuntos duvidosos e debate pontos complexos.	30 min
Teste de aplicação dos conceitos	A aplicação dos conceitos envolveu casos resolvidos em classe e extraclasse, mediante consulta ao material.	1h 30 min

Fonte: Elaborado pelos autores.

Na **aplicação do Teste de Garantia de Preparo Individual** (iRAT), foram demandados 20 e 25 minutos. Para otimizar o uso de recursos da universidade, as questões foram projetadas e o tempo para leitura e registro da resposta no cartão cronometrado. Entretanto, foram considerados a complexidade das questões e o ritmo dos alunos. Em geral, foram necessários 1min30s a 2min30s por questão. O modelo de cartão de resposta e critério de registro foram aqueles descritos na seção "Processo de avaliação".

A seleção do material para a unidade instrucional deve ser adequada à preparação prévia dos estudantes, alinhada aos objetivos de aprendizagem propostos e aos conteúdos exigidos nos testes de garantia de preparo. Por exemplo, um capítulo de livro, um artigo científico ou, até mesmo, um material elaborado pelo docente sobre o assunto. O ponto-chave nesse quesito é que o material instrucional apresente os conceitos que são trabalhados na etapa de aplicação. A partir desse material são elaboradas as questões para as etapas da TBL. No iRAT, as questões devem contemplar o enunciado e quatro alternativas para julgamento sobre o assunto.

Considerando que a elaboração das questões é tida como calcanhar de Aquiles na aplicação da metodologia, o Quadro 7 apresenta exemplos de questões que foram elaboradas durante a aplicação da TBL na disciplina de Pesquisa em Contabilidade II, na rodada 1: abordagens e tipologias de pesquisa, sendo que, para cada questão, a resposta (Verdadeiro – **V** – ou Falso – **F**) é mostrada em seguida.

Quadro 7. Exemplo de questões

	1. Luiz Jamelão é um acadêmico do curso de Ciências Contábeis e profissional da área de custos. Ele necessita de orientações metodológicas para a elaboração de uma pesquisa científica. Oriente-o de forma a explanar sobre as tipologias de pesquisa quanto aos objetivos. Leia as sentenças abaixo e assinale a alternativa que contém as melhores orientações para o Luiz Jamelão em seu trabalho de pesquisa:	
I	A classificação quanto aos objetivos pode ser: exploratória, descritiva, explicativa, quantitativa e qualitativa.	F
II	A pesquisa exploratória é utilizada quando se almeja conhecer determinado assunto ainda pouco estudado e objetiva tornar determinada temática mais clara a partir de uma visão geral do fenômeno estudado.	V
III	A pesquisa descritiva exige uma delimitação precisa dos métodos e teorias que orientarão a coleta e interpretação dos dados. Essa tipologia de pesquisa difere-se da explicativa, principalmente pela abordagem do problema, que, na pesquisa descritiva, é predominantemente quantitativa, enquanto na explicativa a abordagem qualitativa propicia a profundidade almejada em pesquisas dessa tipologia.	V

(continua)

Capítulo 2

(continuação)

IV	A pesquisa exploratória tem como objetivo descrever as características de determinada população, estabelecendo, com profundidade, relações entre variáveis.	F
V	A pesquisa explicativa identifica os fatores que contribuem ou determinam a ocorrência dos fenômenos. Nas ciências naturais, as pesquisas explicativas valem-se geralmente do método experimental e, nas ciências sociais, recorre-se a outros métodos observacionais, embora as pesquisas explicativas não sejam tão comuns quanto as exploratórias e descritivas na Contabilidade.	V

Pode-se afirmar que:

a) I, IV e V estão corretas.
b) II, III e V estão corretas.
c) I, II, III e V estão corretas.
d) somente a II está correta.

2. Ainda mais interessado sobre metodologia da pesquisa, Jamelão explana: "Tenho dois temas de interesse. O primeiro consiste em investigar (1) qual o impacto da revogação da Resolução 750/93 nas obrigações societárias de uma concessionária de veículos de grande porte? E ainda: (2) quais os impactos econômicos e patrimoniais após a crise de 2008 nas empresas de grande porte listadas na bolsa de valores?" Resumidamente, você definiu as seguintes características da pesquisa quanto aos objetivos, procedimentos e abordagem do problema para orientar o Luiz Jamelão em relação aos problemas 1 e 2, respectivamente, ASSINALANDO A ALTERNATIVA CORRETA:

A	(1) Pesquisa explicativa; estudo de caso e com abordagem predominantemente qualitativa; (2) Pesquisa descritiva; documental e com abordagem quantitativa.	V
B	(1) Pesquisa exploratória; levantamento ou *survey* e com abordagem quantitativa; (2) Pesquisa explicativa; participante e com abordagem predominantemente quantitativa.	F
C	(1) Pesquisa descritiva; bibliográfica e com abordagem qualitativa; (2) Pesquisa exploratória; experimental e com abordagem quantitativa.	F
D	(1) Pesquisa explicativa; documental e com abordagem qualitativa; (2) Pesquisa descritiva; estudo de caso com abordagem quantitativa.	F

Fonte: Elaborado pelos autores.

As questões podem ser elaboradas com a escolha de alternativas verdadeiras ou falsas (exemplificado na questão 1), ou alternativas corretas ou incorretas de um conjunto de questões a serem avaliadas (exemplificado na questão 2).

Na fase do **Teste de Garantia de Preparo em Equipe** (gRAT), os estudantes receberam a prova impressa e uma via do cartão de respostas. Aproximadamente 35 minutos foram usados para esta etapa da TBL. Para evitar memorização de respostas, as questões do teste individual devem ser embaralhadas na fase do gRAT. A correção dos gabaritos dessa etapa é feita rapidamente durante as aulas e em seguida é dado o *feedback* das respostas pelo professor, com ênfase nos pontos duvidosos. Nas fases dos testes de garantia de preparo individual e em equipe, os estudantes não podem consultar os materiais. A interação entre os membros da equipe foi rica, e os estudantes, em geral, debateram seriamente cada questão.

A **fase de *feedback* das respostas e aprofundamento dos assuntos duvidosos** demandou, em média, 30 minutos. Os cartões de respostas foram corrigidos, conforme o ritmo de entrega, e assuntos percebidos como mais difíceis pelos alunos foram explorados nesse momento. Em caso de impropriedades na estrutura das questões ou na compreensão dos conceitos, os alunos foram orientados a elaborar a apelação por escrito e foi concedido prazo de cinco dias para envio do apelo por *e-mail*. O aprofundamento de assuntos duvidosos ocorreu com uso do quadro ou do projetor de multimídia. Em geral, a participação dos estudantes no debate é profícua.

A **aplicação de conceitos** foi desenvolvida por meio de casos extraídos de artigos científicos publicados em congressos e revistas. Em geral, foram utilizados de dois a três casos, com questões objetivas e dissertativas. A fonte foi informada para que os estudantes tivessem acesso aos artigos. Discussão ou orientações foram iniciadas em sala, e a resolução ocorreu extraclasse com fechamento em sala. Todos os grupos resolveram os mesmos casos. Após a entrega, os resultados foram debatidos em sala e as dúvidas foram esclarecidas.

13. Considerações finais

A experiência na área contábil demonstrou que a dinâmica da aula é um ponto forte da TBL, e os estudantes perceberam contribuições no aprendizado e no fortalecimento do comprometimento com os estudos.[68] Outro resultado observado foi no desenvolvimento de habilidades pessoais, interpessoais e de comunicação dos estudantes. Entre as habilidades, aparece o estímulo ao exercício da dúvida, ao fortalecimento da interação e à negociação de soluções e de acordos, o estímulo para a discussão em equipe e para a defesa de visões em situações formais, habilidades requeridas na gestão e liderança de trabalhos em equipes.[69] O desenvolvimento das habilidades intelectuais, funcionais e de gestão organizacional foi percebido pelos participantes, com a evolução no raciocínio e na análise crítica, na percepção do risco assumido em cada atividade e no aprimoramento da capacidade de discernimento e julgamento da equipe e das atividades em cada rodada. Tais habilidades são essenciais no cenário de riscos, incertezas, mudanças e complexidade crescente no mundo dos negócios.[70]

O mundo do trabalho no século XXI requer a postura de aprender a aprender e aprender continuamente.[71] Não basta que cada um acumule no começo da vida determinada quantidade de conhecimentos da qual irá se abastecer indefinidamente. É necessário estar à altura de aproveitar e explorar, do começo ao fim da vida, todas as ocasiões de se atualizar, aprofundar e enriquecer esses primeiros conhecimentos e de se adaptar a um mundo em mudança.[72]

Em síntese, uma nova concepção de educação – que abranja o aprender a conhecer, fazer, conviver e ser – devia fazer com que todos pudessem descobrir, reanimar e fortalecer o seu potencial criativo, ou seja, revelar o tesouro escondido em cada um de nós. Isso pressupõe ultrapassar a visão puramente instrumental da educação, considerada como a via obrigatória para obter certos resultados (saber-fazer, aquisição de capacidades diversas, fins de ordem econômica) e considerá-la em toda a sua plenitude: realização da pessoa que, na sua totalidade, aprende a ser.[73]

Nessa perspectiva, posturas passivas, aprendizagem reprodutivista, visão reduzida a fins econômicos, à nota e ao diploma acentuaram a lacuna entre formação, mundo do trabalho e perspectivas sociais do século XXI. Compete aos docentes e estudantes a reflexão e a ação na construção de processos de formação mais significativos, cooperativos e adequados aos tempos presentes, e as metodologias ativas podem contribuir nessa revolução. Não podemos manter o modelo tradicional e achar que, com poucos ajustes, dará certo. Os ajustes necessários são profundos, pois são mudanças de foco: aluno ativo e não passivo, professor orientador e não transmissor.[74] Vamos investir tempo e esforço para alcançar essa nova visão de educação? Sim! E valerá a pena!

3 Sala de Aula Invertida – *Flipped Classroom*

ELISABETH DE OLIVEIRA VENDRAMIN
JOÃO PAULO RESENDE DE LIMA

> *O principal objetivo da educação é criar pessoas capazes de fazer coisas novas e não simplesmente repetir o que as outras gerações fizeram.*
>
> Jean Piaget

Capítulo 3

1. Introdução

A estratégia Sala de Aula Invertida ganhou corpo no ano de 2007, quando os professores de ciências Jonathan Bergmann e Aaron Sams[1] resolveram aplicar uma técnica diferenciada para ensinar química aos seus alunos. Os professores observavam uma enorme dificuldade de aprendizagem dos alunos, ocasionada principalmente pelas faltas constantes às aulas, tendo em vista um contexto particular que enfrentavam na Woodland Park High School, no Colorado, nos Estados Unidos. A escola ficava situada em um ambiente considerado rural, o que atrasava a chegada dos alunos, especificamente quando tinham compromissos ligados ao esporte ou a outra atividade que praticavam.

As faltas constantes levavam os alunos a sempre questionar os professores sobre o que haviam perdido na última aula. Por entender que as faltas não eram culpa dos alunos, os professores acabavam repetindo as lições, para que eles pudessem ter total entendimento das lições anteriores e seguir para as próximas. Entretanto, esse processo de repetição tomava muito tempo dos professores. Na tentativa de resolver tal situação e otimizar o tempo, começaram a gravar suas aulas em vídeo e disponibilizar em um ambiente *on-line*. Assim, cada vez que um aluno viesse questionar sobre o que havia perdido na última aula, a orientação era visitar o *website*, assistir ao vídeo e, caso ainda restasse alguma dúvida, voltar a procurar os professores.

Os vídeos fizeram o maior sucesso! Os alunos faltosos conseguiam se inteirar do conteúdo, os que assistiram à aula presencial acessavam os vídeos como forma de revisar o conteúdo e tirar alguma dúvida que surgisse, e todos os alunos podiam usar os vídeos como recurso para estudar para os exames.

Fora do ambiente da Woodland Park High School, os vídeos também começaram a fazer sucesso. Como eram públicos, alunos e professores de todo mundo acessavam os vídeos, se beneficiavam do conteúdo e escreviam *e-mails* para Bergmann e Sams contando sua experiência e agradecendo pelo material.

Paralelamente ao sucesso de visualização dos vídeos, Sams tinha um grande incômodo em sua trajetória docente. Ele percebia que os alunos tinham dificuldades ao desenvolver suas lições de casa, quando deveriam pensar sobre a aplicação prática dos conceitos aprendidos em aula. Em casa, quando mais necessitavam da presença do professor para tirar dúvidas e buscar direcionamentos, era justamente o momento em que os alunos não tinham acesso ao professor. Assim surgiu a estratégia Sala de Aula Invertida. Sams propôs a Bergmann que gravassem todas as aulas em vídeo e que, como lição de casa, os alunos assistiriam aos vídeos. As aulas presenciais seriam usadas para tirar dúvidas sobre os conceitos que

> *As aulas presenciais seriam usadas para tirar dúvidas sobre os conceitos que não ficaram claros e para a aplicação de atividades.*

não ficaram claros e para a aplicação de atividades. Ao adotarem esse formato, os professores perceberam que puderam cobrir todo o conteúdo com folga, o que no formato tradicional nunca havia sido possível.

Agora podemos compreender a origem do nome desta estratégia de ensino: a organização da sala de aula foi invertida. Atividades que rotineiramente eram feitas em sala de aula passaram a ser feitas em casa, enquanto as atividades que rotineiramente eram feitas em casa passaram a ser feitas em sala de aula. Os conceitos são passados aos alunos antes do início da aula, por meio do uso de alguma tecnologia de informação e comunicação (TIC), e o tempo em sala de aula é usado para dúvidas, discussões, atividades em grupo ou individual, dinâmicas, laboratório, entre outros recursos. A ideia é aproveitar a presença do professor para aquelas atividades nas quais sua presença é decisiva.

A Sala de Aula Invertida é um tipo de ensino que conhecemos como ensino híbrido, tendo em vista que proporciona atividades que são feitas a distância e atividades que são feitas de forma presencial. Esse tipo de ensino é nominado *Blended Learning*, ou simplesmente *b-learning*, em uma derivação do *Electronic Learning* ou *e-learning*, no qual todas as atividades são feitas a distância.

> *Sala de Aula Invertida é um tipo de ensino híbrido, tendo em vista que proporciona atividades que são feitas a distância e atividades que são feitas de forma presencial.*

2. Objetivos educacionais

A estratégia Sala de Aula Invertida está baseada nos conceitos pedagógicos da Aprendizagem para o Domínio (no inglês, *Mastery Learning*), corrente proposta por Bloom[2] que defende que todo e qualquer aluno possui potencial para aprender, desde que todas as condições necessárias para a aprendizagem lhe sejam fornecidas. Dessa forma, caso a aprendizagem não ocorra, a falha estará no processo de identificação das reais necessidades dos alunos por parte do professor ou da escola.

Identificar as reais necessidades de cada aluno não nos parece tarefa fácil! Tal processo se aproxima de um ensino individualizado, no qual o professor consegue detectar as particularidades de cada aluno matriculado, fornecer atividade e material de apoio que sejam capazes de instruir tal aluno em um tempo flexível e que todo esse processo se adapte ao ritmo de cada aluno. Assim, à medida que o aluno vai realmente aprendendo determinado conteúdo, ele está apto a avançar nos módulos seguintes da disciplina. Ou seja, o aluno vai ficar em um conteúdo até dominá-lo, quando, então, passará para o próximo. Estudos[3] têm demonstrado a efetividade da Aprendizagem para o Domínio, principalmente os efeitos de melhoria de aprendizagem observados em alunos tidos como mais fracos em termos de notas e na atitude dos alunos em relação ao curso.

Capítulo 3

Estudiosos da Sala de Aula Invertida[4] defendem que existe uma diferenciação entre Sala de Aula Invertida e Aprendizagem Invertida, e que inverter a sala de aula não necessariamente vai levar à inversão da aprendizagem. Para que os dois processos ocorram, é necessário que o professor, ao inverter a sala de aula, assuma os quatro pilares fundamentais para estruturar sua disciplina, são eles: (i) ambiente flexível; (ii) cultura de aprendizagem; (iii) conteúdo intencional; e (iv) educador profissional. Esses pilares estão detalhados no Quadro 1, que explica o que é cada um e quais ações devem ser tomadas pelo professor.

Quadro 1. Pilares da Sala de Aula Invertida

Pilares	O que é?	Ações
Ambiente flexível *(F) Flexible environment*	A Aprendizagem Invertida permite uma variedade de modos de aprendizagem. Os educadores reorganizam fisicamente os espaços de aprendizagem a fim de proporcionar melhor acomodação dos alunos durante as mais variadas atividades em sala, em grupo ou individual. Os educadores devem criar espaços flexíveis nos quais os alunos escolhem quando e onde aprender. Além disso, os educadores devem ser flexíveis em suas expectativas quanto ao cronograma dos alunos no que tange a aprendizagem e a avaliação.	■ Estabelecer espaços e prazos que permitam que os estudantes interajam e reflitam sobre sua aprendizagem. ■ Observar e monitorar continuamente os alunos, no intuito de fazer ajustes quando necessário. ■ Oferecer aos alunos maneiras diferentes de aprender o conteúdo e de demonstrar domínio.
Cultura de aprendizagem *(L) Learning culture*	No modelo tradicional centrado no professor, o professor é a principal fonte de informação. Na estrutura invertida, a abordagem é centrada no aluno e o tempo em sala de aula é usado para que os tópicos sejam aprofundados e que se criem ricas oportunidades de aprendizagem. Como resultado, os estudantes estão ativamente envolvidos na construção do conhecimento, à medida que entendam o processo como algo pessoalmente significativo.	■ Fornecer aos alunos oportunidades de se envolver em atividades significativas, sem que o professor seja a figura principal. ■ Apoiar essas atividades e torná-las acessíveis a todos os alunos por meio de individualização e *feedback*.

(continua)

(continuação)

Pilares	O que é?	Ações
Conteúdo intencional *(I) Intentional content*	Educadores da Aprendizagem Invertida pensam continuamente em como podem usar o modelo para ajudar os alunos a desenvolver a compreensão conceitual, bem como a fluência processual de todo processo de aprendizagem e seu conteúdo. Eles determinam o que precisam ensinar e quais materiais os alunos devem explorar por conta própria. Os educadores usam o conteúdo intencional para maximizar o tempo de sala de aula, a fim de adotar métodos e estratégias de aprendizagem ativa, centradas no aluno, de acordo com o nível de ensino e assunto.	■ Priorizar os conceitos usados na instrução direta para os alunos acessarem sozinhos. ■ Criar e/ou cuidar de oferecer conteúdo relevante (tipicamente vídeos) para os alunos. ■ Diferenciar-se para tornar o conteúdo acessível e relevante a todos os alunos.
Educador profissional *(P) Professional educator*	O papel do educador profissional é ainda mais importante e, muitas vezes, mais exigente, em uma Sala de Aula Invertida do que em uma tradicional. Durante o horário de aula, eles observam continuamente seus alunos, fornecendo-lhes *feedback* relevante no momento da realização da atividade e avaliando seu trabalho. Educadores profissionais são reflexivos em sua prática, conectam-se uns com os outros para melhorar sua instrução, aceitar críticas construtivas e tolerar o caos controlado em suas salas de aula. Enquanto os educadores profissionais assumem papéis menos proeminentes em uma Sala de Aula Invertida, eles continuam sendo o ingrediente essencial que permite que o Aprendizado Invertido ocorra.	■ Colocar-se à disposição de todos os alunos para *feedback* individual, em pequenos grupos e em classe, em tempo real, conforme necessário. ■ Realizar avaliações formativas contínuas durante o horário de aula, por meio da observação e do registro de dados para informar instruções futuras. ■ Colaborar e refletir com outros educadores e assumir a responsabilidade de transformar sua prática.

Fonte: Traduzido e adaptado de Flipped Learning Network (FLN).[5]

Capítulo 3

Aliar os conceitos da Aprendizagem para o Domínio e da Sala de Aula Invertida é uma maneira de maximizar a aprendizagem efetiva dos alunos, dado que o aumento no número de estudantes em cada turma inviabilizou a identificação personalizada das necessidades individuais. Nos dias atuais, as ferramentas de tecnologia de informação e comunicação (TIC) são grandes aliadas, à medida que o professor consegue disponibilizar um número maior de diferentes atividades, material didático, bem como organizar ferramentas avaliativas com maior agilidade de entrega e correção.

No Quadro 2 são apresentadas[6] diversas razões pelas quais a Sala de Aula Invertida pode ser benéfica como estratégia de ensino e que encorajam os professores dos diversos níveis educacionais a adotá-la.

Quadro 2. Razões para o docente adotar a metodologia Sala de Aula Invertida

Razões para adotar a inversão	Contexto
Fala a língua dos estudantes de hoje	Os alunos de hoje são familiarizados com a tecnologia; têm facilidade em realizar uma tarefa ao mesmo tempo em que estão conectados em alguma conversa por aplicativo. Para esses alunos, chegar à aula e ser obrigado a se manter longe de seus equipamentos é chato e cansativo.
Ajuda os estudantes ocupados	A flexibilidade de o aluno realizar a atividade proposta antes da aula estimula o aluno a realmente realizá-la, já que consegue encaixar a tarefa no melhor horário para ele.
Ajuda os estudantes que enfrentam dificuldades	No modelo tradicional, o professor tem uma interação maior com os alunos que sabem mais sobre o conteúdo, pois durante a aula são esses alunos que interagem. No modelo invertido, os professores passam o tempo de aula circulando por entre os alunos e tirando suas dúvidas e conseguem atender aos que apresentam mais dificuldade.
Ajuda alunos com diferentes dificuldades a se superarem	Como o ensino de conceitos é passado ao aluno por meio de vídeos (prioritariamente), alunos com dificuldades não precisam se apressar para anotar tudo, pois podem assistir ao material quantas vezes for necessário. Dessa forma, podem empenhar-se para elevar a apreensão dos conceitos. Na inversão, o aluno que apresenta dificuldade em prestar atenção, em perguntar, em questionar consegue superá-la.
Cria condições para que os alunos revejam o material prévio da aula, no seu ritmo, quantas vezes forem necessárias	Os alunos podem assistir aos vídeos do professor em seu ritmo, pausando, retornando e até mesmo avançando. Podem reler os textos e fazer suas anotações. Sempre respeitando seu processo.

(continua)

(continuação)

Razões para adotar a inversão	Contexto
Intensifica a interação entre aluno-professor	O professor consegue atender os alunos com maiores dificuldades na hora exata em que eles precisam de ajuda, ou seja, quando estão predispostos a aprender. Dessa forma, o professor cumpre seu papel de mentor, de facilitador.
Possibilita que os professores conheçam melhor seus alunos	Com maior interação entre professor e aluno, existe a possibilidade de construir relacionamentos, de inspirar, encorajar, ouvir e transmitir uma visão aos alunos.
Aumenta a interação aluno-aluno	Muitas atividades neste método são realizadas em pequenos grupos, de forma que os alunos podem interagir mais entre si. Durante a resolução de atividades, o clima em sala é mais informal, o que permite que os alunos conversem entre si, fortalecendo suas relações.
Permite a verdadeira individualização	Na metodologia tradicional, fica difícil que se atenda às diversas habilidades em cada turma. Com a inversão, o professor é capaz de dar atenção à demanda de cada aluno, de acordo com sua necessidade.
Muda o gerenciamento da sala de aula	Os alunos se demonstram muito mais interessados no modelo invertido, então o professor não precisa ficar parando para chamar atenção dos que se distraem durante a aula.
Torna a aula mais transparente	Como o material que o aluno deve estudar antes da aula fica disponível, geralmente em uma plataforma *on-line*, qualquer pessoa pode ter acesso a ele e assim verificar se o professor vem trabalhando o conteúdo proposto para aquela disciplina, o que torna o trabalho do professor muito mais transparente.
É uma ótima ferramenta na ausência de professores	Para aquelas situações em que o professor precisa se ausentar e fica difícil encontrar uma pessoa para substituí-lo, ele pode deixar aulas gravadas ou a leitura a ser feita disponível.
Pode induzir o programa reverso de Aprendizagem para o Domínio	Aprendizagem para o Domínio é quando os alunos progridem no conteúdo programático proposto respeitando seu próprio ritmo.

Fonte: Elaborado pelos autores com base em Bergmann e Sams.[7]

Toda e qualquer estratégia de ensino deve ser adotada com muita cautela. O professor deve refletir bastante sobre as características de sua turma, da disciplina, dos objetivos educacionais e do contexto local. Entretanto, a Sala de Aula Invertida

Capítulo 3

se apresenta como uma estratégia que reúne características passíveis de auxiliar o alcance dos mais diversos objetivos educacionais, tendo em vista a flexibilidade nas atividades a serem propostas e o tempo de execução.

3. E o estudante no processo?

Estudantes têm os mais variados estilos de aprendizagem e cada um possui seu tempo particular para que a aprendizagem ocorra. A estratégia da Sala de Aula Invertida é rica justamente por proporcionar a oportunidade para que o professor personalize o ensino para cada aluno. As atividades propostas são variadas e cada aluno consegue, ao seu tempo, interagir com o conteúdo. Essa é uma clara vantagem, principalmente quando se tem turmas volumosas. Como poderia um professor personalizar de forma individual o ensino para muitos alunos? No modelo tradicional, é quase impossível que isso ocorra. Na estratégia da Sala de Aula Invertida, a aprendizagem individualizada é uma realidade possível de ser conquistada.

Na ótica docente, tal estratégia se apresenta como um caminho possível para resolver o sentimento de opressão que temos diante das turmas nas quais não é possível aplicar um ensino individualizado. O ensino no método tradicional apresenta situações nas quais não se pode garantir que um único professor atinja de fato cada aluno e garanta assim que os objetivos educacionais sejam atingidos para cada aluno.

Na ótica discente, o processo pode não ser tão vantajoso assim. **A cultura dos alunos e a forma como eles encaram os desafios e as novas estratégias de ensino devem ser levadas em consideração para que o "tiro não saia pela culatra".** Esse é um processo cultural, e o estudante brasileiro, historicamente, não tem sido treinado para o uso de metodologias ativas; pelo contrário, a aula expositiva é o método mais utilizado desde o ensino fundamental. Cabe ao professor entender essa dificuldade e buscar caminhos para mudar o cenário. Quando o professor detectar que seus alunos não têm uma cultura que valorize o uso de estratégias ativas de aprendizagem, vale reservar um tempo da primeira aula para explicar todo o processo de ensino-aprendizagem que será adotado e os estágios de aprendizagem que vão ocorrer. Dessa forma, o aluno internaliza esse processo à medida que vai trabalhando.

A professora Allsopp[8] relatou sua experiência não tão produtiva ao implantar a estratégia Sala de Aula Invertida com uma turma de um curso de Nutrição Comunitária. Seu relato nos faz refletir sobre alguns pontos na prática docente. Ao decidir implantar tal estratégia, a professora tinha a expectativa de que os alunos fossem para as aulas presenciais preparados no que tange aos conceitos básicos necessários e, como consequência, as discussões em sala de aula seriam mais profundas e produtivas. Assim, informou à turma que, após a primeira avaliação, o curso mudaria sua estratégia e os alunos teriam que assistir às aulas *on-line* antes de ir para as aulas presenciais.

No decorrer do curso, a professora detectou, por meio de uma função na plataforma *on-line* que usava para disponibilizar os vídeos, que grande parte dos alunos não estava assistindo aos vídeos. Assim, concluiu que a maior participação dos alunos nas discussões era resultado de um esforço que a própria professora fazia em sala para trazer os alunos à discussão, e não decorrência de sua expectativa inicial, que seria os alunos chegarem nas aulas mais bem preparados após assistirem ao vídeo.

Paralelamente a isso, a professora percebia o descontentamento dos alunos durante as aulas presenciais. Mais tarde, isso se comprovou nos relatos de avaliação, nos quais as principais reclamações giraram em torno do fato de a professora ter mudado o formato da disciplina no meio do processo, mesmo tendo avisado no início do curso, e dos alunos não gostarem das aulas em formato de vídeo. Para eles, era como fazer um curso *e-learning* e, ainda assim, ter a obrigação de estar presente nas aulas. Essa experiência fez a professora refletir sobre a aplicação da estratégia de ensino e levantar alguns pontos que devem ser observados pelos professores. Discutiremos cada um dos pontos na sequência.

- **É fundamental que os alunos concordem com o professor quanto à estratégia que será adotada.** No início do semestre, o professor deve deixar claro o que é a Sala de Aula Invertida, listar os desafios que podem vir a enfrentar e citar casos de sucesso de cursos ou instituições de ensino que já usaram tal estratégia.
- **Os alunos devem saber o que esperar, desde o início.** O fator surpresa ou incerteza gera resistência no comportamento dos alunos. Por isso, é importante que o professor explique detalhadamente como será cada aula e cada atividade, qual será o tempo destinado, como o aluno será avaliado, o que o professor espera dos alunos.
- **A participação ativa dos alunos deve valer a pena.** Atribua pontuação para cada atividade, de forma a incentivar os alunos. Diversifique a forma de avaliar – assistir aos vídeos, responder a questões, entregar resumos, entre outras – e lembre-se de que a tecnologia pode ser uma grande aliada neste momento.
- **Mostre aos alunos a importância das atividades realizadas na aula presencial e que as aulas em vídeo são o suporte para realizar tais atividades.** Isso reforça a característica do método híbrido de ensino, e os alunos passam a aproveitar mais e mais as atividades em sala e extrassala, pois sabem da importância de cada uma para o resultado final de aprendizagem. Esses cuidados permitem que todos os alunos, independentemente do estilo de aprendizagem, consigam se adaptar ao método e colher bons frutos no processo de aprendizagem.

4. E o professor no processo?

Enquanto uma estratégia do eixo das metodologias ativas de aprendizagem, o papel do docente passa de transmissor do conhecimento para facilitador do processo. Como facilitador, o professor que se dispõe a inverter a sala de aula deve ter seu foco em duas vertentes principais: (i) que as atividades e materiais propostos sejam coerentes e estimulantes; e (ii) que os alunos estejam realmente envolvidos no processo.

Embora não exista uma regra para a escolha das atividades e materiais que serão propostos no decorrer do curso – isso vai depender de diversos fatores –, é importante que o professor tenha em mente os objetivos educacionais e esteja disposto a buscar as atividades que melhor otimizem o tempo em sala de aula e estejam de acordo com as características da turma. Essa escolha das atividades e materiais está diretamente interligada com o envolvimento que os alunos terão no curso. Quanto mais estimulantes forem as atividades, mais ativos no processo estarão os alunos. Mesmo assim, o professor deve acompanhar aula a aula o envolvimento dos alunos, a fim de que tenha tempo de perceber possíveis distrações e tentar ajudar o aluno a voltar a se envolver com o curso.

Diante do uso de metodologias ativas, alguns estudantes podem ficar com a sensação de que, dada a inversão dos papéis – professor como facilitador e não mais transmissor, e o aluno como responsável pelo aprendizado e não mais passivo –, eles mesmos serão seus professores, e isso pode gerar insegurança se o conteúdo aprendido realmente está correto. A fim de resolver tal questão, sugerimos que o professor, ao final de cada aula ou no encerramento de cada assunto, faça um fechamento do conteúdo, expondo os objetivos educacionais e quais são os pontos que os alunos devem ter compreendido para eles poderem dizer que realmente aprenderam tal conteúdo.

Não existe uma única forma de inverter a sala de aula. Diversos conteúdos podem ser lecionados no formato Sala de Aula Invertida, e os aparatos tecnológicos são totalmente adaptáveis. As atividades perpassam desde questões objetivas simples até atividades de laboratório mais complexas, que podem ser feitas de forma individual ou em grupo. Enfim, essa estratégia de ensino definitivamente não se limita a determinado grupo ou contexto. Pelo contrário, é perfeitamente adaptável. Dito isso, cabe destacarmos a importância do conceito de Professor Reflexivo,[9] ou seja, aquele que busca entender dos saberes pedagógicos e, por meio deles, reflete sobre a sua própria prática pedagógica.

No uso da Sala de Aula Invertida, é altamente requerido que exista uma sensibilidade por parte do professor ao analisar a sua própria realidade, as condições que a instituição e o ambiente oferecem, as características de seu alunado e costurar tudo isso aos objetivos educacionais. Essa sensibilidade constante, diríamos até diária, atrelada à capacidade de adaptação, é um fator primordial para o sucesso na aplicação da estratégia.

Mesmo que o professor já tenha aplicado a estratégia em várias turmas do mesmo curso ou mesma disciplina e que tudo tenha se mantido constante ao longo desse tempo, ainda assim é necessário que esteja atento às necessidades de ajuste que possam surgir. Tais necessidades são as mais variadas: um aluno com alguma dificuldade específica, a falha em algum instrumento de apoio tecnológico, a modificação do espaço de uma sala de aula, um fato no cenário nacional ou internacional que afete o dia a dia universitário. Aula a aula, o professor deve fazer uma reflexão e decidir se existe a necessidade de alguma adaptação.

5. Planejando o cronograma de aplicação

A primeira coisa que o professor precisa decidir é se vai aplicar a estratégia em alguma(s) aula(s) específica(s) ou no curso todo. Os relatos de quem já aplicou a estratégia e as pesquisas sobre o tema indicam que o ideal é que seja no curso todo. Mas cabe ao professor avaliar o cenário no qual está inserido para decidir como fará a adoção.

Resgatando a ideia principal da estratégia, qual seja, a inversão – o que era feito em sala passa a ser feito em casa, e o que era feito em casa passa a ser feito em sala –, o professor deve adaptar as atividades a serem realizadas em sala no tempo que ocupe toda sua aula. Já as atividades que serão feitas em casa devem ser coerentes com o tempo solicitado para que o aluno estude em casa, levando em consideração as diretrizes do curso completo e do tempo que será exigido para as demais disciplinas, se houver.

Para as atividades de casa, o normal é que o professor destine vídeos – gravados por ele mesmo ou já existentes, ou seja, para os quais ele faça uma seleção – com duração ideal entre 5 e 15 minutos, claros, objetivos e com boa qualidade de som e imagem. Entretanto, o uso de vídeos não é obrigatório, o professor pode disponibilizar outro tipo de material, sempre levando em consideração que a ideia é instrumentalizar o aluno com o conhecimento teórico que será exigido para desenvolver as atividades que serão propostas em sala.

O tempo destinado à estratégia dependerá da realidade do curso. O normal são aulas de 90 minutos, mas isso não é um padrão. A título de exemplo, vamos trabalhar com aulas de 90 minutos, mas o professor é livre para fazer os ajustes necessários. O Quadro 3 exemplifica um planejamento de aula.

Quadro 3. Exemplo de planejamento de aula

Atividade	Tempo sugerido
Atividade de aquecimento	5 min
Perguntas e respostas sobre o conteúdo estudado em casa (vídeo)	10 min
Prática orientada (individual ou em grupo) e/ou atividade em laboratório	70 min
Fechamento feito pelo professor dos principais pontos	5 min

Fonte: Adaptado de Bergmann e Sams.[10]

A atividade de aquecimento pode ser uma retomada sobre o que foi discutido na última aula ou um *brainstorming* de palavras-chave relacionadas ao conteúdo que será trabalhado na aula atual. Dado que a aula se inicia com os alunos já tendo assistido ao vídeo em casa, antes da chegada à sala de aula, os próximos minutos após o aquecimento podem ser usados para que façam perguntas ou respondam as questões sobre o vídeo assistido – assim, o professor consegue esclarecer possíveis erros conceituais que possam ter se instaurado no conhecimento dos alunos após assistir ao vídeo. Essa etapa também é importante para que o professor consiga avaliar a qualidade dos vídeos que estão sendo disponibilizados, com relação à completude e clareza do conteúdo.

Após tratar das questões conceituais e garantir que os alunos estejam com o entendimento nivelado com relação a esse tema, a próxima etapa da aula consiste na realização das atividades práticas planejadas para a aula. Tais atividades podem ser realizadas em grupo ou individualmente, e consistem nos mais diversos tipos: exercícios, estudos de caso, pesquisas, experimentos, escrita de textos, entre outros, sempre escolhidos de acordo com os objetivos educacionais que se pretende alcançar. Esse é o momento em que os alunos têm maior acesso ao professor, que por sua vez pode desenvolver um atendimento personalizado.

Como última etapa, o professor deve reservar os minutos finais da aula para fazer o fechamento de tudo o que foi tratado, no intuito de minimizar possíveis inseguranças que os alunos tenham sobre o real aprendizado do conteúdo.

Para pensar nas atividades que irá propor aos alunos, o professor pode se basear na ideia de que, para que o aluno possa desenvolvê-las na aula, as atividades devem ser voltadas à memorização e ao entendimento do conteúdo. Já para a etapa que será feita em sala de aula, as atividades devem atentar-se para que o aluno consiga fazer análises, aplicação, avaliação e criação do conteúdo estudado em casa.

6. De que estrutura física vamos precisar?

Inverter a sala de aula, a princípio, não exige nenhuma estrutura física específica. Entretanto, alguns pontos devem ser observados pelo professor. Comumente, a inversão ocorre com o aluno assistindo a um vídeo como lição de casa. Assim, o professor deve ter a preocupação em garantir que todos os alunos tenham acesso ao material que deve ser estudado em casa. Em tempos de *smartphones* e acesso facilitado à internet, isso não nos parece uma grande preocupação na maior parte dos lugares. Mesmo assim, o professor deve estar atento a isso e sempre verificar com os alunos se todos têm acesso a esse material. Caso algum aluno apresente alguma dificuldade de acesso, o professor deve procurar uma solução para auxiliar o aluno.

Outro ponto é a própria gravação do vídeo. Foi apresentado que o vídeo pode ser gravado pelo próprio professor ou pode ser utilizado um vídeo de terceiros, por exemplo, disponível no YouTube®. É preferível utilizar um vídeo no qual o próprio professor é o interlocutor, pois isso traz um aspecto afetivo entre o aluno e o professor, que pode melhorar o processo de aprendizagem, mas não é uma regra. Sempre que a opção for usar um vídeo gravado pelo próprio professor, existirá a necessidade de um espaço adequado para essa gravação, levando em consideração a necessidade de uma boa qualidade de som e imagem. Com os avanços tecnológicos, a gravação pode ser feita com um celular ou algum aplicativo específico, muitos disponibilizados gratuitamente e com boa funcionalidade.

Com relação às atividades que serão realizadas em aula, a estrutura física necessária irá variar de acordo com a proposta do professor. Assim, existe uma infinidade de necessidades que possam surgir. Entretanto, para a área de negócios, as mais comuns são um espaço com mesas e cadeiras para que os alunos possam se reunir em grupo, itens como quadro branco, *flipchart*, papel, canetas, lápis, cartolina, cola, tesoura, computador com acesso à internet, entre outros. Os professores devem avaliar a necessidade de fornecer tais itens ou solicitar que os alunos tragam os seus próprios itens para a aula.

7. Que conteúdo pode ser abordado na Sala de Aula Invertida?

A Sala de Aula Invertida é uma estratégia democrática de ensino-aprendizagem. Pode parecer muito abrangente, mas absolutamente todo conteúdo pode ser trabalhado com essa estratégia! O sucesso da aprendizagem está atrelado ao planejamento que o professor fará no que tange ao conteúdo dos vídeos e materiais a serem trabalhados em casa, bem como à criatividade na elaboração das atividades a serem desenvolvidas em sala, sempre as mais diversificadas possível.

8. Como avaliar o desempenho dos alunos?

Mais do que avaliar – em termos de nota –, o professor deve se preocupar em diagnosticar se os alunos realmente estão aprendendo o conteúdo. Entretanto, o sistema educacional atualmente em vigor exige que, ao final do curso, seja atribuída uma nota para cada aluno. Tal nota vai definir se o aluno estará apto ou inapto para prosseguir para a próxima etapa de seus estudos.

No contexto de personalizar e individualizar o ensino por meio da estratégia Sala de Aula Invertida, a sugestão é que o professor lance mão da avaliação formativa.[11] Na avaliação formativa, busca-se um olhar sobre os processos de *feedback*, autoavaliação e autorregulação das atividades de aprendizagem, centrando sempre no processo cognitivo que o aluno deve alcançar. À medida que os alunos vão trazendo seus trabalhos prontos ou em elaboração para o professor, existe uma conversa entre eles. Nessa conversa, o professor consegue captar, pela fala dos alunos e pelo trabalho apresentado, o nível de compreensão e/ou equívocos que os alunos tiveram sobre o tema de estudo. De maneira instantânea, o professor pode dar *feedback* aos alunos, que não mais precisam esperar dias para saber sobre seu desempenho.

Essa prática apresenta vantagens para o aluno e para o professor. O aluno não precisa mais esperar um longo tempo para um retorno sobre seu desempenho em determinada atividade. De forma sequencial, ele já consegue fazer mentalmente os ajustes necessários para a construção do seu conhecimento, à medida que, ao finalizar sua atividade, o professor já aponta seus pontos fortes e fracos. Isso otimiza o tempo do aprendizado, pois oferece ao aluno a chance de seguir adiante nos módulos de forma rápida. Para o professor, o benefício é que não precisa mais levar pilhas e pilhas de trabalho para casa e ocupar seu tempo de descanso com tais correções. Outro benefício para ambos é que, com a conversa, a comunicação fica mais clara, oportunizando que o professor realmente faça inferências necessárias, tendo em vista que alguns alunos têm maior dificuldade de se expressar em texto ou outra atividade.

Além dos *feedbacks* oportunos, os professores podem utilizar outros meios de avaliação; inclusive, como já comentado, atribuir nota para cada atividade é visto como um fator de incentivo. Assim, para garantir que o aluno esteja fazendo sua preparação antes da aula, o professor pode utilizar um *quiz* de perguntas variadas para que o aluno responda de forma remota ou nos primeiros minutos da aula. Para as atividades de avaliação, o uso de uma plataforma do tipo Moodle® facilita bastante o processo. Entretanto, professores sem acesso a essa ferramenta podem se utilizar de outros meios, sem prejuízo para a inversão da sala de aula. Com o Moodle®, o professor pode inserir questões para que o aluno responda logo ao assistir ao vídeo ou ler um material. A tecnologia auxilia a controlar o erro dos alunos, e essa informação é um primeiro diagnóstico para que o professor faça ajustes no material ou traga tais conceitos para serem aprofundados em aula.

Outra forma de avaliação que muito contribui para o aprendizado do aluno é a chamada avaliação por pares. Nessa modalidade, ao finalizar sua atividade, o aluno faz a correção da atividade de um colega. Aqui é importante que o professor estabeleça que a avaliação deve gerar um parecer construtivo, com o intuito de apontar pontos fortes, pontos fracos e sugestões de melhoria, sempre embasado no material que foi estudado. Isso gera no aluno que está fazendo a avaliação um pensamento crítico e reflexivo. Inclusive, é um método que tende a envolver mais os alunos no momento da realização das atividades, pois a ela passará pela leitura de um colega. Dessa forma, o aluno concentra mais esforço na realização da tarefa, para que, no momento da correção, seu colega tenha uma boa impressão da atividade que foi apresentada.

A autoavaliação é bem-vinda no contexto da Sala de Aula Invertida. É um método que também proporciona a oportunidade de o estudante refletir sobre seu desempenho. Caso a atividade seja em grupo, o professor pode propor a avaliação por pares dentro do grupo, fato que pode contribuir para a avaliação das habilidades conhecidas como *soft skills*, como por exemplo a maneira que o estudante se comportou em grupo, sua iniciativa e comprometimento perante a atividade, sua postura mediante conflitos na execução da tarefa, entre outros.

Todas as atividades realizadas presencialmente no período de aula são passíveis de atribuição de nota. Cabe ao professor planejar a melhor forma de distribuir a pontuação. Um aspecto importante que destacamos é que o professor tenha uma conversa no início do curso com os alunos, esclarecendo as formas de avaliação. Assim, os alunos sabem o que esperar e a melhor forma de se preparar.

Caso seja uma exigência institucional ou por vontade do professor, os testes intermediários e finais podem ser mantidos. Entretanto, o professor deve elaborá-los de maneira coerente com a metodologia de ensino utilizada. Questões que estimulem os alunos a demonstrarem que realmente aprenderam, e não apenas memorizaram para o teste, são preferíveis. Wilie, um professor do Texas, relatou[12] que, ao adotar a Sala de Aula Invertida, recebeu o seguinte comentário de seus alunos: "Mr. Wilie, era mais fácil quando não tínhamos de lhe ensinar. Será que podemos voltar à época em que só fazíamos provas?".

Essa fala dos alunos do Mr. Wilie reforça dois pontos: (i) não necessariamente a aplicação de uma prova tradicional é o método mais adequado para medir o conhecimento dos alunos. Alguns podem ser bons na arte de memorização e têm mais facilidade de acertar se a prova for composta de questões que possam ser respondidas via memorização; e (ii) o método da aprendizagem invertida para o domínio confirma[13] a realidade de que, quando vamos aprender algo em profundidade, o processo exige muito trabalho, e isso acaba sendo percebido pelos alunos. Lembram do relato da professora Allsopp descrito anteriormente? Talvez seus alunos não estivessem ativamente envolvidos no processo e, por isso, se demonstravam insatisfeitos com o método da aula e com a obrigação de ter que assistir aulas em casa e, ainda assim, ter que assistir aulas presenciais.

9. Aplicando a Sala de Aula Invertida

O final deste capítulo se aproxima e, até aqui, podemos perceber a flexibilidade de utilização que a estratégia Sala de Aula Invertida proporciona aos professores. Para todos os níveis educacionais, tipos de disciplinas ou conteúdo, estilos de aprendizagem dos alunos, localização geográfica da instituição de ensino, cultura do país. É uma estratégia bastante democrática e dinâmica, mas que apresenta como desvantagem a grande dependência de acesso à conexão com internet de qualidade para acessar os vídeos e demais materiais. Posto isso, vamos apresentar um exemplo de aplicação da estratégia na área de negócios, especificamente em uma aula de Contabilidade Introdutória. Esperamos que este exemplo estimule e encoraje os professores a começarem a inverter suas aulas.

Um estudo[14] utilizando um quase experimento aplicou a estratégia Sala de Aula Invertida em uma disciplina de Contabilidade Financeira Introdutória, no intuito de responder a duas perguntas: (i) promover o aprendizado ativo na contabilidade financeira introdutória por meio da Sala de Aula Invertida leva a um melhor desempenho dos alunos?; e (ii) quais tecnologias usadas na Sala de Aula Invertida são as mais úteis para os estudantes de contabilidade?

As turmas eram de aproximadamente 47 alunos, um número razoável, que permite ao professor flexibilidade para trabalhar as metodologias ativas. Em termos de avaliação, foi aplicado um exame final com peso 40% no total da nota, tanto para a turma de controle, quanto para a turma de tratamento. Já os 60% restantes da nota foram distribuídos de forma diferente por meio de atividades para ambas as turmas. Essa distinção foi necessária, dado que as estratégias de ensino eram diferentes e pediam avaliações diferentes. Mesmo assim, na medida do possível, o professor tentou manter as avaliações similares. Ele estima que a diferença entre o modo de avaliar as turmas ficou em torno de 20% a 25%; o restante permaneceu igual. Para aplicar o quase experimento, o pesquisador elaborou o seguinte desenho para a Sala de Aula Invertida, conforme mostrado na Figura 1.

Para efeito do estudo, várias turmas da mesma disciplina foram observadas ao longo de três anos. O primeiro ano foi a turma de controle, que teve suas aulas no formato tradicional. No terceiro ano, foi implantado o desenho da Sala de Aula Invertida apresentado na Figura 1. Entretanto, essa turma ficou de fora da amostra, tendo em vista que, por ser o ano de implantação, algumas falhas e inseguranças poderiam trazer viés para os resultados. E a turma do terceiro ano é o grupo de tratamento do quase experimento.

Os resultados apontaram que o desenho da proposta de Sala de Aula Invertida implantado melhorou as médias finais dos alunos, os desempenhos no exame final e as taxas de aprovação na disciplina. Esses resultados superiores foram observados tanto para o grupo de alunos com médias maiores, quanto para o grupo de alunos com médias menores. Isso mostra que todos os alunos podem ser beneficiados pela estratégia de ensino Sala de Aula Invertida, e consequentemente, pelas metodologias ativas de aprendizagem.

Pelo exemplo anterior, percebemos que as atividades propostas envolvem questionamentos e resolução de problemas, que são metodologias ativas de aprendizagem.

Sala de Aula Invertida – *Flipped Classroom*

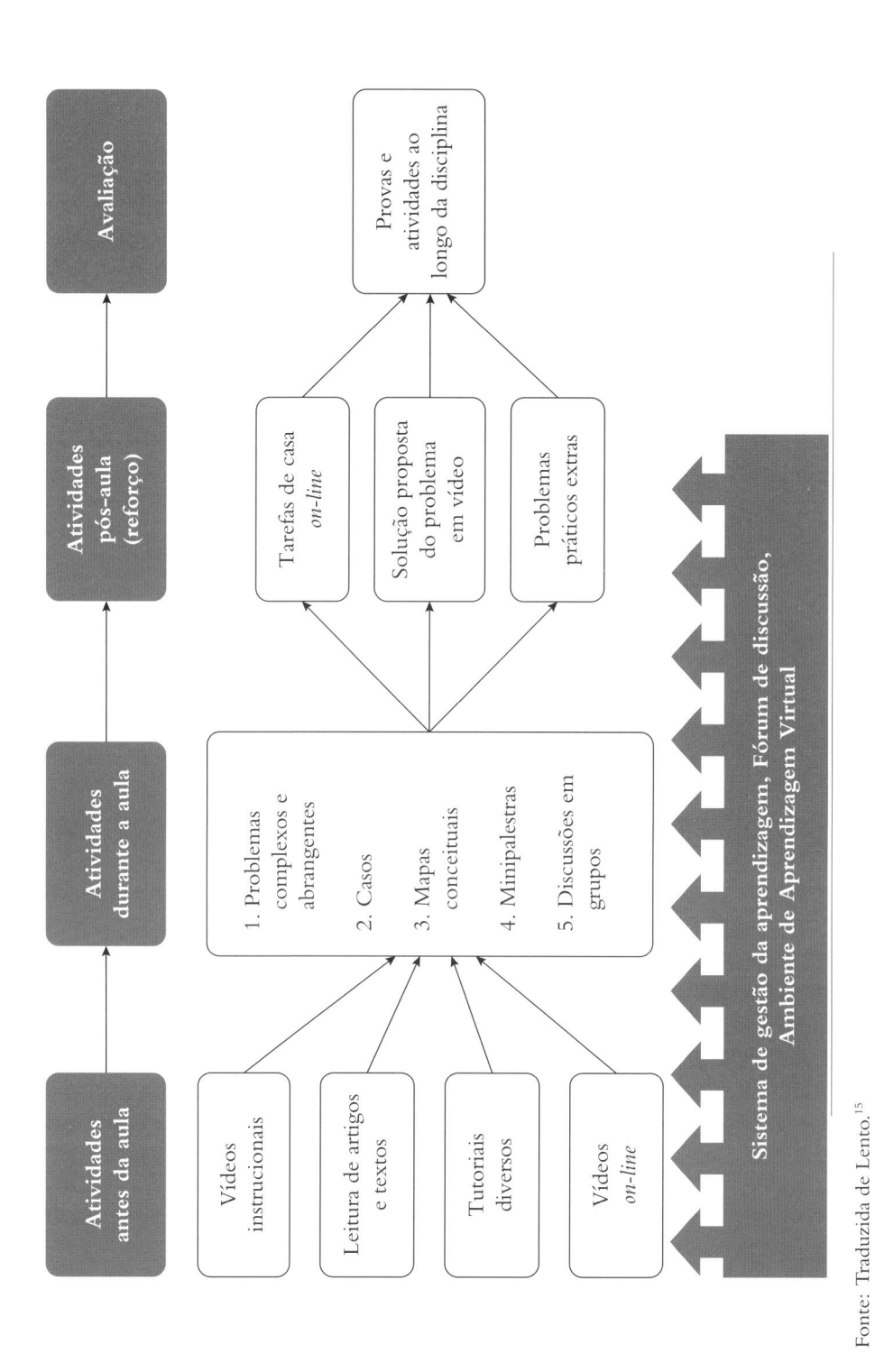

Atividades antes da aula
- Vídeos instrucionais
- Leitura de artigos e textos
- Tutoriais diversos
- Vídeos *on-line*

Atividades durante a aula
1. Problemas complexos e abrangentes
2. Casos
3. Mapas conceituais
4. Minipalestras
5. Discussões em grupos

Atividades pós-aula (reforço)
- Tarefas de casa *on-line*
- Solução proposta do problema em vídeo
- Problemas práticos extras

Avaliação
- Provas e atividades ao longo da disciplina

Sistema de gestão da aprendizagem, Fórum de discussão, Ambiente de Aprendizagem Virtual

Fonte: Traduzida de Lento.[15]

Figura 1. Desenho das atividades para a implantação da Sala de Aula Invertida

Essas metodologias forçam o aluno a interagir com o material disponibilizado previamente, pois sem o arcabouço teórico ele não consegue cumprir as atividades.

10. Considerações finais

Na Sala de Aula Invertida, a abordagem é centrada no aluno e o tempo em sala de aula é usado para que os conteúdos programáticos sejam aprofundados e que se criem ricas oportunidades de aprendizagem. Como resultado, os estudantes estão ativamente envolvidos na construção do conhecimento, à medida que entendam o processo como algo pessoalmente significativo. Cabe ao professor motivar o aluno para adotar a Sala de Aula Invertida.

Com o final deste capítulo, queremos encorajar os professores a pensarem reflexivamente sobre suas aulas, seus alunos e os objetivos educacionais. Após reflexão e alinhamento de ideias, esperamos que todos se sintam preparados para inovar em suas aulas, e quem sabe inverter a organização das salas de aulas!

4 Ensino Embasado na Estrutura Conceitual (*Framework Based Teaching*)*

PATRICIA DE SOUZA COSTA
GUILLERMO BRAUNBECK
GILVANIA DE SOUSA GOMES

Eu ouço e esqueço. Eu vejo e lembro. Eu faço e entendo.
Confúcio

---

* Este capítulo baseou-se substancialmente na pesquisa desenvolvida por seus autores e publicada na *Revista Contabilidade & Finanças*: COSTA, P. S. *et al*. Um *safari* no Brasil: evidências sobre o Ensino Baseado na Estrutura Conceitual. **Revista Contabilidade & Finanças**, v. 29, n. 76, p. 129-147, 2018.

Capítulo 4

1. Introdução

O Ensino Embasado na Estrutura Conceitual (EEEC) relaciona os conceitos da Estrutura Conceitual (EC) às exigências das International Financial Reporting Standards (IFRS, as normas internacionais de contabilidade) daquilo que está sendo ensinado. Em outras palavras, o EEEC busca "erguer pontes", de sorte a conectar a contabilização e os relatórios financeiros à lógica econômica dos recursos da entidade, das reivindicações (as demandas de recursos da entidade por contrapartes como fornecedores, empregados, governo, credores, investidores, entre outros) contra essa entidade e das alterações em seus recursos e reivindicações, assim como outras transações e eventos, e também traçar as relações entre os requerimentos específicos das normas contábeis em relação ao objetivo das demonstrações financeiras e os principais conceitos que fluem desse objetivo.

2. O Ensino Embasado na Estrutura Conceitual (EEEC)

O objetivo dessa lógica de ensino-aprendizagem é "enraizar" o aprendizado das normas contábeis nos conceitos. Ao enraizar o ensino nos conceitos concernentes às normas contábeis, o EEEC edifica as fundações para uma compreensão mais robusta e coesa dos requerimentos contábeis pelos estudantes das IFRS.[1] Entendendo os "porquês" (*know why*) antes dos "o quês" (*know what*) e "comos" (*know how*), as determinações contábeis específicas contidas em cada norma IFRS (os requerimentos normativos) serão mais bem compreendidas dentro do conjunto completo das IFRS e a partir da compreensão do objetivo dos relatórios financeiros, o que oferece uma base mais robusta para a realização dos julgamentos e estimativas necessários à aplicação das IFRS.

O ensino da Contabilidade Financeira tem início com o entendimento da EC, posto que estabelece os conceitos subjacentes à preparação e à apresentação de demonstrações financeiras para usuários externos.[2] Em outras palavras, sendo as IFRS normas baseadas em princípios e, portanto, ao requererem o exercício de julgamento profissional e realização de estimativas em doses expressivas, o entendimento dos objetivos e conceitos antes dos princípios e regras para eventos e transações específicas possibilita o desenvolvimento das habilidades necessárias à aplicação das determinações específicas contidas nas IFRS.[3]

> *O objetivo dessa lógica de ensino--aprendizagem é "enraizar" o aprendizado das normas contábeis nos conceitos.*

Portanto, para usar o EEEC, os estudantes devem primeiro aprender sobre o objetivo dos relatórios financeiros e os outros conceitos principais que constam da EC e os fundamentos econômicos de determinada transação ou evento a ser contabilizado.

A abordagem de EEEC compreende, basicamente, três etapas sequenciais **em qualquer momento do ensino** da Contabilidade Financeira. Elas constam na Figura 1.[4]

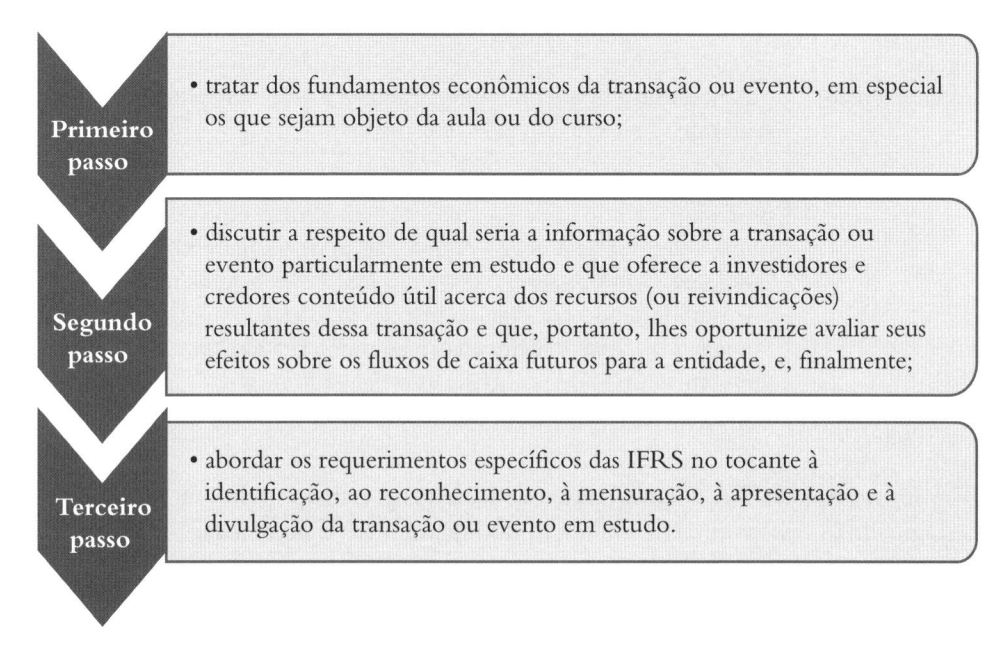

Primeiro passo
- tratar dos fundamentos econômicos da transação ou evento, em especial os que sejam objeto da aula ou do curso;

Segundo passo
- discutir a respeito de qual seria a informação sobre a transação ou evento particularmente em estudo e que oferece a investidores e credores conteúdo útil acerca dos recursos (ou reivindicações) resultantes dessa transação e que, portanto, lhes oportunize avaliar seus efeitos sobre os fluxos de caixa futuros para a entidade, e, finalmente;

Terceiro passo
- abordar os requerimentos específicos das IFRS no tocante à identificação, ao reconhecimento, à mensuração, à apresentação e à divulgação da transação ou evento em estudo.

Fonte: Elaborada pelos autores com base em Wells.[5]

Figura 1. Etapas sequenciais da abordagem do EEEC

Essas etapas são transpostas em três estágios de construção progressiva da capacidade de realizar os julgamentos e estimativas demandados no processo de aplicação das IFRS. Essa construção progressiva se inicia com a busca da consciência de que a aplicação das normas requer julgamentos e estimativas dentro do denominado estágio 1. Segue-se o estágio 2 em direção da compreensão, ainda circunscrita a transações e eventos específicos, dos julgamentos e estimativas necessários para a identificação, reconhecimento, mensuração e apresentação/divulgação dessas transações e eventos. Conclui-se a construção no estágio 3, onde se busca a competência para a realização dos julgamentos e estimativas de maneira integrada para um conjunto de transações e eventos econômicos de uma entidade empresarial. Em termos práticos, os estágios do EEEC podem ser aplicados nos cursos de contabilidade, como exposto no Quadro 1.

Quadro 1. Estágios do EEEC

Estágio	Aplicação no Ensino Brasileiro
Estágio 1 (consciência)	Aplicável ao(s) primeiro(s) curso(s) de Contabilidade Financeira, cujas disciplinas no Brasil são muitas vezes denominadas Contabilidade Introdutória.
Estágio 2 (compreensão)	Aplicável ao(s) curso(s) de Contabilidade Financeira situados na metade do caminho para a certificação profissional como contador, que no ensino brasileiro são representados pelas disciplinas denominadas Contabilidade Intermediária.
Estágio 3 (competência)	Aplicável no(s) curso(s) imediatamente anterior(es) à certificação profissional como contador, que são representados por disciplinas que geralmente assumem a denominação de Contabilidade Avançada. Não obstante, apesar de o EEEC ser originalmente estruturado tendo em vista o curso de graduação em ciências contábeis, a lógica e segmentação aqui descrita são aplicáveis também a cursos de pós-graduação (*lato* e *stricto sensu*).

Fonte: Elaborado pelos autores.

A abordagem de EEEC enraíza uma visão de progressivo movimento em direção a estágios mais sofisticados de exercício de julgamentos e de realização de estimativas mais complexas e é compatível com a ideia dos objetivos de aprendizagem, particularmente, o domínio cognitivo, embasados na Taxonomia de Bloom, para distintos níveis.[6] O Quadro 2 sistematiza a relação que se pode estabelecer entre os objetivos de aprendizagem, no domínio cognitivo, em seus distintos níveis, e os estágios do EEEC expostos anteriormente.

Quadro 2. Correlação entre os estágios de EEEC e os níveis de objetivos de aprendizagem no domínio cognitivo da Taxonomia de Bloom

Nível	Descrição comportamental	Exemplos de atividades instrucionais	Verbos associados com o objetivo de aprendizagem	E1	E2	E3
1	Lembrar e reconhecer informação	Descrever fatos e estatísticas, lembrar um processo	Organizar, definir, descrever, rotular, listar, memorizar, reconhecer, relacionar, reproduzir, selecionar, afirmar	•	•	•

(continua)

(continuação)

Nível	Descrição comportamental	Exemplos de atividades instrucionais	Verbos associados com o objetivo de aprendizagem	E1	E2	E3
2	Entender significado, repetir informação com suas próprias palavras, interpretar, extrapolar, traduzir	Explicar ou interpretar o significado de um cenário ou assertiva, sugerir tratamento, reação ou solução para um problema dado, criar exemplos e metáforas	Explicar, reiterar, refrasear, criticar, classificar, sumarizar, ilustrar, traduzir, revisar, relatar, discutir, reescrever, estimar, interpretar, teorizar, parafrasear, referir, exemplificar	•	•	•
3	Usar ou aplicar conhecimento, teoria na prática, usar conhecimento em resposta a situações reais	Colocar a teoria na prática, demonstrar, resolver problemas	Usar, aplicar, descobrir, gerenciar, executar, resolver, produzir, implementar, construir, mudar, preparar, conduzir, realizar, reagir, responder, assumir papéis	•	•	•
4	Interpretar elementos, princípios organizacionais, estrutura, construção, relações internas	Identificar partes constituintes e funções de um processo ou conceito, fazendo avaliação qualitativa de elementos, relações, valores e efeitos	Analisar, detalhar, catalogar, comparar, quantificar, medir, testar, examinar, experimentar, relacionar, fazer gráficos, diagramar, desenhar, extrapolar, valorizar, dividir		•	•
5	Desenvolver estruturas novas singulares, sistemas, modelos, abordagens, pensamento criativo	Desenvolver planos e procedimentos, integrar métodos, recursos, ideias, partes	Desenvolver, planejar, construir, criar, desenhar, organizar, revisitar, formular, propor, estabelecer, montar, integrar, reordenar, modificar			•

(continua)

(continuação)

Nível	Descrição comportamental	Exemplos de atividades instrucionais	Verbos associados com o objetivo de aprendizagem	E1	E2	E3
6	Avaliar eficácia de conceitos integrais em relação a valores, produtos, viabilidade; pensamento crítico, comparação e revisão estratégica; julgamento em relação a critério externo	Revisar opções em termos de eficácia e aplicabilidade; analisar sustentabilidade; realizar análise em relação a alternativas; produzir justificativa para uma proposição	Revisar, justificar, analisar, apresentar caso para, defender, criar relatório sobre, investigar, direcionar, avaliar, argumentar, gerenciar projeto			•

Legenda: Categorias dos níveis: (1) Conhecimento; (2) Compreensão; (3) Aplicação; (4) Análise; (5) Síntese; (6) Avaliação; (E1) Estágio 1; (E2) Estágio 2; (E3) Estágio 3.

Fonte: Elaborado por Costa *et al.* com base em Rothwell e Kazanas.[7]

Neste capítulo, será apresentada a abordagem de EEEC e um exemplo de aplicação do estágio 3 por meio do uso do caso para ensino Open Safari. Dessa forma, serão esclarecidos e exemplificados todos os estágios nos quais a estratégia é desenvolvida e, ao final, será dedicado um tempo maior à explanação de como foi uma das experiências de aplicação do caso e os resultados concretos do terceiro estágio da abordagem.

3. Objetivos educacionais do EEEC

O EEEC é aderente à tendência e necessidade apontadas de deslocamento do centro dos processos de ensino-aprendizagem do professor para o estudante, de forma que este último seja sujeito ativo. Nesse sentido, a aprendizagem ativa ocorre, em comparação a uma aula expositiva tradicional, quando conduz o estudante a desenvolver habilidades como pensar criticamente e escrever,[8] realizar tarefas e refletir sobre o que está fazendo,[9] aplicar seus conhecimentos, engajar-se e maximizar sua participação no processo de aprendizagem.[10,11]

> *A aprendizagem ativa ocorre quando conduz o estudante a desenvolver habilidades como pensar criticamente e escrever, realizar tarefas e refletir sobre o que está fazendo, aplicar seus conhecimentos e engajar-se.*

Tal necessidade de uma formação com foco no estudante tem fundamentos na Teoria de Aprendizagem Experiencial, que preconiza que o conhecimento decorre de experiências realizadas por meio de atos, atitudes e sentimentos, o que, genuinamente, produz educação.[12] Além disso, pesquisadores asseguram que metodologias baseadas em aulas e com avaliações por memorização e retenção estressam os indivíduos e não os preparam, de fato, para os desafios dos ambientes profissionais.[13]

4. Estágios de aprendizagem do EEEC

Em vista da necessidade de aprendizagem do senso crítico para o emprego das Normas Internacionais de Contabilidade, e considerando que o número de requisitos das IFRS a serem abordados e o nível de integração com outros temas das IFRS e disciplinas relacionadas (por exemplo, Finanças, Contabilidade Tributária, Economia e Estatística) variam conforme os objetivos do curso e do nível em que as normas são ensinadas, a abordagem de EEEC estabelece objetivos de ensino-aprendizagem no tocante a estimativas IFRS e outros julgamentos que se iniciam na **conscientização**, passando pela **compreensão** e atingindo o nível mais elevado da **competência**. A construção de conhecimento em regime de crescimento progressivo parte da consciência para atingir seu patamar máximo na competência.

> *A construção de conhecimento em regime de crescimento progressivo parte da consciência para atingir seu patamar máximo na competência.*

Dessa forma, pela abordagem de EEEC, divide-se a trajetória de ensino-aprendizagem de um contador em três estágios.

No estágio 1 (consciência), o processo de aprendizagem se utiliza de trechos da EC (objetivo, características qualitativas, definições dos elementos e critérios de reconhecimento) e dos princípios fundamentais da norma que se aplicam ao fenômeno sob análise, pretendendo-se nesse nível apenas a conscientização para a existência de julgamentos e estimativas. Sendo o primeiro contato com a EC (trechos) e os princípios fundamentais de uma norma, a aplicação desta abordagem no estágio 1 demandará **reconhecer** transações e eventos, **relacionar/classificar** essas transações e **aplicar/preparar/implementar** os requerimentos normativos.

O estágio 2 (compreensão) se diferencia do estágio 1 fundamentalmente pelo desenvolvimento mais profundo das capacitações para a realização dos julgamentos e estimativas necessários à aplicação das IFRS.[14] Os materiais de referência passam a incluir, por exemplo, as bases para conclusões das normas, onde o IASB expõe as alternativas de tratamento contábil analisadas na fase de estudo e preparação da norma, os motivos para as escolhas realizadas, entre outras informações que auxiliam o estudante na compreensão mais ampla e sistêmica da norma (*know why*). Nesse estágio, recomendam-se o uso de demonstrações financeiras de empresas reais, bem como decisões e interpretações das normas contábeis por reguladores.

Esse incremento na amplitude de visão dos requerimentos normativos específicos passa a requerer do estudante o desenvolvimento de sua capacidade de **analisar** e **relacionar** elementos até aqui estudados de forma mais isolada, de sorte a **compreender a estrutura da norma e a relação das partes e o todo**.

No estágio 3 (competência), tem-se como estratégia a aplicação de casos para ensino,[15] como ferramenta que permite o desenvolvimento da competência requerida pela realização dos julgamentos e estimativas necessários na aplicação das IFRS. Esse estágio se diferencia do anterior pela **integração**, seja integração com outras normas ou tópicos das IFRS, ou mesmo com outras disciplinas. Nos casos para ensino, demanda-se o nível máximo de exercício do julgamento e realização de estimativas ao abordar, por exemplo, situações em que não existem normas que prescrevam o tratamento contábil a ser dado e para as quais o estudante deverá **desenvolver/construir** uma nova política contábil.

Também caracteriza o estágio 3 **a investigação e avaliação crítica** das situações em que as normas oferecem respostas que são incompatíveis com a EC. Essa percepção de que mesmo as incoerências e os afastamentos das IFRS específicas em relação à EC devem ser "matéria-prima" do aprendizado é compartilhada pelo próprio ex-presidente do IASB, *Sir* David Tweedie, que manifestou que os bancos das universidades devem ser um espaço onde se explorem os problemas das normas e se busquem entender os porquês das normas, bem como compreender que elas são a melhor resposta do organismo emissor de normas contábeis, em determinado ponto no tempo e dentro de um contexto.[16] Contêm, portanto, imperfeições que devem ser parte do processo de aprimoramento. Nesse sentido, Tweedie assevera que os estudantes de Contabilidade devem ser ensinados a pensar.[17]

A utilização de casos para ensino sem soluções padronizadas no processo de ensino-aprendizagem das IFRS é apontada como uma forma de desenvolver nos estudantes a capacidade de realizar julgamentos.[18] Coerentemente com os preceitos do EEEC, os referidos autores indicam que tal processo deve permitir a migração de um modelo tradicional de repetição de requerimentos e regras contábeis (*repeat mode*) para um modelo de capacitação analítica que possibilite a avaliação de cenários e realização de sínteses (*find mode*), o que denota a adequação de instrumentos como casos para ensino na persecução desse objetivo.

> *A utilização de casos para ensino sem soluções padronizadas no processo de ensino-aprendizagem das IFRS é apontada como uma forma de desenvolver nos estudantes a capacidade de realizar julgamentos.*

Quanto aos ativos não financeiros, preliminarmente, cabe uma palavra sobre a escolha da Iniciativa Educacional do IASB por iniciar seu projeto piloto de EEEC com os ativos não financeiros, fundamentalmente o ativo imobilizado. Não se tratou de uma escolha aleatória ou sem fundamento. Muito pelo contrário.

Muitas vezes, pela influência governamental, quer seja por conta de um planejamento centralizado, como foi o caso do leste europeu, ou pela "contaminação" da contabilidade societária produzida pela legislação tributária, como é o caso de muitos países na América Latina, inclusive o Brasil, ou por excesso de regras prescritivas em padrões contábeis fundamentalmente baseados em regras (*rules-based accounting*), o imobilizado foi considerado uma área da contabilidade com baixa demanda de julgamentos e estimativas.[19]

No entanto, o referido autor destaca que os países que adotaram as IFRS observaram dificuldades concretas em sua aplicação nessa categoria de ativos, fundamentalmente no que diz respeito aos aspectos de determinação dos componentes a serem considerados como unidade de contabilização, determinação de valor residual, determinação da vida útil e aplicação de um método de depreciação. Todos esses são aspectos que requerem julgamento.[20] Nesse contexto, a eleição do imobilizado se fundamenta no fato de que, apesar de ser uma área que geralmente é introduzida aos estudantes de contabilidade nos estágios iniciais do curso de graduação em ciências contábeis por sua suposta "simplicidade", trata-se de temática permeada de julgamentos relevantes e que, portanto, oferece as oportunidades para a aplicação do EEEC.

5. Tipo de estudante

Atualmente, 166 jurisdições, inclusive o Brasil, devem apresentar suas prestações de contas em conformidade com as IFRS.[21] Isso faz com que sejam requeridos aos estudantes de disciplinas relacionadas à Contabilidade Financeira, seja do curso de ciências contábeis ou não, conhecimentos e competências profissionais necessários à interpretação e exercício dos julgamentos inerentes às Normas Internacionais.

Em vista da necessidade de aprendizagem do senso crítico para o emprego das Normas Internacionais, em termos práticos de aplicação da abordagem de EEEC para imobilizado e outros ativos não financeiros, seus criadores afirmam que esta pode ser implementada em todos os níveis em que as IFRS são ensinadas.[22]

Como o número de requisitos das IFRS a serem abordados e o nível de integração com outros temas das IFRS e disciplinas relacionadas (como Finanças, Contabilidade Tributária, Economia e Estatística) varia, dependendo dos objetivos do curso e do nível em que as normas são ensinadas, a abordagem de EEEC estabelece objetivos de ensino-aprendizagem no tocante a estimativas IFRS e outros julgamentos que se iniciam na **conscientização**, passando pela **compreensão** e atingindo o nível mais elevado da **competência**.

A partir dessa ideia de crescimento progressivo, que parte da consciência e atinge seu patamar máximo na competência, a abordagem de EEEC divide a trajetória de ensino-aprendizagem da contabilidade em três estágios. Como mencionado anteriormente, essa lógica e segmentação também são aplicáveis a cursos de pós-graduação (*lato* e *stricto sensu*).

Compreende-se, assim, que devem ser incluídos estudantes dos níveis básicos ao avançado, de cursos de graduação, especialização e de pós-graduação, sendo necessária a abertura para o ensino baseado em casos, sem a busca de uma solução única possível, portanto, com tolerância a cenários complexos, em que a estruturação das perguntas pertinentes é por vezes mais importante do que a busca por uma resposta ideal, que pode não existir.

6. Experiência do docente

Em se tratando de metodologias ativas, cabe aos docentes uma postura mais voltada ao papel de tutor, mentor ou orientador, do que o de detentor e de transmissor de conhecimentos. Nesse sentido, seu papel fundamental é o de conduzir os estudantes aos processos de construção de sua própria aprendizagem, instigando-os a pensar criticamente, buscar possibilidades de respostas às suas questões, por meio de perguntas, dicas e direcionamentos. Isso representa, de fato, um desafio aos docentes, devido ao grau de imprevisibilidade de como pode terminar uma discussão ou aula, dadas as inúmeras possibilidades que podem decorrer de um processo de ensino-aprendizagem baseado em interações e trocas de experiências.

> *Em se tratando de metodologias ativas, cabe aos docentes uma postura mais voltada ao papel de tutor, mentor ou orientador, do que o de detentor e de transmissor de conhecimentos.*

Para a aplicação do EEEC, o docente deve, preliminarmente, ter consigo a assunção de que seu protagonismo está em conduzir os estudantes ao contato com situações práticas acerca da aplicação das IFRS, nas quais são requeridos julgamentos e estimativas, e fomentar o pensamento crítico, desde o estágio 1 ao estágio 3. Também o docente, além do profundo conhecimento técnico, deve mostrar-se aberto às dúvidas, reflexões e possibilidades trazidas pelos estudantes, mostrando-lhes os possíveis caminhos, a cada caso, sem que seja determinada uma única resposta completamente correta. Ao docente são recomendados, ainda, competências ligadas à capacidade de ouvir e expor suas ideias, flexibilidade, liderança.

7. Tempo disponível

O EEEC, por ser uma estratégia que serve a quaisquer conteúdos ligados às IFRS, pois visa ensinar a pensar conceitualmente e com base em princípios, pode demandar tempo para aplicação distinta em cada um dos estágios, o que também muda de acordo com cada assunto a ser abordado. Por exemplo, foram desenvolvidos materiais instrucionais para o assunto políticas contábeis e, ainda, para ativos não financeiros. No primeiro exemplo, a extensão do assunto é menor, e quando se trata de ativos não financeiros, há ramificações de conteúdo.

Além disso, o condutor da aplicação deve levar em conta a "temperatura" das discussões e seu rendimento, uma vez que há grupos em que será necessário motivar e instigar mais as discussões, o que será automático e natural em outros. As discussões acaloradas devem ser motivadas e, se houver muitos debates, a adoção de estratégias de ensino[23] como grupo de debates pode ser aconselhável para direcionar as discussões.

Na aplicação de que trata este capítulo, referente ao estágio 3 do assunto ativos não financeiros, a atividade foi conduzida ao longo de todo o semestre, de forma que os estudantes tinham que tentar resolver as questões do caso fora de sala de aula e, em seguida, as propostas de soluções eram apresentadas e discutidas em classe. Foram necessárias aproximadamente 16 horas-aula para discussão do caso.

8. Estrutura física

As condições físicas mínimas necessárias para a aplicação da estratégia são as salas de aula, laboratórios ou outros ambientes em que possam ser conduzidas discussões (em nosso caso, realizadas em círculos), inclusive na educação a distância, como os fóruns. Ainda que na modalidade presencial, o uso de ambiente virtual de aprendizagem como complementar à sala de aula também pode contribuir para que estudantes tímidos expressem suas opiniões e sentimentos sem terem que se expor presencialmente. Portanto, devem-se evitar ambientes com cadeiras fixas, que não possam ser reagrupadas.

No caso de se prever na disciplina ou curso a apresentação das soluções propostas pelos grupos, pode se considerar que essa etapa seja realizada em auditórios, para os estudantes desenvolverem as competências necessárias para ambientes mais formais.

9. Processo de avaliação

Os mecanismos de avaliação considerados como mais aderentes ao EEEC, bem como em quaisquer outras metodologias ativas de ensino-aprendizagem, são aqueles de avaliação formativa (ver exemplo na seção 11.4). Por considerar a necessidade de atividades em grupos, discussões, elaboração de pensamentos e desenvolvimento de competências, as avaliações ideais são aquelas que levam em conta os estudos autônomos individuais, a participação nas atividades em grupos, a capacidade de exposição de ideias de forma escrita e verbal e a possibilidade de novas avaliações, bem como possíveis mudanças de opiniões, entendimentos e posicionamentos após o fechamento das atividades.

10. Tecnologia

No caso da aplicação de que trata este capítulo, foram utilizados seminários. No entanto, em caso de ambientes virtuais ou híbridos, podem-se utilizar fóruns, *chats* para discussão do caso e outras tecnologias de interação que estejam disponíveis no programa de uso de cada instituição. Especificamente para a resolução de casos para ensino, o professor pode direcionar as fontes de pesquisa (*sites*, aplicativos, *e-books* etc.) e/ou deixar o estudante totalmente livre para a realização de pesquisas.

11. Exemplos práticos dos estágios da EEEC

Nesta seção, tomando como base o material de ensino-aprendizagem desenvolvido pela Iniciativa Educacional do IASB para ativos não financeiros e as experiências dos próprios autores, são apresentados exemplos de aplicação prática do EEEC. Salientamos que, apesar dos exemplos citados serem referente aos ativos não financeiros, os aspectos apresentados podem ser utilizados, por analogia, nos demais materiais embasados no EEEC.

11.1 Estágio 1: Conscientização

Como já mencionado, o estágio 1 do EEEC, no que diz respeito ao desenvolvimento das capacitações para a realização dos julgamentos e estimativas requeridos pelas IFRS, tem como principal objetivo o desenvolvimento da CONSCIÊNCIA acerca desses julgamentos e estimativas. Esse estágio se aplica ao(s) primeiro(s) curso(s) de Contabilidade Financeira, cujas disciplinas, no Brasil, são muitas vezes denominadas Contabilidade Introdutória.

Nesse estágio, para o exemplo da aprendizagem relativa ao ativo imobilizado, os materiais necessários para sua aplicação são trechos selecionados da EC e da norma IAS 16[24] (imobilizado, recepcionada no Brasil por meio do Pronunciamento Técnico CPC 27),[25] que oferecem aos estudantes os principais conceitos e princípios relevantes à contabilização do imobilizado. Sugere-se que os estudantes tenham acesso a cópias desses trechos em aula, mesmo quando estiverem sendo avaliados, sugerindo sempre a aplicação de provas com consulta (*open book assessments*) em todos os estágios do EEEC, por ser uma abordagem coerente com o foco no desenvolvimento da habilidade dos estudantes em aplicar os requisitos de IFRS, em vez de fazê-los aprender e decorar os requisitos das IFRS e executar mecanicamente exemplos repetitivos.[26] Adicionalmente, a abordagem em que se permite consulta ao texto é também mais conectada ao "mundo real" em que os textos estão disponíveis, restando o desafio na aplicação das IFRS e na interpretação das demonstrações financeiras em IFRS, sendo limitada, se alguma, a utilidade de se decorar os requisitos normativos. Além disso, esses requisitos das IFRS podem mudar com o tempo, razão pela qual memorizar as versões mais antigas desse material pode não ser útil no futuro.[27]

Outro aspecto importante a se salientar na aplicação do estágio 1 do EEEC é que, como referido há pouco, tem-se a consciência dos julgamentos e estimativas como meta. Em outras palavras, nesse estágio, a aplicação dos conceitos deve ser mais simples e direta, com o exercício de julgamentos menos complexos e sensibilização para as situações mais complexas que fazem parte do conteúdo dos estágios 2 e 3. Isso é perceptível nos exemplos sugeridos no estágio 1 – Imobilizado, em que são colocados ativos que claramente se constituem em ativo imobilizado conforme a norma específica.[28] Não obstante, são provocados alguns julgamentos menos complexos ao se discutir, por exemplo, situações de ativos que contribuem indiretamente para o fluxo de receitas (e caixa) de uma entidade, como um edifício administrativo, que continua sendo um ativo imobilizado apesar dessa contribuição indireta, em comparação à contribuição direta do edifício de uma loja no caso de uma entidade varejista.

Outrossim, recomenda-se abordar os aspectos com maior intensidade de julgamento dentro do imobilizado, como a vida útil, o valor residual e o método de depreciação, com exemplos simples e salientando o fato de que a determinação dessas variáveis requer julgamentos importantes. Novamente, a ideia é sensibilizar sem criar complexidades desnecessárias nesse momento.

Como comentário final, desde o estágio inicial, propõe-se que sempre se indaguem os estudantes, dado um cenário de negócios, sobre qual seria a informação relevante para um investidor que esteja pensando em adquirir ações, por exemplo, ou para um credor que esteja avaliando a possibilidade de conceder um empréstimo à empresa que reporta.[29] Observe-se que esse é o ponto de partida, como é no minicaso para ensino de uma entidade que opera o transporte aquático de passageiros,[30] veículos e mercadorias por meio de balsas, em que, uma vez feita a descrição do negócio dessa entidade e oferecidos os dados necessários à contabilização do imobilizado (as balsas, no caso), pergunta-se (as questões devem ser feitas nessa ordem):

a) Quais informações um potencial investidor acharia útil sobre a balsa da entidade? Por que você acha que as informações seriam úteis?
b) A balsa é um ativo da entidade?
c) Descreva como a balsa satisfaz a definição de imobilizado.
d) Prepare os lançamentos contábeis relativos à balsa usando o método de custo nos registros contábeis da entidade de 1º de janeiro 20X1 a 31 de dezembro 20X5.

e) Liste algumas das estimativas e julgamentos que a administração da entidade teria feito na contabilização da balsa.

Nessa lista de questões, é possível depreender a "alma" do EEEC, posto que os pontos de partida são a utilidade da informação e as definições taxonômicas da EC. Somente depois de se ter esse esteio conceitual é que se fala em normas específicas (imobilizado no caso) e lançamentos contábeis.

11.2 Estágio 2: Compreensão

Como já referido anteriormente neste capítulo, a meta no estágio 2 é permitir a COMPREENSÃO dos julgamentos e estimativas necessárias à aplicação das IFRS. Esse estágio é aplicável ao(s) curso(s) de Contabilidade Financeira situados na metade do caminho para a certificação profissional como contador, que no caso do Brasil é o exame de suficiência do CFC. Esse estágio é geralmente representado no ensino brasileiro de graduação em Ciências Contábeis pelas disciplinas denominadas Contabilidade Intermediária.

A primeira coisa que já se percebe na "largada" do estágio 2 produzido pela Iniciativa Educacional do IASB é que o escopo naturalmente se expandiu, e não mais se trata apenas do Imobilizado (como no estágio 1), mas também de outros ativos não financeiros. Referimo-nos a essa expansão como algo natural, pois, ao elevar o grau de complexidade para buscar alcançar camadas mais elevadas do domínio cognitivo, a contraposição do imobilizado com outras categorias de ativos não financeiros passa a ser uma aliada de grande utilidade.

Isso fica bem visível já nos exemplos sugeridos no que diz respeito à identificação de ativos (ver o exemplo dos cães de guarda[31]). Sugere-se que seja oferecida aos estudantes a situação de uma empresa de segurança que possui cães de guarda para a prestação dos serviços de segurança.[32] A discussão desse caso permite a reflexão de que, apesar dos cães de guarda da empresa apresentarem a característica principal dos ativos biológicos, pois são animais vivos, não se aplica nesse caso a IAS 41,[33,34] pois, para que fosse um ativo biológico no escopo do CPC 29, esse ativo deveria ser parte de uma atividade agrícola, que é entendida por referida norma como o gerenciamento da transformação biológica e da colheita de ativos biológicos para venda ou para conversão em produtos agrícolas ou em ativos biológicos adicionais, pela entidade. A transformação biológica compreende o processo de crescimento, degeneração, produção e procriação, que causam mudanças qualitativa e quantitativa no ativo biológico. A discussão do caso dos cães de guarda da empresa de segurança permite concluir que os animais que não fazem parte de uma atividade agrícola e que, portanto, são usados na consecução da atividade-fim da empresa de segurança não podem ser classificados como ativos biológicos. Pode-se ainda discutir que esse ativo é, na sua essência, semelhante à arma que o pessoal de segurança eventualmente porta, ou o veículo que usam para a realização de suas atividades, e que, dessa forma, os cães de guarda integram igualmente o ativo imobilizado da empresa de segurança.

No estágio 2, são de fato trazidos à discussão os assuntos de maior dificuldade e que requerem julgamentos mais sofisticados. São trazidos aspectos relevantes e desafiadores na contabilidade do imobilizado, não só na identificação e classificação, como é o caso dos cães de guarda já referido, mas também no reconhecimento e mensuração de ativos não financeiros. No reconhecimento, tem-se o exemplo do gerador de energia que dá apoio a outro gerador de apoio e cujo uso não se espera ser necessário. Geralmente, as discussões conduzem à percepção generalizada dos estudantes de que esse gerador traz benefício econômico potencial, pela natureza do negócio de um hospital, e que, portanto, é ativo, apesar da baixa probabilidade de uso efetivo do gerador, o que não se confunde com a probabilidade do benefício econômico subjacente ao recurso ativo.[35] Na mensuração, são apresentados exemplos que vão desde a determinação do custo histórico considerando o valor do dinheiro no tempo (imobilizado adquirido a prazo ou com pagamento antecipado) até os desafios relativos a valor residual, vida útil e método de depreciação, como no exemplo da nave espacial que aparece nos materiais do estágio 3, integrado ao caso para ensino da Open Safari.

Nesse estágio de COMPREENSÃO, é importante notar que o EEEC passa a se valer inclusive nas situações em que a norma não é coerente com os princípios da EC, usando essas situações como matéria-prima do desenvolvimento das competências necessárias à aplicação das IFRS. É o caso do exemplo da cadeia de lojas de bicicleta, que possui bicicletas de aluguel de curto prazo e venda. As bicicletas disponíveis para aluguel são usadas por dois ou três anos e, em seguida, vendidas pelas lojas como modelos de segunda mão.[36] Nesse exemplo, explora-se o requerimento geral da norma de apresentação do resultado líquido na venda de ativo imobilizado (que se afasta do princípio de *gross accounting*, mas tem sua justificativa documentada nas Bases para Conclusão da norma IAS 16)[37] e a exceção a esse requerimento, no caso da venda das bicicletas usadas, por ser relevante a informação de receita de venda e custo separadamente.

11.3 Estágio 3: Integração

No estágio 3, sugere-se a aplicação de casos para ensino[38] como ferramenta para o desenvolvimento da competência requerida pela realização dos julgamentos e estimativas necessários na aplicação das IFRS. Esse estágio, segundo os autores, diferencia-se do anterior pela "integração", quer seja integração com outras normas ou tópicos das IFRS, ou com outras disciplinas. Nos casos para ensino, demanda-se o nível máximo de exercício do julgamento e realização de estimativas, ao abordar, por exemplo, situações em que não existam normas que prescrevam o tratamento contábil a ser dado e para as quais o estudante deverá "desenvolver/construir" nova política contábil. É como ocorre em uma das questões do caso para ensino, as quais reputamos como de alta complexidade, que trata da situação de contrato de venda futura de madeira para o qual não existe norma que possa ser aplicada diretamente, sendo necessárias a busca de analogias e a construção de política contábil compatível com os conceitos da EC.

Como no estágio 2 foi mencionado, no estágio 3 perpetuam-se a investigação e avaliação crítica das situações em que as normas oferecem respostas incompatíveis com a EC. No caso Open Safari, os estudantes são apresentados à situação concreta de subvenção governamental para eliminação da *Lantana camara L.*, que é uma erva daninha popularmente chamada camará, que permite discutir a resposta limitada em termos informacionais oferecida pela norma IAS 20,[39,40] que se baseia no "princípio" (entre aspas, pois na verdade não é um princípio na EC) do encontro entre receitas e despesas, o que demonstra claros sinais de "envelhecimento" dessa norma. Outrossim, exploram-se, comparativamente, as virtudes informacionais das respostas contábeis produzidas para esse mesmo fenômeno pela Norma IFRS para Pequenas e Médias Empresas, mais recente e compatível com a EC.

11.4 Exemplo prático da aplicação do caso Open Safari – Estágio 3

Apresentaremos nesta seção, passo a passo, como aplicamos o caso Open Safari na graduação e os resultados dessa aplicação. Ressaltamos que as estratégias que utilizamos não são as únicas que podem ser adotadas na aplicação do caso. Muito pelo contrário. O *problem based learning* (PBL) e as metodologias ativas oferecem uma gama de estratégias que podem auxiliar o docente no EEEC.[41] Por exemplo, para apresentação e debate de casos para ensino, podem ser utilizadas estratégias de seminários, *role-play*, grupo de verbalização e grupo de observação (GV/GO), ou grupo de debates, como já mencionamos anteriormente. Além disso, as metodologias que apresentaremos podem ser utilizadas e adaptadas para a aplicação de outros casos para ensino. O que buscaremos fornecer é um exemplo prático do EEEC, especificamente do estágio 3, para que o professor e a professora tenham um parâmetro e possam adaptá-lo de acordo com suas necessidades e as de seus estudantes.

O primeiro passo para a aplicação do caso foi o planejamento da atividade em sintonia com o plano de curso da disciplina. Esta etapa envolveu principalmente:

a) Planejamento para a aplicação do caso: o caso Open Safari é complexo e exige do professor certa confiança no domínio do conteúdo e na condução do estudante na resolução do caso. Dessa forma, a primeira etapa para aplicação do caso foi o estudo intenso do mesmo. São sugeridos grupos de estudos para discussão dos pontos críticos do caso. Destacamos que, além do caso para ensino traduzido, o IFRS Education oferece também material para professores com comentários sobre as possíveis respostas para as questões do caso. Para ter acesso a esse material, é preciso realizar um cadastro no *site* do IASB.[42]

b) Escolha da disciplina para aplicação do caso: optamos por aplicar o caso na disciplina de Teoria da Contabilidade, que é ministrada no sexto semestre do curso de Ciências Contábeis da Universidade Federal de Uberlândia (UFU). Essa escolha se deu pelo fato de a disciplina ser obrigatória e oferecida no sexto semestre do curso, quando os estudantes já concluíram as disciplinas introdutórias, intermediárias e avançada da Contabilidade, ou seja, após finalizarem o estágio 3 proposto pelo EEEC, além de ética, estatística e matemática financeira. Consideramos, então, que não seria o primeiro contato dos estudantes com os temas abordados no caso. Conforme especificações do curso, na disciplina de Teoria da Contabilidade espera-se que os estudantes sejam capazes de estabelecer associações entre a teoria e a prática de forma crítica e exercitar o uso de julgamentos e estimativas, aspectos essenciais para o estágio 3 do EEEC. Nessa linha de pensamento, os professores podem escolher a disciplina de acordo com o projeto político pedagógico do curso em que participam. Talvez, para instituições em que a disciplina de Teoria da Contabilidade seja ministrada no segundo período do curso, por exemplo, a aplicação do caso Open Safari não seja adequada. O importante é que os estudantes tenham tido algum contato, ou estejam tendo contato naquele semestre, com os conteúdos apresentados no caso.

c) Escolha de estratégias e metodologias para ensino-aprendizagem: utilizamos os preceitos do PBL e as metodologias ativas nas etapas de aplicação do caso por acreditarmos estarem alinhadas com o objetivo do EEEC de desenvolvimento do julgamento e do pensamento crítico. Nesse sentido, dividimos as turmas em grupos de aproximadamente cinco estudantes cada um. Definimos três etapas de aplicação do caso: (1) estudo e preparação – os estudantes discutiram uma resolução para o caso fora de sala de aula; (2) relatório escrito – os estudantes entregaram relatório escrito com as respostas para as questões propostas no caso; (3) *feedback* – os estudantes entregaram as respostas e receberam sugestões para reflexões ou melhorias, sendo esse *feedback* composto de questionamentos e/ou dúvidas sobre o que os estudantes escreveram como soluções para as questões. Destacamos que o *feedback* não era no sentido de dizer se a resposta dada pelos estudantes do grupo estava certa ou errada; o intuito dessa etapa é instigar o estudante, levá-lo a pensar criticamente sobre o que o grupo escreveu e sobre aspectos que eles não observaram; (4) entrega da versão final do relatório escrito – os estudantes fizeram revisões nas respostas de acordo com os questionamentos apresentados pelas professoras; (5) seminário e debate – em aulas previamente definidas, um grupo seria escolhido para apresentar as suas respostas para as questões do caso; a cada resposta apresentada por um grupo, os demais estudantes apresentavam respostas alternativas, aspectos não considerados pelo grupo debatedor, entre outros aspectos.

d) Cronograma de aplicação do caso: os temas tratados no caso Open Safari estão relacionados com a ementa da disciplina Teoria da Contabilidade do curso ora analisado. Como o caso Open Safari é extenso e complexo, optamos por dividir a parte escrita em etapas, possibilitando aos estudantes o desenvolvimento do raciocínio crítico ao longo do semestre, conforme o Quadro 3. Entre as etapas, os estudantes tinham o prazo de aproximadamente 30 dias para se reunirem. Após a entrega dos relatórios escritos com as resoluções para as questões propostas em cada etapa, as professoras devolviam aos estudantes os relatórios com o *feedback*. Os estudantes entregavam o relatório para a próxima etapa contendo as respostas para as questões propostas nesta etapa e a revisão das questões da etapa anterior, de acordo com o *feedback* oferecido pelas professoras. Assim, o relatório era cumulativo, o que culminaria na quinta etapa, quando os estudantes entregariam um relatório completo, com as respostas para todas as questões do caso. Reservamos quatro aulas sequenciais de 4 horas-aula, com um total de 16 horas-aula, no final do semestre, após finalizadas as etapas de relatórios escritos, para os seminários de debates do caso, e uma aula para cada etapa descrita no Quadro 3.

e) Avaliação dos estudantes: cada etapa do relatório escrito foi avaliada separadamente, e a nota era revista após a revisão realizada e entregue pelos estudantes após o *feedback* das professoras. As notas dos seminários e debates foram divididas, sendo parte para a apresentação e para a participação individual dos estudantes no seminário e debates e parte para a coesão entre os membros dos grupos. Além disso, questões sobre o caso foram cobradas na avaliação individual da disciplina.

f) Avaliação da aplicação do caso: além da avaliação dos estudantes quanto às atividades de realização do caso, parte escrita e debates, e no caso da pesquisa que foi produzida pelos autores, houve a intenção de investigar se a abordagem contribui para o desenvolvimento de competências, que foram relacionadas com a Taxonomia de Bloom. Para tanto, foram aplicados questionários e realizadas entrevistas individuais e coletivas.[43]

g) Essas etapas de planejamento foram cruciais para o sucesso na aplicação do caso. O domínio de conteúdo, a preparação das professoras, a adequação do caso com o plano de curso da disciplina, a metodologia utilizada na aplicação do caso, um cronograma factível de aplicação, critérios adequados de avaliação são aspectos essenciais para a eficácia da estratégia de aplicação de casos para ensino.

Quadro 3. Cronograma de entrega dos relatórios escritos

Etapas	Ano	Página	Questões
1	20X0 – 20X2	7	1-8
	20X3	9	1-10
2	20X4	11	1-14
3	20X5 – 20X8	18	1-12
	20X9	19	1-10
4	20X9	20	1-6
	20X9	21	1-2
	20Y0 – 20Y4	18	1-4
5	Relatório completo		Todas as questões

Fonte: Elaborado pelos autores.

12. Considerações finais

Além da experiência na graduação, aplicamos o caso Open Safari também na pós-graduação, na disciplina Contabilidade Societária ministrada no Mestrado do Programa de Pós-Graduação em Ciências Contábeis da UFU. Nessa disciplina, solicitamos que os estudantes respondessem a todas as questões e, em seguida, nos reunimos presencialmente para a discussão, que durou aproximadamente 8 horas-aula. As discussões foram bastante "acaloradas" e mais "profundas" do que as da graduação. O caso se mostrou bastante adequado também para a pós-graduação. Inclusive, na percepção dos estudantes, as habilidades e competências desenvolvidas na pós-graduação foram similares àquelas percebidas na graduação.

5 Portfólio: uma prosa criativa

CAMILA LIMA COIMBRA

— Professora, mas o portfólio serve para quê?

Estudante do curso de Letras

Capítulo 5

1. Introdução

A intenção deste capítulo é assumir a prosa como uma "expressão natural da linguagem", forma esta muito utilizada em nosso estado de Minas Gerais. O tema da prosa é o portfólio, um método de avaliação atual que pode criar possibilidades e, ao mesmo tempo, limitar uma práxis educativa. A indagação da estudante apresenta a problemática deste capítulo, que é responder à pergunta: qual a finalidade do portfólio? Portfólio parece ser agora a resolução dos problemas de avaliação no ensino, desde o fundamental até a pós-graduação. A partir do balizamento com a história da educação, devemos desconfiar de tudo que vira moda... A moda tem seu lugar, mas não na educação. Usar portfólio em sala de aula significa ser moderno? O objetivo deste capítulo é esclarecer essas questões para que nossa docência na Educação Superior possa ser entremeada de possibilidades educativas.

Um primeiro pressuposto que este capítulo pretende tratar se refere às escolhas em termos de avaliação. Para isso, faz-se necessária a compreensão de quais concepções sustentam um método. Ou seja, pode-se escolher tecnicamente um método de avaliação, com um discurso democrático, mas que, em tese, não o é... Depende do quê?

Interessante perceber as definições e compreensões que temos sobre um mesmo método de avaliação. Utilizo a expressão **método de avaliação**, por compreender que uma outra concepção de avaliação é necessária.[1] Vamos partir do princípio de uma avaliação formativa e, nessa concepção, uma escolha da forma não pode ser considerada apenas instrumento, e sim método, pois pressupõe uma concepção em seu interior. Como diria a personagem Alice, de *Alice no país das maravilhas*: "quando a gente não sabe para onde vai, qualquer caminho serve".

Assim, este capítulo assumirá o seguinte percurso: as concepções que sustentam a ideia, uma "arquitetura" da sala de aula, a definição do campo da avaliação formativa, e, por fim, um exemplo em que algumas pistas são apresentadas nessa prosa.

2. Situando o campo da educação e da sala de aula

Para compreender o método de avaliação, considero fundamental esclarecer a concepção que fundamenta tal método, de forma clara e coerente, para uma práxis docente. Em que perspectiva? Parte-se de uma pedagogia progressista, em uma tendência libertadora em que há professores(as) e alunos(as), aqui denominados aprendentes,[2] que são mediatizados pela "realidade que apreendem e da qual extraem o conteúdo de aprendizagem, atingem um nível de consciência dessa mesma realidade, a fim de nela atuarem, num sentido de transformação social".[3]

Nessa perspectiva, este capítulo apropria-se de uma concepção de educação crítica, em que o diálogo seja o meio de comunicação para uma práxis educativa em que os sujeitos – professores(as) e alunos(as) – são seres aprendentes e participam do ato de conhecer o mundo e as palavras. Aprender, assim, significa apreender a realidade e nela inserir-se de forma crítica, consciente e transformadora.

E a sala de aula, como é entendida? A sala de aula é compreendida como um momento de formação. Para tanto, pode ser identificada também como o espaço-tempo das aprendizagens, "onde é possível viver a magia e o encantamento de ter nas mãos e diante dos olhos o mundo para ser visto, pensado, debatido, revirado, para manter vivos os sonhos e desejos de mudança e transformação".[4]

> *Aprender, assim, significa apreender a realidade e nela inserir-se de forma crítica, consciente e transformadora.*

Utilizando esse conceito vivo e dinâmico do espaço da sala de aula, entende-se que ela seja composta por quatro dimensões fundamentais: (i) conhecimento; (ii) comunicação; (iii) compromisso; e (iv) relação interpessoal.[5] Para explicar essas dimensões, utilizo, nesta prosa, os saberes necessários à prática educativa, uma vez que ensinar exige rigorosidade metódica e pesquisa.[6] Resgata-se, assim, a ideia de que o conhecimento não se configura como uma verdade absolutizada, mas como o objeto mediador para o diálogo. Partir do conhecimento e da realidade do(a) aluno(a) (aprendente) se torna condição para essa dimensão, nesta perspectiva, se efetivar. O conhecimento assume papel importante na definição da aula. Qual conhecimento tenho como objetivo? Qual significado esse conhecimento assume na vida das pessoas? Essas perguntas devem ser norteadores de uma práxis docente progressista.

> *O conhecimento não se configura como uma verdade absolutizada, mas como o objeto mediador para o diálogo.*

Em relação à comunicação, conclamam-se três saberes freirianos: ensinar exige a disponibilidade para o diálogo, exige saber escutar, exige a reflexão crítica sobre a prática. É importante que o(a) professor(a) (aprendente) seja mediador do processo de construção do conhecimento. Para tanto, precisa planejar, além de reconhecer e compreender que a busca por diferentes linguagens assume a dimensão de se comunicar em uma aula. Especificamente aqui, contrapõe-se a um modelo de "educação bancária", em que o professor deposita, transmite o conhecimento aos(às) alunos(as). Antes, sim, aprende junto com os(as) alunos(as).[7] Comunica-se, significa-se, constrói-se.

Na dimensão compromisso, associa-se à ideia de que ensinar exige comprometimento; "não posso escapar à apreciação dos/as alunos/as [...] Enquanto presença não posso ser uma omissão, mas um sujeito de opções". Essa preocupação ou responsabilidade traduzem bem o compromisso instaurado como dimensão importante na sala de aula, compromisso com a formação dessas pessoas, com o objetivo principal na profissão docente.[8]

Por fim, a dimensão da relação interpessoal não segue uma raiz hierárquica, mas assume papel importante na dimensão de uma aula em que as quatro dimensões gravitam, pois ensinar exige querer bem, humildade, tolerância, estética e ética. Exige respeito à profissão, à instituição, às pessoas, demonstrado de diversas formas, conduzindo o processo de forma transparente e buscando a autonomia dos sujeitos aprendentes. Para compreender essa dimensão, é importante um princípio freiriano que antecede, de que somos seres inacabados, somos seres históricos.[9] Portanto, os saberes que constituem os(as) professores(as) são diferentes dos saberes que constituem os(as) alunos(as), mas não são melhores e nem maiores, apenas diferentes. Nesse lugar, os seres aprendentes se conectam, se solidarizam em busca da construção do conhecimento.

> Os seres aprendentes se conectam, se solidarizam em busca da construção do conhecimento.

Ao delinear os sentidos da educação, da função do ensino, nesta perspectiva progressista, chegamos à concepção de avaliação. O que se configura como avaliação? Que princípios sustentam o método do portfólio?

3. Situando a avaliação nesta perspectiva de educação

Uma teoria da avaliação para as aprendizagens não será propriamente uma solução mágica que virá resolver todos os problemas, mas poderá ser uma referência importante para apoiar o trabalho dos(as) aprendentes, contribuindo para o discernimento conceitual num domínio em que proliferam ambiguidades várias e concepções errôneas.[10]

Por isso, o autor esclarece que a

> avaliação que se faz no dia a dia das salas de aula, talvez nunca seja demais dizê-lo, não é uma mera questão técnica, não é uma mera questão de construção e de utilização de instrumentos, nem um complicado exercício de encaixar conhecimentos, capacidades, atitudes ou motivações dos alunos numa qualquer categoria de uma qualquer taxonomia. Não, a avaliação é uma prática e uma construção social, é um processo desenvolvido por e para seres humanos que envolve valores morais e éticos, juízos de valor e questões de natureza sociocultural, psicológica e também política.[11]

Buscando uma alternativa para os processos avaliativos excludentes e classificatórios, a avaliação formativa surge com diversas adjetivações. Estas podem ser entendidas como avaliação formativa, pois trazem concepções semelhantes:[12] avaliação da aprendizagem,[13] ou para a aprendizagem,[14] emancipatória,[15] mediadora,[16] dialógica,[17] cidadã,[18] dialética,[19] diagnóstica,[20] dentre outras.

A partir de uma coerência epistemológica, a avaliação formativa, como parte do ato pedagógico, responsável pela organização do processo de ensinagem,* **implica**

---

* Termo cunhado por Anastasiou e Pimenta e citado por Coimbra: PIMENTA, S. G.; ANASTASIOU, L. *Op. cit., apud* COIMBRA, C. L. A aula expositiva dialogada em uma perspectiva *freireana*. In:

uma lógica includente, reflexiva e processual. Coaduna com os princípios já expressados em relação à função da educação e a compreensão da sala de aula como espaço de formação, interação e aprendizagens.

Para essa compreensão de avaliação formativa, é fundamental a compreensão de que o processo não deve ser avaliado apenas ao final, mas ao longo do tempo em que ocorre. Para isso, a diversificação de métodos é fundamental para a percepção e apropriação por parte dos aprendentes daquilo que está sendo realizado. De diversas formas e em diversos momentos, a avaliação se apresenta como um meio de refletir, analisar e propor ações que visem a aprendizagem.

Reiteramos, assim, que **a avaliação formativa existe para promover as aprendizagens**.[21] Isso só pode acontecer se o(a) professor(a) (aprendente) aprimorar o trabalho pedagógico. Portanto, um dos componentes dessa avaliação é a possibilidade de o(a) professor(a) ajustar as atividades que desenvolve com seus alunos, criando uma possibilidade diferente também para suas práticas avaliativas.

Em síntese,

> os sistemas de avaliação pedagógica de alunos e de professores vêm se assumindo cada vez mais como discursos verticais, de cima para baixo, mas insistindo em passar por democráticos. A questão que se coloca a nós, enquanto professores e alunos críticos e amorosos da liberdade, não é, naturalmente, ficar contra a avaliação, de resto necessária, mas resistir aos métodos silenciadores com que ela vem sendo às vezes realizada. A questão que se coloca a nós é lutar em favor da compreensão e da prática da avaliação enquanto instrumento de apreciação do que-fazer de sujeitos críticos a serviço, por isso mesmo, da libertação e não da domesticação. Avaliação em que se estimule o *falar a* como caminho do *falar com*.[22]

Falar com implica escuta. Educar implica humanizar. Humanizar implica libertar. Libertar implica comprometer. Comprometer implica dialogar. Dialogar implica planejar. Planejar implica ensinar. Ensinar implica avaliar. Verbos que operacionalizam uma práxis educativa em uma concepção de avaliação formativa.

4. De onde surge o portfólio?

No Brasil, não se tem tradição da utilização desse tipo de método de avaliação na Educação Superior, apenas alguns professores de cursos de licenciatura utilizam-no para registro de ações e reflexões.[23]

O portfólio, como este capítulo pretende tratar, "é uma modalidade de avaliação retirada do campo das artes e que aparece com o objetivo de criar novas formas

---

LEAL, E. A.; MIRANDA, G. J.; CASA NOVA, S. P. de C. **Revolucionando a sala de aula**: como envolver o estudante aplicando técnicas de metodologias ativas de aprendizagem. São Paulo: Atlas, 2017.

de avaliação".[24] Ao retirá-lo do campo das artes, subentende-se que a linguagem, a expressão, a criatividade também fazem parte de sua definição.

Dessa forma, "[o] seu conceito surgiu na história das artes e denomina um conjunto de trabalhos de um artista (desenhista, cartunista, fotógrafo etc.) ou de fotos de ator ou modelo usado para divulgação de suas produções".[25] Ou seja, um(a) artista, ao produzir sua arte, seja ela qual for, registra em seu portfólio o processo de criação, as tentativas, os princípios, as referências usadas para a criação. A ideia, ao apropriar-se desse conceito, é que, no Ensino Superior, o portfólio possa registrar os processos criativos de aprendizagem. Como aprendemos? O que aprendemos? Por que aprendemos?

Registradas as concepções que sustentam o método a ser trabalhado neste capítulo, parte-se para uma breve revisão bibliográfica sobre as definições de portfólio, consolidada no Quadro 1.

Quadro 1. Revisão bibliográfica sobre as definições de portfólio

Autor(a)	Definição/conceito
Silva e Souza (2014)[26]	O portfólio tem por finalidade maior registrar a trajetória de aprendizagem dos alunos, pois mantém armazenadas as principais etapas por eles vivenciadas na apropriação do saber.
Sordi e Vieira (2012)[27]	Considerado um procedimento de avaliação formativa por meio de uma escrita reflexiva, um recurso mediador da aprendizagem, para indagar a respeito de como esse processo avaliativo é desenvolvido e concretizado.
Araújo (2011)[28]	O portfólio é um conjunto de uma diversidade de produções que evidenciam os conhecimentos construídos e o caminho percorrido, assim como as estratégias utilizadas para a constituição de conhecimento.
Klenowski (2005) apud Sordi e Silva (2010)[29]	A autoavaliação, a reflexão e a oportunidade de o aluno revelar o processo pelo qual o trabalho foi construído estão expressas no portfólio, constituem a centralidade do mesmo: o que significa que os alunos tornam-se capazes de internalizar essa nova forma de verificação da aprendizagem de forma mais crítica, aprendendo, com isso, a analisar o processo vivido, suas ações e contextos com maior responsabilidade (autocorreção). Aprendem, também, a pensar sobre o próprio pensamento ressignificando-o (metacognição), além de acurarem a criatividade, pois o processo vivido exige superação (autotranscendência).
Murphy (1997) apud Villas--Boas (2005)[30]	O portfólio possibilita avaliar as capacidades de pensamento crítico, de articular e solucionar problemas complexos, de trabalhar colaborativamente, de conduzir pesquisa, de desenvolver projetos e de o aluno formular os seus próprios objetivos para a aprendizagem.

(continua)

(continuação)

Autor(a)	Definição/conceito
Villas-Boas (2004)[31]	O portfólio é um procedimento de avaliação que permite aos alunos participar da formulação dos objetivos de sua aprendizagem e avaliar o seu progresso – eles são, portanto, participantes ativos da avaliação, selecionando as melhores amostras de seu trabalho.
Alves (2003)[32]	O portfólio é uma compilação apenas dos trabalhos que o estudante entenda **relevantes** após um processo de análise crítica e devida fundamentação. O que é importante não é o portfólio em si, mas, o que o estudante aprendeu ao criá-lo, ou, dito de outro modo, é um meio para atingir um fim, e não um fim em si mesmo.
Hernández (2000)[33]	A utilização do portfólio como recurso de avaliação baseia-se na ideia de natureza evolutiva do processo de aprendizagem. Oferece aos alunos e professores uma oportunidade de refletir sobre o progresso dos estudantes em sua compreensão da realidade, ao mesmo tempo em que possibilita introduzir mudanças durante o desenvolvimento do programa de ensino.

Fonte: Elaborado pela autora.

Assim, pode-se concluir que o importante em uma concepção de avaliação formativa, quando o portfólio é o meio, em que alguns autores consideram procedimento, recurso, instrumento, denominamos como um método de avaliação. O método flagra um processo de profunda reflexão das ações de diálogo contínuos do(a) estudante com o(a) professor(a) (aprendentes) durante toda a ensinagem. Método porque implica explicitar as concepções que o sustentam e apontar um caminho para o alcance de sua finalidade. Quando é denominado como recurso ou procedimento, pode ser identificado como uma técnica que se aplica em qualquer contexto e circunstância. Portanto, não traduziria a definição de portfólio de que esta autora pretende se apropriar.

> *O portfólio é um método em que os(as) aprendentes produzem um caminho para a aprendizagem, construindo significados e situações problematizadoras para registrar um processo formativo.*

Talvez uma boa definição para sintetizar as definições acima seja a ideia de que **o portfólio é um método em que os(as) aprendentes produzem um caminho para a aprendizagem, construindo significados e situações problematizadoras para registrar um processo formativo**. É um caminho possível para uma práxis educativa reflexiva.

Temos algumas classificações de portfólios, conforme sintetizado no Quadro 2.[34]

Capítulo 5

Quadro 2. Classificações de portfólios

Portfólio de aprendizagem	Compreende as atividades do estudante em fase de construção e também aquelas já concluídas. Tem como característica demonstrar o percurso do estudante na apropriação do conhecimento. Nele encontram-se presentes anotações do próprio estudante, rascunhos, esboços, idas e vindas de um processo de construção da aprendizagem, evidenciando dificuldades, tentativas de superação e a evolução de cada aprendiz.
Portfólio demonstrativo	Tem como característica demonstrar importantes avanços dos estudantes e, também, problemas que persistem em seu processo de aprendizagem. [...] Fotos e gravações dos estudantes podem compô-lo. O portfólio demonstrativo faculta, como um importante benefício, revisitar os trabalhos construídos, [...] auxiliando-o na compreensão do processo de aprendizagem vivenciado pelo estudante e oferecendo-lhe subsídios para a construção de suas propostas de ensino.
Portfólio de avaliação	Auxilia o professor a compreender e avaliar o processo de construção das aprendizagens de seus estudantes. Para Danielson e Abrutyn,[35] os portfólios de avaliação contêm "um ou vários assuntos", podendo ser utilizados em determinado período letivo ou ao longo do ano. Algumas ações são necessárias ao utilizar esse tipo de portfólio, como: determinar claramente os objetivos a serem alcançados, definir critérios balizadores para avaliar cada tarefa e estabelecer decisões a serem tomadas frente aos resultados evidenciados nas atividades avaliativa armazenadas.
Portfólio de trabalho	Tem como objetivo principal reunir as atividades dos estudantes, guiadas por objetivos de aprendizagens. Ele pode auxiliar na construção de outros portfólios, como o portfólio de apresentação ou o portfólio de avaliação. Normalmente, por ser estruturado em torno de um tema determinado – abarcando os conteúdos a ele vinculados –, pode ser desenvolvido quando as metas estabelecidas são de curto prazo, pretendendo atingir objetivos curriculares específicos.

Fonte: Síntese da autora.

A partir do princípio de que a avaliação formativa define a necessidade de utilização de uma diversidade de métodos, o portfólio pode ser um desses caminhos. Por isso, compreende-se, nessas classificações, como portfólio de avaliação, que pode agregar as demais finalidades, a depender dos objetivos definidos pelos aprendentes.

Ao delimitar o que cada um desses portfólios tem como característica principal, as autoras tergiversam sobre o método, criando distanciamentos e aproximações que consideramos desnecessárias. O que define o portfólio são os objetivos a que ele estará atrelado. Essa é a questão principal a ser definida na práxis educativa. Assume-se, nesta prosa, uma possibilidade de coerência entre a concepção e a ação.

Uma síntese das definições para compreensão dos exemplos que serão apresentados:

a) O portfólio, como um método de avaliação, não pode ter um fim em si mesmo, pois registra um processo e não um momento estanque. Pode ser usado em uma disciplina, módulo ou curso.
b) A articulação teoria e prática configura-se como diretriz para a elaboração de um portfólio. Portanto, considera-se a práxis educativa.
c) Propicia a autonomia dos aprendentes, promovendo um processo de autoavaliação do percurso da ensinagem.
d) O papel de mediação desse processo cabe ao docente, que possui a clareza do objeto de ensino, da relação deste com o Projeto Pedagógico do Curso e dos objetivos de aprendizagem que poderão/deverão ser explicitados aos aprendentes.
e) Contribui para a formação de aprendentes, que percebem sua caminhada, constroem, analisam, tomam decisões e buscam as aprendizagens necessárias.

5. Alguns exemplos e possibilidades

Para que esta prosa se materialize, inicia-se pela clareza dos objetivos em que o portfólio se apresenta como possibilidade. A partir dos objetivos educativos, algumas dimensões são fundamentais para a criação/elaboração/construção de um portfólio.

a) **Identidade** dos(as) aprendentes que criam e elaboram o portfólio. Deve refletir aquilo que pensam e aquilo que são. Quem? Como se constituem? Partir de nossa realidade, de nossa identidade.
b) Ampliação da **leitura de mundo** ou de sua visão inicial para a visão atual também é um fator importante. De alguma forma, as problematizações criadas propiciaram algumas mudanças, transformações? Por quê? Em quê? Como? Quais leituras foram feitas? Por quê? Quais diálogos foram realizados?
c) Assunção de seu lugar no mundo e de suas **concepções** também configuram um espaço/tempo importante. É importante destacar o movimento, as reflexões e críticas realizadas. O papel da formação/avaliação também é de ampliar conceitos, possibilitar fundamentação, avançar, e não permanecer apenas no senso comum. O ponto de partida é o que sabem, mas o ponto de chegada não pode ser o mesmo. O portfólio tem que flagrar esse processo.
d) A **criatividade** é fundamental e deve expressar as aprendizagens. Podem-se utilizar várias linguagens e formas de representar as aprendizagens. As perguntas eixo o tempo todo são: O que aprendi? Como aprendi? Por que aprendi? Qual a relação/sentido que isso faz? Qual a importância disso para a formação profissional?

e) O **tempo** e as **aprendizagens**. Como iniciou o processo? Quais impressões iniciais do mesmo? E dos(as) aprendentes? Por quê? Como a ensinagem aconteceu? Quais as metodologias? E a avaliação? Quais devolutivas foram importantes no processo?
f) O **pertencimento**. O portfólio precisa traduzir a singularidade de um processo de aprendizagem único. O outro participa desse movimento, pois aprendemos nas relações, mas cada aprendente assume a responsabilidade por retratar seu processo.
g) O **formato** é livre, original e singular. A forma em que esse registro é realizado demonstra as características identitárias de cada um(a) e de cada área do conhecimento. Algumas sugestões de formas eletrônicas possíveis: Google Sites (https://sites.google.com/new), Blogger (www.blogger.com) ou Wix (https://pt.wix.com/start/criar-blog).

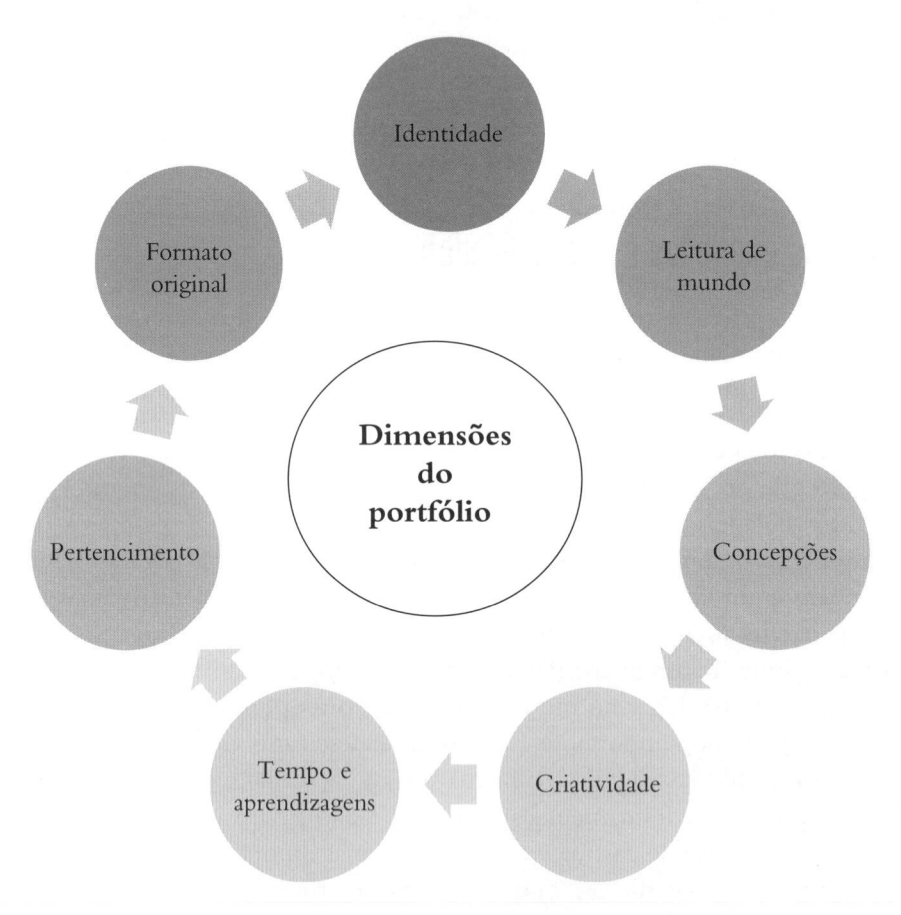

Figura 1. Dimensões do portfólio

Não seria coerente com toda a organização teórica desta prosa que o exemplo se baseasse em um roteiro ou modelo de portfólio. Por isso, descrevemos anteriormente as dimensões que o portfólio, nesta perspectiva, pode assumir. Ao entrelaçar essas dimensões, já vamos delineando a estrutura de um portfólio, em forma de um círculo, pois se pretende nessa forma traduzir a flexibilidade que precisamos nesta práxis educativa.

Um estudo, realizado por Sordi e Silva,[36] envolveu a análise de 24 portfólios construídos no período de 2005 a 2007. Esse estudo evidenciou fragilidades que, ao serem problematizadas, geraram aprendizagens, assim, as autoras construíram uma matriz de monitoramento do trabalho dos aprendentes relativa ao portfólio visando evitar o espontaneísmo na produção ou na correção do material, o que dificultaria a objetivação do processo de avaliação. As autoras construíram uma matriz de gestão de avaliação de portfólio que pode ser usada como exemplo e referência para a criação de novas formas de acompanhamento do processo.

De acordo com esse estudo, o portfólio percorre quatro fases importantes: a primeira refere-se ao itinerário pessoal e profissional e suas conexões; a segunda fase, "A obra em construção", onde a escrita revela as aprendizagens; a terceira fase, momento de elaboração das sínteses compartilhadas; e, por fim, a instalação da sessão de avaliação sobre o processo de ensinagem realizado.

Quadro 3. Matriz de gestão de avaliação de portfólio

Fase 1 Memorial de entrada	Fase 2 A obra em construção: escritura reveladora das aprendizagens	Fase 3 Exposição da obra: sínteses compartilhadas	Fase 4 Instalação da sessão de avaliação
a) Explicitação do itinerário pessoal e profissional e suas conexões. b) Capacidade de exposição de sentimentos/ valores. c) Extrapolação dos aspectos formais da apresentação pessoal. Uso de linguagens alternativas. d) Disposição de adesão à proposta.	a) Seleção do material. b) Habilidade descritiva e contextualizadora frente ao evento. c) Capacidade interpretativa. d) Capacidade de intervenção na realidade. e) Qualidade da escritura do texto. f) Postura diante da obra em construção.	a) Recursos de apresentação. b) Criatividade do recorte. c) Propriedade das sínteses. d) Compromisso com a aprendizagem coletiva.	a) Criatividade da cena avaliatória. b) Capacidade de autocorrigir-se, demonstrando onde e quando percebeu a superação. c) Entrevista individual de avaliação e firmação de termo de compromisso com educação permanente vivenciada.

Fonte: Sordi e Silva.[37]

Capítulo 5

Identidades
- Quem, como e por que decidimos?
- Quais justificativas tenho para a aprendizagem deste conteúdo?
- Qual a responsabilidade no processo de avaliação-aprendizagem?

Categorias
- Quais unidades de sentido das aprendizagens realizadas?
- É possível eleger temas/valores/assuntos/aprendizados?
- Qual a delimitação da aprendizagem em relação aos conteúdos cognitivos, procedimentais, atitudinais e afetivos?

Conflitos
- Quais aprendizagens foram construídas no diálogo com autores?
- Quais conflitos?
- O que os saberes da experiência e a realidade indicam?

Autonomias
- Quais pensamentos, ações, atitudes foram individuais e quais coletivas?
- Que sentido a troca e o compartilhamento trouxeram para sua aprendizagem?
- Quais autonomias geradas no pensamento?

Rupturas e esperanças
- Quais as mudanças/transformações realizadas em relação ao conhecimento e à ação?
- Quais rupturas e quais esperanças em novas situações de aprendizagem?

Figura 2. Passos para elaboração de um portfólio

A partir desses estudos, das experiências, definições e concepções já delineadas, chegamos aos passos para a elaboração de um portfólio, em uma prosa didática, por meio de perguntas/problematizações com base em uma disciplina/componente curricular.

Quadro 4. Lembretes

> Lembretes que antecedem os passos
> 1. Ao assumir qualquer disciplina na Educação Superior, é fundamental conhecer o Projeto Pedagógico do Curso, bem como a Ficha da Disciplina.
> 2. Os objetivos da disciplina são o ponto de partida para a elaboração de outros objetivos coletivos traçados na turma de aprendentes.
> 3. Os aprendentes decidem os tempos do processo de forma coletiva.

Fonte: Elaborado pela autora.

Esta experiência também pode ser considerada, a partir da reflexão da autora, como uma experiência formativa de vivenciar o portfólio. Fazer um portfólio não significa apenas cada aprendente registrar o seu processo de aprender, mas percorrer um caminho reflexivo com definições claras do que se pretende em cada passo desse caminho.

Para além das dimensões que estruturam os passos na elaboração do portfólio, os momentos de acompanhamento são bem importantes. Para esse acompanhamento, sugerimos que os indicadores sejam socializados e que, a cada necessidade, incorporados outros tantos.

Quadro 5. Exemplo de ficha

> Ficha para acompanhamento
> 1. Compreensão da finalidade e objetivos
> 2. Uso de base teórica para sustentar raciocínios e argumentações
> 3. Mobilização dos saberes éticos e estéticos
> 4. Problematização da realidade
> 5. Pertinência social e científica das reflexões
> 6. Compromisso e pontualidade
> 7. Autonomia intelectual
> 8. Categorização das aprendizagens
> 9. Explicitação dos conflitos
> 10. Expressão das rupturas e esperanças

Ao tratar o portfólio desde a sua constituição (dimensões), os passos para a elaboração e, por fim, o acompanhamento necessário, compreendemos ter percorrido uma trajetória coerente para esta prosa didática. Para finalizar essa prosa,[38]

Presença que se pensa a si mesma, que se sabe presença, que intervém, que transforma, que fala do que faz mas também do que sonha, que constata, compara, avalia, valora, que decide, que rompe. E é no domínio da decisão, da avaliação, da liberdade, da ruptura, da opção, que se instaura a necessidade da ética e se impõe a responsabilidade.

Verbos como identificar, categorizar, conflitar, autonomizar, romper, esperançar, presenciar, aprender, significar, transformar, sonhar, constatar, comparar, valorar, decidir e avaliar assumem importantes atitudes em uma práxis educativa comprometida com a formação de profissionais que assumem o seu papel no mundo, em busca de uma sociedade justa, plural e democrática.

Acrescentaria nesta prosa o verbo **portfoliar**: derivado de uma avaliação formativa em que a aprendizagem assume o foco do trabalho pedagógico desenvolvido em sala de aula. Uma práxis educativa em que os saberes se constituem com os(as) aprendentes. "[O] ideal é que, cedo ou tarde, se invente uma forma pela qual os educandos possam participar da avaliação. É que o trabalho do professor é o trabalho do professor com os alunos e não do professor consigo mesmo."[39] Uma práxis que se materializa no encontro de aprendentes, no diálogo, na mudança, na autonomia, na liberdade, na solidariedade de sujeitos que constroem seus percursos formativos com o outro.

6. Considerações finais

Uma prosa não pretende ter um fim, especialmente quando pensamos nas possibilidades de criação que nós, humanos, possuímos. Esperamos que esta prosa dê início a tantas outras, que ela sirva para problematizar a nossa práxis, que ela seja uma potencializadora de nossos saberes e que traga contribuições concretas ao nosso que-fazer.

6 Gamificação e Jogos para Educação

VITOR HIDEO NASU

Do you know what my favorite part of the game is? The opportunity to play.*

Mike Singletary

---

* Tradução: Você sabe qual é a minha parte favorita do jogo? A oportunidade de jogar.

1. Introdução

Ensinar é um ato desafiante que envolve e necessita do engajamento de diversos aspectos para que seja efetuado com êxito. A escolha de estratégias pedagógicas pelo professor é ponto fundamental nesse contexto. Dentre os principais métodos de ensino, emergem a gamificação e os jogos para educação, especialmente porque o uso de elementos de jogos para ensinar pode estimular mais as novas gerações de estudantes a aprenderem, uma vez que os jogos, em particular os digitais, fazem parte do cotidiano desse público. A escolha pelo uso da gamificação e de jogos para educar não é tão óbvia, já que envolve uma série de competências e pontos a serem considerados.

Dessa forma, o objetivo deste capítulo é dar ao leitor e à leitora noções de base para utilização da gamificação e de jogos no ambiente educacional. Além de aspectos teóricos, este capítulo procura ilustrar a aplicabilidade da gamificação e dos jogos, sobretudo no contexto da educação superior da área de negócios. Apesar disso, julga-se que os exemplos podem ser reproduzidos no ensino de outras disciplinas. Ao final do capítulo, espera-se que o leitor e a leitora tenham compreendido os conceitos e as possíveis formas de usar a gamificação e os jogos na educação. Vamos lá?

2. Conceito de gamificação e jogos para educação

Embora similares, há distinção entre os conceitos de gamificação e de jogo. Enquanto o primeiro tem sido usualmente compreendido como o uso de elementos de jogos em contextos de não jogos para condicionar comportamentos desejados,[1] o segundo representa um sistema em que jogadores se envolvem em conflitos artificiais, definidos por regras, dos quais se obtêm resultados quantificáveis.[2] Uma forma de pensar nessa diferença conceitual é por meio da consideração de que a gamificação é utilizada para desenvolver e alcançar objetivos fora da realidade do jogo,[3] como, por exemplo, obter um estilo de vida mais saudável ou melhores *performances* no ambiente de trabalho.[4,5,6]

Particularmente no contexto educacional, a definição de gamificação tem sido interpretada como o emprego de jogos, atividades de jogos ou elementos de jogos, por exemplo medalhas, *rankings*, recompensas etc., para motivar e envolver estudantes no processo de educação, com o intuito de elevar a aprendizagem.[7] A gamificação não compreende, obrigatoriamente, o uso de jogos verdadeiros ou de tecnologias da informação e comunicação.[8] Todavia, a incorporação de elementos, padrões ou circunstâncias que são usualmente encontrados em jogos aos processos de aprendizagem com o intuito de encorajar comportamentos desejados nos alunos pode ser considerada a gamificação da educação.[9,10,11]

Em relação aos jogos para educação, propõem-se, aqui, duas perspectivas: (i) jogos educacionais, ou seja, aqueles que foram pensados e desenvolvidos, desde o seu início, para uso em contexto educacional; e (ii) jogos "não educacionais", que em outras palavras representam aqueles jogos que não foram elaborados e concretizados para serem jogados no âmbito acadêmico, mas que podem ser utilizados nesse ambiente visando o ensino de alguma lição ou conteúdo, por exemplo, o *SimCity*®.[12] Os jogos educacionais aprimoram habilidades de solução de problemas e criatividade, bem como podem despertar interesse pela aprendizagem, fortalecer o conhecimento, beneficiar processos de tomada de decisão e viabilizar o aperfeiçoamento em termos de trabalho em grupo.[13] É razoável presumir que os jogos não educacionais proporcionem efeitos similares, dado que a sua operacionalização no meio acadêmico se aproxima dos jogos feitos para a educação, sobretudo, ao visar a concretização de objetivos educacionais.

> *Para aprofundamento sobre a conceituação de gamificação e de jogos, sugere-se a leitura de Deterding et al. (2011), a qual oferece reflexões e análises mais específicas acerca do tema.*

Independentemente da perspectiva de jogos para a educação que se pretende adotar, o ponto crítico de se empregar essa abordagem repousa na tentativa de aprimorar a aprendizagem dos estudantes. Por essa razão, o uso de jogos para educação e da gamificação deve estimular o aumento de aprendizagem ou afetar, direta ou indiretamente, fatores (como a motivação discente) que possam desencadear impactos positivos na aprendizagem.

3. Objetivos educacionais da gamificação e dos jogos para educação

A gamificação do processo de aprendizagem e os jogos para educação podem ser empregados para atender distintos objetivos de aprendizagem. **Recomenda-se, no entanto, que os objetivos a serem alcançados estejam relacionados aos principais fatores que são desencadeados por essas estratégias**. O grande atrativo em se aplicar a gamificação no escopo de um curso acadêmico é a promoção de engajamento dos estudantes nas aulas.[14] Da mesma forma, a gamificação viabiliza a customização das experiências educacionais dos estudantes e o aumento da responsabilidade pela sua respectiva aprendizagem.[15] Isso pode gerar nos estudantes um senso de realização e progresso.[16] Dessa forma, sugere-se que os objetivos acadêmicos estejam relacionados ao provimento de engajamento ativo e responsabilidade dos discentes perante a sua aprendizagem.

Não diferentemente, os jogos educacionais e não educacionais podem ser empregados visando proporcionar benefícios similares aos da gamificação. Em virtude disso, embora haja diferença conceitual, a gamificação e os jogos para educação podem – e tendem – a ser utilizados com o intuito de alcançar os mesmos objetivos educacionais. Isso porque ambos apresentam características idênticas, como competitividade, sistemas de regras e de recompensas, interatividade entre jogadores e com o próprio jogo e assim por diante.[17,18,19,20] Por essa razão, o estabelecimento de objetivos quando da utilização de jogos no contexto de educação deve levar em conta o envolvimento e a motivação dos estudantes, além dos comportamentos que se desejam condicionar, por exemplo, levar os estudantes a adotarem uma postura ativa nas aulas.

Há, basicamente, três argumentos que podem explicar o porquê de profissionais e professores se interessarem pelo uso dos jogos.[21] Primeiramente, houve alteração no modelo tradicional de ensino, e o centro do processo de educação passa do professor aos estudantes, encorajando-os a assumirem uma postura de aprendizagem mais ativa. Em segundo lugar, os jogos têm sido percebidos como úteis ao processo de ensino. A percepção de que os jogos e a gamificação possuem potencial para cooperar positivamente com a aprendizagem discente representa razão importante para a sua análise. Por fim, os jogos tendem a viabilizar maiores níveis de envolvimento e participação dos estudantes, especialmente quando comparados a métodos de ensino convencionais. Além disso, a nova geração de alunos está acostumada a jogar, em particular jogos eletrônicos. Tomados em conjunto, esses argumentos podem fornecer direcionamentos para o estabelecimento dos objetivos de aprendizagem que se quer atingir ao usar jogos ou atividades gamificadas.

A literatura acerca dos jogos e da gamificação documenta múltiplos elementos de jogos que podem ser incorporados ao contexto educacional,[22] sendo relevante a análise desses componentes para alinhá-los aos objetivos educacionais. Determinados elementos da gamificação e dos jogos procuram aproveitar os benefícios decorrentes da competitividade natural que existe entre as pessoas e da ambição de fazer tarefas cada vez melhor.[23] Por exemplo, estratégias de gamificação têm sido usadas para transformar a competitividade entre estudantes em comportamentos produtivos, especialmente em relação a sua aprendizagem.[24] Essa transformação da competitividade em produtividade pode ser um objetivo pelo qual o jogo pode ser usado.

Os jogos trabalham as dimensões cognitiva, emocional e social dos indivíduos.[25] Na primeira dimensão, os jogos oferecem sistemas complexos de regras que incentivam os jogadores a explorarem as circunstâncias por meio de experimentação e descobrimento, trabalhando o aspecto cognitivo. No que concerne à emoção, os jogos possibilitam uma mistura dinâmica de sensações: do entusiasmo ao arrependimento, do nervosismo à alegria, da tensão ao alívio, e assim sucessivamente. A dimensão emocional dos estudantes pode ser aperfeiçoada ao motivá-los a cumprir as metas mesmo que as circunstâncias sejam adversas. A persistência é uma habilidade fundamental que pode ser ensinada por meio de jogos e que será demandada, inclusive, no mercado de trabalho e para o alcance de objetivos pessoais. Por fim, os jogos permitem que os jogadores assumam distintos papéis dentro do ambiente artificial, aprimorando as diversas formas de atuação e comportamento. Além disso, por se tratar de uma realidade artificial, os jogadores podem se sentir mais seguros e confortáveis, permitindo maiores interações mesmo com participantes desconhecidos. Por isso, os jogos também contribuem com a dimensão social.

A mensagem principal desta seção, portanto, é a de que o tipo e profundidade da gamificação e/ou do jogo adotado nas aulas dependem do objetivo educacional estabelecido. Além disso, foram evidenciados alguns fatores que são característicos de jogos e de processos gamificados, como motivação, participação ativa, competitividade, maior responsabilidade pela aprendizagem, entre outros, que podem guiar professores e gestores de instituições de ensino na definição de métodos pedagógicos e atingimento dos seus objetivos.

> *Os professores podem usar jogos objetivando desenvolver, conjuntamente, o conhecimento específico do conteúdo a ser ensinado e as dimensões cognitiva, emocional e social dos estudantes.*

4. Conteúdos e tipo de aprendizagem

A gamificação e os jogos são recomendados para a aprendizagem *ativa*. Estudos vêm sustentando que o uso de jogos e similares em contextos acadêmicos incentiva maior participação e envolvimento dos estudantes, tornando-os agentes responsáveis pela sua própria educação.[26,27,28] Se o objetivo for produzir um ambiente calmo e passivo com o uso de técnicas tradicionais de ensino, como leitura em sala de aula e exposição de conteúdos para memorização pelos alunos, o emprego de jogos e atividades gamificadas pode não ser o mais indicado. No entanto, se houver a pretensão de se elevar a motivação e o nível de participação dos estudantes, o uso de jogos e similares provavelmente será adequado, em virtude de promover, sobretudo, cenários competitivos e dinâmicos.

A utilização da gamificação ou dos jogos para educação não é exclusiva de uma área de conhecimento ou particular de um nível educacional. A usabilidade dos jogos compreende amplos e diversificados níveis e situações acadêmicas. Mas, de fato, há jogos mais complexos que terão maior utilidade no ensino superior e há jogos que serão mais aplicáveis a uma área específica do conhecimento, como o *Double Entry Bookkeping OR Accounting History*, que trata da história da contabilidade e foi desenvolvido pelo Grupo de Estudos de Tecnologia da Educação na Contabilidade★

★ Mais informações sobre o GETEC podem ser acessadas por meio do seguinte endereço eletrônico: https://www.fea.usp.br/grupo-de-estudos-de-tecnologia-da-educacao-na-contabilidade-getec. Acesso em: 30 jun. 2020.

(GETEC) do Departamento de Contabilidade e Atuária da Faculdade de Economia, Administração e Contabilidade da Universidade de São Paulo (EAC/FEA/USP).

A literatura mostra o uso de jogos e da gamificação em diversos ramos do conhecimento, como por exemplo na área de contabilidade e negócios,[29,30] de biblioteconomia,[31] de tecnologia da informação e comunicação,[32] de educação,[33] das engenharias[34] e de medicina.[35] Os jogos e a gamificação possuem flexibilidade de uso, o que é uma vantagem evidente dessas abordagens pedagógicas tendo em mente a sua ampla aplicação. A recomendação é de que docentes analisem a compatibilidade entre os conteúdos que serão ministrados e os jogos e atividades gamificáveis disponíveis.

5. Tipo de aluno

Na educação contemporânea, os métodos convencionais de ensino são percebidos como monótonos e tediosos,[36,37] falhando em produzir interesse nos estudantes. A geração dos *Millennials*, também conhecida como Geração Y e que está passando pelo ensino superior no presente momento, busca ambientes flexíveis, colaborativos, interativos e envolventes, além de preferir processos educacionais divertidos e com a integração de tecnologia.[38] Nesse sentido, o uso de atividades acadêmicas gamificadas e de jogos para educação é oportuno, uma vez que é popular dentre grupos de distintas idades, acessíveis à maioria das camadas sociais e viabilizam maior divertimento, envolvimento e integração tecnológica nas aulas.

Estudos argumentam que os jogos são consistentes com o modelo de educação que transfere o foco do(a) professor(a) ao(à) estudante,[39] visto que a intenção é de aumentar a participação discente na sua aprendizagem. Adicionalmente, o uso de jogos e da gamificação são compatíveis com as qualidades da geração dos *Millennials*, caracterizada pela procura de gratificação imediata e que desenvolve múltiplas tarefas concomitantemente.[40] Nem por isso os jogos deixam de ser relevantes para gerações mais antigas, já que são populares dentre indivíduos com idades variadas.[41]

É desafiador para o professor se conectar às novas gerações de estudantes.[42,43] Não só pelas características que apresentam, mas também porque vêm demandando de gestores de instituições de ensino a utilização de novos métodos pedagógicos.[44] Desse modo, a gamificação e os jogos podem ajudar duplamente a contornar tais exigências, visto que se configuram como metodologias inovadoras que podem atender às expectativas dos estudantes. Além disso, o "custo" de aprendizagem de jogos digitais é pequeno para a Geração Y (e posteriores), posto que seus integrantes são reconhecidos como "nativos digitais" e, consequentemente, são familiarizados com tecnologias modernas. Essencialmente, a utilização da gamificação e dos jogos, particularmente dos eletrônicos, é uma oportunidade que os educadores têm de trazer a tecnologia a favor do ensino.

Estudos sustentam que, dependendo do tipo de motivação dos discentes, a gamificação pode encorajar, em maior ou menor grau, a sua participação. Por exemplo, um estudo[45] encontrou que a motivação intrínseca* está positivamente correlacionada com a participação. Entretanto, o mesmo não se obtem para a motivação extrínseca.** Dessa forma, recomenda-se que os professores tentem analisar alunos que são mais motivados por fatores intrínsecos ou extrínsecos a fim de decidir se o uso de jogos é apropriado *vis-à-vis* com outras técnicas de ensino. Resultados de pesquisas sugerem que a gamificação tem impacto positivo na área de educação, aumentando a aprendizagem dos estudantes da área de negócios.[46,47,48] Isso reforça o uso de elementos de jogos para propósitos acadêmicos e incentiva investigações acerca da relação entre gamificação e aprendizagem com discentes pertencentes a outras áreas do conhecimento.

Finalmente, indica-se que os estudantes podem ter distintos estilos de aprendizagem e os jogos podem potencializar, em menor ou maior escala, a aprendizagem de alunos que possuem um tipo específico de estilo. Pode ser importante que o professor analise as formas como os alunos aprendem – por meio de aplicação do inventário KLSI 4.0,[49] por exemplo – e use jogos e/ou a gamificação combinadamente com os estilos de aprendizagem dos discentes visando a maior adequação entre ambos: método de ensino e estilo de aprendizagem.

6. Experiência do docente

A utilização de jogos e elementos de jogos (gamificação) no processo de ensino-aprendizagem certamente demanda algumas competências pedagógicas dos docentes. Aqui, são discutidos três pontos principais: (i) conectividade entre educadores mais velhos e as novas gerações de estudantes; (ii) competência tecnológica; e (iii) formação pedagógica dos docentes.

É, e sempre tem sido, um desafio a conexão entre estudantes novos e professores mais velhos.[50] Isso porque as diferenças culturais e geracionais em relação a aspectos comportamentais, de proficiência no uso de tecnologia e de formas de pensamento são significativas. Por exemplo, uma vez, um professor disse que os seus suéteres eram mais antigos do que seus estudantes.[51] Isso indica, resumidamente, a diferença de idade entre gerações. E esse é um desafio que ocorre naturalmente à medida que o tempo passa. Portanto, os jogos e a gamificação têm papéis duplamente importantes

---

* A motivação do estudante para aprender é alimentada por fatores e características inerentes a ele. Por exemplo, o indivíduo estuda porque tem interesse em aprender o conteúdo.

** A motivação do estudante para aprender advém de fatores e características externos a ele. Por exemplo, a pessoa estuda porque há algum tipo de recompensa ou pressão externa para aprender, e não por interesse próprio.

no meio acadêmico. Primeiro, o de conectar o docente mais experiente com os estudantes mais jovens e, segundo, o de atualizar e diversificar os métodos de ensino dos professores.

O segundo ponto também tem relação com a competência tecnológica, que vem se tornando progressivamente importante para o professor na extensão em que grande parte dos jogos aplicados ou aplicáveis ao processo de aprendizagem envolve recursos, *hardwares* ou *softwares*, informatizados. É preciso que o docente seja competente em ambas as etapas: na preparação do recurso tecnológico a ser usado e no momento de sua efetiva utilização. Uma influente estrutura que pode ser empregada para analisar e avaliar os conhecimentos que um professor deve ter ao usar tecnologias no ensino é o *Technological, Pedagogical, Content Knowledge* (TPACK).[52] Essa estrutura pode ajudar conceitualmente a entender como recursos de tecnologia devem ser usados para propósitos educativos, focando, sobretudo, nas interações entre e dentre os conhecimentos de pedagogia, de conteúdo e de tecnologia de um professor.

> No Coursera, um tipo de MOOC, há cursos que podem ajudar na preparação e formação pedagógica de gamificação (www.coursera.org/learn/gamification).

Por fim, sob uma perspectiva mais geral, destaca-se que a formação pedagógica dos professores é fundamental, particularmente no ensino superior em áreas não relacionadas à educação ou pedagogia, circunstâncias nas quais as oportunidades de desenvolvimento pedagógico são menores. A esse respeito, propõe-se que docentes que buscam incorporar jogos e gamificar outros tipos de atividade procurem cursos complementares que permitam o aperfeiçoamento nesse tipo de abordagem de ensino. Os *Massive Open Online Courses* (MOOC) podem ser úteis para a prática de elaboração da gamificação e uso de jogos em diferentes contextos.

7. Tempo disponível

O tempo destinado ao uso de jogos ou da gamificação nas aulas pode ser pontual ou contínuo. Por exemplo, o Negócio Sustentável® é um jogo de tabuleiro que pode ser usado em uma única aula durante o semestre para ensinar tópicos específicos sobre responsabilidade socioambiental e sustentabilidade de negócios. Por outro lado, simulações empresariais que demandam tempo para tomada de decisão e são jogadas com base em rodadas devem ser utilizadas continuamente ao longo de uma disciplina.

Como não é provável que as atividades gamificadas ou os jogos venham a substituir integralmente as aulas expositivas, recomenda-se que o seu uso seja de natureza complementar. Dessa forma, o momento de uso dos jogos durante uma aula pode variar. Os jogos podem ser jogados no início da aula com o intuito de motivar ou despertar interesse nos estudantes pelos conteúdos que serão lecionados na sequência. Alternativamente, podem ser usados no meio da aula visando o relaxamento e descontração após um período inicial de atenção. Essa prática pode ajudar a recuperar a atenção dos estudantes quando o conteúdo for retomado. Ainda, os jogos podem ser utilizados próximo ao fim da aula para verificar se os conceitos foram aprendidos ou para reforçar os conteúdos recentemente ensinados.

O tempo destinado ao uso de jogos ou da gamificação nas aulas pode ser um verdadeiro empecilho a sua adoção. Primeiramente porque há um custo de aprendizagem por parte dos professores ao ensinar por meio de jogos,[53] que eles podem não estar dispostos ou terem condições a incorrerem, tendo em vista as várias atividades a que têm que se dedicar, como ensino, pesquisa, extensão e atividades administrativas. E, em segundo lugar, o planejamento das aulas deve ser reformulado para que os jogos sejam integrados ao processo educacional sem que haja prejuízo ao ensino dos conteúdos programáticos. Em outras palavras, devem-se ministrar os mesmos conteúdos dentro do mesmo espaço de tempo, mas usando mais de uma técnica pedagógica, como por exemplo aula expositiva dialogada e jogos. Além disso, alerta-se que a adoção da gamificação e de jogos não assegura que os objetivos educacionais serão mais fáceis de serem atingidos.[54] Dessa forma, propõe-se que os professores reflitam acerca dos custos e benefícios, principalmente, em relação ao cumprimento dos objetivos do ensino da disciplina dentro do tempo estipulado.

Há motivações que justificam a resistência à adoção de tecnologia por educadores contábeis,[55] dentre as quais se destacam o tempo gasto para aprender a utilizar a tecnologia e a modificação no formato das aulas. Presumivelmente, isso pode ocorrer com a incorporação de jogos para educação, especialmente se forem digitais. O manuseio e a alteração no formato de aulas são fatores que afetam o tempo dedicado à utilização de jogos nas aulas. É importante destacar, contudo, que há uma curva de aprendizagem. À medida que o professor e estudantes passam a dominar o jogo ou o recurso tecnológico, menos tempo é consumido para explicar o seu funcionamento. Por isso, quanto mais eficiente forem os professores nas explicações e no manuseio dos jogos, mais tempo será despendido no que realmente importa: a aprendizagem dos estudantes.

8. Estrutura física

A estrutura física necessária para incorporar a gamificação ou os jogos ao processo de ensino-aprendizagem pode variar significativamente. Por exemplo, se o professor pretende utilizar jogos de tabuleiros, como o Banco Imobiliário®, para ensinar alguns conceitos ou lançamentos de contabilidade, talvez o rearranjo de mesas e cadeiras da sala de aula e a formação de grupos de alunos já sejam modificações suficientes na estrutura física para integrar o jogo ao ambiente acadêmico. Entretanto, alerta-se que mesmo essa situação simples pode ser impedida, caso as carteiras sejam fixas. Além disso, se a gamificação exigir *softwares* e *hardwares* específicos para executar uma complexa simulação empresarial, por exemplo, o professor deverá considerar o uso de laboratórios de informática.

Processos de gamificação e jogos que não envolvam o uso de recursos eletrônicos tendem a ter um custo menor de modificação na estrutura física do ambiente acadêmico. Esse é o caso dos jogos de tabuleiro, jogos de expressão facial e corporal, jogos de fichas impressas (*coloured cards*, bingo, "*stop*" etc.), jogos de conversação e negociação, jogos de cartas e baralhos, dentre outros. Em contrapartida, jogos e objetos eletrônicos gamificados usualmente demandam mudanças consideráveis. Nesses casos, os laboratórios de informática podem ser alternativas essenciais quando se considera jogar na realidade virtual. Apesar disso, alguns *softwares*, como os aplicativos (*apps*), demandam apenas dispositivos móveis conectados à internet. Dessa forma, a mudança da turma para um laboratório informatizado passa a ser desnecessária. À medida que as tecnologias móveis, como *smartphones* e *tablets*, tornam-se mais acessíveis e de alto potencial, o seu uso em diferentes contextos, inclusive o acadêmico, tende a ser intensificado.

O Kahoot!™* (https://kahoot.com/), por exemplo, é um aplicativo de *quiz* que pode ser jogado por meio de dispositivos móveis sem que os estudantes tenham que mudar de ambiente. No entanto, o docente precisará de uma conexão com a internet, um computador e um projetor para realizar a atividade. O Kahoot!™ apresenta elementos de jogos, como *rankings* e pontuações com base no tempo de resposta e no acerto das questões, que podem encorajar maior participação e envolvimento dos discentes.[56] A vantagem primordial desse tipo de recurso tecnológico é a de produzir interesse e motivação nos discentes sem incorrer em custos financeiros significativos e de alteração na infraestrutura do ambiente no qual estão acostumados a aprender.

No ensino a distância (EaD), a estrutura física das instituições de ensino praticamente não necessita de modificações. Para essa modalidade de ensino, o mais aconselhável é o uso de jogos *on-line*, visto que as aulas ocorrem por meio de ambiente virtual. Os jogos podem ser síncronos ou assíncronos. Isto é, todos os alunos podem jogar ao mesmo tempo (síncrono) ou cada estudante joga em momento oportuno (assíncrono), de acordo com a sua disponibilidade. Dependendo do peso do jogo e dos dados gerados, a instituição deverá ter uma sala com servidores potentes para suportar o seu uso. No entanto, de forma geral, a estrutura física e os equipamentos das instituições que oferecem o EaD não devem se alterar consideravelmente ao se usar jogos e atividades gamificadas.

---

* Mais detalhes sobre o Kahoot!™ serão tratados no Capítulo 9 – O Ensino e a Revolução Digital: o uso do celular em sala.

Mesmo quando a elaboração e uso de jogos, e de seus elementos, possam parecer fáceis de serem implantados no processo de educação, os professores precisam levar em conta a sua coerência com o ambiente físico de aprendizagem dos estudantes para reduzir a probabilidade de insucesso quando da sua utilização.

9. Tipo de conteúdo

Como descrito anteriormente, os jogos e a gamificação podem ser aplicados em diversos campos do conhecimento. Por exemplo, uma pesquisa constatou por meio de metodologia experimental que o jogo *SimCity*® aumenta a aprendizagem dos alunos com relação a conteúdos de contabilidade governamental.[57] Contudo, além da ampla aplicação em diferentes áreas, os docentes precisam pensar na profundidade do conhecimento que se quer atingir por meio do uso da gamificação e dos jogos.

Pesquisadores desenvolveram o *MyVote*,[58] um sistema colaborativo baseado em aplicativo móvel, que pode proporcionar aprendizagem em diferentes níveis de profundidade. Isso permite que os estudantes respondam, eletronicamente, as questões na forma de texto, em vez de selecionarem uma resposta fechada (múltipla escolha). Perguntas de múltipla escolha têm seu valor, entretanto, para que distintos níveis de aprendizagem sejam exercitados, é necessário o emprego de variadas maneiras da tecnologia para questionar o estudante.

Em uma revisão da taxonomia dos objetivos educacionais de Bloom, foram acrescidos à estrutura original itens-chave.[59] Aqui, foca-se na estrutura da dimensão do processo cognitivo, retratada no Quadro 1.

Quadro 1. Dimensões do processo cognitivo

Dimensão	Descrição
1. Lembrar ou relembrar	Recuperar conhecimento relevante da memória de longo prazo
2. Entender	Determinar o significado das mensagens instrucionais, incluindo comunicação oral, escrita e gráfica
3. Aplicar	Executar ou usar um procedimento em certa circunstância
4. Analisar	"Quebrar" o material em partes e detectar como as partes se inter-relacionam e se relacionam com a estrutura geral ou propósito
5. Avaliar	Fazer julgamentos com base em critérios e padrões
6. Criar	Colocar elementos juntos para formar novas ideias coerentes com o todo ou no intuito de criar um novo produto

Fonte: Elaborado com base em Krathwohl.[60]

Capítulo 6

Nesse contexto, os jogos podem ser aplicados visando atingir diferentes objetivos educacionais. Por exemplo, os participantes do jogo *I'm the boss* são investidores que precisam fazer alianças e escolher as melhores empresas para se investir, com o intuito de maximizar o ganho monetário. Por essa razão, os jogadores trabalham, sobretudo, o processo cognitivo de avaliação (dimensão 5. Avaliar).

É improvável que apenas um jogo consiga desenvolver satisfatoriamente toda a estrutura do processo cognitivo dos estudantes. Dessa forma, os docentes podem combinar o jogo com outras atividades acadêmicas ou utilizar mais de um jogo. Apesar disso, é importante salientar que é recomendável que os objetivos dos jogos sejam distintos para que não haja sobreposição do que se pretende ensinar. Além disso, os professores necessitam avaliar o tempo disponível para a inclusão de mais jogos e atividades gamificadas nas aulas.

10. Processo de avaliação

A avaliação acerca do uso de jogos e da gamificação nos processos de ensino-aprendizagem não deve necessariamente envolver a atribuição de pontos. Todavia, pontuar esse tipo de atividade é recomendável para potencializar a motivação e a participação dos estudantes. Aqui, destacam-se quatro formas de avaliação que podem ser empregadas:

1. **Avaliação sem atribuição de pontos (ou créditos acadêmicos)**: tem o intuito de avaliar os resultados da atividade de jogos por meio de reflexões com os estudantes dos aspectos positivos e negativos. A discussão com os discentes é fundamental para lhes fornecer *feedback* e obter sugestões de melhoria que poderão ser incorporadas quando os jogos forem utilizados em outros momentos ou com outras turmas. Esse tipo de avaliação encoraja, ao mesmo tempo, a participação genuína e a desmotivação dos estudantes. Isso ocorre porque não há pontuação, portanto, os discentes que decidirem participar da atividade o farão genuinamente, tendo em vista que não há incentivo para tal. Por outro lado, a falta de atribuição de pontos pode desmotivar os estudantes.
2. **Avaliação com atribuição de pontos (ou créditos acadêmicos) de participação**: visa avaliar os resultados da atividade de jogos por meio de pontuação fixa para todos os participantes, independentemente do seu desempenho. Esse modo de avaliação encoraja fortemente a participação dos alunos no jogo, mas alguns podem não querer se esforçar porque a pontuação do vencedor e do perdedor será a mesma. Por sua vez, pode reduzir a competitividade e a percepção de justiça entre jogadores que se esforçaram mais para vencer e aqueles que fizeram o mínimo apenas para garantir a pontuação da atividade.

3. **Avaliação com atribuição de pontos (ou créditos acadêmicos) de desempenho**: objetiva avaliar os resultados da atividade de jogos por meio de pontuação variável com base no desempenho de cada participante. Essa forma de avaliação fomenta altos níveis de competitividade entre os jogadores, mas pode ocasionar estresse ou desânimo durante ou após o jogo para aqueles participantes que não conseguirem alcançar os objetivos a eles designados dentro do jogo, portanto, obtendo nota baixa. A esse respeito, recomenda-se que os professores usem com moderação esse modo de avaliação ou que atribuam um peso não elevado à atividade de jogos em relação à nota final do aluno, composta por outros elementos (provas, testes intermediários, presença, participação em aula, trabalhos em grupo, grupos de discussão etc.).
4. **Avaliação com atribuição de pontos (ou créditos acadêmicos) de participação e desempenho**: visa avaliar os resultados da atividade de jogos por meio de pontuação mínima (fixa para todos os jogadores que participaram) e variável (com base no desempenho de cada jogador). Essa avaliação mista de pontuação mínima e variável permite, ao mesmo tempo, incentivar a participação e desempenho dos participantes. Além disso, pode reduzir o constrangimento de estudantes que não obtiverem bom desempenho porque parte da pontuação já está assegurada. O desafio, no entanto, é estabelecer o percentual "ideal" de pontuação mínima e variável de modo a encorajar participações e desempenhos efetivos dos discentes.

Enfatiza-se que há outras formas de avaliação além das relacionadas anteriormente. Por exemplo, o professor pode avaliar por grupos de estudantes ou a turma como um todo. No primeiro caso, cada grupo de discentes teria uma nota, não necessariamente equivalente. E, no segundo, a turma inteira receberia uma nota igual, mas que poderia variar conforme o nível de satisfação do alcance do objetivo educacional na percepção do docente. Em adição, há formas de incentivos complementares aos pontos que podem ser usados em conjunto ou não com as formas de avaliação previamente descritas para ensejar maior participação e desempenho discente nos jogos, como por exemplo prêmios monetários (se permitido pelos normativos correspondentes e código de ética da instituição de ensino), barras de chocolate, brindes, viagens, livros, entre outros. Pesquisadores também fornecem exemplos de avaliação, especificamente para jogos de empresas.[61]

É responsabilidade do professor definir e informar previamente os estudantes sobre a forma de avaliação que será aplicada para analisar os resultados dos jogos e/ou da gamificação. Deve esclarecer também os critérios específicos de avaliação e sanar outras dúvidas dos discentes para tentar reduzir as chances de constrangimento que podem se originar das atividades de jogos. A escolha da forma de avaliação deve ser consistente, em particular, com a profundidade da aprendizagem e com os objetivos educacionais a serem atingidos. O docente deve também monitorar os níveis de competição e assegurar um clima saudável para que a aprendizagem aconteça e não ocasione comportamentos indesejados (como trapaça no jogo). Ou seja, o jogo é apenas um meio para aprender e não deve ser visto como um fim em si mesmo.

11. Tecnologia

É bastante usual a disponibilidade de jogos e atividades acadêmicas passíveis de serem gamificadas por meio de recursos de tecnologia da informação, ainda que não seja necessário o seu envolvimento.[62] Existem importantes vantagens quando o jogo é virtual ou a gamificação é desenvolvida com base em recursos tecnológicos digitais. Discutimos as principais na sequência.

Em primeiro lugar, é possível simular cenários que, de outra forma, dificilmente seriam criados. Por exemplo, os jogos empresariais e de gestão de cidades, como o *SimCity*®, viabilizam que jogadores tomem decisões e construam seus negócios com base no ambiente virtual que vivenciam. Sem o auxílio da tecnologia, seria muito difícil encontrar empresas que permitissem a livre-passagem de estudantes e professores pelas suas instalações para estudar como a realidade dos negócios funciona. Em segundo lugar, jogos digitais promovem economia de espaço físico, posto que, em geral, os recursos necessários são mesas, cadeiras e os *hardwares* tradicionais (CPU, monitor, *mouse*, cabos etc.), desejavelmente com acesso à internet. A realidade virtual cuida do resto. Em terceiro lugar, há evidências de que jogos de empresas desenvolvidos em ambiente digital colaboram para melhorar o ensino e a aprendizagem.[63] A adoção de jogos eletrônicos não deve ser concretizada pura e simplesmente por "moda" ou razão semelhante. É preciso indicativos de que efetivamente podem produzir benefícios à aprendizagem dos estudantes. Em quarto lugar, os jogos e a gamificação eletrônica fornecem *feedback* imediato.[64] A prática de dar *feedback* rapidamente aos estudantes pode ajudar no seu desenvolvimento de múltiplas maneiras, em especial na correção de conceitos, comportamentos, raciocínios e outros fatores que resultam no aprimoramento da aprendizagem. O fornecimento de *feedback* de forma tempestiva é vital para melhorar a educação. Por fim, a gamificação e os jogos eletrônicos podem ser usados tanto no ensino presencial quanto no ensino a distância. Essa é uma evidente vantagem dos jogos digitais sobre os jogos não digitais.

> *O fornecimento de feedback de forma tempestiva é vital para melhorar a aprendizagem.*

Apesar dos benefícios gerados pela combinação dos recursos de tecnologia da informação e dos jogos, é preciso ressaltar que há empecilhos ao seu uso no ambiente acadêmico. Primeiramente, os recursos tecnológicos podem não estar disponíveis ou podem apresentar problemas que limitam o seu uso. Por exemplo, computadores sem conexão com a internet impossibilitam desenvolver jogos *on-line* com os estudantes. O mau funcionamento de processadores e monitores (*hardware*) pode ocasionar situação similar. Portanto, o docente deve consultar a equipe de informática de sua instituição para assegurar que os equipamentos estarão funcionando adequadamente e que tenham configuração adequada à exigida pelo jogo antes do momento da aula. Em segundo lugar, a prática pedagógica de ensinar com o uso de tecnologia e jogos demanda esforço e tempo dos professores.[65,66] Professores podem não estar dispostos a aprender a usar os jogos eletrônicos para ensinar ou a modificar suas aulas para incorporar tais atividades. A esse respeito, é recomendável que os docentes avaliem o custo-benefício de aderir à gamificação ou aos jogos digitais, em particular com foco na aprendizagem discente. Em terceiro lugar, o custo de aquisição de equipamentos de informática é elevado. Instituições podem não ter recursos tecnológicos suficientes, como por exemplo computadores, para atender a todos os estudantes de uma turma. Nesse sentido, os professores podem tentar desenvolver a atividade em grupos de estudantes. Por exemplo, grupos com três alunos por computador. Alternativamente, os professores podem fazer uso da política de *Bring Your Own Device* (BYOD), em que cada estudante traz o seu próprio dispositivo, seja *notebook*, *tablet* ou celular, para a sala de aula e, dessa forma, é viabilizada a atividade com jogos.

O surgimento da aprendizagem móvel (chamada de *mobile learning*) e do uso de dispositivos pessoais para propósitos acadêmicos ocorreu em decorrência da sofisticação da tecnologia, especialmente com redução de custos financeiros, proporcionando a aprendizagem em distintos lugares e promovendo a motivação nos estudantes e professores. Finalmente, estudantes com mais idade e/ou que tiveram menor contato com a tecnologia podem apresentar dificuldades na utilização da gamificação ou jogos eletrônicos. Embora as novas gerações tenham familiaridade com recursos avançados de tecnologia,[67,68] é preciso pensar naqueles que têm dificuldade. Dessa forma, sugere-se que os professores estejam mais em contato com esses alunos durante as atividades para proporcionar orientações mais específicas.

Os efeitos dos jogos e da gamificação sobre a aprendizagem dos estudantes podem ser potencializados quando combinados com recursos informatizados. E, apesar dos benefícios oportunizados por essa combinação, ressalta-se a essencialidade da consideração dos desafios do seu uso. A seguir, o Quadro 2 apresenta recomendações de atividades de gamificação e de jogos eletrônicos que podem ser desenvolvidos, especialmente em cursos da área de negócios. Lembre-se: vale a pena tentar!

Quadro 2. Recomendações de atividades gamificadas e jogos eletrônicos

Jogos de tabuleiro *on-line* e similares
Monopoly *on-line* (www.jogos360.com.br/monopoly_classic.html)   Capital (www.megajogos.com.br/capital-online)
***Quizzes* e similares**
Kahoot! (https://kahoot.com/)   Socrative (https://socrative.com/)   iClicker (www.iclicker.com/)
Jogos de empresas e corporativos
Jogo de empresas (www.jogodeempresas.com.br/)   Jogos de empresas Simulare (https://simulare.com.br/)   818 Game Academy (https://818gameacademy.com/)
Gestão de cidades e similares
Tycoon City New York (https://store.steampowered.com/app/9730/Tycoon_City_New_York/)   SimCity (www.ea.com/pt-br/games/simcity)   The Sims (www.ea.com/pt-br/games/the-sims)
Jogos de contabilidade
Bank on it (www.startheregoplaces.com/students/games-tools/bank-on-it/)   DEBORAH (http://deborahahg.wixsite.com/deborah)   Accounting – Debits & Credits (TSA Play, LLC. Aplicativo para dispositivo móvel)   Accounting Quiz Game (TSA Play, LLC. Aplicativo para dispositivo móvel)   SMU Accounting Challenge (Singapore Management University, Aplicativo para dispositivo móvel)

Fonte: Elaborado pelo autor.

12. Exemplos práticos

Esta seção visa ilustrar um exemplo prático do uso de jogos, sobretudo, na área de negócios. Aqui, apresentamos o jogo eletrônico *Double Entry Bookkeping OR Accounting History* (DEBORAH), que trata da história da contabilidade. O jogo pode ser acessado por meio do seguinte *link*: http://deborahahg.wixsite.com/deborah.

12.1 O jogo DEBORAH

O jogo DEBORAH foi desenvolvido pelo GETEC da FEA-USP, sob a liderança do Prof. Dr. Edgard Bruno Cornacchione Jr. com a participação da Profa. Dra. Tânia

Cristina Silva Nunes* e do Prof. Dr. Marcelo Cunha de Souza,** com o intuito de ensinar história da contabilidade para alunos de graduação. O jogo consiste em quatro fases que são baseadas em períodos da história contábil, a saber: Antiguidade (*ancient accounting history*); Medieval (*medieval accounting history*); Moderno (*modern accounting history*); e Contemporâneo (*contemporaneous accounting history*). Embora as fases possam ser jogadas independentemente, sugere-se que os estudantes sigam a ordem para obedecer aos raciocínios histórico e lógico de como a contabilidade foi se desenvolvendo. Na sequência, as fases são detalhadas.

A primeira fase é a "História Antiga da Contabilidade", em que os jogadores precisam registrar o item (produto), a quantidade e o prazo de pagamento por meio de símbolos utilizados na época. A Figura 1 ilustra a tela dessa fase.

Fonte: Imagem capturada durante o jogo.

Figura 1. Fase "História Antiga da Contabilidade"

A pontuação do jogo é feita com base na quantidade de registros corretos. Salienta-se que a vela, no canto superior direito da Figura 1, denota a quantidade de tempo restante para a realização dos registros. Quando a vela se apaga, o jogo é

---

* Como recurso de aprofundamento do jogo, recomenda-se a leitura da tese de doutorado da Profa. Dra. Tânia Nunes, disponível em: https://www.teses.usp.br/teses/disponiveis/12/12136/tde-28072016-164139/pt-br.php. Acesso em: 30 jun. 2020.

** Recomendamos também a tese do Prof. Dr. Marcelo Souza disponível em: https://teses.usp.br/teses/disponiveis/12/12136/tde-22082019-160042/pt-br.php. Acesso em: 30 jun. 2020.

encerrado e é fornecida a pontuação do(a) jogador(a). Essa fase trabalha, especialmente, as habilidades de memória, agilidade e precisão dos estudantes.

A segunda fase é a "História Medieval da Contabilidade" e é ambientada em Florença, na Itália, no século XIV. O objetivo é encontrar os sete elementos (Aritmética, Capital, Crédito, Dinheiro, Escrita, Propriedade e Troca) que proporcionaram a emergência do registro pelo método das partidas dobradas e entregá-los nos lugares corretos. Essa fase não possui limitação de tempo. Por isso, os jogadores não precisam ter pressa para encontrar e entregar os elementos. Da mesma forma, não há pontuação, o(a) jogador(a) apenas está sujeito(a) a conseguir ou não completar o objetivo.

A Figura 2 exemplifica a tela da fase da História Medieval. Na faixa inferior estão os sete elementos. No caso, há cinco elementos que já foram achados e entregues, um que foi achado, mas não entregue (o primeiro à esquerda) e um elemento a ser encontrado (o segundo à esquerda, pois sua imagem não foi revelada ainda). Os elementos são encontrados por meio de conversas com as pessoas do jogo. À esquerda da tela, notamos duas pessoas com as quais é possível interagir. A interação ocorre ao se clicar no balão com os pontos de interrogação (?) ou exclamação (!). E os locais são indicados por placas e visualmente salientes. A segunda fase permite aos estudantes aprender a história medieval da contabilidade ao mesmo tempo que desenvolve habilidades como paciência, memória e senso de localização.

Fonte: Imagem capturada durante o jogo.

Figura 2. Fase "História Medieval da Contabilidade"

A terceira fase representa a História Moderna da Contabilidade, que se passa no século XVIII, em um monastério, em Portugal. Considerando a época e a circunstância, era utilizado o sistema de registro chamado de "carga e descarga" para realizar a contabilidade. O objetivo do jogo, portanto, é praticar esse sistema por meio da associação do livro correto ao seu responsável. A Figura 3 mostra a tela do jogo dessa fase com mais detalhes.

A seta com indicação para baixo que está no centro da tela abre a descrição de um evento econômico a ser contabilizado pelo método de carga e descarga. Posteriormente, o(a) jogador(a) seleciona o responsável e o livro. Em caso de correta associação, obtêm-se pontos, que vão se acumulando a cada novo acerto. Nessa fase, também há a limitação de tempo. Dessa forma, os discentes precisam ser ágeis e ter pensamento rápido, bem como memória para lembrar em qual livro o evento econômico deve ser registrado e quem é o responsável por cada livro.

Fonte: Imagem capturada durante o jogo.

Figura 3. Fase "História Moderna da Contabilidade"

A quarta e última fase do jogo DEBORAH se refere à História Contemporânea da Contabilidade, que se passa em cidades australianas em 2050. Nessa etapa, a mestra Ruth conversa com o jogador a fim de prover lições sobre questões contábeis e direcionamentos dentro do jogo. O objetivo é obter a quantidade mínima dos elementos indicados pela mestra Ruth para avançar de estágio dentro dessa fase. A Figura 4 retrata a tela de um dos estágios da quarta fase do DEBORAH.

Capítulo 6

Fonte: Imagem capturada durante o jogo.

Figura 4. Fase "História Contemporânea da Contabilidade"

No canto superior esquerdo da Figura 4, é apresentada a quantidade de chances (vidas) que o(a) jogador(a) possui para concluir o estágio. No canto superior direito, estão ilustrados o elemento e a quantidade mínima a ser obtida para avançar de estágio. No exemplo, foram obtidos quatro de doze elementos necessários. O jogo acaba após a finalização de todos os estágios. A quarta fase ajuda os estudantes a entenderem e a refletirem sobre aspectos como a neutralidade da contabilidade. Similarmente, pode desenvolver habilidades como reações rápidas e leitura atenta, pois ao final de cada estágio abre-se uma caixa para leitura.

Em relação aos critérios e sistemas de avaliação aplicáveis ao jogo DEBORAH, reiteramos que os docentes os estabeleçam com base no objetivo educacional. Por exemplo, se o objetivo for encorajar maior eficiência no desempenho dentro do jogo, os professores podem atribuir pontos para fomentar maior competitividade e aceleração da aprendizagem (avaliação com atribuição de pontos de desempenho). Em contraposição, se o objetivo for proporcionar descontração no momento de ensino-aprendizagem, podem ser utilizados os sistemas de avaliação com atribuição de pontos de participação ou avaliação sem atribuição de pontos. Se o objetivo for aprender sobre a história da contabilidade, o professor pode oferecer leituras adicionais e liderar discussões sobre elementos apresentados em cada fase do jogo. Um ponto interessante é discutir que diferenças existem entre o sistema baseado no método da partida dobrada e no sistema carga e descarga, por exemplo. Uma sugestão de leitura é o artigo[69] do professor Alan Sangster, que participou do planejamento e desenho do jogo.

Por fim, destacam-se características técnicas relevantes do jogo DEBORAH que podem ser de interesse de professores e alunos. Em primeiro lugar, o DEBORAH tem restrições de compatibilidade com os navegadores de internet. Por exemplo, o jogo não está habilitado para ser jogado no Google Chrome®. Dessa forma, recomendam-se navegadores como o Internet Explorer® ou Mozilla Firefox®. Em segundo lugar, o DEBORAH pode ser jogado tanto em português como em inglês. Essa é uma importante oportunidade para os estudantes praticarem a língua inglesa. Finalmente, cada uma das quatro fases do DEBORAH apresenta um tutorial que compreende instruções e outros aspectos de jogabilidade. Propõe-se que docentes e discentes leiam esses materiais previamente ao uso do jogo para que possam aproveitar a atividade com maior êxito em termos de aprendizagem.

13. Considerações finais

Como vimos ao longo do capítulo, o docente que optar por utilizar a gamificação ou jogos para o ensino terá pela frente uma série de pontos a serem considerados, como o objetivo educacional, o ambiente físico, o tipo de aluno e assim por diante. É, sim, desafiador adotar uma nova prática pedagógica. Nem por isso, os professores devem se sentir desencorajados. Pelo contrário, aprender e aplicar novos métodos de ensino com efetividade pode atender melhor as demandas da universidade e dos alunos. Por essa razão, docentes devem ser incentivados a tentarem usar técnicas pedagógicas que aprimorem o ensino e promovam aumento na qualidade da aprendizagem discente.

A tarefa de ser professor não é fácil. O docente tem a responsabilidade pela escolha e uso do método de ensino, o qual possui impacto relevante na forma como os estudantes irão reagir ao conteúdo ministrado. No que concerne ao uso da gamificação e dos jogos para educação, os docentes podem usar a discussão e as dicas realizadas ao longo deste capítulo para iniciar tentativas de utilização dessas estratégias pedagógicas. O uso de jogos, em particular dos digitais, se tornará cada vez mais importante para a educação futuramente, em que a tecnologia será mais sofisticada. Logo, é preciso que os docentes se preparem e se adaptem às mudanças e aos modernos recursos tecnológicos para continuar oferecendo um ensino de qualidade.

À medida que os nativos digitais ingressam no ensino superior e professores mais jovens assumem cargos dos mais antigos, a consideração do uso da gamificação e dos jogos no processo educacional tenderá a se intensificar. No futuro, é esperado que a tecnologia fique mais acessível, o que pode contribuir para que jogos eletrônicos sejam desenvolvidos e usados no âmbito educacional mais intensamente e com maior facilidade. Portanto, mudanças significativas estão por vir e as atenções se voltam ao ponto em que a educação, a tecnologia e os jogos se encontram e, por esse motivo, professores precisam continuar alertas a esse cenário a fim de considerar a gamificação e os jogos como estratégias pedagógicas apropriadas ao objetivo educacional de suas disciplinas.

7
Fórum e Lista de Discussão*

DANIEL RAMOS NOGUEIRA

*Aprender para nós é construir, reconstruir,
constatar para mudar, o que não se faz sem
abertura ao risco e à aventura do espírito.*

Paulo Freire

---

* Apenas para situar o(a) leitor(a), o contexto em que foi pensado este capítulo é de uma disciplina presencial (ou semipresencial) com parte das aulas ocorrendo em sala e o uso de recursos tecnológicos de forma complementar. Cursos totalmente a distância exigiriam modificações em alguns quesitos, pois seriam considerados diferentes tipos de recursos à disposição do estudante, como videoaula, *chat*, tutoria etc.

1. Introdução

Nas últimas décadas, o debate pedagógico centrou-se em tópicos como a mudança no perfil discente e a necessidade de adotar novas estratégias de ensino e do espaço temporal em que ocorre o processo de ensino-aprendizagem. As discussões suscitaram algumas modificações nas atitudes e práticas do professor e da professora, tornando-os mediadores da construção do conhecimento, contribuindo para uma postura mais ativa do corpo discente e modificando conceitos históricos sobre o uso excessivo de aulas expositivas.

As metodologias ativas têm surgido como estratégias ou técnicas que podem ser utilizadas para diminuir a passividade tradicional dos discentes nas aulas expositivas. Ou seja, elas provocam maior participação dos estudantes, trazendo-os para o papel de protagonista no processo de ensino-aprendizagem.

O tempo e local em que a aprendizagem ocorre também sofreram alterações. O uso de Ambientes Virtuais de Aprendizagem (AVAs) e a disponibilização de ferramentas para utilização em processos de aprendizagem assíncrona promoveram modificações nos momentos de discussão dos conteúdos, não restringindo a aprendizagem à sala de aula (como local físico) e ao encontro presencial (como espaço de tempo).

Considerando esse contexto, este capítulo abordará as técnicas lista de discussão e fórum, que podem ser utilizadas para expandir o processo de ensino-aprendizagem para além das paredes das salas de aula e dos muros da universidade e em tempos diferentes das aulas presenciais.

Porém, a decisão de utilizar esses recursos deve ocorrer no início do semestre/ano, quando o docente prepara seu plano (ou programa) da disciplina e define os conteúdos e as metodologias. Nesse momento, poderá também definir se irá ou não utilizar fórum ou lista de discussão.

É importante destacar que o uso dessas ferramentas precisa atender a um objetivo educacional previamente definido. Portanto, não deve ser apenas o uso pelo uso, mas pensar qual propósito se espera atender com a escolha desses recursos. Também não se restringe aos ambientes de aprendizagem *on-line*. Assim, as perguntas que devemos nos fazer é: Se tenho aulas presenciais e/ou *on-line*, por que devo utilizar o fórum ou lista de discussão para determinados assuntos? É a melhor escolha? Eles permitirão atingir o(s) objetivo(s) educacional(is) desejado(s)? Irei sobrecarregar desnecessariamente os estudantes? Esses questionamentos são pertinentes nessa fase de planejamento da disciplina, consonante com os recursos disponibilizados pela instituição e com o preparo do docente para adotá-los.

O *design* da disciplina nesse ambiente *blended* (presencial + *on-line*) é essencial para o sucesso dela.[1] Quando utilizados de maneira adequada, o fórum e a lista podem ser ferramentas de ensino eficientes, proporcionando desenvolvimento do raciocínio crítico, articulação de ideias e argumentação reflexiva.[2]

2. Descrição dos conceitos e abordagens

A **lista de discussão**[3] (ou grupos de discussão) "é a oportunidade de um grupo de pessoas poder debater, a distância, um tema sobre o qual sejam especialistas ou tenham realizado um estudo prévio, ou queiram aprofundá-lo por meio eletrônico".

Ela permite o debate extraclasse sobre determinado tópico, podendo colocar todos os estudantes a opinar sobre o assunto em pauta. Diferentemente do *e-mail*, em que o diálogo é de "um para um", a lista permite o debate de "muitos para muitos", visto que a mensagem enviada por um membro para a lista é distribuída para todos os participantes.[4] Além disso, essa dinâmica de receber no *e-mail* e responder prontamente para todo o grupo promove celeridade nas discussões e otimização do debate, não havendo a necessidade de acessar o ambiente *on-line* da lista de discussão.

> *Diferente do e-mail, em que o diálogo é de "um para um", a lista permite o debate de "muitos para muitos".*

Juntamente com a lista de discussão trataremos do **fórum**, que segundo o dicionário[5] é uma "reunião ou congresso de especialistas para apresentação de trabalhos e debate sobre determinado tema". O fórum disponível em ambiente *on-line* também segue essa premissa de reunir pessoas para discutir sobre determinado assunto. Notavelmente, o especialista que guiará os aprendizes é o professor, que deverá direcionar as discussões visando contribuir com a aprendizagem dos estudantes.

Os fóruns permitem postar mensagens, funcionando como um repositório para armazená-las, com uma interface que permite navegar pelas trilhas de mensagens e respostas postadas pelos participantes discentes e docentes.[6] Diferentemente da lista de discussões, o fórum requer o acesso ao ambiente *on-line* do AVA para participação.

> *Tanto na lista de discussão como no fórum, o ponto-chave é a comunicação e a criação do conhecimento de forma coletiva.*

Tanto na lista de discussão como no fórum, o ponto-chave é a comunicação e a criação do conhecimento de forma coletiva. Com isso, o conhecimento que cada indivíduo já possui, o debate com os demais membros, a síntese e os novos questionamentos formam um ambiente propício para uma aprendizagem cooperativa.

3. Apresentação dos objetivos educacionais da estratégia

A lista e o fórum proporcionam aos estudantes um ambiente para desenvolvimento da reflexão, pensamento crítico, aproximação na relação docente-estudante e estudante-estudante.[7] Como o aluno deverá se posicionar, discutir sobre o assunto e fundamentar seu parecer, ele será provocado a elaborar uma análise crítica sobre o tema em pauta, elencar pontos positivos e negativos e emitir sua opinião. Caso esteja respondendo a um posicionamento de algum colega (da mesma lista de discussão ou fórum), terá que utilizar técnicas de argumentação, ancorando suas falas em informações sólidas para defender seu ponto de vista, posicionamento ou opinião.

Esse debate permitirá também ao discente observar o mesmo problema sob diferentes enfoques, uma vez que seus colegas apresentarão pontos de vista diferentes para uma mesma provocação. Dessa forma, com colaborações individuais, será possível construir coletivamente o conhecimento.

Embora a lista e o fórum tenham características de aprendizagem ativa, a participação docente como guia na discussão é importante para evitar que as respostas aos tópicos sejam superficiais, assim como a potencial falta de organização da internet e o culto ao amadorismo.[8] Além disso, a moderação docente evita respostas superficiais, dadas apenas para cumprir etapa e não para proporcionar uma aprendizagem efetiva.

Nesse sentido, **o estudante deve ser levado ao ambiente virtual para desenvolver seu aprendizado, mas não pode ficar esquecido lá: a participação do docente continua sendo essencial para moderar as participações e corrigir os rumos dos debates, evitando que entrem em searas que não pertencem ao foco da disciplina e até mesmo corrigindo-os, caso tragam erros conceituais ou dados incorretos.** O docente não deve dominar a discussão, mas pode ajudar moderando e sintetizando a discussão regularmente, fazendo o fechamento dos tópicos.[9] Além disso, ele atuará como um motivador, incentivando os discentes a participem das discussões propostas, promovendo maior interação.[10]

> *A participação do docente continua sendo essencial para moderar as participações e corrigir os rumos dos debates.*

As habilidades de comunicação também serão desenvolvidas, pois a comunicação no ambiente *on-line* requer uma construção cuidadosa e clara da mensagem a ser enviada, para que não restem dúvidas do que está sendo perguntado ou respondido, garantindo que não ocorram interpretações equivocadas.[11]

Em complemento, como ocorre em momento assíncrono (diferente da aula presencial), permite que o discente desenvolva competências como:

1. planejamento do seu tempo para postar no prazo adequado;
2. organização, para elaborar sua participação conforme o solicitado;
3. habilidade de comunicação escrita;
4. capacidade de argumentação;
5. contínua interação com o conteúdo discutido em sala de aula.

Notícias que surgem no decorrer da semana e estão relacionadas com o tema da aula podem ser utilizadas pelo docente para iniciar um debate por lista de discussão ou tópico do fórum, o que reforça a ligação teórico-prática do conteúdo visto em sala. Contudo, deve-se tomar cuidado com improvisações, que podem sobrecarregar os estudantes se não for feito o devido planejamento alinhado com os objetivos educacionais da disciplina.

As operações de pensamento predominantes na lista de discussão e fórum serão:[12] comparação, observação, interpretação, busca de suposições, construção de hipóteses, obtenção e organização dos dados, crítica e resumo. A cada participação, os discentes deverão refletir sobre a provocação inicial do docente, comparar a sua opinião com as opiniões dos colegas (evitando repetições), interpretar, buscar respostas, organizar dados e, por fim, expor sua opinião de forma crítica e resumida na postagem.

Em síntese, os objetivos educacionais que podem ser atingidos com o fórum e a lista são: desenvolver a análise crítica dos estudantes; otimizar a participação ativa do discente no processo educativo; interpretar textos (vídeos ou áudios) para participação na atividade; desenvolver habilidades para solução de problemas; e demonstrar articulação teórico-prática nos debates e fundamentação das opiniões que serão postadas na lista ou no fórum.

4. Descrição dos conteúdos

4.1 Uso direcionado para o objetivo educacional da disciplina

Considerando o contexto de um curso presencial, a lista de discussão ou o fórum podem ser utilizados antes da abordagem de determinado conteúdo em sala (aquecimento, prévia, *warm-up*), ou após, visando aprofundar a discussão sobre o tópico.

Alguns docentes podem preferir utilizar a lista de discussão ou fórum como um recurso de *warm-up* (aquecimento, prévia) para a próxima aula, instigando os discentes a exporem o que já sabem sobre o conteúdo, fazendo um *brainstorm* (tempestade de ideias), ou captando percepções individuais sobre o tema.

Quando a lista de discussão é adotada previamente, pode-se também disponibilizar determinado conteúdo para instrução (texto, vídeo, áudio etc.). Esse acesso ao material permitirá que o estudante se ambiente com o conteúdo e possa participar do debate de forma produtiva, mesmo em um estágio inicial.

Tanto a lista de discussão quanto o fórum são utilizados para ampliar o debate de temas já trabalhados em sala de aula, permitindo que os discentes possam construir novos conhecimentos.

> *Tanto a lista de discussão quanto o fórum são utilizados para ampliar o debate de temas já trabalhados em sala de aula, permitindo que os discentes possam construir novos conhecimentos.*

Sugere-se que o docente evite perguntas que tenham respostas únicas ou óbvias, pois, assim, facilmente o primeiro respondente já chegaria ao resultado e poderia encerrar a discussão. Para esse tipo de questões, podem-se utilizar outros ferramentais, como enquetes, questões de múltipla escolha etc. A gênese da lista de discussão e fórum é exatamente promover o debate de opiniões, gerando sínteses, antíteses e conclusões.

4.1.1 Processo de desenvolvimento do conteúdo e postagens

No desenvolvimento de um tópico, utilizando a lista de discussão ou fórum, costumeiramente passa-se por quatro fases:[13,14] (1) Evento Disparador; (2) Exploração; (3) Integração; e (4) Resolução. O Quadro 1 descreve cada fase desse processo.

Quadro 1. Fases/Codificação para postagens no fórum de discussão

Fase	Descrição
1 – Evento Disparador	Essa fase inicia o processo de investigação/discussão por meio de uma atividade bem pensada para garantir o envolvimento e a participação dos alunos. Ela tem vários resultados positivos em termos de envolvimento dos alunos, avaliação do estado do conhecimento e geração de ideias.
2 – Exploração*	Essa fase se concentra primeiro na compreensão da natureza do problema e, em seguida, na busca por informações relevantes e possíveis explicações. Nessa fase há *brainstorming*, questionamentos e trocas de informações, de forma que os estudantes são estimulados a refletir e compartilhar ideias.
3 – Integração*	Essa fase passa para um estágio mais focado e estruturado de construção de significado das ideias geradas na etapa anterior. São tomadas decisões sobre a integração de ideias. Os estudantes passam a refletir sobre a aplicabilidade das ideias.
4 – Resolução	Essa fase é a resolução do problema, seja reduzindo a complexidade pela construção de uma estrutura significativa, seja descobrindo uma solução específica para o contexto. Configura-se pela confirmação de solução, teste ou aplicação direta.

* Obs.: as fases de exploração e integração em algumas situações podem ocorrer em conjunto (denominada elaboração), em que o estudante busca entender a situação-problema, acompanha os relatos dos colegas (concordando/discordando) e começa a ensaiar possíveis soluções, mas nessa fase ainda há uma ausência de certeza, com propostas iniciais para responder ao problema.[15]

Fonte: Adaptado de Rozenfeld[16] e Vaughan, Cleveland-Innes e Garrison.[17]

O início de uma lista/fórum normalmente fica a cargo do professor, pois ele é quem definirá qual a situação-problema. Como referido anteriormente, é importante que o problema proposto tenha substância conceitual, para uma discussão profunda sobre o assunto. Isso permitirá aos estudantes desenvolver o tópico, pensar criticamente e construir o conhecimento a partir da evolução das postagens.

Após o *start* do professor, espera-se que os estudantes comecem a discutir o assunto, evoluam no debate e passem pelas fases pertinentes a uma investigação crítica. Com as postagens, começa-se a criar uma trilha de mensagens, em que surgem concordâncias/discordâncias, conexão de ideias e até sinalização de soluções.[18] Essa interação *on-line* entre os discentes, em que um proporciona *feedback* na postagem do outro, permite que o estudante, com o auxílio de seus colegas de turma, consiga algo que sozinho talvez não conseguiria, contribuindo, então, para a construção de conhecimento.[19]

Durante essas discussões, o docente deve acompanhar e intervir quando necessário, para manter o foco da discussão. É esperado que os discentes consigam manter o nível de respeito, engajamento e participação. Caso não sejam atingidos os objetivos esperados pelo docente, cabe a ele participar das postagens e incentivar a participação, dando *feedback* quando solicitado e "corrigindo os rumos da prosa".

Como docente e estudante estão em locais e tempos diferentes, o *feedback* do professor é componente essencial para demonstrar sua presença, ajudando a superar o sentimento de isolamento dos estudantes no ambiente *on-line*. O *feedback* do professor demonstra ao discente se ele está no caminho certo ou se deve corrigir o rumo, possibilita tirar dúvidas, orienta, motiva, auxilia na tarefa, deixa-o ciente do seu desempenho e ajuda na formação do estudante autônomo.[20]

O *feedback* do professor pode ocorrer de diversas formas, sendo as mais comuns: (i) motivação/interação, quando o docente tenta motivar o aluno e impedir que se sinta isolado e deixe de participar; (ii) informativo/avaliativo, quando é proporcionado ao aluno algum tipo de informação ou avaliação sobre sua postagem.[21,22]

Muito importante: para manter boa participação e motivação, quando o *feedback* for negativo, deve-se tentar fazê-lo na forma de mensagem privada. Comentários cautelosos sobre as tarefas menos elaboradas ou eventual falha de participação são enviadas apenas ao estudante.[23]

Por fim, as discussões podem naturalmente começar a convergir para um consenso ou ao menos para um melhor esclarecimento sobre a questão-problema. O debate pode gerar uma solução ou até mais de uma, e isso não é errado, o importante é que todas possam contribuir para a resolução. Nesse ponto de fechamento, é importante que o docente

> *O feedback do professor é componente essencial para demonstrar sua presença, ajudando a superar o sentimento de isolamento dos estudantes no ambiente on-line.*

contribua com os discentes para que eles sintam que essa fase foi encerrada. Contudo, isso não significa que o problema possa estar totalmente solucionado, mas, se surgirem novos questionamentos, podem ser gerados novos fóruns ou lista de discussões.

Em fórum/lista com muitas participações (turmas grandes), pode-se solicitar que os discentes codifiquem as mensagens no início da postagem (no fórum) ou no "assunto" na lista de discussão para facilitar a organização e leitura. Essa codificação pode utilizar as fases propostas no Quadro 1, onde o discente informa sobre a natureza ou fase que representa o conteúdo da sua postagem (lembrando que as fases 2 – Exploração e 3 – Integração podem ser agrupadas em uma só, Elaboração, para facilitar o posicionamento do estudante)[24] ou uma codificação própria criada pelo docente. Por exemplo, no assunto do *e-mail*/postagem o estudante coloca "#2-Exploração" ou "#3-Integração". Outra opção possível para turmas grandes é dividi-las em mais de um fórum/lista de discussão (formando grupos).

4.2 Uso auxiliar ou administrativo para a disciplina

Como o fórum ou lista de discussão acabam tornando-se um excelente canal de comunicação, podem contribuir também com postagens que amparem o processo educacional ou funcionem como quadro de avisos.

Quadro 2. Dicas de uso

> **Dica 1:** As listas ou fóruns podem ser utilizados também como uma forma de comunicação rápida e eficiente, uma vez que é possível enviar avisos (da disciplina ou institucionais) para os *e-mails* de todos os participantes de uma só vez. Isso facilita a distribuição de materiais (arquivos), recados etc. O uso das listas (ou tópico em fórum) pode inclusive gerar cooperação entre os discentes, uma vez que eles podem compartilhar suas dúvidas e obter auxílio dos demais colegas de lista. Contudo, **é importante que o docente deixe claro quais as regras de utilização da lista e atue de forma a moderar o uso dela, evitando o compartilhamento de informações que divergem do proposto, como o envio de piadas, conversas aleatórias etc.** Um *e-mail* inicial ou um tópico fixo demonstrando as regras de utilização e participação pode ser eficiente para estabelecer o que é esperado dos estudantes.
>
> **Exemplos de regras de uso:** (1) ler atentamente o solicitado pelo docente na atividade antes de responder; (2) caso tenha dúvidas, verifique primeiro no fórum de "Questões Frequentes", pois sua dúvida pode já estar respondida; (3) seja objetivo e claro em sua resposta; (4) responda à atividade dentro do próprio tópico, não é necessário criar um novo tópico para incluir sua resposta; (5) não envie material estranho ao conteúdo trabalhado na disciplina (propagandas, piadas, discussões políticas etc.); (6) seja gentil e educado, estamos todos aprendendo; (7) ajude os colegas, você pode contribuir com o crescimento de todos na comunidade *on-line*; (8) faça mais que concordar/discordar da opinião de outro participante, justifique e fundamente sua opinião com fatos, exemplos e evidências;[26] (9) antes de participar da discussão, prepare-se apropriadamente com leituras, pesquisas, reflexão etc.;[27] (10) depois de fazer sua postagem, volte ao fórum/lista para verificar o andamento da discussão. O comentário de outro participante fez você repensar sua opinião? Alguém comentou ou respondeu à sua postagem?[28]

(continua)

(continuação)

> **Dica 2**: Caso o número de mensagens seja muito elevado, pode-se sugerir o uso de categorização das mensagens,[29] indicando no início do assunto do *e-mail* a qual categoria se refere aquele tópico, exemplo: informe, alerta, problemas operacionais, dúvida, pergunta, resposta etc. Essa categorização e padronização auxiliará no gerenciamento da lista. Por exemplo, no campo "Assunto" do *e-mail*, colocar "#Informe – O material para a próxima aula já está disponível no Ambiente *on-line*".

Em alguns fóruns, é possível disponibilizar tópicos de uso geral, como "Ajuda e Dicas", nos quais os estudantes e instrutores podem compartilhar informações; "Questões Frequentes", para que o professor já responda a algumas questões comuns à disciplina em ambiente *on-line* para esclarecer possíveis expectativas dos estudantes;[25] e "Avisos", em que são disponibilizadas informações importantes para todo o grupo. Lembrando que pode ser proposta uma codificação a ser utilizada no início das postagens/mensagens visando contribuir com a organização.

5. Tipo de aluno

Em um ambiente de aprendizagem colaborativa, todos os participantes devem assumir papéis de responsabilidade pelo processo de ensino-aprendizagem. Isso inclui também o protagonismo do estudante, que deverá estar engajado com um discurso crítico, interagir com os demais participantes e contribuir com a aprendizagem de uma nova maneira.[30]

Por se tratar de uma ferramenta que envolve o uso de *e-mail*, de computador e da internet como principal fonte de comunicação, não há um período mais adequado do curso, podendo ser utilizado desde o primeiro até o último ano da graduação. Contudo, é necessário verificar previamente se os estudantes sabem utilizar navegadores da internet, *e-mail* e AVA, que são requisitos básicos para a técnica. Além disso, verificar o acesso a esses recursos pelos discentes (se eles têm disponibilidade de acesso em casa, no trabalho etc.) é fundamental.

Estudantes com dificuldades de falar em público (introvertidos) e que se sentem tímidos ao expor suas opiniões em sala costumam ficar mais à vontade para participar dos debates promovidos em listas/fóruns, pois a interação é *on-line*, sendo essa uma das vantagens apontadas pela literatura.[31] Ou seja, os estudantes se sentem mais à vontade para perguntar ou comentar ideias com o professor/turma *on-line* do que na aula presencial. Isso ocorre porque, durante as aulas presenciais, eles ficam preocupados com o que os outros estudantes vão pensar deles ao fazer perguntas, o que pode inibir a participação ativa. No ambiente *on-line*, costumam se sentir mais seguros.[32]

Outro detalhe importante é que, no ambiente *on-line*, o estudante tem tempo para pesquisar, refletir e depois responder sobre o assunto, o que pode contribuir para expressar a sua opinião com maior confiança, pois tiveram tempo para se preparar. Podem, dessa forma, investigar o tema com profundidade, elaborar as respostas e postar a mensagem com mais segurança.

Deve-se deixar claro aos estudantes a importância do cumprimento dos prazos e de não acumularem as postagens para o último dia. O interessante é que o debate ocorra de forma contínua, e não apenas para cumprir etapa, com uma postagem minutos antes do término do prazo. Portanto, a administração do tempo por parte do discente é fundamental. Uma dica que pode ajudar é o docente fazer uma reflexão com os discentes sobre a procrastinação e formas de combatê-la.

6. Experiência do docente

A implementação de uma experiência de aprendizagem *on-line* requer um nível considerável de atenção e esforço antes de iniciar o curso, pois estamos juntando dois diferentes, mas complementares, meios de comunicação e interação. Somos desafiados a reunir atividades síncronas e assíncronas de forma que sejam coerentes com os objetivos educacionais e considerando as restrições contextuais. Grandes benefícios podem advir dessa adoção, mas demandará tempo e esforço considerável do professor, principalmente no estágio inicial de planejamento e nas primeiras experiências.[33]

Muitas vezes, alguns docentes erroneamente pensam que utilizar o fórum/lista é uma estratégia para diminuir o número de aulas presenciais e o esforço na elaboração de determinado conteúdo. Isso é um erro comum. No entanto, logo após a inclusão do fórum/lista, o professor já perceberá que a demanda de tempo na disciplina aumentará, pois ele deverá pensar em formas de atender dúvidas e moderar o fórum/lista.

Professores relatam que a preparação para atividades *on-line* chega a exigir três vezes o trabalho de um curso normal. Mas o investimento é otimizado, pois o material poderá ser reutilizado em turmas/cursos futuros ou paralelos. Contudo, a moderação no fórum/lista exigirá algumas horas além daquelas dispendidas com as aulas presenciais. A presença virtual do docente é muito importante, como anteriormente discutido, pois a baixa participação dos professores e monitores no fórum/lista é um dos fatores que limitam a contribuição desses ferramentais e trazem o sentimento de solidão para o estudante.[34]

Nesse sentido, um ponto que os estudantes criticam no ambiente *on-line* é o atraso e/ou demora no *feedback*, pois na aula presencial o retorno é imediato, enquanto no ambiente *on-line* eles devem esperar o docente responder.[35] Com isso, é importante que o docente deixe claro para os estudantes quando irá responder ou entrar no fórum. Será uma vez ao dia? Uma vez a cada dois dias? Isso precisa ficar claro para que os estudantes tenham suas expectativas reguladas e não pensem que o professor estará à disposição 24 horas por dia, nos sete dias da semana. Isso também permitirá ao docente organizar sua agenda, evitando que ele fique refém do fórum o dia todo. Quando participar, é importante que o docente proporcione *feedback* nas postagens dos discentes, responda às dúvidas, modere a discussão e faça os fechamentos (sínteses), quando cabível. Algo que talvez ele já faça quando o debate ocorre na aula presencial, mas agora realizará no ambiente virtual.

> É importante que o docente deixe claro para os estudantes quando irá responder ou entrar no fórum.

Com relação ao uso de tecnologia, deve se verificar primeiramente se o docente tem o domínio básico, como acessar internet e *e-mail*. O uso em si dos ferramentais (fórum/lista de discussão) é, por vezes, simples e intuitivo, mas em suas primeiras experiências é importante que o docente faça testes ou converse com algum colega que já usou, acelerando assim esse processo de aprendizado. Esse contato entre professores que já utilizam a tecnologia na educação e aqueles que não utilizam pode inclusive facilitar a adoção por parte de docentes que tenham maior resistência ao uso. Aqueles que já têm alguma experiência ajudam ao demonstrar a utilidade e facilidade de adoção aos docentes que iniciarão o uso, promovendo assim uma otimização no processo de adoção das ferramentas.[36]

Recomendamos também que o professor conheça o ambiente virtual que será utilizado, entenda as ferramentas disponibilizadas, tanto da parte do docente como do aluno, pois isso poderá contribuir para a dinamização da comunicação e até mesmo facilitar na solução de eventuais dúvidas dos estudantes. Normalmente, nas Instituições de Ensino Superior (IES) que disponibilizam um AVA, há um departamento de Tecnologia da Informação (TI) responsável por dar suporte técnico ou até mesmo cursos de formação para uso dos ambientes. Recorrer a esse departamento pode ser interessante no início, todavia, com o tempo, a necessidade desse apoio pode diminuir.

O uso do fórum apenas como repositório de arquivos é possível, mas acaba por não privilegiar o potencial educacional dessa ferramenta. Para contornar essa situação sugere-se a formação contínua, com treinamentos específicos para o preparo do fórum *on-line*.[37]

7. Tempo disponível

O tempo disponibilizado para o fórum/lista vai depender do objetivo almejado. Por exemplo, fóruns de apoio, como "Questões Frequentes" e "Avisos", podem ficar permanentemente abertos. Contudo, para fóruns que têm objetivos específicos para debater conteúdos, recomenda-se um prazo entre cinco e dez dias após a postagem do professor. Esse período é suficiente para que todos participem, a discussão evolua e possa se concluir a tempo de não colidir e invadir o próximo conteúdo da disciplina. Períodos maiores são permitidos, desde que estejam de acordo com o planejado pelo docente no desenho e planejamento da disciplina.

Quando se trata da lista de discussão, o grupo criado *on-line* pode ficar ativo durante toda a disciplina (ou curso). Mas é importante que cada tópico de discussão tenha um prazo, evitando que o assunto se perca ou seja esquecido. O professor deverá definir o tempo de acordo com os objetivos educacionais daquele conteúdo. Sugere-se que o prazo fique entre dois e sete dias. Assim, caso o assunto exija uma participação mais intensa, pode-se encurtar o período; caso o assunto se dê entre duas aulas (separadas por uma semana de prazo), pode-se deixá-lo até sete dias em aberto. Existem tópicos que ficam abertos por prazos maiores, principalmente em cursos semipresenciais, pois os encontros podem acontecer em intervalos superiores a uma semana.

8. Estrutura física

Como a atividade ocorre fora da sala de aula e em ambiente virtual, a estrutura necessária para o desenvolvimento do fórum/lista dependerá dos recursos tecnológicos do professor e estudante. Ambos deverão ter acesso a computador (ou *smartphone*), internet e *e-mail*. Caso não tenham acesso a esses equipamentos/recursos, deve-se verificar com a universidade a disponibilidade de laboratórios de informática em períodos diferentes do horário de aula para que os estudantes possam acessá-los.

9. Tipo de conteúdo

Nos fóruns/listas podem ser trabalhados conteúdos teóricos ou práticos, sendo solicitado aos estudantes que debatam, posicionem-se, apontem pontos positivos/negativos, comentem sobre experiências que já tenham sobre o tópico etc.

O docente pode, por exemplo, disponibilizar um texto e provocar uma discussão solicitando que os estudantes analisem criticamente o assunto e opinem concordando, discordando ou complementando os argumentos do autor ou da autora. Pode-se, também, discutir determinado conceito com os estudantes, como, por exemplo, em um curso de Ciências Contábeis: "O que é contabilidade?" ou "Qual o conceito de ativo?", entre outros.

Outro exemplo de aplicação é a disponibilização das demonstrações contábeis de determinada empresa e com a solicitação de que os estudantes façam uma análise. Para complementar, pode-se solicitar que não repitam análises já realizadas por outros discentes, pois isso os forçará a sempre procurar novos pontos para abordar, focando temas diferentes daqueles explorados anteriormente. Pode-se, igualmente, solicitar o posicionamento do discente, favorável ou contrário ao investimento ou concessão de crédito para a companhia. Outra forma é criar listas de discussão com grupos menores (no caso de turmas muito numerosas), em que cada lista analisa um aspecto da empresa (liquidez, estrutura, rentabilidade etc.).

Citamos aqui também a experiência com fórum da Profa. Edvalda (organizadora deste livro), que incluiu, na disciplina Análise de Custos, um fórum quinzenal. Nessa atividade, os estudantes organizavam-se em grupos e tinham que disponibilizar uma breve entrevista (com roteiro prévio elaborado pela professora) com profissionais de mercado sobre o assunto tratado naquele período na disciplina. Por exemplo, quando o assunto foi "Fatores determinantes na formação do preço", os estudantes faziam as entrevistas com profissionais de mercado sobre esse tópico e postavam o resultado no fórum. Em seguida, os grupos podiam elaborar comentários/questões complementares que seriam debatidas em sala de aula com a presença do professor ou até mesmo com profissionais convidados. Com isso, o fórum auxiliava na interação do conteúdo teórico com o ambiente prático da disciplina, contribuindo para o processo de aprendizagem dos estudantes.

Os fóruns podem também ser abertos no início do período para provocar a participação dos discentes e regular as expectativas. Abrir tópicos com perguntas amplas como: (i) O que já sabe sobre a disciplina?; (ii) O que espera aprender?; (iii) O que gostaria de aprender dentro dessa disciplina? Essas e outras questões podem ser utilizadas para começar a preparar o discente para participar dos fóruns e também a permitir que o docente sintonize a expectativa dos estudantes com a dele, de acordo com o que será trabalhado na disciplina.

10. Processo de avaliação

A avaliação das participações na lista de discussão e fórum leva em conta os aspectos quantitativos e qualitativos. A quantidade de participações pode ser obtida facilmente (número de postagens), mas o professor/mediador deverá analisar individualmente as contribuições de cada participante para verificar a qualidade da mensagem. Em relação à qualidade, podem ser observados os seguintes itens: estrutura, argumentação, referências, escrita, adequabilidade ao contexto da pergunta etc.[38]

É importante que o docente sempre deixe claro aos estudantes quais serão os critérios avaliados, evitando o comportamento oportunista. Por exemplo, se o professor estabelecer que avaliará apenas se houve ou não a participação do discente, sem avaliar o conteúdo, podem surgir frases do tipo "eu concordo/discordo", realizadas apenas para cumprir com a etapa, mas não atingindo o objetivo educacional de raciocínio, argumentação etc. Caso opte por manter a avaliação apenas pela participação, sem considerar o conteúdo, torna-se fundamental reforçar com os discentes a importância da participação no processo de aprendizagem.

O docente pode optar também por utilizar uma rubrica de avaliação, podendo inclusive reunir aspectos quantitativos (número de postagens) com qualitativos,[39] como apresentado no Quadro 3.

Quadro 3. Indicadores para rubrica de avaliação da postagem

Indicador	Nota (0 a 4)
1. Participação quanto à quantidade de postagens	
2. Argumentos utilizados para responder à questão-problema	
3. Uso de referências ou fontes adequadas ao contexto	
4. Qualidade do texto escrito	
5. Resposta atende à questão-problema	
Total de pontos (soma)	

Obs.: escala de pontuação: Excelente (4 pontos); Bom (3 pontos); Satisfatório (2 pontos); Insatisfatório (1 ponto); Não atendeu (0 ponto).

Fonte: Adaptado de Ferreira e Silva.[40]

No Quadro 3, considerou-se uma atividade valendo 20 pontos (cinco indicadores valendo quatro pontos no máximo cada), mas pode ser atribuída outra pontuação também utilizando a proporção de pontos obtidos (total de pontos) em relação ao total possível (20 pontos).

Se o docente optar pela utilização da rubrica de avaliação, pode até mesmo compartilhar com os estudantes para que eles saibam quais serão os critérios de avaliação e, inclusive, criar parâmetros para cada nota. Por exemplo: Excelente (4 pontos) no primeiro item (sobre quantidade de postagens) será atribuído ao estudante que participar 4 vezes ou mais, o conceito Bom (3 pontos) será atribuído ao discente que participar 3 vezes, e assim por diante com os demais conceitos. O estabelecimento desses parâmetros ajuda no caso de turmas muito numerosas (ou várias turmas), em que a avaliação é realizada por mais de um monitor ou professor, padronizando os critérios.

No caso de avaliação dos grupos, o docente deve incluir regras para a participação de todos os componentes, por meio de discussões sobre o conteúdo e/ou proposta de questões para interação com a turma.

Em turmas numerosas, analisar qualitativamente cada postagem pode gerar uma sobrecarga de trabalho. Nesses casos, pode ser interessante a inclusão de um monitor que colabore no processo avaliativo. Outra possibilidade para turmas grandes de estudantes mais avançados no curso é a avaliação por pares, na qual os estudantes avaliam as postagens dos colegas.

> Yahoo® Grupos: https://groups.yahoo.com/neo; e Google® Grupos: https://groups.google.com/.

11. Tecnologia

11.1 Lista de discussão

As ferramentas comumente utilizadas são os Grupos, como Yahoo® Grupos ou Google® Grupos. Alguns AVAs oferecem as listas de discussão como ferramenta. Caso seu AVA (Moodle®, Blackboard®, Google Classroom® etc.) oferte, pode ser uma boa estratégia para centralizar todas as atividades em um só ambiente *on-line*. E, em determinados contextos e realidades, grupos no WhatsApp® podem contribuir também, mas exigem alguns cuidados como relatamos na seção 4.1.1, sobre codificação das mensagens etc.

11.2 Fórum

O fórum comumente é disponibilizado dentro do AVA disponível na instituição. No Brasil, costumeiramente utiliza-se o Moodle®, que é um AVA gratuito e flexível. Existem opções *on-line* gratuitas que podem facilmente ser encontradas, mas ficam hospedadas em *sites* fora do gerenciamento da universidade. Uma das opções pode ser o Google®. Dentro da opção de Grupos, ele disponibiliza o uso da ferramenta Fórum (demonstrado na seção 12.2). Outra opção é utilizar grupos em outros *sites*, como Facebook®, *blogs* etc.

12. Exemplo prático

12.1 Como abrir um grupo para utilizar a lista de discussão

Para abrir um Grupo de Discussões e dentro dele utilizar a lista de discussão, deve-se inicialmente criar um grupo e inserir os estudantes da turma. Para criar, temos duas opções gratuitas e comumente utilizadas; Yahoo® e Grupos do Google®. Ambos têm *menus* bem simples e objetivos que facilitam a navegação.

Para criar o grupo no Google®, faça o *login* na sua conta Gmail (ou outra conta que tenha cadastro no Google®) e acesse o seguinte *link*: https://groups.google.com/.

Após acessar o *site*, clique em "Criar Grupo". Em seguida, será aberta uma janela (Figura 1) para configuração das características do grupo (nome do grupo, *e-mail*, descrição etc.). Esse *e-mail* do grupo é o que todos utilizarão para se comunicar. Uma vez que um *e-mail* é enviado para o *e-mail* do grupo, todos receberão em seus *e-mails* pessoais a mensagem. Isso dinamiza o processo, pois você poderá responder diretamente no *e-mail*, não sendo necessário acessar nenhum tipo de *site* ou AVA.

O campo "Descrição do grupo" permite que seja feito um breve resumo do grupo e do que será trabalhado no geral. No *menu* "Tipo de grupo" é importante colocar como "Lista de *e-mails*".

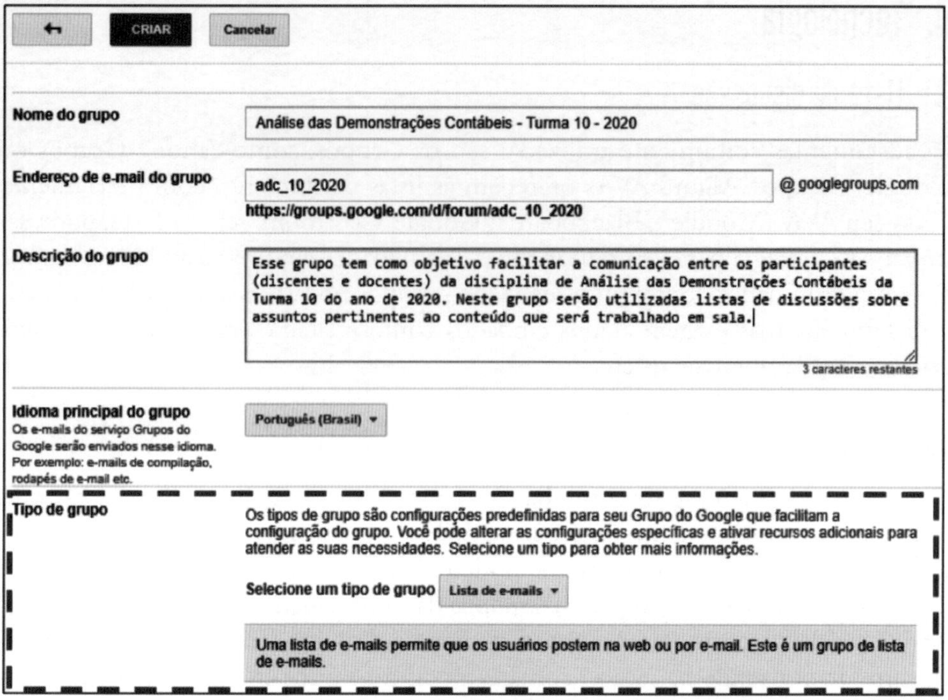

Capítulo 7

Fonte: https://groups.google.com/forum/#!creategroup. Acesso em: 14 maio 2020.

Figura 1. Tela de configuração do grupo (Parte 1)

Na mesma janela, um pouco abaixo (Figura 2), serão solicitadas informações sobre permissões (quem pode participar, visualizar, postar e participar do grupo). Esse ponto exige atenção especial caso você queira que essa lista seja exclusiva da sua turma, evitando que qualquer pessoa na internet possa acessá-la.

A participação de membros externos, desconhecidos do restante do grupo, pode até ser interessante quando estes contribuem satisfatoriamente para o debate. Contudo, estudantes tendem a se tornar mais tímidos e menos à vontade para expor suas opiniões, manter contato por *e-mail* ou dar *feedbacks* em comentários quando não conhecem previamente os participantes.[41] Com isso, é interessante deixar o acesso ao grupo apenas para os participantes que estejam relacionados com a turma/disciplina.

Após concluir a configuração, basta clicar em "CRIAR" no topo da tela (Figura 1).

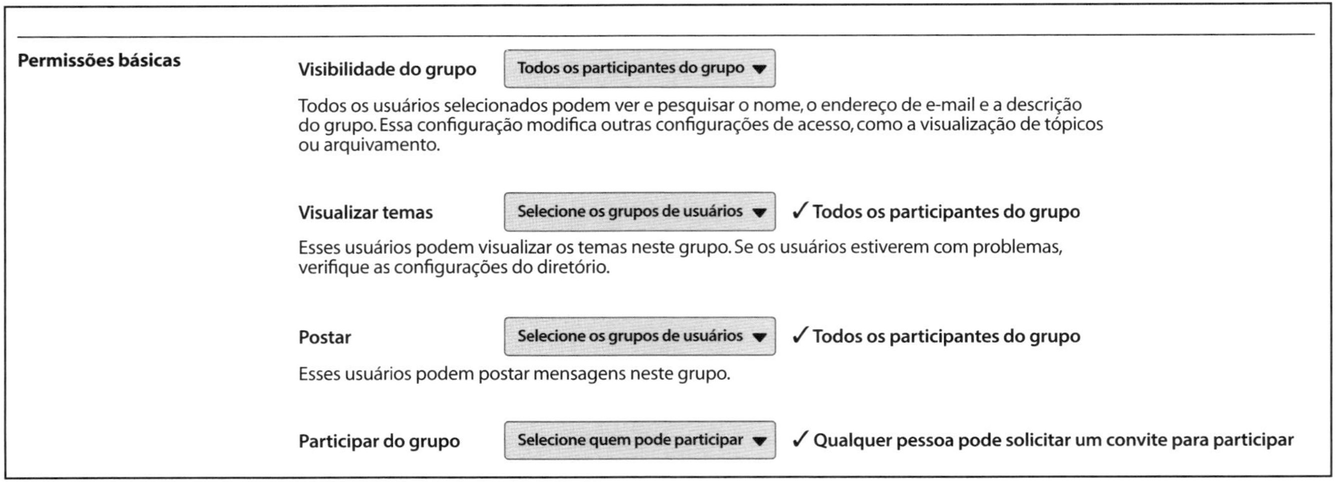

Permissões básicas		
Visibilidade do grupo	Todos os participantes do grupo ▶	
	Todos os usuários selecionados podem ver e pesquisar o nome, o endereço de e-mail e a descrição do grupo. Essa configuração modifica outras configurações de acesso, como a visualização de tópicos ou arquivamento.	
Visualizar temas	Selecione os grupos de usuários ▶	✓ Todos os participantes do grupo
	Esses usuários podem visualizar os temas neste grupo. Se os usuários estiverem com problemas, verifique as configurações do diretório.	
Postar	Selecione os grupos de usuários ▶	✓ Todos os participantes do grupo
	Esses usuários podem postar mensagens neste grupo.	
Participar do grupo	Selecione quem pode participar ▶	✓ Qualquer pessoa pode solicitar um convite para participar

Figura 2. Tela de configuração do grupo (Parte 2)

Fonte: https://groups.google.com/forum/#!creategroup. Acesso em: 14 maio 2020.

Capítulo 7

Ao concluir a criação do grupo, o Google® apresentará a tela exposta na Figura 3. A partir daí, você pode começar a incluir os participantes (estudantes, monitores etc.) utilizando o primeiro *menu* "Convide pessoas para participar do grupo" (Figura 4), personalizar configurações e começar a postar.

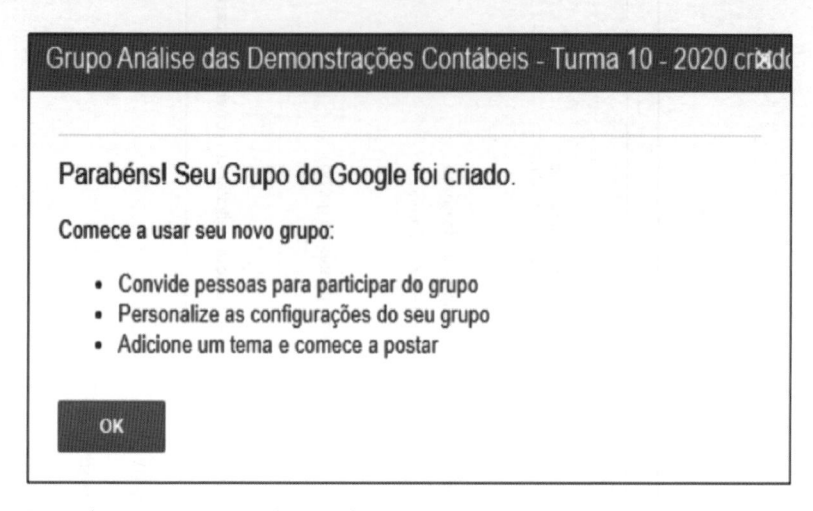

Fonte: https://groups.google.com/forum/#!creategroup. Acesso em: 14 maio 2020.

Figura 3. Tela de conclusão da criação do grupo

Após enviar o convite aos estudantes (incluindo o *e-mail* deles e delas no devido campo da Figura 4), eles deverão aceitar o convite para participar. A partir daí, todos os participantes podem enviar mensagens ao grupo (Figura 5). Nesse momento, é importante que o professor estabeleça as regras de uso, conforme comentamos na seção 4.2 deste capítulo. Após cada mensagem enviada, todos os participantes da lista receberão em suas caixas de *e-mail* as mensagens. Ao responderem, a resposta será enviada para todos os membros, facilitando assim o debate.

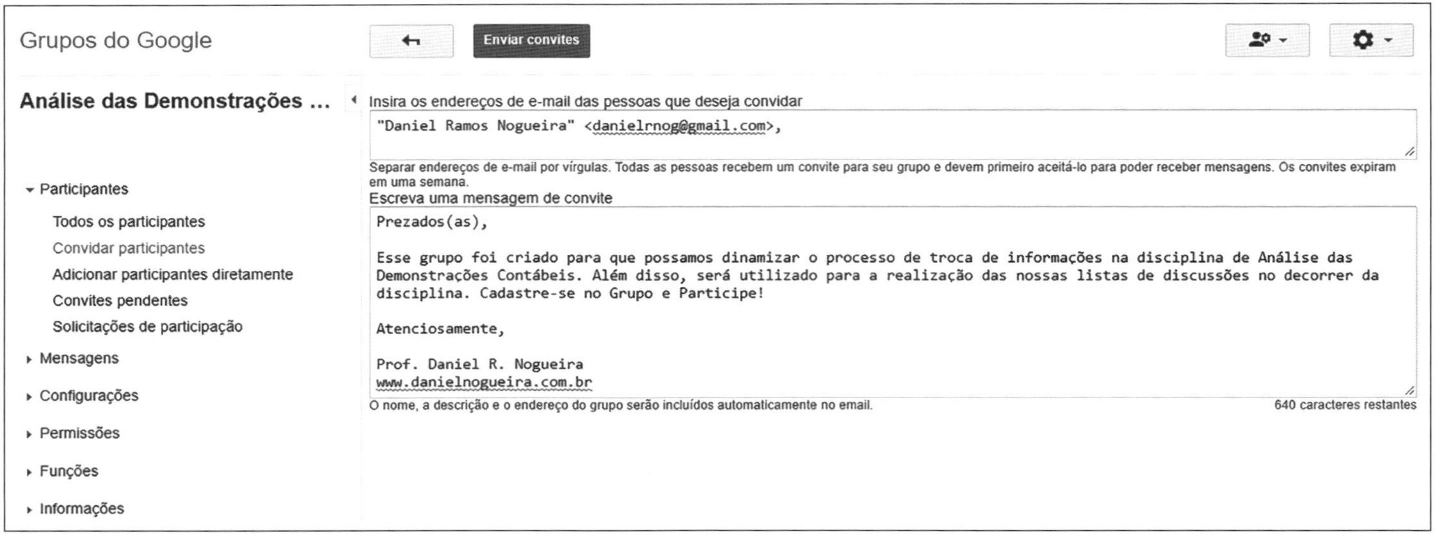

Grupos do Google				👥 ▾ ⚙ ▾
Análise das Demonstrações ...	◂	Insira os endereços de e-mail das pessoas que deseja convidar		
		"Daniel Ramos Nogueira" <danielrnog@gmail.com>,		
▾ Participantes		Separar endereços de e-mail por vírgulas. Todas as pessoas recebem um convite para seu grupo e devem primeiro aceitá-lo para poder receber mensagens. Os convites expiram em uma semana.		
Todos os participantes		Escreva uma mensagem de convite		
Convidar participantes		Prezados(as),		
Adicionar participantes diretamente		Esse grupo foi criado para que possamos dinamizar o processo de troca de informações na disciplina de Análise das Demonstrações Contábeis. Além disso, será utilizado para a realização das nossas listas de discussões no decorrer da disciplina. Cadastre-se no Grupo e Participe!		
Convites pendentes				
Solicitações de participação		Atenciosamente,		
▸ Mensagens		Prof. Daniel R. Nogueira		
▸ Configurações		www.danielnogueira.com.br		
▸ Permissões		O nome, a descrição e o endereço do grupo serão incluídos automaticamente no email.		640 caracteres restantes
▸ Funções				
▸ Informações				

Fonte: https://groups.google.com/forum/#!creategroup. Acesso em: 14 maio 2020.

Figura 4. Tela para convidar pessoas a participar do grupo

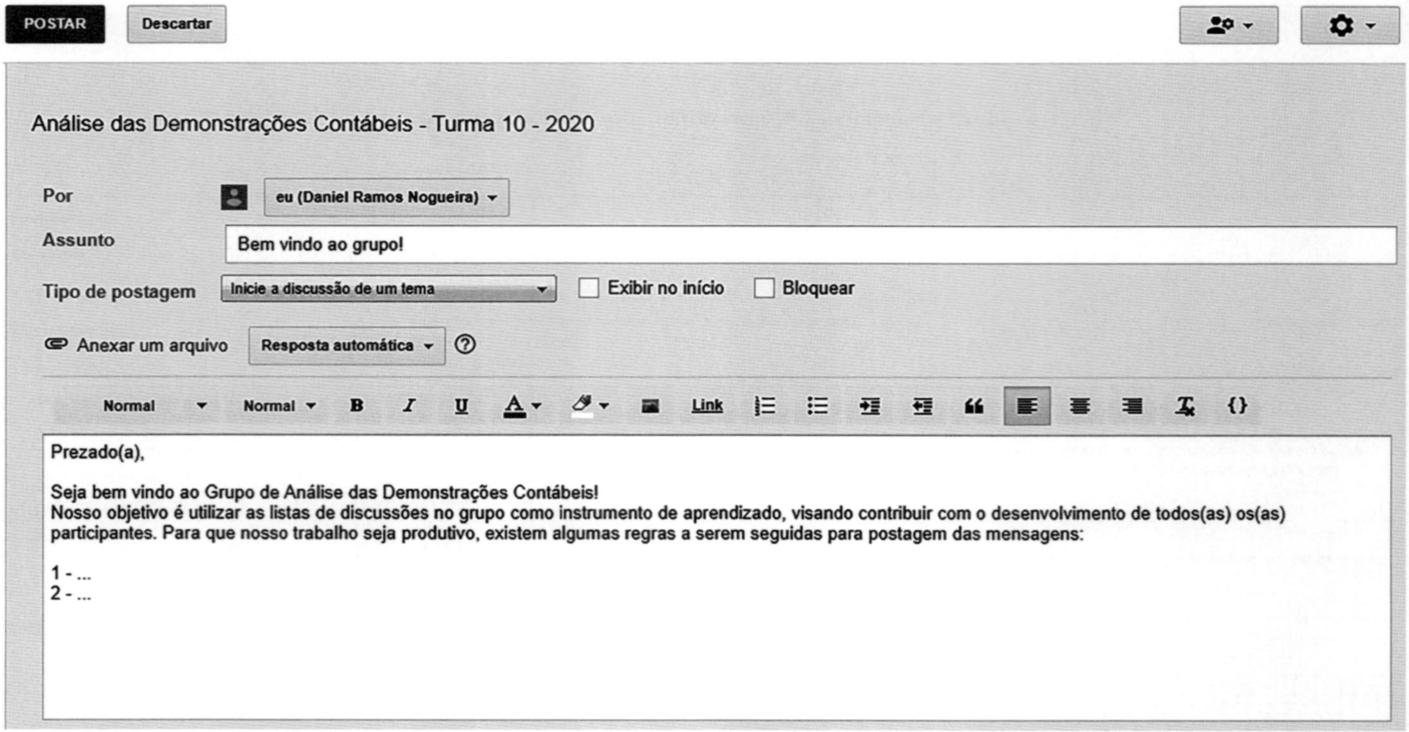

Capítulo 7

Figura 5. Tela para enviar mensagem ao grupo

Fonte: https://groups.google.com/forum/#!creategroup. Acesso em: 14 maio 2020.

As postagens de mensagens podem ocorrer tanto *on-line* (diretamente no *site* https://groups.google.com/) ou ao enviar um *e-mail* diretamente para o *e-mail* do grupo que foi cadastrado no início (Figura 1).

12.2 Fórum

Conforme comentamos, a inclusão de um fórum tradicionalmente ocorre no AVA (Moodle®, Blackboard® etc.). Caso a universidade não disponibilize, você pode criar um fórum utilizando também a ferramenta de Grupos no Google®, basta mudar o quarto campo (Tipo de Grupo) para "Fórum da Web" (Figura 6). Os demais procedimentos (cadastro de participantes etc.) são semelhantes ao exposto na seção 12.1.

Fonte: https://groups.google.com/forum/#!creategroup. Acesso em: 14 maio 2020.

Figura 6. Tela de configuração do fórum no Google® Grupos

A seguir, demonstraremos dois tipos de fóruns que podem ser abertos, um pré-aula (prévio a abordagem de determinado conteúdo) e um pós-aula (para aprofundar a experiência com determinado conteúdo).

12.2.1 Fórum pré-aula

Dentro do fórum (no Google® ou AVA), o docente poderá postar um tópico para discussão (veja um exemplo na Figura 7) e deixar que os estudantes participem. Essa postagem pode seguir uma linha de introdução ao conteúdo, disponibilizando um conteúdo (texto, vídeo, *link* para *site* etc.) para que o estudante se situe em relação ao debate e, então, possa começar a discutir. Outras abordagens podem também ser utilizando perguntas provocativas, como: "O que você sabe sobre o conteúdo X?". Nesse momento, é comum que a abordagem seja mais exploratória, visando ambientar o estudante com o conteúdo.

A partir da postagem do docente, os estudantes começarão o debate, posicionando-se favorável ou contra e justificando seus pontos de vista (Figura 8), de acordo com o que foi solicitado pelo professor. É importante destacar sempre o papel do docente (ou monitor) nesse momento, motivando, corrigindo e moderando as discussões. Ao final, o docente pode encerrar o tópico com uma síntese, apontando os pontos levantados por cada um dos lados (contrários e favoráveis). A partir daí, ele pode optar (ou não) por usar esse resumo como ponto de partida ou *start* para a próxima aula presencial, pois os estudantes já realizaram um debate no ambiente *on-line* e estarão mais preparados para a aula presencial.

A avaliação pode ser realizada pelo conteúdo das postagens dos estudantes, avaliando principalmente as justificativas utilizadas pelos discentes na argumentação, pontuando de acordo com a criticidade, as referências utilizadas e a abordagem (escrita com poucos erros, trato respeitoso com os colegas etc.). Outra forma de avaliar é pela participação; quem fizer uma postagem já será pontuado. Contudo, sugere-se especificar que os discentes deverão apresentar ao menos uma ou duas justificativas para seu posicionamento, evitando mensagens do tipo "eu concordo/discordo" apenas para ganhar o ponto.

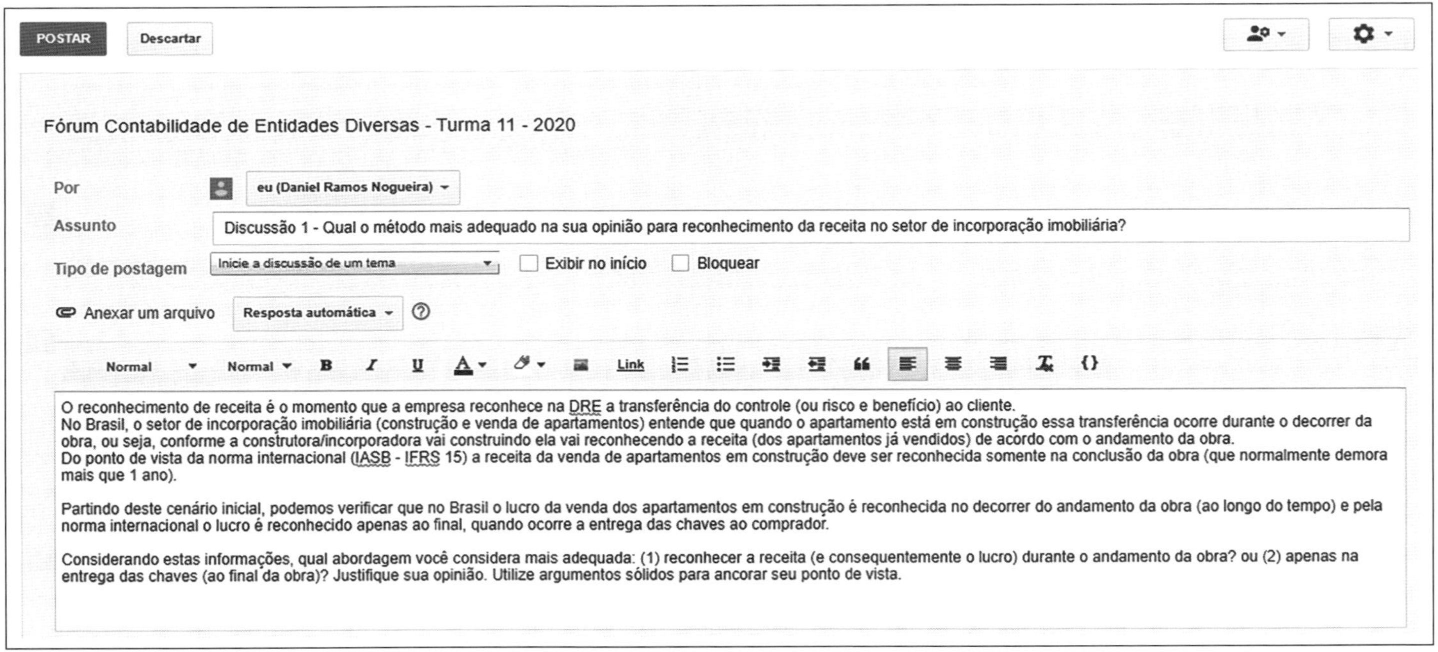

Figura 7. Tela para postar mensagem no fórum

Fonte: https://groups.google.com/fórum. Acesso em: 14 maio 2020.

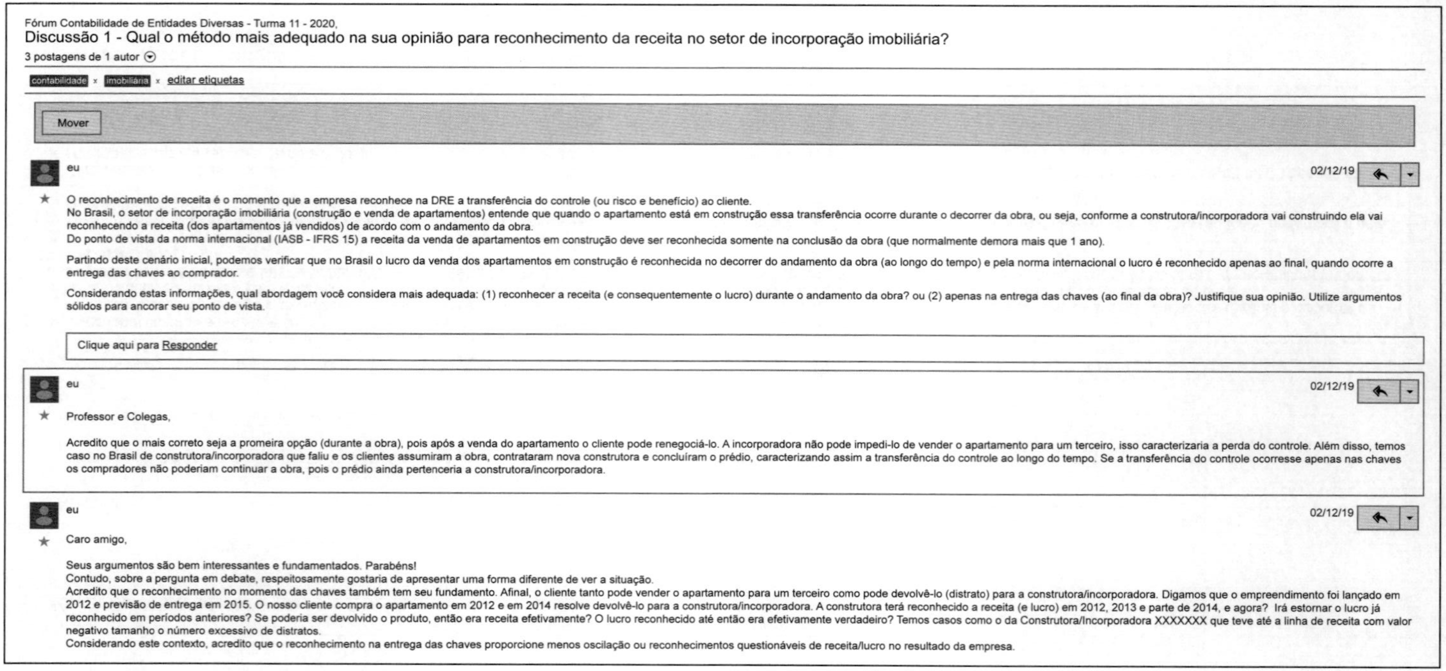

Fórum Contabilidade de Entidades Diversas - Turma 11 - 2020,

Discussão 1 - Qual o método mais adequado na sua opinião para reconhecimento da receita no setor de incorporação imobiliária?

3 postagens de 1 autor

contabilidade x imobiliária x editar etiquetas

Mover

eu 02/12/19

O reconhecimento de receita é o momento que a empresa reconhece na DRE a transferência do controle (ou risco e benefício) ao cliente.
No Brasil, o setor de incorporação imobiliária (construção e venda de apartamentos) entende que quando o apartamento está em construção essa transferência ocorre durante o decorrer da obra, ou seja, conforme a construtora/incorporadora vai construindo ela vai reconhecendo a receita (dos apartamentos já vendidos) de acordo com o andamento da obra.
Do ponto de vista da norma internacional (IASB - IFRS 15) a receita da venda de apartamentos em construção deve ser reconhecida somente na conclusão da obra (que normalmente demora mais que 1 ano).

Partindo deste cenário inicial, podemos verificar que no Brasil o lucro da venda dos apartamentos em construção é reconhecida no decorrer do andamento da obra (ao longo do tempo) e pela norma internacional o lucro é reconhecido apenas ao final, quando ocorre a entrega das chaves ao comprador.

Considerando estas informações, qual abordagem você considera mais adequada: (1) reconhecer a receita (e consequentemente o lucro) durante o andamento da obra? ou (2) apenas na entrega das chaves (ao final da obra)? Justifique sua opinião. Utilize argumentos sólidos para ancorar seu ponto de vista.

Clique aqui para Responder

eu 02/12/19

Professor e Colegas,

Acredito que o mais correto seja a promeira opção (durante a obra), pois após a venda do apartamento o cliente pode renegociá-lo. A incorporadora não pode impedi-lo de vender o apartamento para um terceiro, isso caracterizaria a perda do controle. Além disso, temos caso no Brasil de construtora/incorporadora que faliu e os clientes assumiram a obra, contrataram nova construtora e concluíram o prédio, caracterizando assim a transferência do controle ao longo do tempo. Se a transferência do controle ocorresse apenas nas chaves os compradores não poderiam continuar a obra, pois o prédio ainda pertenceria a construtora/incorporadora.

eu 02/12/19

Caro amigo,

Seus argumentos são bem interessantes e fundamentados. Parabéns!
Contudo, sobre a pergunta em debate, respeitosamente gostaria de apresentar uma forma diferente de ver a situação.
Acredito que o reconhecimento no momento das chaves também tem seu fundamento. Afinal, o cliente tanto pode vender o apartamento para um terceiro como pode devolvê-lo (distrato) para a construtora/incorporadora. Digamos que o empreendimento foi lançado em 2012 e previsão de entrega em 2015. O nosso cliente compra o apartamento em 2012 e em 2014 resolve devolvê-lo para a construtora/incorporadora. A construtora terá reconhecido a receita (e lucro) em 2012, 2013 e parte de 2014, e agora? Irá estornar o lucro já reconhecido em períodos anteriores? Se poderia ser devolvido o produto, então era receita efetivamente? O lucro reconhecido até então era efetivamente verdadeiro? Temos casos como o da Construtora/Incorporadora XXXXXXX que teve até a linha de receita com valor negativo tamanho o número excessivo de distratos.
Considerando este contexto, acredito que o reconhecimento na entrega das chaves proporcione menos oscilação ou reconhecimentos questionáveis de receita/lucro no resultado da empresa.

Fonte: https://groups.google.com/forum. Acesso em: 14 maio 2020.

Figura 8. Exemplo de postagens realizadas no fórum

12.2.2 Fórum pós-aula

A abordagem do fórum pós-aula é mais frequente quando se deseja aprofundar o assunto já trabalhado em sala ou oferecer um momento para um raciocínio crítico sobre o assunto. Por vezes, o tempo disponível em sala para determinado conteúdo é demasiadamente curto. Ou, então, não se dispõe de recursos tecnológicos (computador, internet, planilhas eletrônicas etc.) suficientes para maior exploração das atividades. Nesses casos, pode ser pertinente estender a sala de aula para o ambiente *on-line*, disponibilizando uma atividade no fórum para que os estudantes possam participar após a aula. No Quadro 4, demonstraremos um exemplo que pode ser utilizado.

Quadro 4. Exemplo de fórum da disciplina Análise das Demonstrações Contábeis

Contexto da disciplina/fórum: no decorrer das últimas aulas de Análise das Demonstrações Contábeis foram ensinados diversos indicadores (liquidez, estrutura, rentabilidade, Ebitda etc.) utilizados para avaliar a saúde econômico-financeira das companhias. Após a aula, pode-se abrir o fórum e propor uma atividade-extra, para que os estudantes possam avançar na reflexão deste assunto, como uma atividade mais breve ou algum assunto que demande maior intensidade de estudo (análise de setores e companhias com dados da Bolsa de Valores, base de dados etc.).

Fórum

Tópico: quais índices devo utilizar em uma análise de crédito?

Situação-problema: nos últimos anos, a empresa ABC tem experimentado um crescimento no nível de inadimplência. Segundo o Diretor Financeiro, o departamento de venda concede crédito para clientes que não teriam condição de pagar. A empresa costuma vender com prazos de pagamento entre 30 e 180 dias e seu produto é perecível, ou seja, caso não ocorra o pagamento, ela não consegue reaver o produto. Ciente desse contexto, você foi contratado para assumir o recém-criado departamento de análise de crédito e deverá criar um modelo de análise para conceder crédito aos clientes que realmente tenham condições de pagar e negar a venda a prazo para aqueles que têm potencial de inadimplência. É importante que o modelo seja enxuto, pois analisar centenas de índices tomaria tempo significativo e comprometeria a dinâmica do departamento, aumentando o custo para cada análise de crédito realizada.

Ciente desse contexto e utilizando apenas os índices que você aprendeu até agora, escolha cinco indicadores que você julga que não poderiam faltar nesse modelo de análise. Justifique, para cada índice escolhido, a razão para ele constar nesse rol de indicadores.

Observação (Informação de uso opcional):

Grupos de índices que podem ser utilizados (lembre-se de que dentro destes agrupamentos podem existir os índices propriamente ditos que serão utilizados para

(continua)

(continuação)

> responder o tópico): Liquidez; Estrutura; Rentabilidade; Prazos Médios; Ciclo Operacional e Financeiro; CCL, NCG, ST; EBITDA e Margem EBITDA; Nopat; ROE Decomposto; Dupont; Índices de Fluxo de Caixa; Modelos de Insolvência/ Inadimplência; Comparação com Índice-Padrão; Comparação com Índices Setoriais; Análise Vertical e Horizontal.
>
> **Sugestão de mediação**: deixar alguns estudantes postarem as primeiras respostas e depois começar a sintetizar os indicadores mais votados. Vá corrigindo os rumos daqueles estudantes que acabam escolhendo indicadores que podem não estar diretamente relacionados com o contexto apresentado.

13. Considerações finais

O fórum e a lista de discussão poderão contribuir muito na comunicação e nas atividades assíncronas. Basta apenas o adequado planejamento e o acompanhamento durante sua execução. No mais, é aproveitar e desfrutar dessa extensão da sala de aula. Com a utilização desses recursos, o momento de aprender não é mais restrito à sala e ao horário da aula. *Enjoy it*!

8 Projetos Interdisciplinares

KAVITA MIADAIRA HAMZA
SAMUELY BEZERRA BARBOSA LAURENTINO

A educação é um processo social, é desenvolvimento. Não é a preparação para a vida, é a própria vida.

John Dewey

1. Introdução

Um pouco de história: no segundo semestre de 2013, uma das autoras deste capítulo foi alocada para lecionar a disciplina Introdução ao Marketing para os alunos do primeiro ano do curso de graduação em Administração da FEA-USP e, logo em seguida, convidada pela então vice-coordenadora do curso a participar do Trabalho Interdisciplinar que ela estava criando e aplicando em uma das turmas. Tratava-se de uma nova proposta curricular, que visava integrar os conhecimentos de diferentes disciplinas e mostrar ao aluno que, em uma organização, é necessário enxergar os problemas e pensar nas soluções de forma mais holística, e não de forma "departamentalizada".

Muitas vezes, nos cursos de Administração (e certamente o mesmo ocorre em diferentes áreas do conhecimento), as disciplinas são divididas de forma similar ao que ocorre nas organizações, em áreas ou setores como marketing, finanças, gestão de pessoas, operações etc. É fácil compreender de onde vem a lógica dessa divisão e seu uso, especialmente no ensino de conceitos mais básicos. No entanto, a realidade do dia a dia das organizações mostra que seus funcionários, nos diversos cargos e funções, lidam com problemas "interdepartamentais", ou seja, problemas cujas soluções são desenvolvidas e implementadas em conjunto com mais de um departamento. Assim, mesmo em estágios iniciais do curso, é possível mostrar aos alunos as conexões entre as diferentes áreas de conhecimento e como eles podem potencializar suas ações ao combinar as distintas visões.

Foi introduzido, então, um projeto piloto do Trabalho Interdisciplinar, envolvendo cinco disciplinas: Introdução ao Marketing, Planejamento Estratégico, Sistemas de Informação de Marketing e Inteligência de Mercado, Análise de Decisão e Matemática Aplicada a Finanças. O relato dos alunos ao final do semestre foi ótimo. Porém, devido a algumas mudanças na estrutura curricular do curso, a ideia foi temporariamente deixada de lado. Em 2016 e em 2018, decidimos retomar a proposta do Trabalho Interdisciplinar, desta vez envolvendo as seguintes disciplinas: Introdução à Psicologia, Fundamentos de Administração, Fundamentos de Ciências Sociais, Fundamentos de Contabilidade e Fundamentos de Marketing e Comportamento do Consumidor. Aqui, contaremos a história dessa experiência, quais conceitos levar em conta ao colocar um Trabalho Interdisciplinar em prática, os requisitos e como utilizamos o que tínhamos à disposição. Para tanto, dividimos este capítulo em algumas seções, a seguir.

2. Apresentação dos objetivos educacionais

Um importante objetivo dos projetos interdisciplinares é proporcionar aos alunos uma visão abrangente do curso em que estão matriculados. Com esse tipo de atividade, os alunos conseguem entender o encadeamento do conhecimento de diferentes áreas, ou ainda, como uma área se apropria do conhecimento gerado em outra área. Assim, no lugar do conhecimento ser apresentado em "caixas" isoladas, ele passa a ser discutido em sua essência e em suas interconexões com outros saberes.

> No lugar do conhecimento ser apresentado em "caixas" isoladas, ele passa a ser discutido em sua essência e em suas interconexões com outros saberes.

Outro objetivo de um trabalho como este é integrar os conhecimentos de diferentes disciplinas, ajudando os alunos a encontrarem suas conexões e complementariedades, via desenvolvimento de um trabalho prático/empírico. Sugere-se abordar, para o trabalho empírico, um setor amplo o suficiente para que os alunos possam aplicar os diferentes conhecimentos aprendidos. Por exemplo, no trabalho que desenvolvemos em 2016, o setor de atuação era o da cadeia têxtil no estado de São Paulo. Nesse contexto, os alunos de administração puderam conectar os conhecimentos de ciências sociais e psicologia para entender os efeitos de potenciais condições precárias de trabalho, e como tais condições acabam se conectando com os preços de peças de roupas pagas pelos consumidores (aqui usando os conhecimentos de marketing e comportamento do consumidor).

3. Descrição dos conteúdos e tipo de aprendizagem

O conceito dos projetos interdisciplinares pode ser aplicado em diferentes cursos, desde que diferentes conteúdos possam, de alguma forma, ser integrados. Por exemplo, em um curso de medicina, essa metodologia poderia ser aplicada para disciplinas ligadas ao conceito de médico da família, que atende pessoas de diferentes idades e com diferentes problemas de saúde. Ou, ainda, em um caso mais específico dentro da Medicina, em conhecimentos relacionados a ortopedia, em que uma dor na perna possa estar relacionada a algum problema na coluna cervical, ou ainda a problemas com estresse.

Na fase de identificação das disciplinas que poderão fazer parte do projeto interdisciplinar, pode-se partir de um questionamento mais geral, como: Em quais setores nossos alunos podem atuar? Ou: Quais atividades nossos alunos desenvolverão no exercício de sua profissão? Podem-se, então, mapear as competências necessárias para sua atuação e em quais disciplinas cada competência pode ser desenvolvida ou aprimorada. A partir daí, pode-se refletir sobre como essas competências podem se conectar e se complementar.

Cabe destacar a importância de ampliar o debate e solicitar aos docentes de cada área do conhecimento que apontem as possíveis conexões de suas disciplinas com outras do mesmo curso. Durante a discussão, certamente os professores trarão aspectos conflitantes e complementares. Cabe, então, ao grupo decidir as adaptações que serão necessárias, para que o projeto seja elaborado de forma a fazer sentido para os alunos. Os resultados costumam ser surpreendentes, uma vez que as perspectivas são muito distintas.

> *É importante ampliar o debate e solicitar aos docentes de cada área do conhecimento que apontem as possíveis conexões de suas disciplinas com outras do mesmo curso.*

O projeto interdisciplinar pode ser desenvolvido de duas formas distintas. A mais simples é combinar conhecimentos de disciplinas já existentes, mesmo que tenham sido inicialmente estruturadas para serem lecionadas individualmente, sem conexão com outras. Nesse modelo, os professores podem discutir possíveis adaptações necessárias nas ementas das disciplinas e reservar algumas datas para a discussão, desenvolvimento, acompanhamento e apresentação final do trabalho com os alunos. Recomendamos um mínimo de quatro desses momentos ao longo de um semestre, pois isso significa que, ao menos uma vez por mês, os alunos se encontrarão para discutir com os professores, especificamente, este projeto, suas conexões, além de ser um momento para sanar dúvidas e apontar possíveis encaminhamentos. Se possível, é importante que a avaliação dos alunos seja planejada de forma integrada, para todas as disciplinas, mesmo que seja apenas uma das atividades de avaliação. No entanto, isso não é essencial para as primeiras versões ou experiências do curso nesse tipo de metodologia ativa, ainda mais considerando que diversas outras adaptações já serão necessárias. O que é fundamental é que o trabalho empírico ou o final do projeto interdisciplinar exija do aluno a integração dos diferentes saberes.

A segunda modalidade do projeto interdisciplinar é quando ele é concebido, desde o início, pensando nas integrações entre diferentes áreas do conhecimento. Essa modalidade exige maior tempo de planejamento, pois é possível que se decida inclusive por uma reestruturação curricular, passando pela criação de novas disciplinas e eliminação de algumas antigas, que talvez já não façam mais sentido na grade. Pode-se, por exemplo, planejar aulas de duas ou três áreas durante um mês para, no mês seguinte, o aluno colocar o conhecimento na prática, sob a supervisão dos professores dessas áreas. Depois, podem-se incluir mais duas ou três áreas e, então, o aluno retoma sua aplicação prática em um novo estágio ou de forma mais aprofundada.

4. Tipo de aluno

Os projetos interdisciplinares podem ser aplicados no início, no meio ou no final de um curso. Porém, seu conteúdo precisa ser adaptado ao momento de aprendizagem do aluno. No início de um curso, por exemplo, o projeto interdisciplinar agrega conhecimentos mais básicos, conceitos iniciais de algumas disciplinas, e o trabalho final gira mais em torno de identificar como esses conceitos podem ser identificados e aplicados na prática. Conforme o aluno caminha para o final do curso, o projeto interdisciplinar pode já ter um caráter mais aplicado a uma situação-problema, com o desenvolvimento de uma solução baseada em conhecimentos mais avançados. Em um curso de empreendedorismo, por exemplo, para alunos do último ano, pode-se colocar o desafio de criar uma empresa e realizar a primeira venda.

> *O conteúdo do projeto interdisciplinar precisa ser adaptado ao momento de aprendizagem do aluno.*

Quanto mais heterogêneos puderem ser os grupos de trabalho, maior o potencial de riqueza que pode ser obtida nas soluções encontradas para os problemas apresentados. Tal heterogeneidade pode ser pensada em termos de diferentes categorias, como gênero, idade, renda, local de origem, orientação sexual, orientação política, curso em que está matriculado, experiência internacional, experiências de trabalho, entre outros. É importante ter em mente que um dos aprendizados da experiência do Trabalho Interdisciplinar será desenvolver a capacidade de trabalhar em grupo com pessoas diversas.

5. Experiência do docente

Além do conhecimento técnico, que em geral já é de domínio dos professores, é importante também que o professor se prepare didaticamente para aplicar o projeto interdisciplinar. Cada professor, individualmente, não terá todo o conhecimento técnico para a elaboração do projeto como um todo. Isso pode gerar alguma insegurança no início e, por isso, é importante confiar no trabalho desenvolvido por cada colega, que é especialista em sua respectiva área. Ademais, se esta for a primeira experiência da instituição, então os alunos também estarão inseguros sobre o que exatamente acontecerá ao longo do semestre, o que deverá ser feito por eles, como serão avaliados, e o que se espera do trabalho final. Ou seja, será necessário elaborar um guia para os alunos, com todas essas informações, de forma detalhada, clara e objetiva. As explicações dadas em sala de aula, por cada professor, também precisam estar alinhadas, de forma que os alunos não recebam informações ou instruções divergentes. Por esses motivos, as reuniões regulares entre os professores envolvidos no projeto interdisciplinar ajudarão a facilitar a condução do trabalho ao longo do semestre.

> *Reuniões regulares entre os professores envolvidos no projeto interdisciplinar ajudarão a facilitar a condução do trabalho ao longo do semestre.*

Os professores devem também se inteirar sobre o setor de atuação no qual o trabalho final será desenvolvido, uma vez que cada setor possui peculiaridades que podem exigir alguma adaptação no conteúdo a ser apresentado e discutido em cada disciplina. Vale reforçar a importância do planejamento em conjunto pelos docentes, desde as primeiras etapas do projeto interdisciplinar até as formas de avaliação que serão utilizadas.

Um aspecto imprescindível do projeto interdisciplinar é que um dos docentes, ou o coordenador da graduação, seja responsável por coordenar o projeto. Além do coordenador, recomendamos que um assistente, que pode ser um aluno de pós-graduação, por exemplo, auxilie o coordenador ao longo do processo. As principais tarefas do coordenador do projeto são:

- Obter apoio da coordenação do curso e/ou departamento e/ou IES.
- Identificar qual o momento do curso é o mais adequado para a realização do projeto interdisciplinar, e quais disciplinas podem fazer parte.
- Contatar os professores da disciplina e negociar as diretrizes para realização do projeto, buscando identificar as conexões entre as disciplinas.
- Identificar um setor de atuação abrangente, em que os conhecimentos das diferentes disciplinas possam ser analisados ou aplicados pelos alunos.
- Contatar as organizações do setor selecionado, buscando sua cooperação para receber os alunos no desenvolvimento do projeto interdisciplinar.
- Selecionar as temáticas e dinâmicas a serem utilizadas nas reuniões mensais com alunos e professores das disciplinas envolvidas no projeto.
- Definir as datas das reuniões mensais, de forma que alunos e professores possam participar. Sugerimos escolher as datas e horários de aulas das disciplinas envolvidas, pois os alunos já estão com a agenda "bloqueada", bastando apenas o respectivo professor "ceder" sua aula.
- Elaborar um documento com o detalhamento de como funcionará o projeto interdisciplinar ao longo do semestre, a ser compartilhado com os alunos e professores.

6. Tempo disponível

O projeto interdisciplinar ocorre durante todo o semestre, pode também durar um ano todo, com os alunos desenvolvendo o trabalho final usando os conhecimentos adquiridos nas diferentes disciplinas integrantes do projeto. Conforme explicado na seção 3 do presente capítulo, as discussões sobre o projeto interdisciplinar podem ocorrer em momentos específicos do semestre, com a recomendação de um mínimo de quatro encontros, com o mesmo tempo de uma aula regular, ou ao longo de todo o processo, a depender de como a disciplina for concebida.

Outra questão a que se deve atentar é que a larga maioria dos alunos deve estar cursando as mesmas disciplinas no mesmo semestre, caso contrário o projeto interdisciplinar fica inviabilizado. É possível que haja alguns poucos alunos que estejam cursando apenas uma ou duas disciplinas, seja por estarem refazendo a disciplina, ou por qualquer outro motivo. Nesses casos, os alunos podem ser dispensados do Trabalho Interdisciplinar e, para eles, o professor pode oferecer um trabalho específico da disciplina, a seu critério.

7. Estrutura física

As condições físicas necessárias para a aplicação do projeto disciplinar são as mesmas já utilizadas pela instituição, por exemplo, salas de aula, laboratórios, auditórios. Se o professor quiser utilizar em conjunto uma metodologia ativa como o *role-play*, pode ser necessário reservar o auditório, para a simulação de uma apresentação em uma competição. As apresentações dos trabalhos também podem ser feitas em uma feira de pôsteres distribuídos em cavaletes, no saguão da faculdade. Além disso, também são feitas muitas atividades fora do ambiente da instituição, como é o caso de visitas técnicas, pesquisas ou entrevistas em campo, entre outros.

8. Processo de avaliação

A avaliação do projeto interdisciplinar deve ser apresentada de forma clara e objetiva logo no início do semestre. A forma como o trabalho será avaliado pode ser bem flexível, a depender de cada caso, mas seguem algumas recomendações:

- Incluir peso para o trabalho na nota final de cada disciplina, e colocar essa informação no programa da disciplina.
- O peso do trabalho final pode variar para cada disciplina, mas se recomenda que seja dado um peso que estimule o aluno a efetivamente se dedicar ao trabalho final, ou seja, que recompense o tempo de dedicação extraclasse que será necessário investir na elaboração do trabalho.
- Essa avaliação geralmente é feita em conjunto com todos os docentes envolvidos no projeto, parte específica da disciplina. Encoraja-se que os alunos possam participar nessa avaliação, seja em forma de votação do grupo que melhor se apresentou ou outro tipo de opinião da classe.
- Cobrar entregas parciais de acordo com o cronograma de conteúdo de cada disciplina. Isso ajudará a monitorar o desenvolvimento do trabalho ao longo do semestre, evitando possíveis mal-entendidos.
- Não exigir outro trabalho semestral.

- A avaliação pode ser feita tanto em relação à entrega final, quanto em relação às entregas parciais e/ou na participação dos alunos nos encontros mensais. No caso de avaliação de entregas parciais, o retorno aos alunos pode ter um peso na nota final do trabalho. Tenha em mente que a avaliação de produtos de etapas intermediárias tem efeitos positivos no aprendizado, constituindo-se em uma avaliação processual.

9. Tecnologia

Sugerimos o uso de uma plataforma para compartilhamento de informações sobre o projeto interdisciplinar, conteúdos comuns a todas as disciplinas ou ao setor que será analisado, datas dos encontros mensais, detalhamento do trabalho final e das tarefas intermediárias, notas e frequência. Pode ser uma plataforma simples e de uso comum por diversas instituições de ensino, como o Moodle®, ou outro ambiente virtual de aprendizagem, por exemplo, ou alguma mais customizada. Em último caso, é possível desenvolver o projeto interdisciplinar sem ajuda de qualquer recurso tecnológico ou com o uso de redes sociais como o Facebook®. Em geral, os estudantes podem compartilhar e editar em conjunto arquivos em plataformas como o Google® Drive, por exemplo.

Além da questão tecnológica, sugerimos também o uso de cartolinas, canetas/canetões coloridos e fita adesiva para discussão com os alunos durante as reuniões mensais. Nesses momentos, pode-se ter uma dinâmica mais criativa e descontraída, com os alunos reunidos em grupos e discutindo temáticas relacionadas às conexões das disciplinas e/ou ao setor de atuação do projeto interdisciplinar.

10. Exemplo prático

O exemplo descrito a seguir é baseado em duas experiências de projeto interdisciplinar desenvolvidas na FEA-USP, com alunos do curso de graduação em Administração, em 2016 e 2018. Foram selecionadas essas duas experiências para relatarmos neste capítulo, pois uma das autoras esteve à frente do projeto nessas duas ocasiões em específico e, portanto, pode compartilhar tais experiências com maior riqueza de detalhes. Tais experiências foram denominadas "Trabalho Interdisciplinar".

Após a implementação da nova Estrutura Curricular, foram incluídas, na grade do primeiro semestre do curso, novas disciplinas do núcleo do curso de Administração, e não apenas disciplinas de apoio a esta área de ensino, como ocorria no modelo anterior. Tal mudança favoreceu o desenvolvimento do Trabalho Interdisciplinar.

Outro motivo para a escolha do primeiro semestre do curso foi o fato de que, neste momento, todos os alunos cursam exatamente as mesmas disciplinas, o que viabiliza o desenvolvimento de um trabalho final único englobando várias dessas disciplinas. A partir do segundo semestre, os alunos já podem selecionar disciplinas diferentes, apesar de ser incomum que o façam – é mais comum que isso aconteça a partir do terceiro semestre do curso.

Em 2016, o tema central do Trabalho Interdisciplinar foi "Imigrantes Latino-americanos na Cadeia Têxtil, no Estado de São Paulo", e o objetivo colocado aos alunos foi identificar desafios e oportunidades relacionados a esses grupos nos seguintes aspectos: humanização do trabalho, condições sociais, relações de trabalho, desenvolvimento de negócios/microempreendedores. O tema foi construído em conjunto com a Aliança Empreendedora, uma organização social com título de OSCIP (Organização da Sociedade Civil de Interesse Público) fundada em Curitiba, no estado do Paraná, em 2005, com o objetivo de oferecer a microempreendedores de baixa renda e grupos produtivos comunitários de todos os setores e idades o apoio de que eles necessitavam para desenvolver os seus negócios. A Aliança Empreendedora já estava atuando nesse setor da cadeia têxtil com o projeto Tecendo Sonhos, com foco em grupos de trabalhadores bolivianos que se encontravam em situações de trabalho bastante precárias, alguns em situações análogas à escravidão.

Fizemos algumas reuniões iniciais com a Aliança, que nos ajudaram a pensar no escopo do trabalho como um todo e nas diversas conexões que poderiam ser feitas de cada disciplina com o setor em específico. Elas nos ajudaram, ainda, a definir e a facilitar a visita a diversos atores da cadeia têxtil. Em seguida, alinhamos a proposta junto à coordenação de graduação em administração e à chefia do Departamento de Administração da FEA-USP. Com esse apoio, iniciamos os convites aos docentes de cada disciplina para participarem do Trabalho Interdisciplinar. No total, os professores de quatro disciplinas aceitaram o desafio, com os quais realizamos uma reunião inicial para acertar detalhes da dinâmica ao longo do semestre, das reuniões mensais com os alunos, dos atores a serem visitados, da composição da nota e do trabalho final. As disciplinas foram Introdução à Psicologia, Fundamentos de Administração, Fundamentos de Ciências Sociais, Fundamentos de Marketing e Comportamento do Consumidor.

De forma a obter o comprometimento dos professores, fizemos um "contrato" estabelecendo diretrizes do que estava coberto pelo Trabalho Interdisciplinar e do que estava fora desse escopo. Foi criada também uma disciplina no ambiente virtual Moodle®, com o nome "Trabalho Interdisciplinar: Imigrantes Latino-americanos na Cadeia Têxtil, no Estado de São Paulo", com acesso para todos os alunos e professores e na qual disponibilizamos diversos materiais relacionados ao trabalho e à temática.

Para as datas das reuniões mensais, que foram chamadas de *workshops*, foram selecionados dias e horários regulares de aula, sendo que os docentes responsáveis pela disciplina daquele dia e horário "cederam" gentilmente essas aulas para a realização dos *workshops* e para a apresentação do trabalho final. As diretrizes para atuação de cada professor, em suas respectivas disciplinas, são:

- Os professores podem desenvolver trabalhos específicos ao longo do semestre, relacionados à disciplina, e não necessariamente relacionados ao tema central do Trabalho Interdisciplinar.
- O mesmo ocorre com as provas intermediária e final, ou seja, o conteúdo não precisa, necessariamente, estar relacionado ao Trabalho Interdisciplinar. Mas seria bom que ao menos uma parte da prova trouxesse tal conexão.
- O trabalho final da disciplina deve estar vinculado ao tema "Imigrantes na Cadeia Têxtil e a promoção de relações justas de trabalho". Ou seja, o professor não deve solicitar aos alunos outro trabalho final da disciplina.
- O peso do trabalho final, na composição da nota da disciplina, fica a critério de cada professor. Ao longo do semestre, teremos três *workshops* com especialistas sobre o tema central, "Imigrantes na Cadeia Têxtil", ou temas correlatos, nos meses de fevereiro, abril e maio.
- Ao final do semestre, em junho, os alunos fazem a apresentação dos trabalhos finais. Os atores envolvidos na cadeia têxtil, os visitados e analisados pelos alunos, também são convidados para assistirem às apresentações.

A Figura 1 mostra o primeiro *workshop* da disciplina.

Fonte: https://aliancaempreendedora.org.br/projeto-de-apoio-a-imigrantes-empreendedores-da-inicio-a-parceria-com-feausp/. Acesso em: 14 maio 2020.

Figura 1. Primeiro *workshop* sobre "Imigrantes Latino-americanos na Cadeia Têxtil, no Estado de São Paulo"

Para os alunos, foi preparado um documento com o escopo do trabalho final, informando o histórico da iniciativa, seu objetivo central, as disciplinas envolvidas, a estrutura do trabalho, além dos temas dos *workshops* e a data para apresentação final. Com relação à dinâmica para o desenvolvimento do trabalho, foram passadas as seguintes informações aos alunos, além das mesmas informações que foram passadas aos professores, descritas anteriormente:

- Divisão dos alunos em grupos de 4 a 6 alunos, resultando em até 20 grupos.
- Cada grupo deve indicar um líder (nome e *e-mail*), com quem será feita a comunicação ao longo do semestre.
- Cada disciplina define os seus temas, relacionados ao tema central, a serem trabalhados pelos alunos. Perguntar aos professores quais os temas de cada disciplina que terão essa conexão. Isso será importante no desenvolvimento do trabalho final.
- A Aliança Empreendedora define quais atores da cadeia têxtil serão visitados e facilitará estas visitas.
- Cada grupo fica responsável por visitar apenas **um** dos atores da cadeia têxtil e desenvolve o trabalho com foco em **uma** disciplina, porém deve mostrar as relações entre o seu trabalho e as demais disciplinas que fazem parte do Trabalho Interdisciplinar.
- A definição das disciplinas e atores alocados a cada grupo é feita na terceira semana de aula.
- Os trabalhos são apresentados ao final do semestre.

Com relação à estrutura para preparação do trabalho final, passamos as seguintes instruções aos alunos:

- **Introdução**: abordar o contexto e o objetivo do seu trabalho, além dos problemas vislumbrados previamente, de forma a introduzir o leitor e despertar nele o interesse pelo assunto discutido. (1/2 a 1 página)
- **Organização analisada**: apresentar as características da organização, e de que forma ela se encaixa no cenário da cadeia têxtil. (Aproximadamente 2 páginas)
- **Problemática**: analisar os principais problemas, suas origens e consequências ao longo da cadeia têxtil. (Aproximadamente 2 páginas)
- **Desenvolvimento**: levantar possíveis soluções para os problemas identificados, apontando sua contribuição para melhorar a questão do imigrante na cadeia têxtil. Nesse momento, devem ser abordados aspectos teóricos e práticos relacionados às quatro disciplinas (Psicologia, Administração, Ciências Sociais e Marketing). (Aproximadamente 8 páginas)
- **Considerações finais**: fazer uma amarração final da problemática com a solução proposta. (Aproximadamente 2 páginas)
- **Anexos**. (Se houver)

Capítulo 8

Conforme mencionado, foram organizados três *workshops* ao longo do semestre. Tais *workshops* foram divididos em dois momentos: (i) palestras sobre temáticas relacionadas à cadeia têxtil; e (ii) dinâmicas com envolvimento dos alunos. Os temas tratados em cada *workshop* são apresentados a seguir.

Workshop 1
- Divisão dos alunos em subgrupos (método *World Café*): "O que eu já sei sobre o tema Imigração e Cadeia Têxtil" – dividi-los em grupos que circulam pelas diferentes mesas, podendo participar de todas as perguntas.
- Palestra "Imigração e Cadeia Têxtil – Desafios e Conquistas", com Aliança Empreendedora.

Na Figura 2, temos o registro do grupo na discussão sobre o tema Imigração.

Fonte: Acervo pessoal.

Figura 2. Alunos discutem "O que eu já sei sobre o tema imigração e cadeia têxtil"

Workshop 2
- Palestra sobre a "Cadeia Produtiva", com Professores Adriana Mariotti e Leonardo Augusto Gomes.
- Alunos em grupos (método *World Café*) montam a cadeia de suprimentos e discutem quais os elos mais suscetíveis a terceirização, os porquês disso e o que pode levar à precarização do trabalho.

Workshop 3
- Mesa-redonda: "Boas práticas na Cadeia da Moda", com Juliana Armede, que coordenou o núcleo de tráfico de pessoas e trabalho escravo no Estado de São Paulo, Instituto C&A, Inditex/ZARA e Flávia Aranha.
- Trabalho em grupo: grupos se dividem e respondem em três cartazes:
  - As falas auxiliam, complementam ou cobrem lacunas dos trabalhos em andamento?
  - As falas contradizem o que já foi pesquisado nos trabalhos em andamento?
  - As falas trouxeram novas perspectivas para os assuntos pesquisados?

Para o desenvolvimento do trabalho, foram selecionadas, com ajuda da Aliança Empreendedora, 17 organizações que foram então contatadas, visitadas e entrevistadas pelos alunos. Tais organizações envolviam diferentes atores da cadeia têxtil, desde uma oficina de costura, passando por organizações e movimentos de apoio aos imigrantes (CIC, CAMI, PAL, InPACTO, Alinha, Aliança Empreendedora, Fashion Revolution), associações do setor (ABIT, ABVTEX), sindicatos, órgãos governamentais e mundiais que lidam com os problemas enfrentados nesta cadeia (MPT, OIT), e chegando até os varejistas que comercializam roupas (C&A, Zara, Flavia Aranha).

Nossa segunda experiência com o Trabalho Interdisciplinar foi em 2018. Em 2018, a dinâmica do Trabalho Interdisciplinar foi similar, com algumas adaptações discutidas a seguir. Mudamos também o tema central para "Ecossistema do Empreendedorismo", uma vez que a chefia do Departamento tinha como objetivo estratégico fomentar esse campo de atuação. O objetivo colocado aos alunos foi realizar uma análise crítica dos fatores de sucesso e fracasso dos empreendedores de diferentes setores, considerando os seguintes aspectos:

- Planejamento (estratégico, tático e operacional) e estrutura organizacional.
- Análise do mercado e do comportamento do consumidor.
- Condições de trabalho do empreendedor.
- Fundamentos de contabilidade.
- Características macro da sociedade brasileira que favorecem e dificultam o comportamento empreendedor.

Desta vez, não tivemos uma ONG auxiliando na identificação e facilitação das visitas, mas contamos com a ajuda de uma professora do curso bastante envolvida com essa temática. As disciplinas envolvidas na versão de 2018 foram: Introdução à Psicologia, Fundamentos de Administração, Fundamentos de Ciências Sociais, Fundamentos de Marketing e Comportamento do Consumidor e Fundamentos de Contabilidade.

O envolvimento dos professores é fundamental, e é importante que eles participem dos *workshops* e apresentação final dos trabalhos. No entanto, alguns professores

Capítulo 8

não se envolveram de forma mais intensa nesta edição, o que foi sentido pelos alunos, como revelam os trechos apresentados a seguir, extraídos das avaliações das disciplinas feitas pelos alunos.

> A proposta do trabalho foi muito boa, infelizmente nem todos os professores estavam em sintonia, sendo que alguns moldaram o trabalho de acordo com sua preferência e outros com instruções contraditórias.

> O único problema que eu pontuei foi a falta de comprometimento de alguns docentes. Ainda que dessem dicas e ajudassem no trabalho, infelizmente faltaram durante as apresentações e não viram o resultado do nosso semestre inteiro.

Foram contatados 13 atores desse ecossistema, dentre laboratórios, incubadoras, aceleradoras, investidores e empreendedores. Ao final, nove organizações responderam e aceitaram nosso convite para participar do Trabalho Interdisciplinar. Foram elas: Agência USP de Inovação, InovaLab (Poli), CIETEC, Habits, Cubo, Google Campus, Aceleradora Liga Ventures, Aceleradora ACE, Venture Capital Canary.

Cada grupo visitaria apenas uma organização, mas abrimos a possibilidade de escolherem até três atores de sua preferência, e procuramos, ao máximo, alocar uma organização que estivesse na lista de preferências de cada grupo. Além de visitar a organização alocada, cada grupo precisou também identificar um empreendimento que tivesse sido auxiliado ou atendido por essa organização, e também visitá-los e entrevistá-los. Por fim, cada grupo também deveria informar até três disciplinas de preferência para dar foco no desenvolvimento do trabalho final. Ainda que todos os grupos tivessem que tratar de todas as disciplinas, uma delas era selecionada para que o grupo se aprofundasse. Como havia cinco disciplinas, foram alocados quatro grupos a cada disciplina, totalizando então 20 grupos.

Foi solicitado aos alunos que o Trabalho Interdisciplinar contivesse os seguintes elementos:

- Função do agente no ecossistema.
- Quantidade de pessoas impactadas, quantidade de *startups*, entre outros.
- Identificação de *startups* que surgiram com o laboratório.
- Seleção de um empreendimento.
- Análise dos aspectos de cada disciplina participante.

Com relação aos *workshops*, foram organizados três bate-papos com diversos especialistas do setor, ao longo do semestre. Para esses momentos, foram utilizados dias de aula de duas disciplinas. Como o setor do empreendedorismo, em especial de *startups*, ainda tem forte predominância masculina, houve uma preocupação em também trazer mulheres em todos os encontros, de forma a reforçar, em especial para as alunas, que o mundo do empreendedorismo também pode ser ocupado por elas.

Workshop 1
- Tema: Empreendedorismo: bate-papo com três especialistas de mercado.
- *Startups*: Prof. André Fleury, professor da Poli USP e colaborador da proposta original do InovaLab (http://pro.poli.usp.br/institucional/corpo-docente/andre-leme-fleury/ e http://inovalab.poli.usp.br/).
- Empreendedorismo social: Cassio Aoqui, formado em Administração pela FEA-USP, Fundador da ponteAponte (http://ponteaponte.com.br/quem-somos/).
- Empreendedorismo tradicional: Mariana Iwakura, formada em Comunicação Social e Jornalismo pela USP, editora na revista *Pequenas Empresas & Grandes Negócios* (https://www.linkedin.com/in/marianaiwakura/).

A Figura 3 mostra a foto que registra o bate-papo com Cassio Aoqui, fundador da ponteAponte.

Fonte: Acervo pessoal.

Figura 3. Bate-papo sobre empreendedorismo social com Cassio Aoqui, Fundador da ponteAponte

Workshop 2
- Tema: Empreendedorismo: bate-papo com quatro empreendedores.
- Mariana Ramos Dias, formada em Administração pela FEA-USP (www.linkedin.com/in/marigupy/), fundadora da Gupy (https://gupy.io/), uma *startup* de recrutamento e seleção.

- Mariane Tonello, formada em Economia pela FEA-USP (www.linkedin.com/in/mariane-tonello-91931929/), fundadora da ONG Ensina Brasil (www.ensinabrasil.org/), que visa melhorar a qualidade da educação no Brasil.
- Fernando Amiky Assad, formado em Administração pela FEA-USP (www.linkedin.com/in/fernando-amiky-assad-099a6a16/), fundador do Programa Vivenda (http://programavivenda.com.br/), um negócio social de reformas de casas, oferecendo melhor qualidade de vida.
- Daniel Amgarten, formado em Turismo pela ECA-USP (www.linkedin.com/in/danielamgarten/), fundador da Campus Brasil (www.campusbrasil.org/br), uma empresa que oferece cursos internacionais de curta duração, fazendo a conexão de alunos com universidades brasileiras e estrangeiras.

Workshop 3
- Tema: Empreendedorismo: bate-papo com quatro atores do ecossistema.
- Beto Scretas, formado em Economia pela FEA-USP (www.linkedin.com/in/beto-scretas-b6955465/), consultor do Instituto de Cidadania Empresarial (ICE) e Membro do Conselho Consultivo da Anjos do Brasil (http://www.anjosdobrasil.net/).
- Itali Pedroni Collini, formada em Economia pela FEA-USP (www.linkedin.com/in/italicollini/), criou o GENERA – Núcleo FEA-USP de Pesquisa de Gênero e Raça (www.facebook.com/generaUSP/), e a Incluser (http://incluser.com.br/), que discute diversidade no mercado de trabalho. Itali integrou também o time de Fundos Sociais da SITAWI – Finanças do Bem (www.sitawi.net/).
- Letícia Fatinato Menegon, formada em Administração pela FGV, com Doutorado pela FEA-USP (http://www2.espm.br/leticia-fatinato-menegon), professora da ESPM, onde coordena a Incubadora de Negócios ESPM (http://www2.espm.br/espm/departamentos/incubadora-de-negocios-sp).
- Dimitri Fernandes, formado em Administração pela Universidade Federal do Ceará (www.linkedin.com/in/dimitri-fernandes/), atualmente é Community Lead @WeWork (www.wework.com/pt-BR/).

Uma das organizações foi selecionada como a preferida por diversos grupos, e por isso organizamos também uma visita aberta (não obrigatória), para todos os alunos poderem conhecer o Cubo.

Outra adaptação que fizemos em 2018 foi com relação às apresentações dos grupos. Na edição de 2016, elas ficaram demasiadamente longas, tendo ocorrido das 7h30 às 11h e das 13h30 às 17h. Alunos, professores e visitantes reforçaram que era um tempo muito longo para ver e discutir os trabalhados de todos os grupos.

Por isso, na edição de 2018, dos 20 grupos apenas 10 foram selecionados para apresentação, sendo dois grupos com foco em cada disciplina, lembrando que, nesta edição, tivemos cinco disciplinas participando do Trabalho Interdisciplinar. De forma a deixar todo o processo bastante transparente para alunos e professores, enviamos a seguinte mensagem, explicando como os grupos seriam selecionados:

> A entrega final do Trabalho Interdisciplinar tem de acontecer até dia *14/06* no Moodle. Junto ao trabalho final e o PowerPoint da apresentação, cada grupo tem de enviar um *vídeo* (pode ser *link* do YouTube, contanto que seja público) de no máximo 1 minuto explicando seu trabalho e por que ele deve ser escolhido para apresentar no dia *21/06*.
>
> Cada aluno votará em 2 vídeos, com exceção do seu próprio grupo, e a votação também contará como parte da nota do Trabalho (participação).
>
> Selecionaremos 1 grupo escolhido pelo professor, e 1 grupo escolhido pelos alunos em cada disciplina.
>
> Cada grupo selecionado terá *10 minutos para apresentar* + 5 minutos para perguntas dos professores e outros alunos.
>
> Desta forma, teremos 10 grupos apresentando o trabalho final. Os outros 10 grupos serão avaliados apenas com base no trabalho entregue.

Depois da votação nos vídeos e da escolha dos professores, todos receberam um arquivo informando quais grupos foram selecionados e, em cada caso, se a escolha tinha sido do professor da disciplina, ou por votação entre os alunos. No caso da votação, eram indicados quantos votos o grupo havia recebido.

11. Considerações finais

As adaptações realizadas na edição de 2018 ajudaram a melhorar o desenvolvimento do Trabalho Interdisciplinar e tiveram excelente repercussão entre alunos e professores. Em avaliação de reação realizada com os alunos, na disciplina Fundamentos de Marketing e Comportamento do Consumidor, que participou da iniciativa, 98% dos alunos afirmaram que "Houve integração desta disciplina com outras". O índice foi de 96% em 2016, quando o trabalho também foi desenvolvido, e de 66% em 2013, em uma turma que não participou do Trabalho Interdisciplinar.

Encerramos nosso capítulo dando voz aos estudantes e destaque para os seus relatos, em que nos contam de sua avaliação da iniciativa.

> De início, a ideia do trabalho me assustou um pouco, pois ainda não tinha contato com o ecossistema e nem familiaridade com as novas disciplinas. Com o passar do tempo, as coisas foram ficando mais claras e, conforme o trabalho ia sendo desenvolvido, eu tinha mais noção de como melhorar. A integração das matérias também foi muito boa, porque a gente tinha liberdade de se aprofundar em coisas que sentimos mais afinidade e, ao mesmo tempo, aprender com as descobertas dos colegas do grupo. O resultado final foi muito satisfatório para nós e o esforço valeu muito a pena.

> Foi uma experiência muito boa pra mim, aprendi a observar os conceitos teóricos na prática e ainda tive a oportunidade de conhecer o ambiente de incubadoras e startups. – *Pamela Caroline de Jesus Moreira*
>
> Ter diferentes disciplinas envolvidas em um único trabalho possibilitou uma visão ampla de como diferentes áreas do conhecimento se integram na hora de pôr a mão na massa, e como é o sufoco de quem trabalha com um orçamento limitado, casos em que a mesma pessoa realizava uma série de funções sendo elas totalmente diferentes umas das outras eram comuns. – *Giovanni Mauer*
>
> O Trabalho Interdisciplinar foi a forma de adquirir novas competências que não são lecionadas tradicionalmente na faculdade. A experiência de adentrar a um espaço de *co-working* e conhecer de perto a estrutura e cultura organizacional de uma empresa agregaram muito mais do que uma aula teórica. Esse tipo de trabalho é definitivamente um diferencial que eu obtive no meu primeiro semestre no curso de Administração. – *Milena de Freitas Silveira*

Como colocado nas falas, o "susto" com o desconhecido é normal, por isso é importante ter as regras claras, preparar instruções detalhadas e dar retorno e apoio aos estudantes para que saibam como melhorar. O ponto forte nessa experiência foi a integração com outras disciplinas na hora de aplicar os conhecimentos para solucionar problemas reais ou "pôr a mão na massa". Finalmente, a possibilidade de desenvolver competências que não estejam tradicionalmente nos currículos das faculdades é um diferencial dessa metodologia, bem como expandir os limites da sala de aula e adentrar espaços novos. Que tal tentar utilizá-la com um grupo de disciplinas em sua instituição? Como você vê, na percepção dos estudantes, vale a pena inovar!

Parte II

Reflexões e desafios

9 O Ensino e a Revolução Digital: o uso do celular em sala

DANIEL RAMOS NOGUEIRA
VITOR HIDEO NASU

> *Frente às novas tecnologias não cabem nem repulsa, nem encantamento, mas posição de educador: crítica e autocrítica.*
>
> Demo[1]

1. Introdução

Você consegue ficar um dia inteiro sem olhar o celular? Talvez essa pergunta lhe cause surpresa, mas muitos rapidamente poderiam dizer "Claro, somente um dia é possível!". Outros diriam que "Algumas horas já seriam uma dificuldade imensa". Em grande parte, sua resposta poderá ser fortemente influenciada pela sua idade e pela sua relação com a tecnologia.[2]

Quando falamos no ambiente universitário, notamos estudantes que, ao chegar na universidade, enquanto caminham para a sala, já com o celular em mãos, vão acompanhando as redes sociais, lendo notícias, enviando mensagens etc. Durante a aula, por vezes até inconscientemente, os alunos retiram o celular do bolso para novamente verificar o que está acontecendo no mundo *on-line*. Muitos até mesmo para checar a hora, pois dependem do celular para isso, já não usam mais relógios de pulso.

Em complemento, vemos um mercado de trabalho que cada vez mais fala em trabalho *home office* e que dá atenção a temas como *big data*, inteligência artificial, *blockchain*, entre outros, reforçando ainda mais o uso de tecnologia no cotidiano profissional e influenciando os modelos de currículos para o ensino da área de negócios.[3]

Essa forte ligação com a tecnologia, no entanto, esbarra na porta da sala de aula, uma vez que utilizamos celulares para enviar avisos e materiais para as turmas, mas o seu uso na sala de aula ainda é reduzido. Naturalmente, há que se destacar as limitações estruturais de algumas instituições, em que as tecnologias de conexão à internet (*wi-fi*, 3G, 4G etc.) não funcionam, o que dificulta qualquer tipo de trabalho nesse sentido.

Contudo, há locais em que isso seria possível, onde há disponibilidade de internet e o celular oferece uma janela de oportunidades, podendo ser utilizado para fazer pesquisas *on-line*, acessar alguns tipos de materiais, realizar buscas, responder a pesquisas. Nesse sentido, muitos estudantes preferem trazer o celular para a sala no lugar do *notebook*, considerando sua praticidade e acesso a recursos semelhantes.[4]

O uso do celular não deve ser motivado apenas como um fim em si mesmo. Deve, sim, estar aliado diretamente ao conteúdo e aos objetivos da aula, ter uma finalidade educativa, ser um instrumento que permita ao docente acessar conteúdo ou material que dificilmente seria possível sem a tecnologia ou, talvez, não permitiria a mesma interação ou dinâmica de apresentação.

> *O uso do celular deve estar relacionado diretamente ao conteúdo e aos objetivos da aula, como um instrumento facilitador das dinâmicas de apresentação e interação.*

As possibilidades para o uso de celular em sala são inúmeras, mas neste capítulo vamos focar nossa discussão no uso do celular como um Sistema de Resposta da Audiência (SRA), utilizando o Kahoot!™, que proporcionará de forma dinâmica um *feedback* para o docente sobre o aprendizado da turma. Mas antes de chegarmos na ferramenta, vamos refletir um pouco sobre as gerações e o uso da tecnologia no ensino superior.

2. Geração, tecnologia e ensino superior

Em 2018, a geração nascida no início do século XXI começou a ingressar no ensino superior. Tal geração já nasceu e cresceu envolvida por dispositivos móveis digitais, com os quais brincou, jogou, estudou, leu e realizou outras atividades – e ainda as faz –, sejam elas de lazer, pessoais ou acadêmicas. É bem possível que essa geração mais nova nem saiba o que é o torpedo, ou SMS, visto que começou usando aplicativos de comunicação, como o WhatsApp®, o Telegram® e o Viber®.

Essa familiaridade que as recentes gerações possuem com os modernos recursos tecnológicos se destaca em múltiplas esferas do cotidiano, notadamente a educacional, a cultural e a social. De modo intenso e progressivo, os dispositivos móveis têm sido usados para propósitos de comunicação, de pesquisa, de acesso a redes sociais, de fotofilmagem e outros fins dentro do escopo das esferas social e cultural. Da mesma forma, o avanço tecnológico teve impacto no campo da educação. Alunos dessa geração usam a tecnologia para elaborar relatórios e buscar informações de forma ágil, estando o celular (quase) sempre à mão. E isso traz boas e más notícias para professores universitários que começaram a ministrar aulas para essa geração, tão entretida com os dispositivos móveis.

> *Alunos dessa geração usam a tecnologia para elaborar relatórios e buscar informações de forma ágil, estando o celular (quase) sempre à mão.*

De um lado, o principal desafio é que a tecnologia móvel distrai os estudantes durante as aulas e pode reduzir o tempo de estudo extraclasse quando usada de forma intensa em outros momentos, sendo prejudicial à sua formação acadêmica. Em um experimento[5] que visou analisar a relação entre o tempo de uso de *smartphone* por dia e o desempenho acadêmico de alunos de graduação em administração, verificou-se que, em média, cada 100 minutos de uso do celular fora da sala de aula (tempo livre e fins de semana) correspondiam a uma redução de 6,3 pontos (em uma escala de 0 a 100) no *ranking* de posição dos estudantes na instituição de ensino. Quando usados durante as aulas, esse efeito negativo dos celulares sobre o desempenho discente quase dobrava. É relativamente comum que, mesmo nas aulas, os estudantes estejam conectados às redes sociais e atentos aos aplicativos de comunicação, além de receberem ligações telefônicas e mensagens.[6] Por isso, professores devem utilizar práticas e políticas pedagógicas que, ao menos, diminuam a utilização do celular durante as aulas para *finalidades não educacionais*.

Por outro lado, é possível trazer a tecnologia para atuar a favor do ensino, aproveitando-se da habilidade da nova geração de aprender rapidamente e usar eficazmente os modernos dispositivos. De acordo com uma revisão sistemática de literatura,[7] 23 estudos analisaram a relação entre a aprendizagem móvel (*mobile learning*) e a *performance* discente, dos quais 16 (70%) reportaram uma relação positiva, cinco (22%) uma relação não significante (sem efeito), um (4%) reportou relações positiva e neutra (sem efeito) e, por fim, um estudo (4%) relatou uma relação negativa.

> *É possível trazer a tecnologia para atuar a favor do ensino, aproveitando-se da habilidade da nova geração de aprender rapidamente e usar eficazmente os modernos dispositivos.*

A aprendizagem móvel, de acordo com o conceito adotado pelos autores, é aquela concretizada a partir do uso do dispositivo móvel pessoal, como os celulares, em diversos contextos, por meio das interações sociais e de conteúdo. Dessa forma, as evidências deste estudo[8] sugerem que as possibilidades de utilização de dispositivos móveis para fins educacionais podem contribuir para o aperfeiçoamento da aprendizagem discente, sendo dentro ou fora da sala de aula. Adicionamos que o seu uso é ainda mais oportuno no momento, considerando o perfil geracional dos estudantes universitários e dos que estão por vir.

Portanto, o uso do celular em atividades acadêmicas na sala de aula tende a evitar o seu uso para outros fins que poderiam desviar a atenção dos alunos, além de ter potencial de contribuir com o processo de ensino-aprendizagem. Mas como utilizá-lo? Uma das possibilidades é por meio do uso de *Sistemas de Resposta de Audiência*.

3. Celular em sala? Uso de Sistemas de Resposta de Audiência

Os Sistemas de Resposta de Audiência (SRAs) são ferramentas tecnológicas que permitem ao docente realizar atividades de perguntas e respostas de forma prática e com maior envolvimento por parte dos estudantes. Há diversificados tipos de SRAs,[9,10] como os que funcionam com base em sinal infravermelho, em frequência de rádio e em internet. Aqui, trataremos deste último, em internet, por ser o mais moderno e prático.

Para que o SRA baseado em internet funcione apropriadamente, alguns recursos são necessários:

1. O docente deve providenciar um computador ligado a um projetor, no qual as questões e as respostas serão mostradas. O computador precisa ter acesso à internet, visto que o *website/software* do SRA deverá ser acessado.

2. É necessário assegurar que os estudantes tenham dispositivos móveis, como celulares e *tablets* com acesso à internet para responder às questões. Ressalta-se que modelos antigos de celulares podem ter problemas de compatibilidade com aplicativos e *softwares* de SRA, especialmente aqueles que permitem variados tipos de questões e que possuem *design* gráfico moderno. Por essa razão, recomenda-se o uso do modelo *smartphone*.

Uma vez providenciados os equipamentos, será possível realizar a atividade de perguntas e respostas com o SRA. O seu funcionamento consiste, essencialmente, de três passos. Primeiramente, o professor acessa o *website* do SRA e faz a exposição da questão por meio do projetor. Na sequência, os alunos refletem sobre a questão e respondem pelos seus dispositivos móveis, nos quais serão indicadas as alternativas de respostas. E, por fim, as respostas são automaticamente enviadas via internet ao *website/software* do SRA, que as tabula e fornece o *feedback* visual, geralmente na forma de histogramas, portanto sem identificar os discentes. Dessa forma, o docente pode verificar a compreensão dos alunos sobre os conteúdos ministrados em tempo real e, se necessário, refazer explicações, aprofundamentos ou realizar modificações no andamento da aula.[11] Para os alunos, esse *feedback* é importante porque permite verificar a sua *performance* a cada vez em que o SRA é utilizado e compará-la com a de seus colegas.[12]

Ressalta-se, mais uma vez, que o *feedback* visual permite que não haja a identificação individual das respostas dos alunos, resguardando o seu sigilo. Isso é crucial porque evita potenciais constrangimentos por parte de alunos que erraram as questões,[13] tornando-os mais propensos a responderem honestamente. Por fim, ressalta-se que o SRA é empregado com o intuito de motivar, encorajar maior aprendizagem ativa e ambiente dinâmico. Por isso, recomenda-se que o tempo fornecido aos estudantes para responder às questões não deve ser longo, devendo limitar-se a um minuto por questão.[14] Outras recomendações de elaboração de questões para uso conjunto com o SRA são fornecidas por Sullivan.[15]

Temos vários exemplos de SRAs que podem ser utilizados via *web* (Quadro 1).

Cada SRA tem características específicas de tipos de questões possíveis e de aplicação. O Poll Everywhere, por exemplo, permite incluir as perguntas diretamente nos *slides* da aula, assim, não é necessário sair da apresentação em PowerPoint® para disponibilizar perguntas e captar as respostas, tudo ocorre automaticamente durante a apresentação.

O Plickers pode ser uma alternativa para salas onde poucos estudantes têm acesso a celular e internet, pois permite que apenas o professor utilize o celular e os estudantes responderão às perguntas do *quiz* utilizando cartões impressos. As respostas são coletadas utilizando a câmera do celular do professor (fazendo a leitura dos cartões) e automaticamente o sistema sintetiza e apresenta os resultados.

Quadro 1. Exemplos de SRAs

Fornecedor/desenvolvedor	*Website*
ClickerSchool	www.clickerschool.com
Easy Polls	www.easypolls.net
GoSoapBox	www.gosoapbox.com
Kahoot!™	www.getkahoot.com
Mentirmeter AB	www.mentimeter.com
myVote	www.myvote.io
Nearpod	www.nearpod.com
Plickers	www.plickers.com
Poll Everywhere, Inc.	www.polleverywhere.com
Poll Maker	www.poll-maker.com
Socrative	www.socrative.com
Verso Learning	www.versoapp.com

Fonte: Adaptado de Nasu.[16]

Como podemos ver, há uma infinidade de opções e possibilidades em termos de SRA; assim, cabe ao docente analisar qual deles é o mais adequado de acordo com o seu objetivo educacional, conteúdo a ser trabalhado e estrutura disponível em sala de aula.

> *O docente deve analisar qual SRA é mais adequado de acordo com o seu objetivo educacional, conteúdo a ser trabalhado e estrutura disponível em sala de aula.*

Na próxima seção, vamos detalhar como utilizar o Kahoot!™. A escolha por esse SRA se deu por ele ser considerado de fácil utilização, disponibilizar uma versão gratuita e ter sido citado como preferido pelos discentes comparados a outros SRAs.[17]

3.1 Kahoot!™*

Um dos SRAs que têm sido usados por instrutores de diversas áreas do conhecimento e em diferentes níveis educacionais é o Kahoot!™. Essa tecnologia educacional apresenta *layout* chamativo por usar distintas cores, além de possuir recursos característicos de jogos – como o limite de tempo para responder às questões e a

---

* Os autores do capítulo agradecem a autorização do Kahoot! AS para divulgação das imagens do aplicativo.

atribuição de pontos –, encorajando uma competição saudável que pode colaborar para fomentar mais a atenção dos alunos acerca dos conteúdos sob questionamento. Na sequência, serão apresentadas as etapas para a sua aplicação.*

Primeiramente, o instrutor deve acessar o *website* do Kahoot!™ (www.kahoot.com) e fazer o seu registro (*sign up*). O *website* não apresenta versão em português. No entanto, os serviços de tradução dos navegadores de internet podem fornecer suporte nesse sentido, como o tradutor do navegador Google Chrome. A Figura 1 fornece a ilustração da tela inicial acessada por meio de um *notebook*.

> *Veja no blog do GEN Negócios e Gestão uma postagem dos autores sobre como usar o Kahoot!™ de forma síncrona e assíncrona. Lá, você encontrará um vídeo que também pode ajudá-lo na configuração da ferramenta (https://gennegociosegestao.com.br/como-usar-o-kahoot/).*

Após a realização do cadastro (*sign up*), o docente deve acessar (*login*) a conta criada. O Kahoot!™ possui três pacotes de assinatura: o Kahoot! Basic (versão gratuita), o Kahoot Pro e o Kahoot Premium. Estas duas últimas assinaturas têm custo e permitem o uso de recursos adicionais, como a cocriação e edição de conjunto de questões com professores e a visualização e compartilhamento de relatórios avançados. O docente deve avaliar o custo-benefício dos pacotes que melhor se ajusta às suas necessidades. Nesse capítulo, será demonstrada a versão gratuita.

Uma vez acessada a conta, o instrutor se depara com a tela da Figura 2. O nome do docente (Professor_Exemplo) e o seu usuário (Kahoot_Exemplo_01) da conta são retratados na parte superior esquerda da tela. Logo abaixo, é possível verificar quantos *quizzes*** (também denominados Kahoots) foram criados, o número de vezes que foram aplicados e o número total de jogadores/estudantes que responderam aos *quizzes*. No meio da tela estão as etapas já realizadas, quais sejam: criar conta (*Create account*), criar *quiz* (*Create quiz*) e hospedar um *quiz* (*Host game*). Na Figura 2, apenas a criação da conta foi realizada.

Ainda na Figura 2, existem quatro abas na barra superior. A aba "*Home*" indica a página inicial da conta do usuário. Na aba "*Discover*", é possível navegar pelos *quizzes* elaborados por outros instrutores e que estão disponíveis publicamente para qualquer um acessar e usar. Na aba "*Kahoots*" estão compreendidos os *quizzes* criados pelo usuário e, por fim, na aba "*Reports*" estão os relatórios dos *quizzes* já aplicados.

---

* As telas do Kahoot!™ aqui apresentadas podem sofrer alterações se considerarmos possíveis atualizações da plataforma, mas a essência de configuração e disponibilização das questões tem-se mantido a mesma.

** *Quiz* é um jogo de perguntas e respostas.

Fonte: Captura de tela no *website* do Kahoot!™ (www.kahoot.com).

Figura 1. Tela inicial do *website* do Kahoot!™

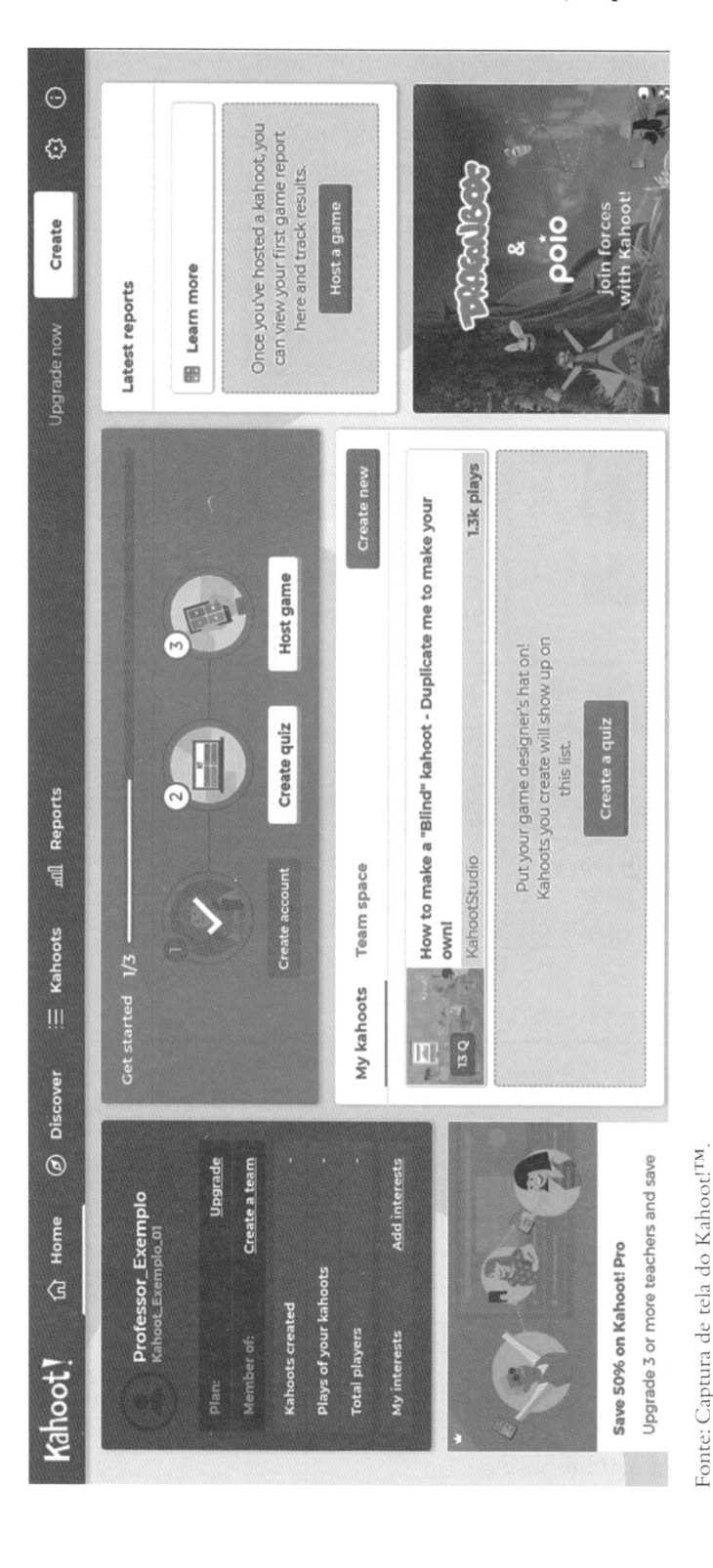

Figura 2. Tela inicial (*home*) da conta criada no sistema Kahoot!™

Fonte: Captura de tela do Kahoot!™.

Para criar um *quiz* a partir da tela inicial, o usuário deve clicar em "*Create quiz*" (especificamente para criar um *quiz*) ou "*Create new*" (para escolher um tipo de formato de perguntas e respostas). Clicando no "*Create new*", o usuário será redirecionado para uma nova tela, conforme ilustra a Figura 3.

Fonte: Captura da tela do Kahoot!™.

Figura 3. Tela de escolha do tipo de *quiz* a ser criado

Na tela, o Kahoot!™ permite criar um novo Kahoot! (clicando em "*New Kahoot*") e também tem alguns modelos (*templates*) que ilustram formas de utilização da ferramenta, como o uso para avaliação formativa, para integrar a turma e o professor ou introduzir um novo tópico. Esses modelos utilizam-se da mesma tela e mesma configuração, são apenas sugestões para que o docente possa pensar em formas de aplicar na sua disciplina.

Nós demonstraremos, aqui, a elaboração do "*Quiz*" ("*New Kahoot*"). Ao clicar no "*Create*" no "*New Kahoot*", o usuário será redirecionado para a tela de elaboração do *quiz*, retratada na Figura 4.

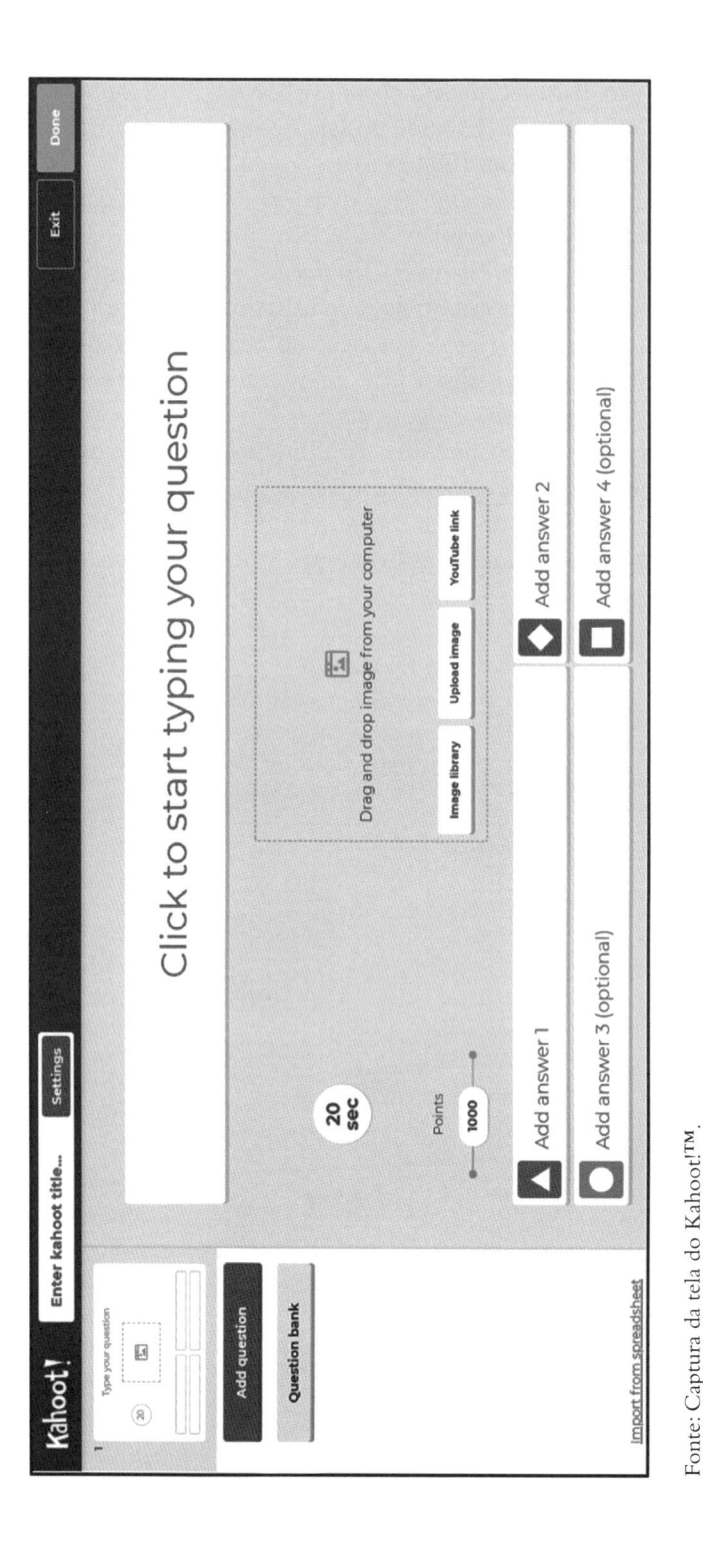

O Ensino e a Revolução Digital: o uso do celular em sala

Figura 4. Tela da elaboração do *quiz*

Fonte: Captura da tela do Kahoot!™.

Capítulo 9

Primeiramente, o docente deverá configurar esse Kahoot! (grupo de perguntas que utilizará em sala). Para isso, deverá clicar em "*Settings*" no topo da tela. Ao clicar, abrirá uma nova janela (Figura 5) onde poderá definir o título (*title*), uma descrição (*description*) entre outras opções (Figura 5).

O campo visibilidade (*Visibility*) tem duas opções, quais sejam: somente você (*Only you*); e todo mundo (*Everyone*). Na opção "*Only you*", o *quiz* só poderá ser visto pelo usuário que o criou. Na opção "*Everyone*", qualquer usuário do Kahoot!™ poderá encontrar e usar o *quiz* elaborado pelo usuário ao navegar pela aba "*Discover*".

Na linguagem (*language*), o professor deve colocar a língua em que o *quiz* está sendo desenvolvido. Como o Kahoot!™ é usado internacionalmente, a língua pode representar uma barreira ao uso de alguns *quizzes*. Por isso, é importante informar aos usuários e aos respondentes do *quiz* qual foi a língua empregada para desenvolvê-lo. Ainda, é possível realizar o *upload* de uma imagem para ilustrar a "capa" do *quiz* (*cover image*). Sugere-se a inserção de uma imagem que tenha relação com o conteúdo do *quiz*. Ao terminar de preencher esses campos, o docente deve clicar em "*Done*".

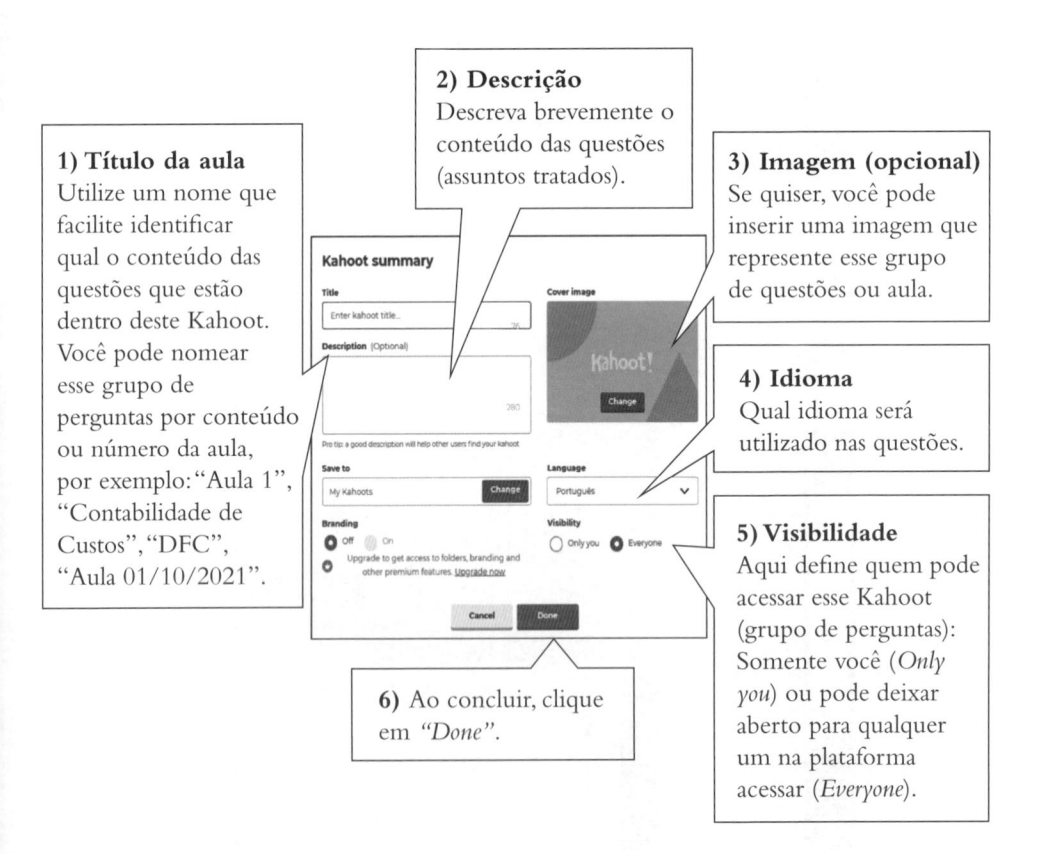

1) Título da aula
Utilize um nome que facilite identificar qual o conteúdo das questões que estão dentro deste Kahoot. Você pode nomear esse grupo de perguntas por conteúdo ou número da aula, por exemplo: "Aula 1", "Contabilidade de Custos", "DFC", "Aula 01/10/2021".

2) Descrição
Descreva brevemente o conteúdo das questões (assuntos tratados).

3) Imagem (opcional)
Se quiser, você pode inserir uma imagem que represente esse grupo de questões ou aula.

4) Idioma
Qual idioma será utilizado nas questões.

5) Visibilidade
Aqui define quem pode acessar esse Kahoot (grupo de perguntas): Somente você (*Only you*) ou pode deixar aberto para qualquer um na plataforma acessar (*Everyone*).

6) Ao concluir, clique em "*Done*".

Fonte: Captura da tela do Kahoot!™.

Figura 5. Tela da configuração do *quiz*

Na sequência, volta-se para a tela de elaboração do *quiz* (Figura 6). Por padrão, o sistema já deixa a primeira pergunta aberta e pronta para ser preenchida, ao concluir basta clicar em "*Add question*" e incluir uma nova questão. Devem ser incluídas novas questões até que o docente atinja o número desejado.

Dica: Não existe uma quantidade ideal de questões, essa decisão dependerá do conteúdo a ser trabalhado, do tempo disponível em sala etc. Pela experiência de uso dos autores deste capítulo, sugere-se em torno de sete questões, o tempo utilizado é suficiente para criar uma competição saudável, que não seja nem cansativa nem muito breve. Sugere-se também começar por questões de nível fácil e depois ir aumentando a dificuldade.

Voltando na tela padrão (após clicar em "*Done*"), no canto esquerdo será possível visualizar a coluna onde ficam as questões (ali você poderá adicionar novas questões manualmente no item "*Add question*" ou procurar no banco de questões do Kahoot!™ clicando em "*Question bank*"). No final, ainda há a possibilidade de importar as questões todas de uma planilha em "*Import from spreadsheet*" (você precisa primeiro fazer *download* do *template* padrão – disponível quando clica nessa opção –, preencher e depois importar). Aqui demonstraremos a forma manual de inclusão das questões, que é a mais tradicionalmente utilizada.

Para elaborar cada questão, teremos que preparar uma pergunta e duas (V ou F) ou quatro alternativas de resposta. Na questão, o docente deve inserir o enunciado da questão (Passo 1 na Figura 7), com a limitação de 120 caracteres. Portanto, o desafio é desenvolver enunciados concisos e simples, sem que resulte em sentido dúbio, que falte informação ou que ocasione confusão nos respondentes. Também deverá estabelecer o limite de tempo (*time limit*) que os estudantes terão para responder à questão. O máximo de tempo permitido pelo Kahoot!™ é de 240 segundos.

Cada alternativa de resposta tem um limite de 75 caracteres. Por essa razão, há o desafio de elaborar respostas objetivas. Assim como no enunciado, as palavras das alternativas podem ser escritas em negrito e itálico, bem como possuir letras e números sobrescritos e subscritos. Além disso, é possível inserir caracteres especiais, como símbolos. No lado direito de cada alternativa, há um círculo com um "v" dentro (símbolo de correto). Se acionado, esse detalhe indica que a questão é correta. É possível marcar o "v" em mais de uma alternativa (e até em todas, se for o caso).

Capítulo 9

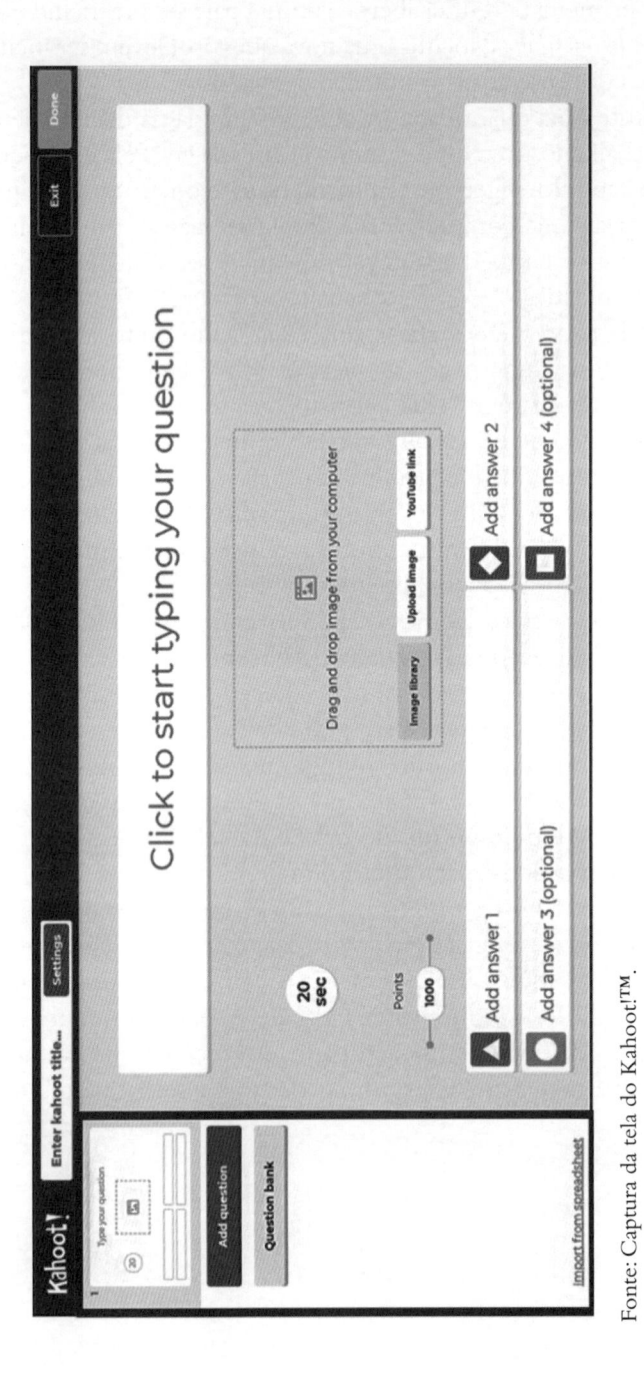

Figura 6. Tela da elaboração do *quiz*

Fonte: Captura da tela do Kahoot!™.

O docente deve também decidir se a questão valerá pontos ou não (Passo 3 da Figura 7). O sistema de atribuição de pontos do Kahoot!™ (durante o jogo) leva em consideração dois critérios: (i) se a resposta está correta; e (ii) o tempo que o estudante demorou para fornecer a resposta. Dessa forma, quanto mais rápido e correto os alunos responderem às questões, mais pontos são atribuídos a eles. A pontuação para cada questão pode variar de 0 a 2.000 pontos, e o total de pontos acumulados pelo respondente dependerá do número de questões do *quiz*.

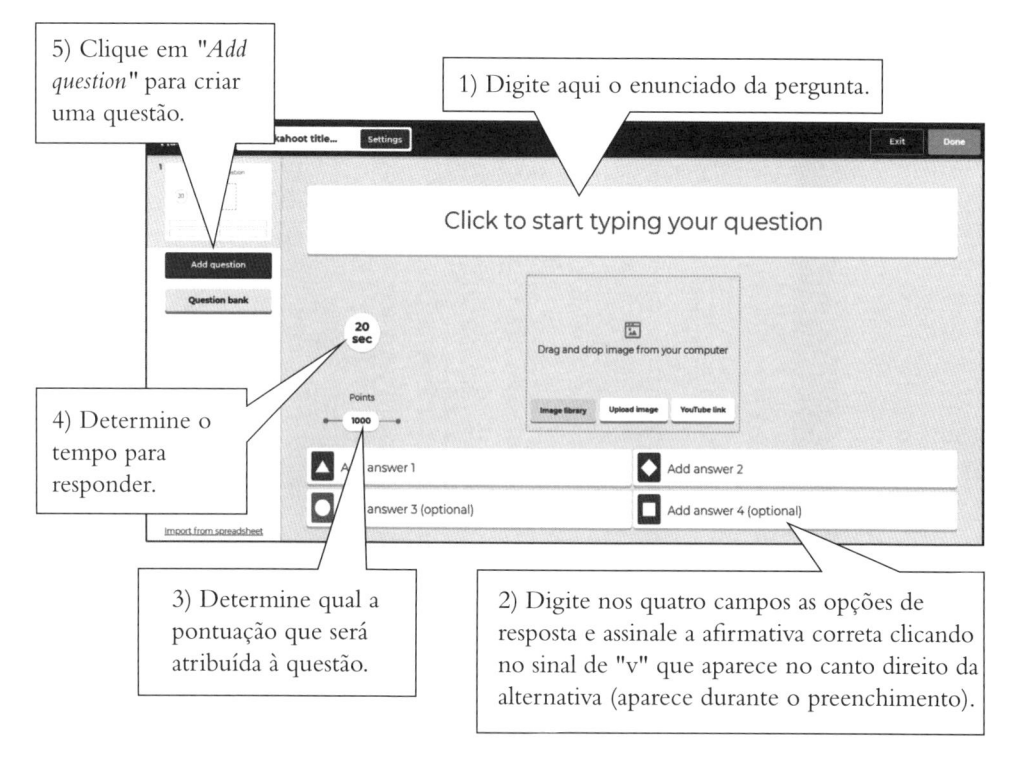

5) Clique em "*Add question*" para criar uma questão.

1) Digite aqui o enunciado da pergunta.

4) Determine o tempo para responder.

3) Determine qual a pontuação que será atribuída à questão.

2) Digite nos quatro campos as opções de resposta e assinale a afirmativa correta clicando no sinal de "v" que aparece no canto direito da alternativa (aparece durante o preenchimento).

Fonte: Captura da tela do Kahoot!™.

Figura 7. Tela da configuração da pergunta

O *upload* de imagens e vídeos também é possível. O seu uso é especialmente recomendado quando vem a complementar o enunciado da questão. Na Figura 8, por exemplo, a imagem inserida contém dados de receita (vendas) e despesas da Empresa A e a descrição do enunciado solicita que os alunos calculem o lucro da empresa. Os docentes podem usar desse artifício para reduzir potenciais problemas com a limitação de caracteres do enunciado ou *layout* de apresentação da pergunta.

Capítulo 9

Figura 8. Exemplo de questão com inclusão de arquivo de imagem com texto

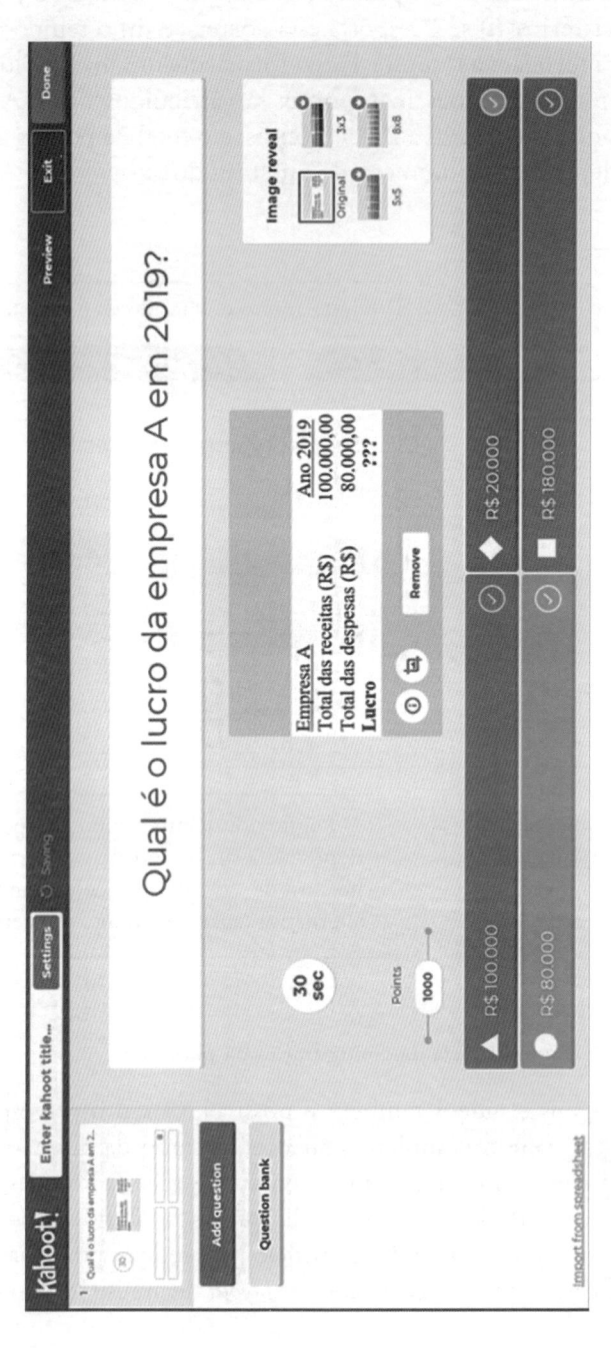

Fonte: Captura da tela do Kahoot!™.

Dica: antes de projetar as questões no dia da aula, sugere-se fazer um teste utilizando o projetor em sala, pois muitas vezes, mesmo ficando dentro do limite de caracteres disponível pelo sistema, pode acontecer dos textos ficarem maiores que os campos de respostas, atrapalhando a visualização. Isso pode ocorrer por configurações de tamanho diferentes entre o projetor, o computador e *site*.

Ao terminar de preencher a primeira questão, basta clicar em "*Add question*" para poder incluir a próxima. Ao clicar em "*Add question*" (Figura 9) o Kahoot!™ fornecerá seis tipos de questões (apenas duas são disponíveis para a versão gratuita – *quiz* e verdadeiro ou falso). Assim, você pode incluir uma nova questão com quatro opções de resposta (*quiz*), ou então uma questão onde os estudantes respondam indicando Verdadeiro (*True*) ou Falso (*False*) para a afirmativa. O preenchimento da nova questão segue o procedimento já explicado anteriormente (Figura 7).

Depois de elaborar todas as questões, salva-se o *quiz* clicando em "*Done*" no canto superior direito da tela (Figura 10). Esse comando encerrará a elaboração do grupo de perguntas, permitindo assim que fique salvo na plataforma para acessar durante a aula.

Após o *quiz* pronto, ele poderá ser encontrado na aba "*Kahoots*" da tela inicial (Figura 2). Uma vez finalizada elaboração do *quiz*, parte-se para a sua aplicação (clicar em "*Play*"). A Figura 11 mostra a tela da aplicação do *quiz* (a tela da esquerda demonstra como ficará a projeção na sala de aula e o celular à direita demonstra como o estudante visualizará em seu *smartphone*). Dessa forma, o professor deve estabelecer as opções de jogo do *quiz* (*game options*), como pontuação bônus, randomização das questões, randomização das alternativas e assim por diante. E, além disso, escolher se os alunos responderão individualmente (modo clássico – *classic*) ou em grupo (modo grupo – *team mode*). Neste exemplo, demonstraremos a opção clássica (cada estudante respondendo em seu celular).

Fonte: Captura da tela do Kahoot!™.

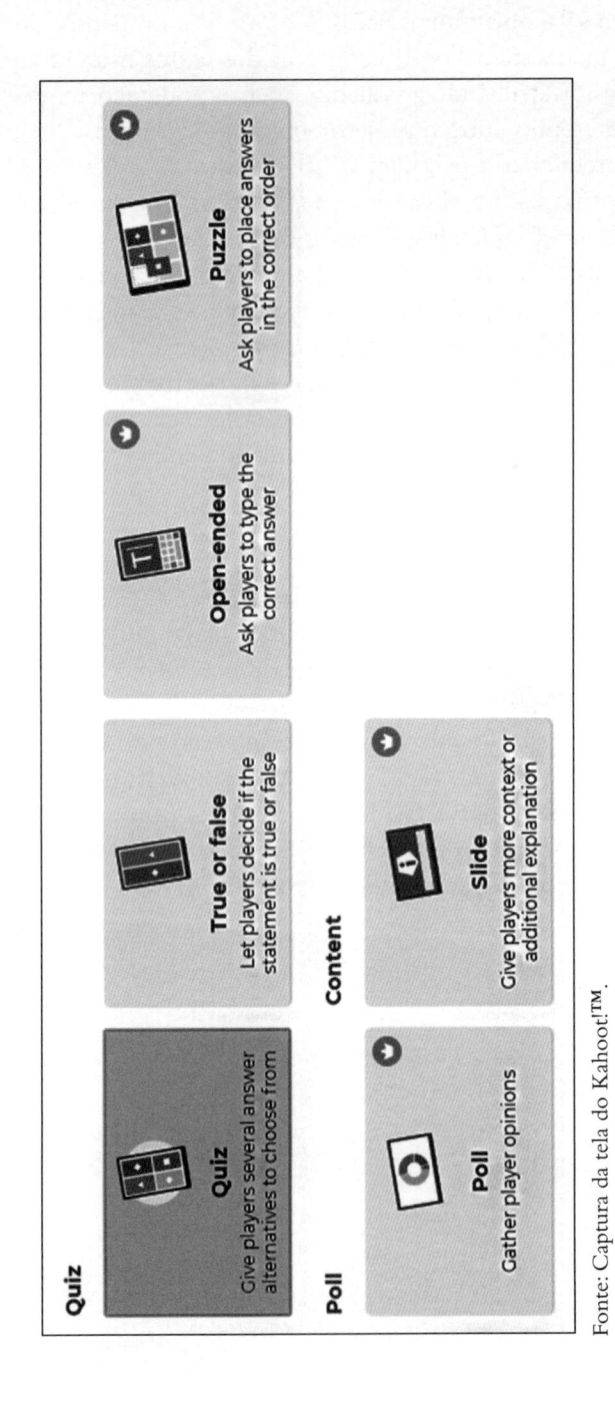

Figura 9. Tela com opções para inclusão de pergunta

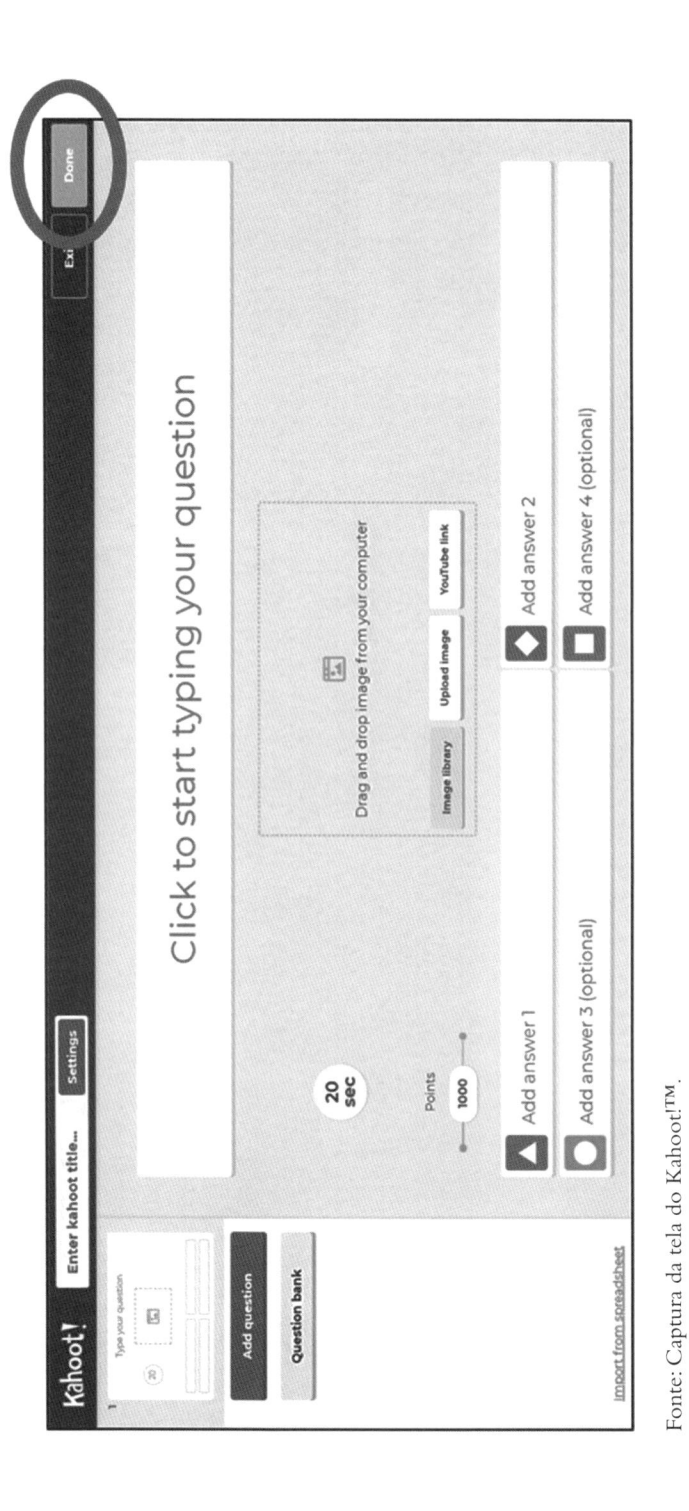

Figura 10. Finalizando e salvando o *quiz*

Fonte: Captura da tela do Kahoot!™.

Fonte: Capturas de telas do Kahoot!™.

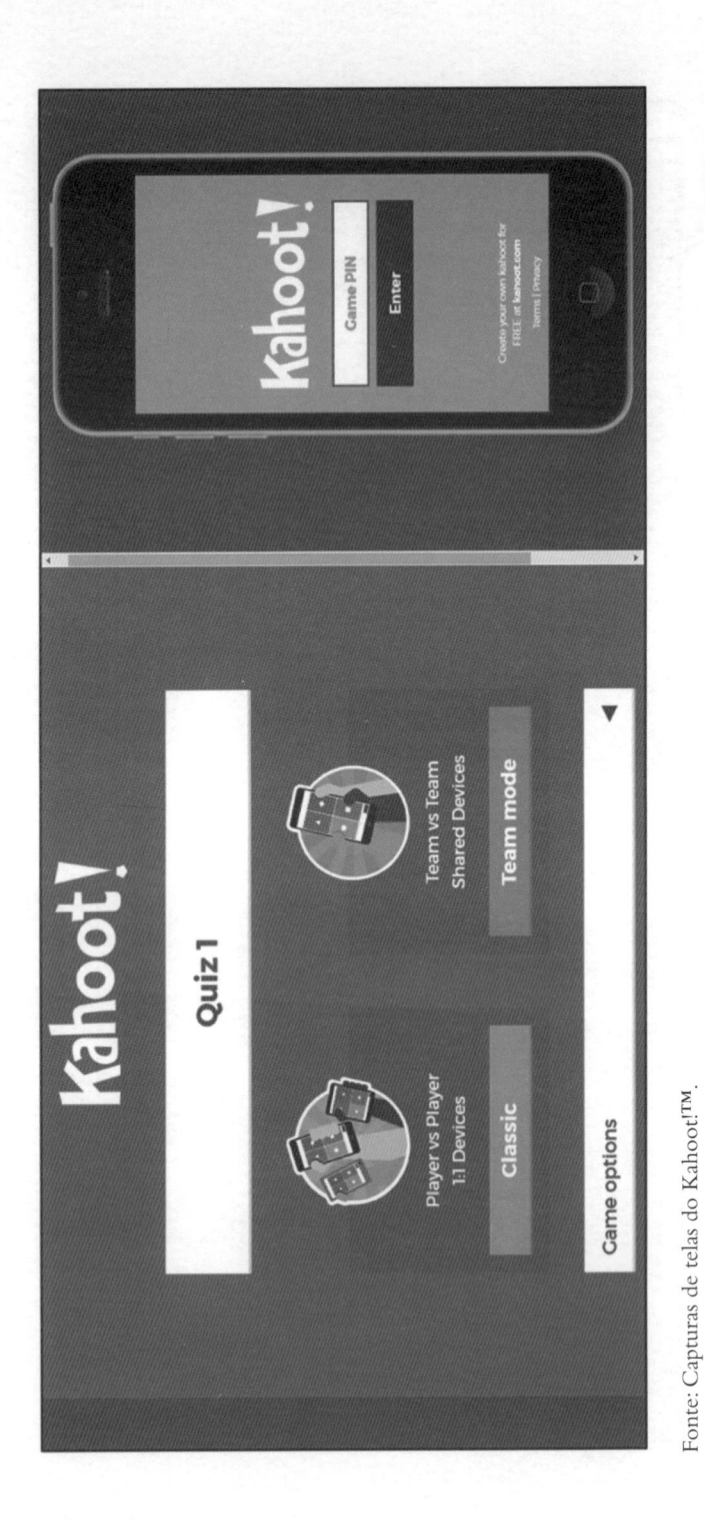

Figura 11. Tela de aplicação do *quiz* no *notebook* e no celular

Enquanto o professor define as opções e o modo de jogo, os alunos precisam acessar o *website* **www.kahoot.it** por meio de seus dispositivos móveis, como celulares, *tablets* ou *notebooks*. Ou, em vez de acessar o endereço eletrônico, podem fazer o *download* do aplicativo do Kahoot!™. O aplicativo está disponível para os sistemas Android e iOS. Na Figura 11, tem-se um exemplo da tela de um celular que será usado por um estudante para responder às questões. É importante lembrar, novamente, que tanto o dispositivo do professor – que no caso é um *notebook* – quanto o dos alunos – que no caso é um celular – precisam estar conectados à internet. Se o acesso à internet dos dispositivos dos estudantes estiver falhando durante a atividade de *quiz*, os alunos serão automaticamente desconectados do Kahoot!™ e deverão reingressar no *quiz*. Isso pode ocasionar atrasos na aula. Por isso, a conexão à internet é um ponto crucial do uso do Kahoot!™ e deve ser considerado desde o planejamento da aula em que será utilizado.

Após clicar no modo clássico (*classic*), o Kahoot!™ gerará um código PIN. Os alunos deverão inserir esse código em seus celulares para acessar o *quiz*, conforme imagem do celular da Figura 12. Cada *quiz* possui o seu próprio código PIN.

Posteriormente à inserção do código PIN, os dispositivos móveis vão requerer o nome dos alunos (*nickname*), ou outra descrição que os represente, como o número de matrícula. Sugere-se que o professor fique atento a esta etapa, já que os alunos podem colocar nomes diversos, inclusive de políticos, de jogadores de futebol, de artistas de novela, de personagens de quadrinhos, e assim por diante. Por isso, é importante que o professor forneça direcionamentos aos estudantes de como o campo "*nickname*" deverá ser preenchido, pois essa informação poderá ser necessária para controle de participação dos discentes na atividade ou atribuição de notas, por exemplo. Após a inserção dos nomes dos discentes, o docente deve clicar em começar (*start*) para iniciar o *quiz*.

Dica: caso ocorra a inclusão de nomes considerados inadequados pelo docente, ele poderá clicar sobre o nome na tela inicial e excluir o participante do jogo, forçando-o a entrar novamente com um novo nome.

Fonte: Capturas de telas do Kahoot!™.

Figura 12. Tela de aplicação do PIN no *nootbook* e no celular

A Figura 13 retrata a tela da pergunta que está sendo questionada. À esquerda, tem-se a tela do *notebook* do professor (projeção no *data-show*) e, à direita, a do celular de um aluno. Na tela do *notebook*, o enunciado da questão está em cima e, logo abaixo, a imagem com os dados da Empresa A. Ao lado esquerdo da imagem, aparece a quantidade de segundos que faltam para encerrar a questão. No caso, faltam 20 segundos. Se o aluno não responder dentro desse tempo, a ausência de resposta é considerada incorreta. Ao lado direito da imagem aparece a quantidade de respostas. No caso, zero estudantes responderam à pergunta. Na parte inferior, estão as alternativas.

Na tela do celular dos estudantes, estão as alternativas. Para responder, o aluno deve tocar a alternativa na tela do seu celular. Cada alternativa possui uma cor e uma forma geométrica distinta da outra. Essas formas geométricas auxiliam aqueles estudantes que possuem daltonismo e/ou que possuem dificuldade na diferenciação das alternativas pela cor.

No canto superior esquerdo da tela do celular, aparece o código PIN. No canto superior direito, aparece o número da questão em relação ao total de questões do *quiz*. No caso (*1 of 1*), pois o *quiz* possui apenas uma questão. No canto inferior esquerdo, é mostrado o *nickname* do respondente e, no direito, a sua pontuação no *quiz*.

Após todos os alunos responderem à questão ou depois do término do tempo, o Kahoot!™ mostra imediatamente o *feedback*, na forma de um histograma. A Figura 14 ilustra esse *feedback*, identificando que a resposta correta era R$ 20.000,00 e que um estudante assinalou essa alternativa. O histograma é importante porque permite ao docente verificar a compreensão da classe no que concerne ao conteúdo que está sendo ministrado. É um diagnóstico que indica se a turma necessita de maiores explicações ou se o conteúdo foi compreendido. É importante lembrar que o *notebook* deve estar conectado a um projetor. Assim, todos os estudantes podem ver o desempenho da sala nas questões.

Na tela do celular, aparece se o aluno respondeu corretamente ou não e quantos pontos foram obtidos. No exemplo da Figura 14, o aluno respondeu corretamente, ganhando 610 pontos.

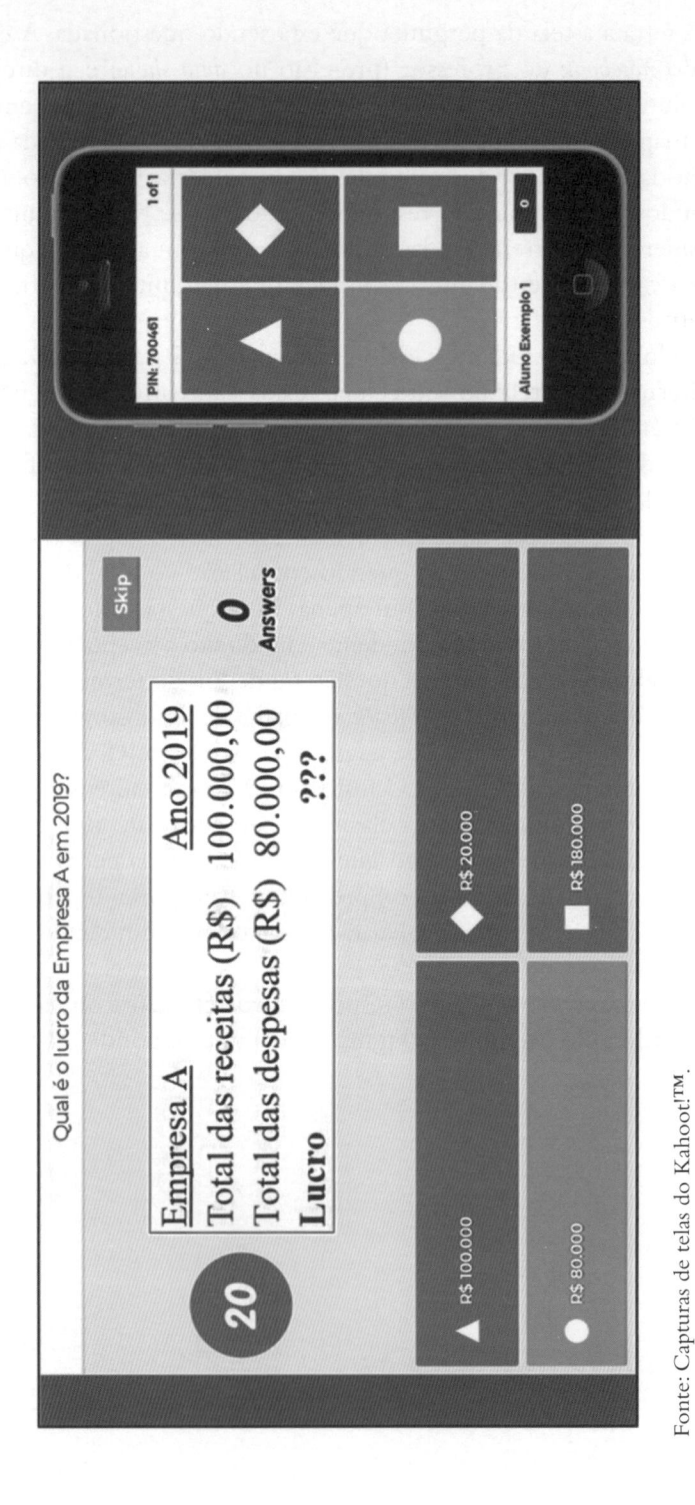

Figura 13. Tela de uma questão no *notebook* e no celular

Fonte: Capturas de telas do Kahoot!™.

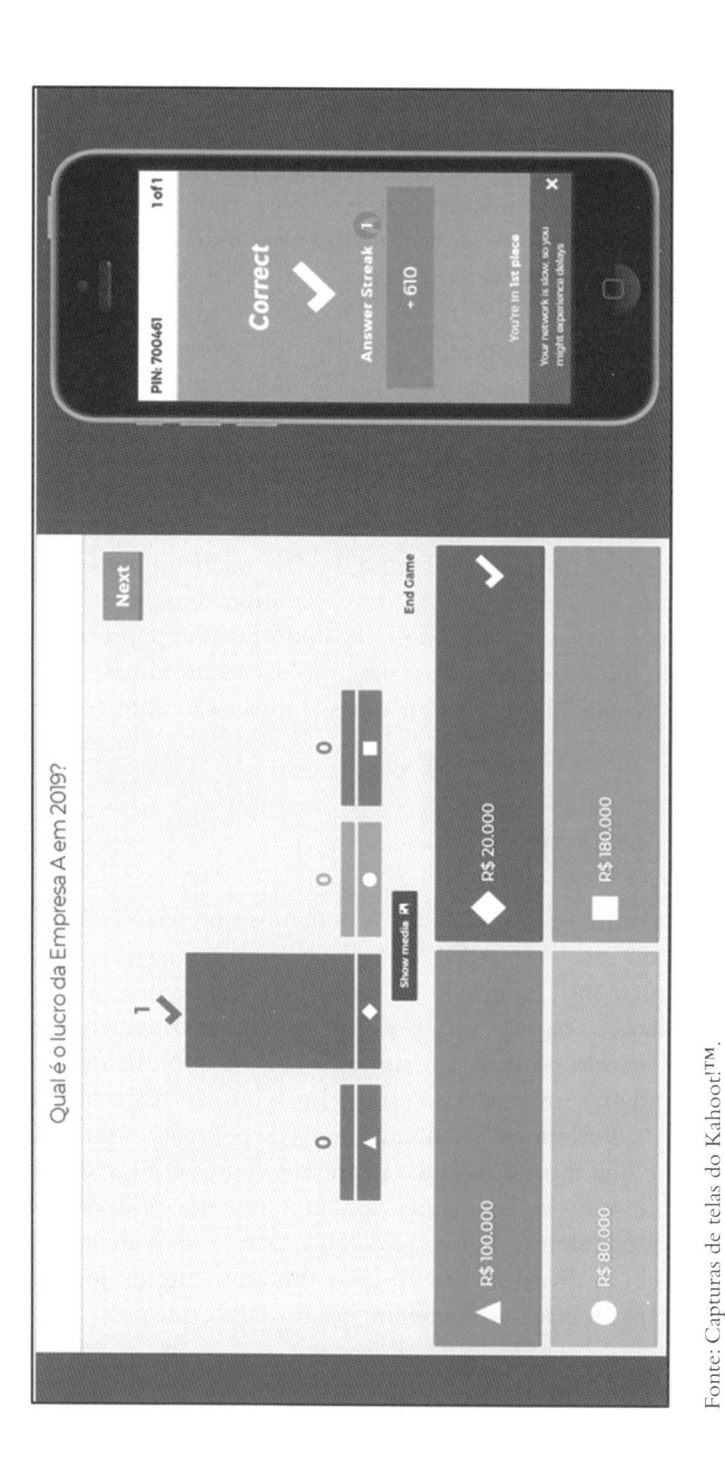

O Ensino e a Revolução Digital: o uso do celular em sala

Figura 14. Tela do *feedback* no *notebook* e no celular

Fonte: Capturas de telas do Kahoot!™.

Esse conjunto de etapas, que inclui a de exposição da questão, as respostas dos alunos e o fornecimento de *feedback*, configura um ciclo que se repete até o término das questões do *quiz*. Lembramos que o uso do Kahoot!™ requer bastante cuidado e planejamento, além de representar um momento importante para a aprendizagem dos estudantes, principalmente no fornecimento do *feedback* e na discussão das respostas. Mais do que mostrar a resposta correta, é importante explicá-la e entender o motivo pelo qual os alunos terem respondido da forma como responderam. Ou seja, é preciso aproveitar os erros cometidos como uma oportunidade para rever os conceitos.

Ao final de cada questão respondida, o Kahoot!™ apresenta os cinco primeiros colocados no *ranking* de pontuação até aquele momento, o que estimula a competição saudável entre os discentes, já que o *score* é atualizado a cada nova questão. Ao final da última questão, demonstra-se o *ranking* final, evidenciando quem foram os cinco melhores colocados.

Finalmente, há o relatório do *quiz* que pode ser encontrado na aba "*reports*" da página inicial da conta do usuário (Figura 2). Esse relatório contém informações detalhadas e gerais do *quiz* aplicado, como o tempo de resposta de cada aluno para cada questão e o desempenho de cada aluno por questão e ao final do *quiz*. O professor pode usar esses relatórios para moldar as próximas aulas e conduzir diversas análises. Por exemplo, verificar quais alunos estão com maior dificuldade de aprendizagem.

4. Considerações finais

Após alguns anos utilizando o Kahoot!™, podemos sintetizar alguns pontos positivos e negativos do uso.

Alguns dos benefícios[18] do uso do Kahoot!™ em sala de aula são: (i) anonimato; (ii) aumento da atenção na aula; (iii) divertimento; (iv) envolvimento/participação; e (v) quebra (no sentido positivo) no ritmo da aula. O anonimato permite que os estudantes respondam sem medo de errar, visto que não serão identificados. Na modalidade de *quiz* do Kahoot!™, há um sistema de pontuação que gera uma competição saudável e que mostra os cinco primeiros alunos com maior desempenho nas questões. A atenção dos estudantes também aumenta, pois, como eles sabem que serão testados em algum momento da aula, ficarão mais atentos ao conteúdo. O SRA gera também divertimento ao criar um ambiente de jogo e ao mesmo tempo aumenta a participação e envolvimento do aluno, que passa a atuar de forma ativa na aula.

Uma das vantagens observada também é a "quebra" que o jogo permite em determinadas aulas. Muitas vezes, o estudante vai à Universidade após um dia inteiro de atividades (trabalho, estágio, entre outros) e chega cansado à aula. Quando começa-se a expor algum conteúdo, cinco minutos podem ser suficientes para começar a ativar o modo "sono" do estudante. Jogos como o Kahoot!™ despertam o interesse da turma, pois o discente passa a ficar mais ativo na aula, respondendo a questões, analisando o que errou/acertou, competindo com os colegas etc. Após a aplicação do *game*, notamos sempre que a turma parece estar mais ativa do que antes do uso.

Isso não significa que o jogo sempre deve ser incluído no meio da aula, ele pode ser utilizado no começo, para revisar conteúdos das aulas anteriores, ou até mesmo no final, para fazer uma revisão/fechamento do assunto tratado naquela aula.

Alguns desafios[19] em relação ao uso do SRA envolvem: (i) estrutura; (ii) custo; (iii) trapaça; e (iv) tempo disponível do docente para elaboração do *quiz*. A estrutura da sala de aula (disponibilidade de *wi-fi*, computador, projetor etc.) é uma barreira inicial para uso do Kahoot!™; sem esses ferramentais básicos, o uso é impeditivo. O custo de aquisição de *smartphones* também deve ser levado em conta, pois parte dos discentes pode não ter acesso a esse tipo de recurso. É importante frisar que, embora alguns discentes possam não ter dispositivos móveis (celular, *notebook*, *tablet* etc.), é possível usar o Kahoot!™ junto com os alunos que têm esses dispositivos. Assim não haverá prejuízo na aprendizagem, uma vez que a questão, as possibilidades de resposta e a correção ocorrem para toda a turma.

A trapaça pode ocorrer quando os discentes compartilham as respostas, ocultando o verdadeiro resultado sobre o domínio de conteúdo da turma. Outro ponto a ser considerado é o tempo que deve ser investido pelo docente para elaboração do *quiz*, pois como todo aprendizado, as primeiras vezes demandarão maior dedicação de tempo, diminuindo esse desgaste com o aumento da aprendizagem da ferramenta, mas ainda assim exigirá uma dedicação prévia à aula para elaboração das questões.

É oportuno colocar que o Kahoot!™ não precisa necessariamente ser usado em todas as aulas, embora seja possível fazê-lo. O docente deve avaliar a frequência de utilização do recurso para que ele seja incorporado às aulas de forma efetiva e não resulte em perda de conteúdo em virtude do tempo gasto com a atividade de *quiz*. Por isso, o surgimento de problemas técnicos, como o acesso à internet, precisa ser considerado no desenho das aulas. De resto, é aproveitar os benefícios da tecnologia para compartilhar conhecimento e, até mesmo, se divertir.

10 A estória do assabí: atividade vivencial em equipe

SOLANGE GARCIA
IAN THOMSON
ADRIANA MARIA PROCÓPIO DE ARAUJO
LUIZ ANTONIO TITTON

> *To learn from their experience, teams must create a conversational space where members can reflect on and talk about their experience together.* ★
>
> Kayes, Kayes e Kolb[1]

★ Tradução: Para aprenderem a partir de sua experiência, as equipes devem criar um espaço de conversação onde os membros possam juntos refletir e conversar sobre sua experiência.

Capítulo 10

1. Introdução

Este capítulo apresenta um caso de ensino para aprendizagem de conceitos de sustentabilidade em decisões de negócios. O problema a ser resolvido é a decisão de exportar a polpa congelada da fruta assabí,* proveniente da floresta amazônica no Brasil, para uma grande rede de supermercados do Reino Unido. A resolução do problema será realizada por meio de uma atividade vivencial em equipe que consiste na simulação de um processo de decisão multicritério com múltiplos *stakeholders*. Na atividade, os estudantes devem representar o papel dos *stakeholders* e atuar de acordo com suas preferências. No caso, são definidos os interesses dos *stakeholders*, as alternativas para a negociação a partir da combinação de técnicas de manejo florestal com a aplicação de diferentes níveis de tecnologia, bem como indicadores que demonstram o desempenho econômico-financeiro e os impactos sociais e ambientais que serão gerados pela implantação de cada alternativa. A estruturação da atividade tem como base os fundamentos da Teoria de Aprendizado Vivencial (*Experiential Learning Theory* – ELT) e do aprendizado em equipe com elementos qualitativos da metodologia Multicritério de Apoio à Decisão (*Multiple Criteria Decision Aid* – MCDA). A atividade tem o potencial de oferecer uma contribuição prática e complementar no processo de ensino e aprendizagem em diversas disciplinas nos cursos de Administração, Ciências Contábeis e Economia.

A aplicação deste caso de ensino tem como objetivo ampliar os conhecimentos e habilidades dos alunos em processos de decisão de negócios no contexto da sustentabilidade, especialmente para capacitá-los a lidar com sistemas de informações gerenciais mais abrangentes, que incluem variáveis sociais e ambientais, além das econômicas e financeiras. A complexidade trazida pela consideração de aspectos sociais e ambientais nas decisões de negócios é caracterizada pela incerteza e ausência de controle imediato sobre consequências que podem afetar o meio ambiente e a sociedade ao longo do tempo. Também é caracterizada pela multiplicidade de objetivos e da possibilidade de compensações (*trade-offs*) entre eles e pelas múltiplas alternativas de solução e múltiplos *stakeholders* que são envolvidos e afetados de forma diferenciada pelas decisões.[2] Assim, o aprendizado de conceitos de sustentabilidade nas decisões de negócio requer conhecimentos multidisciplinares, bem como habilidades e atitudes voltadas para a administração de conflitos, para o diálogo e para o comportamento colaborativo.[3]

A partir de informações reais, foi criada uma estória envolvendo três principais personagens institucionais denominados *stakeholders*: (a) uma rede de supermercados no Reino Unido (Supermercado), com base em informações publicadas pelo Sainsbury's,[4] Fairtrade Foundation,[5] Sambazon[6] e Sublime Food;[7] (b) uma comunidade

---

* Trata-se de uma fruta fictícia.

na floresta amazônica (Comunidade) que vive de colheita e processamento do assabí, com base em notícias,[8] artigos[9] e dados sobre a colheita e o processamento da fruta açaí divulgados pelo SEBRAE[10] e EMBRAPA;[11] e (c) um banco (Banco) que dará suporte financeiro para a realização do projeto de ampliação da produção do assabí, com base em normas, relatórios e políticas de desenvolvimento regional divulgados pelo Banco do Brasil,[12] Banco da Amazônia[13] e Semas.[14]

O cenário da decisão é a sede do Banco, onde os estudantes devem participar como representantes dos grupos de *stakeholders*, assumindo funções gerenciais bem definidas no contexto da estória. A dinâmica do processo decisório segue os estágios de aprendizado de Kolb,[15] que são "experiência concreta"; "observação reflexiva"; "generalização abstrata" e "experimentação ativa". Os elementos da decisão são organizados usando uma abordagem multicritério qualitativa, na qual são descritas as alternativas de decisão, são mensurados diversos indicadores (critérios) representando os impactos de cada alternativa e os grupos devem definir suas preferências em relação aos critérios. O processo de aprendizado ocorre pela repetição dos estágios em várias iterações. A cada iteração os estudantes recebem informações mais detalhadas e exercitam o diálogo, a reflexão, o compartilhamento, a análise e a decisão em grupo.

O capítulo está organizado em cinco seções depois desta introdução: na seção 2, são discutidos alguns fundamentos teóricos utilizados para construir a atividade; na seção 3, é apresentado o caso de ensino, referenciado como "A Estória do Assabí"; na seção 4, estão as etapas e a indicação de recursos para auxiliar os instrutores na aplicação da atividade em sala de aula; na seção 5, são apresentadas as conclusões e recomendações. Ao final do capítulo, há um conjunto de apêndices que contêm o material que deve ser disponibilizado aos alunos durante a aplicação da atividade.

2. Fundamentos teóricos da atividade

A *Experiential Learning Theory* (ELT) enfatiza o papel central da experiência no processo de aprendizado. Nessa Teoria, o aprendizado é a criação de conhecimento que resulta da combinação do entendimento e da transformação de uma experiência.[16] O entendimento (*grasping* em inglês) ocorre por meio da exposição a uma experiência concreta, a qual apresenta elementos tangíveis de dada realidade, bem como pelo exercício do raciocínio lógico e sistemático sobre esses elementos. A transformação ocorre mediante a observação e a reflexão sobre a experiência e pela sua aplicação em um contexto prático, real ou fictício. Os elementos do ciclo de aprendizado vivencial em

> *De acordo com a ELT, o aprendizado é a criação de conhecimento que resulta da combinação do entendimento e da transformação de uma experiência.*

quatro estágios são apresentados na Figura 1. A experiência concreta é a base para a observação e reflexão, as quais são assimiladas pela racionalização, proporcionando assim conceitos abstratos a partir dos quais são delineados elementos para a ação e para novas experiências.[17]

O aprendizado em equipe é a habilidade dos membros individuais de uma equipe de aprender competências relativas ao trabalho em grupo, bem como a capacidade da equipe como um todo de se auto-organizar e administrar seu próprio processo de desenvolvimento.[18] A ELT fornece uma estrutura que permite entender e gerenciar a forma como as equipes aprendem a partir da experiência e as equipes podem alcançar alto desempenho quando: (a) possuem espaço para a conversação reflexiva; (b) compartilham liderança e papéis; e (c) seguem o ciclo de aprendizado vivencial de Kolb.[19]

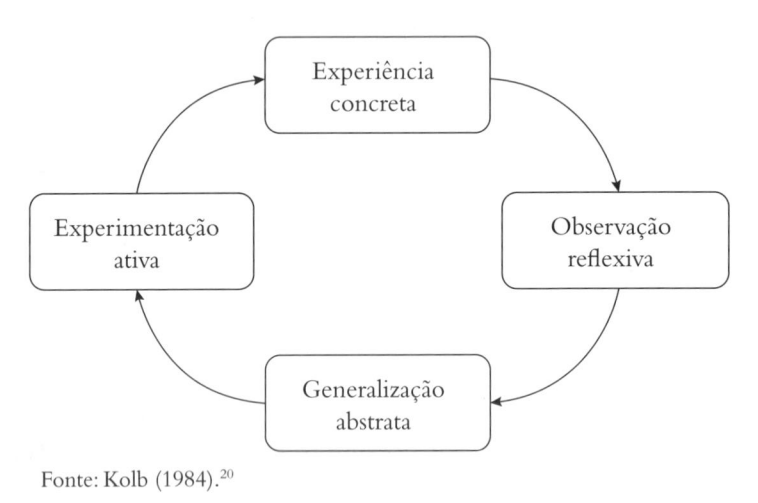

Fonte: Kolb (1984).[20]

Figura 1. Ciclo de aprendizado de Kolb

As metodologias multicritério são estratégias para resolução de problemas que auxiliam a estruturação de objetivos, critérios e preferências dos tomadores de decisão, fornecendo elementos para uma representação abstrata da realidade. Em termos técnicos, o termo *MCDA* abrange um conjunto de ferramentas quantitativas para tratamento simultâneo de diversos objetivos e critérios em um processo de tomada de decisão,[21] buscando encontrar a melhor solução com o auxílio de índices que são calculados a partir das preferências definidas pelos tomadores de decisão em relação aos critérios, geralmente em termos percentuais. Contudo, nesta atividade não será utilizada a abordagem quantitativa, apenas os procedimentos de estruturação dos elementos da decisão. Esses procedimentos consistem em:

1. identificar alternativas de solução para um problema;
2. escolher critérios (indicadores) relevantes do ponto de vista de todos os envolvidos na decisão;

3. medir o valor dos critérios para cada uma das alternativas identificadas; os tomadores de decisão não escolhem diretamente uma das alternativas, eles discutirão a relevância dos critérios (indicadores) e refletirão sobre as consequências se as alternativas forem adotadas, o que possibilita a criação de soluções de maneira participativa.

A atividade vivencial proposta neste trabalho consiste na simulação de um processo decisório, cujas etapas são estruturadas a partir da integração da abordagem experiencial de aprendizagem em equipe com a estratégia multicritério para a solução de problemas. Essa integração combina as características analíticas da ferramenta multicritério com as etapas do ciclo de aprendizagem de Kolb, possibilitando da seguinte maneira uma forma de conversação mais estruturada durante o processo de aprendizado:

1. a estória criada é um contexto de decisão que representa uma experiência concreta;
2. a discussão e o compartilhamento de experiências e conhecimentos correspondem à observação reflexiva;
3. a utilização de uma ferramenta multicritério possibilita interpretações analíticas e generalizações abstratas;
4. a tomada de decisão e a reflexão sobre as reações e implicações dos resultados da decisão correspondem à experimentação ativa.

3. A estória do assabí*

O Supermercado é a terceira maior rede do Reino Unido. Com faturamento de 24 bilhões de libras, possui 2.000 fornecedores de alimentos em 55 países, 1.300 supermercados e lojas de conveniência e emprega 161 mil funcionários. O Supermercado adota um modelo de negócios com base nos princípios de desenvolvimento sustentável e inclui em suas estratégias compromissos com a sustentabilidade de sua cadeia de suprimentos. Estabelece metas relacionadas a políticas de preço justo e tem trabalhado há algum tempo em conjunto com a Certificadora.

A Certificadora é um movimento global que tem como objetivo assegurar um preço justo para produtos oriundos de pequenos produtores marginalizados em países em desenvolvimento ou em regiões menos favorecidas economicamente. Os produtores recebem um preço mínimo que cobre o seu custo de produção e um prêmio extra sobre as receitas de vendas para investimento em sua infraestrutura.

---

* Esta estória foi criada durante a pesquisa de Pós-Doutorado da autora Solange Garcia com a supervisão do Professor Ian Thomson, no período de agosto de 2015 a julho de 2016, na Heriot-Watt University, Escócia, Reino Unido, com recursos do Processo nº 2015/09059-3, Fundação de Amparo à Pesquisa do Estado de São Paulo (FAPESP).

Essa atuação possibilita que sua renda se mantenha estável independentemente das flutuações do preço do produto no mercado.

O sistema de comércio justo desenvolvido pela Certificadora trabalha para: (i) conectar os pequenos produtores diretamente com os varejistas; (ii) buscar parceiros para dar suporte econômico a esses pequenos negócios, por meio de investimentos ou subvenções; (iii) auxiliar a implementação de qualidade no processo produtivo e na adoção de práticas sociais e ambientais. Após um processo de certificação independente, os produtores recebem um selo de garantia da adoção dos padrões de qualidade na produção e de proteção aos trabalhadores e ao meio ambiente. O selo ajuda a comunicar aos consumidores que, ao comprar um produto certificado, eles estão apoiando comunidades e trabalhadores de regiões carentes. O Supermercado é o maior varejista do mundo em valor de vendas de produtos de comércio justo, tendo vendido em 2015 o montante de 290 milhões de libras, o que representa 20% de todas as vendas de produtos de comércio justo no Reino Unido.

O Supermercado e a Certificadora estão estudando a possibilidade de inserir no sistema de comércio justo a Comunidade que vive da extração do assabí na floresta amazônica. O objetivo é comercializar a polpa de assabí congelada em toda a rede de lojas do Supermercado no Reino Unido. O assabí é uma fruta nativa da região Norte do Brasil, altamente nutritiva e tradicional nos hábitos de alimentação da população daquela região. A Comunidade é composta por 84 famílias e possui uma área de 500 hectares de floresta, que contém 84.000 palmeiras para a exploração do assabí. A Comunidade não tem acesso a saneamento básico, água potável nem energia elétrica. Os moradores estão distribuídos em uma área entrecortada por cursos d'água, distantes até 10 km da margem do rio principal.

Os moradores da Comunidade sempre sofreram com a precariedade do local e instabilidade de renda e, antes do *boom* do assabí, a atividade predominante era a produção de carvão, danosa para a saúde e para o meio ambiente porque envolve o desmate e a queima da floresta. A partir do ano 2000, com a maior demanda pelo assabí, eles incrementaram as suas vendas e os moradores abandonaram a atividade de carvão. Contudo, como a Comunidade está situada bem distante do mercado distribuidor e não dispunha de embarcações adequadas para o transporte dos balaios, a maior parte da renda se concentrava nas mãos de atravessadores. Por essa razão, em 2010, com auxílio de fundos sociais e Organizações Não Governamentais (ONGs), a Comunidade fundou sua própria Cooperativa para o processamento da polpa, o que proporcionou melhores condições de trabalho e de renda para os moradores (cooperados).

A fruta é extraída de palmeiras nativas pelos moradores da Comunidade, transportada em balaios até as margens do rio principal e levadas por quatro horas de barco para a cidade mais próxima (Assará), onde está situada a cooperativa de produção de polpa congelada. O processo de produção é simples. Consiste em sete etapas: (i) recepção e transporte dos balaios; (ii) higienização e lavagem das frutas;

(iii) maceração; (iv) despolpamento (gera borra e sementes); (v) tratamento térmico; (vi) envase em embalagens plásticas; e (vii) congelamento e armazenamento. Depois, o produto é transportado por duas horas em uma perua refrigerada até a cidade de Belém (Estado do Pará), onde é distribuído para comerciantes, supermercados e pequenas indústrias que usam a polpa como componente de outros produtos.

3.1 Antecedentes

Devido a suas propriedades nutricionais, no início do ano 2000, o assabí foi descoberto por atletas e pessoas que buscam uma alimentação saudável. A partir daí, houve um intenso interesse por várias formas de consumo do produto em outras regiões do Brasil e em outros países da América: em sucos, sorvetes, cremes com adição de frutas, em cápsulas, em pó. Isso elevou o preço da fruta *in natura* comercializada nos mercados dos portos fluviais da região, ao ser trazida do interior da floresta em barcos carregados de balaios para abastecer o comércio local e as pequenas indústrias que começaram a se instalar.

Nesse período, houve aumento de renda para as comunidades que vivem às margens dos rios, o que, por outro lado, introduziu muitos atravessadores para o processo de transporte. Algumas comunidades ficam muito distantes do maior centro consumidor e distribuidor do produto, que é a cidade de Belém; assim, dependem de embarcações adequadas para fazer o transporte da fruta utilizando os rios. A fruta é altamente perecível e necessita de refrigeração.

Em termos sociais, para as comunidades que vivem em regiões isoladas, não houve melhoria significativa nas condições da extração e nem no bem-estar dessas populações ribeirinhas. Elas continuam sem infraestrutura mínima de condição de vida, se comparada com outras regiões do Brasil.

Com relação ao meio ambiente, o comércio intensivo do assabí tem trazido algumas preocupações e também oportunidades. O maior percentual da produção origina-se no extrativismo, em palmeiras nativas concentradas no rico solo de várzea, que compõe os ecossistemas da floresta amazônica. Nessas áreas de várzea, é possível ampliar a produção fazendo o cultivo de palmeiras. Para isso, é preciso eliminar outras espécies e árvores não produtoras do assabí. A prática de plantar palmeiras junto à produção nativa, em pequena proporção, já é comum para atender o período de entressafra da fruta. Contudo, em algumas áreas a plantação se tornou bastante homogênea na paisagem da floresta, o que traz preocupações em relação à perda de biodiversidade. Instituições públicas, ONGs e empresas engajadas na sustentabilidade da região têm treinado as comunidades locais em práticas de manejo sustentável nas áreas de várzea e têm dado apoio à melhoria de sua infraestrutura.

Como meio de atender à demanda crescente e à ampliação do mercado consumidor para outras partes do mundo, uma alternativa viável é o cultivo de assabí em terra firme com auxílio de tecnologia, irrigação e fertilização. Produtores rurais e grandes fazendas estão se dedicando ao cultivo do assabí em terra firme e indústrias de alta tecnologia estão se instalando na região para a produção de polpa.

No início de 2013, houve a repercussão negativa da contaminação de polpa por um inseto que transmite uma doença infecciosa. Houve registros de alguns casos da doença em consumidores locais da polpa de assabí. A investigação do caso concluiu que a contaminação ocorreu pelas fezes do inseto sobre a fruta *in natura* e/ou pela moagem do inseto junto com as frutas. Os órgãos de vigilância sanitária passaram a exigir procedimentos para evitar a má higienização da fruta e o acondicionamento inadequado durante o transporte e indicaram o processo de pasteurização para eliminar qualquer bactéria e evitar a transmissão de qualquer tipo de doença. Especialistas em saúde apontaram como causa a influência humana mais intensiva no *habitat* dos insetos transmissores. A ampliação do cultivo em áreas de várzea interferiu no ciclo alimentar dos insetos, os quais migraram para as áreas próximas ao rio onde os balaios de assabí ficam à espera do embarque. Esses dados preocuparam o Supermercado e a Certificadora em relação à preservação da floresta, às condições de higiene no local da colheita, às condições de transporte do produto através dos rios e à efetividade do processo de produção como um todo para garantir segurança alimentar aos consumidores.

3.2 A situação atual

Além da responsabilidade social, o Supermercado está engajado na comercialização de produtos de comércio justamente porque entende que é também um meio de entregar valor aos seus consumidores. A qualidade do processo produtivo e a adoção de práticas sustentáveis na cadeia de suprimentos são uma estratégia do Supermercado para fornecer saúde, segurança e frescor em seus alimentos.

O Supermercado pretende introduzir o assabí em toda a sua rede de distribuição, ressaltando a inovação do produto no mercado do Reino Unido e suas propriedades benéficas para a saúde. Nesse caso, o volume de produção é importante para atingir escala suficiente para a exportação e, assim, alcançar preços aceitáveis para os consumidores.

A parceria do Supermercado com a Certificadora busca criar condições para maior produção da polpa de assabí pela Cooperativa e para atender aos padrões de qualidade e de sustentabilidade requeridos. A Certificadora está buscando recursos financeiros a fim de atender ao investimento e, nesse sentido, foi criado um Comitê liderado pelo Banco, que tem a função de reunir recursos de programas governamentais brasileiros e de fundos nacionais e internacionais para repassar para operações de crédito.

O Banco tem que seguir normas internas para aplicação de recursos e utiliza indicadores financeiros para avaliação de investimentos. O Comitê está desenvolvendo o plano de negócios e analisando alternativas para viabilizar o projeto. Apesar de agregar recursos subsidiados, com taxas de juros menores, simulam-se alternativas para atingir um volume de receitas que possibilite à Cooperativa pagar as despesas do financiamento e gerar lucro.

Eles consideram uma alternativa que envolve introduzir as melhorias necessárias para garantir qualidade e segurança na colheita e no processo de produção, bem como um pequeno incremento na produção por meio do cultivo de palmeiras. Os gastos incluem: equipamentos de segurança para a colheita do fruto; materiais para acondicionamento e transporte dos balaios; equipamentos para limpeza da plantação; treinamento em manejo sustentável e operação da fábrica; equipamentos para o processo de pasteurização; aumento das instalações de processamento; e aquisição de veículo refrigerado para o transporte.

Outra alternativa é um incremento significativo na produção, o que pode ser obtido por meio de uma área maior de palmeiras cultivadas e a introdução de mais tecnologia nos processos visando à redução de custos. Inclui o aproveitamento das sementes do assabí para gerar energia para a fábrica e a introdução de um novo processo para obter o assabí em pó, o que reduz custos de embalagem, energia e transporte. Ainda é possível desenvolver produtos com a adição de outros componentes. É uma alternativa mais intensa em tecnologia e exige um tempo maior de maturação, com retornos mais demorados, aumentando assim o volume e o tempo de retorno do investimento (*payback*).

Por um lado, a Comunidade tem muito interesse no projeto do Supermercado porque os moradores estão temerosos com a competição na comercialização da polpa, uma vez que sua produção atual é pequena para enfrentar concorrência de preços. Por outro, os moradores têm receio quando se fala em tecnologia porque eles acham que isso pode mudar as práticas de trabalho (manejo) e a redução da quantidade de pessoas ocupadas, o que representa um grande ponto de conflito no relacionamento dos moradores da Comunidade. Também têm devoção pela floresta e entendem que precisam proteger em primeiro lugar a sua fonte de sustento. No momento em que se fala em crescimento da produção ou do cultivo de palmeiras, eles demonstram medo de comprometer o equilíbrio da floresta e, mesmo quando há tecnologias para o manejo sustentável, dados de pesquisas científicas ou políticas legais de que eles podem dispor, mostram-se descrentes e preferem não interferir nas condições naturais do seu *habitat*. Entendem a floresta como uma dádiva de Deus e, para eles, mexer na natureza pode trazer consequências desastrosas como castigo divino.

3.3 Alternativas e critérios para a decisão

Recentemente, o Gerente de Responsabilidade Social Corporativa do Banco participou de um Seminário Internacional e conheceu diversas aplicações da metodologia MCDA para tomada de decisão envolvendo questões sociais e ambientais. Ele considera que a decisão sobre o assabí tem características similares àquelas apresentadas nos estudos – é uma situação complexa na qual as incertezas são grandes, os riscos são altos para todos, os interesses divergem e existem várias alternativas possíveis. Ainda, há a possibilidade de se criarem soluções a partir de maior aproximação e diálogo entre as partes.

O Gerente propôs discutir a decisão com todos os *stakeholders* usando uma dinâmica específica com base na MCDA. A reunião com a participação da Comunidade, a Cooperativa e o Supermercado está agendada para o final do próximo mês, na sede do Banco em Belém (PA). Para tanto, o Comitê do Banco definiu três alternativas para a comercialização do assabí, conforme Quadro 1.

Quadro 1. Alternativas para a comercialização do assabí

Alternativas	Descrição
Alternativa 1 Floresta não manejada e baixa tecnologia	Representa a situação atual, na qual é praticado o manejo tradicional, e que corresponde a muito pouco plantio de palmeiras de assabí e manutenção das demais espécies existentes. O nível de aplicação de tecnologia é baixo, uma vez que a colheita é manual e são usados equipamentos mecânicos na fábrica.
Alternativa 2 Manejo florestal moderado e média tecnologia	Representa a aplicação de um plano de manejo florestal moderado, com aumento da área de extrativismo, enriquecimento da área com o plantio de palmeiras de assabí e outras espécies e aumento médio da densidade de palmeiras por hectare. O nível de aplicação da tecnologia é médio, prevendo equipamentos de segurança para a colheita e equipamentos automatizados para a fábrica.
Alternativa 3 Manejo florestal intensivo e alta tecnologia	Representa a aplicação de um plano de manejo florestal intensivo. A área de extrativismo é ampliada, há aumento intensivo do plantio de palmeiras de assabí, com consequente aumento na densidade de palmeiras por hectare, bem como um plano criterioso para enriquecimento da área com outras espécies. O nível de aplicação da tecnologia é alto, prevendo equipamentos mecanizados para a colheita, equipamentos automatizados para a fábrica, modernização do transporte e investimento em pesquisa e desenvolvimento.

A partir do diagnóstico e discussões prévias com a Comunidade e a Cooperativa, o Supermercado e a Certificadora, o Comitê definiu 12 critérios (ou indicadores) para auxiliar na tomada de decisão. Os critérios representam os interesses dos *stakeholders* e estão relacionados às dimensões econômica, social e ambiental, conforme Quadro 2.

Quadro 2. Descrição dos critérios

Dimensões	Critérios	Descrição
Econômica	Margem de lucro	Receitas líquidas da Cooperativa antes das Reservas divididas pelas vendas líquidas.
	Produção de polpa	O volume de produção de polpa em toneladas.
	Renda das famílias	Renda familiar média na Comunidade.
	Risco de inadimplência	Fator de risco relativo à probabilidade de a Cooperativa não gerar caixa suficiente para pagar o investimento.
Ambiental	Biodiversidade	Índice de diversidade florística (*Shannon-Wiener index*).
	Carbono	Média de carbono estocado em megagramas anuais por hectare.
	Desmatamento	Taxa média anual de desmatamento na área da Comunidade.
	Tratamento do lixo	Porcentagem do lixo coletado e transportado apropriadamente para a cidade mais próxima.
Social	Emprego	A proporção de trabalhadores ocupados com a colheita.
	Infraestrutura	Investimento anual na infraestrutura da Comunidade.
	Variação na renda	Fator estimado de variação na renda anual das famílias.
	Autonomia	Poder da Comunidade em tomar suas próprias decisões sem ser controlada por outros.

O Comitê do Banco preparou os planos de negócios de cada alternativa de investimento e calculou os valores de quatro indicadores econômico-financeiros. A partir dos impactos do aumento de produção nas condições da floresta e nas aspirações sociais da comunidade, foram também mensurados os valores de quatro indicadores sociais e de quatro indicadores ambientais para cada uma das alternativas. A valoração dos indicadores é apresentada na Tabela 1.

Tabela 1. Matriz de impacto

Critérios	Alternativas		
	1	2	3
Margem de lucro	11,20%	17,50%	26,25%
Produção de polpa	210	500	1.000
Renda das famílias	R$ 1.001,98	R$ 2.177,58	R$ 4.146,83
Risco de inadimplência	0,0	0,1	0,3
Biodiversidade	3	1,7	2,5
Carbono	160	146	128
Desmatamento	4%	3%	2%
Tratamento do lixo	10%	50%	80%
Emprego	50%	95%	100%
Infraestrutura	R$ 185.850,00	R$ 354.000,00	R$ 553.125,00
Variação na renda	30%	15%	10%
Autonomia	1	0,7	0,2

4. Aplicação da atividade

A atividade pode ser aplicada dentro de um curso regular com o conteúdo distribuído em duas ou três aulas ou em uma oficina/*workshop* com o mínimo de quatro horas e leitura prévia da seção 3 – A Estória do Assabí. Em primeiro lugar, o instrutor deve formar três grupos: G1 – Comunidade e Cooperativa; G2 – Supermercado e Certificadora de Preço Justo; e G3 – Banco. No Apêndice 1 estão definidos 18 papéis para facilitar a atuação dos estudantes nos respectivos grupos. O instrutor deve distribuir os papéis de acordo com a quantidade de alunos, na sequência proposta no Apêndice. Recomendam-se no mínimo 12 alunos, com quatro representantes em cada grupo. Se houver um número maior que 18 alunos, alguns papéis podem ser repetidos.

A atividade consiste na tomada de decisão sobre a comercialização do assabí, que acontecerá em várias reuniões na sede do Banco de acordo com uma dinâmica proposta, em duas etapas. Na primeira etapa, cada grupo se reúne separadamente para entender a sua posição e buscar consenso entre os membros em relação às suas preferências. Esta parte tem duas sessões (Tabela 2) nas quais os alunos recebem informações com diferentes níveis de detalhamento. Na primeira sessão, eles devem trabalhar somente com o texto geral (*A estória do assabí*) e, na segunda, eles devem ler a perspectiva somente do *stakeholder* que eles representam (Apêndice 2) e o detalhamento dos critérios (Apêndice 3). Nesta etapa, as equipes fortalecerão sua posição para defenderem seus argumentos na reunião geral, que acontecerá na segunda etapa da atividade com a participação conjunta de todos os grupos de *stakeholders* (Tabela 2). Dependendo da quantidade de alunos, o instrutor pode optar por formar vários grupos mistos (M1, M2, M3) com representantes dos grupos G1, G2 e G3 em cada um deles.

Tabela 2. Sessões e estágios

Estágios	I – Experiência concreta	II – Observação reflexiva	III – Generalização abstrata	IV – Experimentação ativa
Parte I – Reunião dos Grupos de *Stakeholders*				
Sessão 1 G1, G2, G3	Os estudantes procuram conhecer o contexto geral da decisão pela leitura do texto *A estória do assabí* (Seção 3 do Capítulo).	Os estudantes discutem e compartilham informações entre si sobre suas percepções sobre o contexto da decisão.	Os estudantes discutem e justificam suas preferências de maneira analítica, de acordo com o seu papel pessoal e os elementos da estória.	Os estudantes buscam consenso sobre as preferências e decidem sobre a atribuição dos pesos (100 pontos) entre os critérios e sobre as três dimensões. Eles definem um *ranking* inicial das três alternativas.
Sessão 2 G1, G2, G3	Os estudantes procuram conhecer os interesses e motivações dos *stakeholders* que eles estão representando pela leitura dos textos específicos (Apêndices 2 e 3).	Os estudantes discutem e compartilham informações entre si sobre a percepção dos interesses específicos e motivações dos *stakeholders*.	Os estudantes, de acordo com o seu papel pessoal e a perspectiva do *stakeholder* que eles representam, discutem e justificam suas preferências de maneira analítica, utilizando os dados e critérios dos textos (Apêndices 2 e 3).	Os estudantes buscam consenso sobre as preferências e decidem sobre a atribuição dos pesos (100 pontos) entre os quatro critérios de cada dimensão e sobre as três dimensões. Eles definem um *ranking* consensual entre as três alternativas.

(continua)

(continuação)

	Parte II – Reunião dos Grupos Mistos			
Sessão 3 M1, M2, M3	Os estudantes procuram conhecer a posição dos demais *stakeholders* a partir das explanações dos representantes de cada grupo.	Os estudantes discutem e compartilham informações sobre a posição de seus grupos originais.	Os estudantes, de acordo com a perspectiva dos grupos que eles representam, discutem de forma analítica as razões e justificativas para suas preferências.	Os estudantes buscam consenso sobre as preferências e decidem sobre a atribuição dos pesos entre os critérios e dimensões. Eles determinam um *ranking* de preferência entre as três alternativas.

Em cada sessão, tanto na parte 1 como na parte 2, os grupos vivenciam os quatro estágios do ciclo de aprendizado de Kolb. No estágio 1, "experiência concreta", eles são expostos progressivamente a novos conhecimentos a partir dos elementos da estória e da descrição do papel que devem representar, sendo estimulados a entender as habilidades relativas ao seu papel individual e ao seu papel como representante da equipe. No estágio 2, "observação reflexiva", os alunos vão refletir e compartilhar sentimentos e percepções dessa experiência, tanto em relação aos elementos da estória como também em relação à forma como estão vivenciando. No estágio 3, "generalização abstrata", os alunos analisarão os elementos da estória de forma mais estruturada, utilizando os dados organizados de acordo com a MCDA. No estágio 4, "experimentação ativa", eles vão tomar uma decisão ao escolher quais são os percentuais de preferência para cada um dos critérios e refletir sobre suas implicações.

No Apêndice 4, há a figura de um tabuleiro que pode ser usado de forma lúdica para a atribuição dos pesos e, no Apêndice 5, há um formulário no qual os alunos podem registrar suas preferências. Recomenda-se reproduzir o tabuleiro em formato maior e distribuir fichas coloridas para cada grupo com valor total de 100 pontos, sendo cinco fichas com cada um dos valores: 2, 3, 5 e 10 (colar uma etiqueta em cada ficha). Então, os alunos devem distribuir as fichas em quatro passos: (1) 100 pontos para os quatro critérios da dimensão econômica; (2) 100 pontos para os quatro critérios da dimensão ambiental; (3) 100 pontos para os quatro critérios da dimensão social; e (4) 100 pontos para as três dimensões da sustentabilidade (econômica, social e ambiental). Não podem ser atribuídos pesos iguais para todos os critérios e não pode ser atribuído zero para nenhum dos critérios. Esses materiais podem ser entregues no início da atividade, pois os estágios de Kolb não são estanques e, dependendo do perfil de cada aluno, eles vão manuseá-los desde o início da experiência. Contudo, recomenda-se substituir o formulário de coleta (Apêndice 5) a cada sessão, pois os alunos terão que se esforçar novamente para entender e justificar suas preferências.

Não há uma solução correta para o problema, a resolução corresponde à decisão sobre que peso atribuir para cada critério. Para tanto, os alunos devem entender os critérios preferidos pelo *stakeholder* que eles representam e atribuir pesos maiores para esses critérios. Entretanto, não é recomendado que os instrutores definam um procedimento de análise *a priori*. É importante que os alunos vivenciem o conflito de conciliar interesses a partir de diferentes perspectivas, pois, além das opiniões divergentes que vão ocorrer durante as discussões, eles também vão observar que os critérios preferidos pelos *stakeholders* que eles representam têm desempenhos conflitantes em cada uma das alternativas.

É recomendado que o instrutor faça intervenções em cada sessão estimulando-os a entender o relacionamento entre: (a) o seu papel e os interesses do seu grupo, conforme descritos nos textos; (b) o seu papel e os papéis dos demais integrantes do seu grupo compartilhados nas discussões; e (c) a perspectiva do seu grupo, descrita nos textos, e as perspectivas dos demais grupos, compartilhadas nas discussões mistas.

Em relação às habilidades de trabalho em equipe, o aluno tem a oportunidade de experimentar comportamentos e atitudes para desempenhar o seu papel individual e para representar a perspectiva do seu grupo. O instrutor pode participar do encerramento de cada sessão ouvindo e orientando os alunos sobre: a realização das tarefas, em sessões de *debriefing*, em relação ao compartilhamento de informações, ideias e sentimentos; a administração de possíveis conflitos; a flexibilidade, a colaboração e a iniciativa durante o desempenho da atividade.

5. Considerações finais

O objetivo deste caso de ensino e de sua aplicação em uma atividade vivencial em equipe é ampliar os conhecimentos dos alunos em relação aos conceitos de sustentabilidade e desenvolver habilidades de trabalho em equipe. Nesse sentido, o aluno tem oportunidade de adquirir novos conhecimentos ao compreender a perspectiva do *stakeholder* que o seu grupo representa, bem como vivenciar o papel individual que ele está representando. Esse é um aspecto fundamental para haver aprendizado e desenvolvimento conforme indicado pela abordagem vivencial em equipe. Em geral, os alunos tendem a interpretar os textos de acordo com os conhecimentos prévios e com os seus próprios interesses pessoais em relação aos elementos da estória. Esse comportamento tem sido notado em testes de aplicação já realizados em sala de aula no Brasil e no Reino Unido, o que reforça o potencial da atividade em promover aprendizado, uma vez que, após algumas iterações, eles tendem a incorporar os seus personagens.

Embora a atividade pareça ser complexa, o processo de aprendizagem é amplamente intuitivo e adaptável a diferentes contextos. O caso permite flexibilidade e os instrutores podem fazer adaptações de acordo com o nível dos estudantes e o foco de sua disciplina. A atividade pode ser aplicada de forma complementar nos cursos de Ciências Contábeis, tanto em disciplinas tradicionais como naquelas relacionadas a temas sociais e ambientais, tais como: Contabilidade Ambiental; Contabilidade e Responsabilidade Social; Avaliação de Projetos de Investimentos; Simulação de Negócios. Também poderá ser aplicada em Cursos de Administração ou Economia, em disciplinas relacionadas com os temas: Empreendedorismo Social; Cadeia de Suprimentos; Negociação; Responsabilidade Socioambiental; Arranjos Organizacionais Cooperativos, entre outras.

A experiência de aplicação deste caso de ensino tem sido muito positiva e gratificante. Professores e alunos estão, dessa forma, convidados a mergulhar na paisagem exótica da floresta amazônica e na diversidade de valores, interesses, culturas e conhecimentos que precisam conviver na formação de competências para um mundo sustentável.

Apêndice 1 – Papel dos estudantes

G1 – Comunidade e Cooperativa	**Papel 1 – Administrador da Comunidade** Você é o Administrador eleito pela Comunidade, responsável pela administração, funcionamento da área produtiva e pela segurança. Não há partidos políticos, os administradores são eleitos com base em suas habilidades pessoais. As suas principais preocupações são: a viabilidade econômica futura da Comunidade; o financiamento da infraestrutura e atividades comunitárias por meio das vendas e dos impostos; e a manutenção de uma administração inclusiva (que inclui todos os moradores).
	Papel 2 – Diretor da Cooperativa Você é o Diretor da Cooperativa, responsável pelo processamento e comercialização da polpa de assabí. Você acredita que o futuro da comunidade se baseia na extração crescente dos recursos naturais da floresta. Você é o empregado mais bem pago da Cooperativa.
	Papel 3 – Representante da União dos Colhedores de Assabí Você é o representante da União dos Colhedores de assabí. Você e seus colegas de trabalho são pagos pela Cooperativa pela quantidade de frutos colhidos. Os colhedores estão conscientes da importância de se fazer a manutenção das palmeiras de assabí e de que precisam dedicar muito tempo cuidando da floresta, a fim de garantir um futuro sustentável a longo prazo. Os colhedores apreciam o ambiente natural diversificado da floresta, pois acreditam que isso ajuda a assegurar uma colheita mais produtiva.

(continua)

(continuação)

G1 – Comunidade e Cooperativa	**Papel 4 – Representante mais velho da Comunidade** Você é um ancião muito respeitado, com uma reputação conquistada pelo conhecimento das tradições e rituais locais necessários para proteger a cultura da Comunidade. Sua posição na Comunidade é para manter os meios tradicionais de manejo da floresta, mas você também está ciente de que a comunidade tem sobrevivido adaptando-se às mudanças, às novas oportunidades e ameaças externas. Você entende a floresta como um símbolo poderoso e sagrado na vida da Comunidade.
	Papel 5 – Representante dos jovens desempregados Você representa os jovens desempregados da Comunidade. A maioria acabou de deixar a escola e está pensando sobre o que fazer no futuro. Você e seus colegas adorariam ficar na Comunidade e construir um futuro sustentável para você e sua família. No entanto, vocês têm que buscar outras oportunidades para trabalhar na cidade mais próxima ou em outras comunidades mais distantes.
	Papel 6 – Diretor de Vendas da Cooperativa Você vê seu trabalho como responsável por maximizar a venda de assabí, garantindo que as economias de escala permitam custos de produção eficientes e preços competitivos. Seu salário é baseado na comissão de vendas e você é ambicioso, está procurando desenvolver sua carreira para ter oportunidade talvez em outras empresas nacionais ou internacionais.
G2 – Supermercado e Certificadora de Preço Justo	**Papel 7 – Gerente de Logística** Você é um gerente de alto nível do Supermercado responsável pela gestão eficiente da estocagem e distribuição física dos produtos, dos fornecedores para as prateleiras do Supermercado. Você tem que garantir que a qualidade essencial dos produtos seja mantida e a deterioração e o desperdício sejam minimizados. Além disso, é responsável por controlar a pegada de carbono/emissão de carbono da empresa. Seu desempenho é avaliado considerando as reduções em emissões de carbono; o valor de mercadorias estragadas em trânsito; a falta de estoque (quando o produto fica esgotado em uma loja); e o custo de transporte e armazenamento de mercadorias.
	Papel 8 – Gerente de Responsabilidade Social Corporativa Você é um gerente de alto nível no Supermercado, responsável por melhorar e manter a reputação geral da empresa por meio de práticas de negócios socialmente responsáveis. Seu desempenho é avaliado por evitar danos à reputação, pelo gerenciamento de riscos associados às práticas de negócios potencialmente arriscadas e por oferecer exemplos positivos de atividades e produtos socialmente responsáveis.

(continua)

Capítulo 10

(continuação)

G2 – Supermercado e Certificadora de Preço Justo	**Papel 9 – Gerente de Marketing** Você é um gerente de alto nível do Supermercado responsável por maximizar o crescimento das vendas (em volume e em libras); realizar campanhas de marketing de produtos; e definir preços competitivos. Seu desempenho é avaliado pelos números de vendas ano a ano e pelo percentual de linhas de produtos que são rentáveis.
	Papel 10 – Certificador de Comércio Justo Você é funcionário da instituição sem fins lucrativos (Certificadora), cujo trabalho é assegurar que os produtos comercializados como "comércio justo" atendam aos padrões internacionais associados ao comércio justo. Essas normas incluem a partilha de lucros ao longo da cadeia de suprimento e o resguardo e valorização das comunidades locais e dos valores culturais, garantindo elevados padrões de proteção ao ambiente natural. Você tem o poder de negar a certificação de "comércio justo" de qualquer produto, caso seja verificada a não conformidade com esses padrões.
	Papel 11 – Contador Você é um qualificado contabilista na Controladoria do Supermercado responsável por assegurar informações adequadas para o crescimento e lucratividade do negócio. Seu papel principal é avaliar a rentabilidade de produtos individuais e mensurar a eficiência da operação (incluindo logística) para garantir a rentabilidade geral da empresa.
	Papel 12 – Gerente de Novos Produtos Você é um gerente de alto nível do Supermercado, responsável pela inovação de produtos, ou seja, pela introdução de linhas diferenciadas de produtos no ambiente de supermercados do Reino Unido. Seu desempenho é avaliado considerando o número de produtos bem-sucedidos e de alto impacto junto aos consumidores que chegam às prateleiras do Supermercado.
G3 – Banco	**Papel 13 – Presidente** Você é o Presidente do Banco, responsável por garantir que a Instituição contribua para o desenvolvimento econômico da região amazônica. A estratégia da Instituição considera que o sucesso do Banco evoluirá junto com o sucesso econômico da região e com a manutenção de uma relação positiva com o governo local e empresas locais.
	Papel 14 – Diretor da área de Análise de Riscos Bancários Você é o Diretor responsável por garantir que os empréstimos bancários sejam devidamente avaliados a fim de minimizar a exposição

(continua)

(continuação)

	do Banco ao risco de inadimplência. É importante assegurar que uma abordagem prudente será adotada, para combinar o montante de qualquer empréstimo com a probabilidade de reembolso futuro. Seu trabalho é garantir que o Banco assuma riscos aceitáveis ao emprestar dinheiro a indivíduos, empresas ou cooperativas.
	Papel 15 – Diretor da área de Vendas Você é o Diretor responsável por assegurar que o Banco maximize o crescimento das vendas (empréstimos, novas contas bancárias e outros serviços financeiros); realiza campanhas de marketing de produtos e fixação de taxas de juros competitivas. Seu desempenho é avaliado pelo crescimento de empréstimos, novas contas abertas e outros produtos financeiros.
G3 – Banco	**Papel 16 – Gerente de Responsabilidade Social Corporativa** Você é um Gerente que se reporta diretamente ao Conselho Diretor do Banco. É responsável pelo aprimoramento e manutenção da reputação geral do Banco em relação às práticas de negócios socialmente responsáveis. Seu desempenho é avaliado por evitar danos à reputação, pelo gerenciamento de riscos associados às práticas de negócio potencialmente arriscadas e por oferecer exemplos positivos de atividades e produtos socialmente responsáveis.
	Papel 17 – Gerente da agência bancária local Você é o gerente da filial local do Banco que atende a Cooperativa e outras comunidades próximas. Você é responsável pelo funcionamento eficiente da agência, mantendo boas relações com os clientes e buscando a sua fidelização. A filial é a principal provedora de contas bancárias para indivíduos e demais empresas na região.
	Papel 18 – Representante no Conselho Você participa do Conselho de Administração do Banco, cujo papel é garantir que as estratégias da Instituição em relação aos seus *stakeholders* sejam adequadamente aplicadas, incluindo as pequenas comunidades locais. Você mora na cidade mais próxima à Comunidade, tem bom conhecimento da região e da produção de assabí e está comprometido com os princípios de desenvolvimento sustentável. Você não é empregado do Banco, mas recebe um pequeno pagamento anual e o reembolso de quaisquer despesas incorridas para participação nas reuniões mensais do Conselho.

Apêndice 2 – Perspectiva dos *stakeholders*

Descrição
Comunidade e Cooperativa
As principais atividades dos moradores da Comunidade são a manutenção da área de extração e a colheita do assabí, o qual é vendido para a Cooperativa para a produção de polpa e posterior comercialização. Na composição atual da renda familiar, a distribuição do lucro da Cooperativa (16,8%) representa uma parcela bem menor que a distribuição do lucro da colheita (31,2%). Isso ocorre porque a Comunidade nunca priorizou o aumento de lucros da Cooperativa. O principal objetivo de sua constituição foi sempre o de garantir estabilidade de emprego e renda para os moradores, mesmo que essa renda não fosse muito alta. Os interesses da Comunidade estão voltados para a geração de renda para as famílias; garantia de trabalho para todos; preservação da floresta; e autonomia em suas decisões. Na Cooperativa, os interesses são similares, uma vez que todas as famílias são cooperadas e participam da gestão da Cooperativa, embora possa haver divergências individuais entre os cooperados em função da posição que ocupam. A preservação da floresta é entendida de forma intuitiva pela exuberância da paisagem, pela riqueza da fauna e da flora e pela qualidade do ar. Eles não têm conhecimentos técnicos sobre biodiversidade e sequestro de carbono, nem sobre as consequências do descarte inadequado do lixo, principalmente de resíduos químicos, baterias e óleo que podem contaminar o rico solo nas áreas de várzea. O lixo doméstico é jogado nas proximidades das plantações e os resíduos com valor comercial são vendidos por moradores. Mas como a comercialização não é feita de forma sistemática, muitos resíduos acabam sendo enterrados ou jogados na água. Após análise das alternativas e dos possíveis impactos, os moradores estão divididos entre a alternativa 1 e a alternativa 2. As preferências são fundamentadas em suas crenças e temores em relação à tecnologia e à possibilidade de provocar distúrbios no equilíbrio da floresta.
Supermercado e Certificadora
O objetivo da Certificadora é apoiar comunidades e trabalhadores, auxiliando na adoção de padrões de qualidade na produção e de proteção aos trabalhadores e ao meio ambiente. Esses objetivos são convergentes com os interesses do Supermercado, que estão voltados para o aumento de vendas de produtos de comércio justo, para a segurança alimentar dos seus clientes e para a preservação do meio ambiente, principalmente em relação a sua pegada de carbono, que é um indicador divulgado em seus relatórios de sustentabilidade. O incremento da colheita de assabí usando planos de manejo florestal intensivo é uma opção favorável para aumentar o volume de carbono absorvido e estocado em relação às pastagens ou cultivos agrícolas. Contudo, esse volume será menor quando comparado à capacidade das florestas naturais ou com a capacidade de áreas de floresta com baixo nível de intervenção. Em relação à diversidade florística, esta tende a ser maior no manejo intensivo, pois é possível fazer um planejamento adequado da composição de espécies, inclusive incluindo espécies com valor comercial.

(continua)

(continuação)

A partir dos levantamentos, o Supermercado e a Certificadora têm algumas preocupações em relação às condições da colheita, do transporte e do processamento da polpa do assabí na Cooperativa. Eles se preocupam com o risco de acidentes, pois os colhedores têm que escalar as palmeiras com auxílio de uma peconha (suporte para os pés) e de um facão para cortar os cachos, e com a contaminação do solo e proliferação de doenças, o que pode comprometer sua imagem no mercado internacional. Após análise, a preferência do Supermercado e da Certificadora é pela alternativa 2, embora o volume de produção de polpa não seja considerado satisfatório pelo Supermercado para cobrir as despesas e alcançar preços aceitáveis pelos consumidores. O Supermercado deve arcar com as despesas de importação, de embalagens, rotulação, distribuição e propaganda. O preço de venda para o consumidor deve cobrir as despesas e gerar alguma margem de lucro para o Supermercado. Como um produto de comércio justo, o Supermercado paga ao produtor o preço mínimo, que no caso será de R$ 8,00 por quilo de assabí. O preço planejado para a venda na rede de supermercados é de £ 10,00 por quilo, em pacotes com 10 doses individuais de 100g de polpa. O montante de venda na alternativa 2 alcançaria £ 5 milhões e na alternativa 3, £ 10 milhões. Não obstante, eles preferem a alternativa 2 por considerar mais cautelosa em relação ao meio ambiente e, consequentemente, a que é mais consistente com o compromisso de sustentabilidade em sua cadeia de suprimentos. A cotação da libra é R$ 5,76 (29/01/2016).

Banco

Os interesses do Banco estão voltados para o fortalecimento da economia local. A proposta de exportação do assabí é uma oportunidade valiosa para fortalecimento da atividade industrial, comercial e para a organização social na região. Para aumentar os seus negócios, as estratégias da instituição buscam resultados positivos relacionados à renda mensal dos trabalhadores; produtividade dos empreendimentos; saneamento básico, saúde e educação para a população; difusão de novas tecnologias; e manutenção da biodiversidade e redução do desmatamento. Após elaborar o diagnóstico da situação atual e as possibilidades para incrementar a produção, o Banco preparou os demonstrativos financeiros para as alternativas. A análise do investimento indica que a alternativa 3 é a melhor opção. Não obstante o maior prazo de maturação (*payback*), é a alternativa que apresenta o maior valor presente líquido (VPL), ou seja, é a alternativa que indica que os fluxos de caixa geram retorno muito maior que o custo de capital investido (maior incremento de riqueza). Além dos resultados da análise financeira, o Banco tem preferência pela alternativa 3 porque é a que possui maior potencial para alavancar a economia local e para atingir os resultados esperados em suas estratégias.

Capítulo 10

Apêndice 3 – Detalhamento dos critérios

	Descrição		
Margem de lucro	**Produção de polpa**	**Renda das famílias**	**Risco de inadimplência**
A margem de lucro é uma medida percentual que expressa quanto sobra do valor das vendas após deduzidos todos os gastos correspondentes. É uma medida de lucratividade do negócio e é apurada pela divisão da margem líquida (receita líquida menos custos e despesas operacionais) pelas receitas de vendas totais.	O indicador representa a quantidade de polpa de assaí produzida pela Cooperativa. O volume de produção na fábrica depende do volume da colheita na Comunidade e da qualidade dos frutos.	A renda das famílias é composta pela remuneração do trabalho na área de extração, pelo lucro da colheita e pela distribuição do lucro da Cooperativa para as famílias.	O risco de inadimplência representa a possibilidade de que as sobras de caixa não sejam suficientes para pagar os compromissos assumidos durante o período do investimento. Inclui o período que o empreendimento não estará ainda gerando os benefícios esperados e as safras subsequentes.
Biodiversidade	**Carbono**	**Desmatamento**	**Tratamento do lixo**
O índice de Shannon é utilizado para medir diversidade florística. O índice relaciona a quantidade de espécies (abundância ou riqueza de espécies) com a quantidade de indivíduos em cada espécie. Quanto maior o valor do índice, melhor é a diversidade, indicando um número maior de espécies e proporção	O indicador mede o sequestro de carbono, que é o processo de remoção de CO_2 da atmosfera e a sua estocagem segura. A capacidade de absorção de carbono é medida pela estimativa da biomassa das	Desmatamento é a perda permanente da cobertura vegetal original em determinada área. O indicador mede a porcentagem de área desflorestada (e ainda não reflorestada) em relação à área total que a Comunidade tem direito de uso (500 hectares). Na situação atual, algumas áreas	Em regiões remotas, o lixo deve ser coletado e transportado para o devido tratamento em cidades próximas. O indicador é medido pela porcentagem do lixo recolhido e transportado em relação à estimativa do lixo total produzido pela Comunidade.

(continua)

(continuação)

Biodiversidade	Carbono	Desmatamento	Tratamento do lixo
de indivíduos em cada espécie. Pesquisas têm mostrado que o aumento das áreas de exploração e da densidade tem tornado a palmeira de assabí a espécie dominante na região, reduzindo assim a diversidade florística.	plantas (massa biológica) acima e abaixo do solo, sendo as espécies arbóreas de grande porte responsáveis por volumes maiores.	são deixadas desflorestadas. Com a intensificação do plantio do assabí, essas áreas são recuperadas, o que reduz o nível de desmatamento.	

Emprego	Infraestrutura	Variação na renda	Autonomia
O indicador representa a proporção de trabalhadores ocupados em relação ao total de trabalhadores com idade e condições físicas de trabalhar na colheita e na manutenção da plantação (manejo) do assabí.	Uma percentagem das receitas de vendas do assabí é sempre reservada para investir na infraestrutura da Comunidade. O investimento é destinado a beneficiar áreas comuns e prover ferramentas e materiais necessários para a colheita, para o acondicionamento e para o transporte do assabí.	O indicador mede a possibilidade de variação percentual no rendimento médio das famílias, de um ano para outro, com base em parâmetros técnicos e em informações dos últimos anos.	Para a Comunidade, autonomia significa liberdade para tomar decisões sobre a colheita e técnicas de manejo do assabí sem interferência ou pressão. O indicador mede o nível de autonomia por meio de um fator que é estimado considerando, entre outros aspectos, o porte da Cooperativa e a participação da Comunidade em suas decisões.

Capítulo 10

Apêndice 4 – Tabuleiro

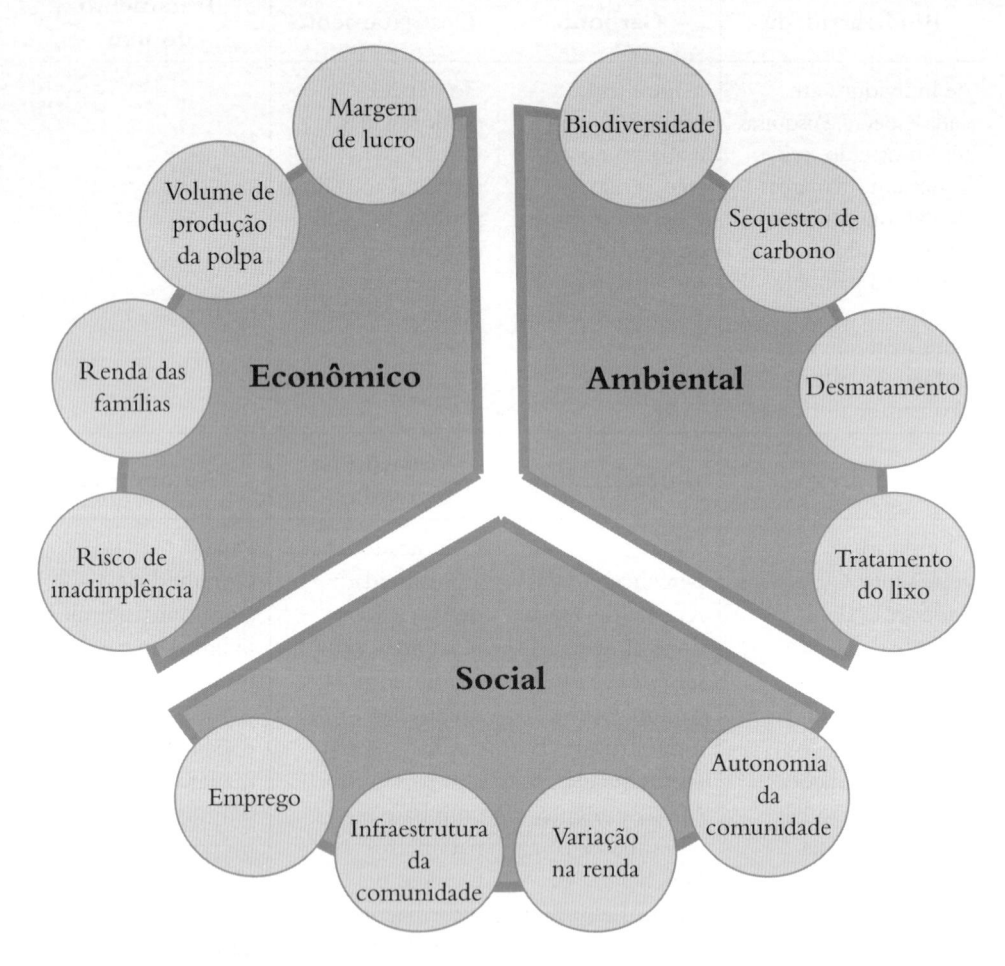

Econômico
- Margem de lucro
- Volume de produção da polpa
- Renda das famílias
- Risco de inadimplência

Ambiental
- Biodiversidade
- Sequestro de carbono
- Desmatamento
- Tratamento do lixo

Social
- Emprego
- Infraestrutura da comunidade
- Variação na renda
- Autonomia da comunidade

Fonte: Elaborada pelos autores.

Apêndice 5 – Registro de preferências

Indicadores básicos	Pesos	Dimensões	Pesos
Margem de lucro		Econômica	
Produção de polpa			
Renda das famílias			
Risco de inadimplência			
Total	100		
Biodiversidade		Ambiental	
Carbono			
Desmatamento			
Tratamento do lixo			
Total	100		
Empregabilidade		Social	
Infraestrutura da comunidade			
Variação na renda			
Autonomia da comunidade			
Total	100		
		Total	100

11
Aprender a Ensinar: olhando para o papel da pós-graduação

SUILISE BERWANGER WILLE

*Feliz aquele que transfere o que
sabe e aprende o que ensina.*

Cora Coralina

Capítulo 11

1. Introdução

A pós-graduação *stricto sensu* tem como enfoque principal a formação para a atividade de pesquisa científica, não se dando, necessariamente, atenção ao preparo para a atividade de ensino.[1,2,3,4,5] A ausência de preocupação para o exercício da função ocorre por se acreditar que quem sabe a técnica ou o conteúdo também sabe ensinar. Assim, o ensino muitas vezes é compreendido apenas como uma dimensão técnica do fazer do professor, algo que se aprende com base na prática e pode ser alimentado apenas pelo conhecimento dos conteúdos da área específica, pelas experiências vividas como aluno, ao contrário da atividade de pesquisa, na qual se reconhecem a importância e o valor da formação como caminho para alcançar o domínio de seus fundamentos teóricos, códigos e procedimentos.[6] De tal maneira, em relação aos professores de Contabilidade, um estudo concluiu que o professor tem predominantemente uma formação prática e falta de preparação pedagógica, sendo a reflexão baseada em suas próprias formas de ensinar e aprender considerada um elemento-chave no processo de "aprender a ensinar".[7]

Além disso, quanto à legislação, é possível observar mudanças nas atribuições da pós-graduação. Isso porque, na solicitação de regulamentação feita pelo Ministro da Educação ao Conselho Federal de Educação, em 1965, apontavam-se três motivos fundamentais para a imediata instauração do sistema de cursos de pós-graduação, sendo eles: (a) formar professores competentes que possam atender à expansão quantitativa do ensino superior brasileiro, garantindo, ao mesmo tempo, a elevação dos atuais níveis de qualidade; (b) estimular o desenvolvimento da pesquisa científica por meio da preparação adequada de pesquisadores; (c) assegurar o treinamento eficaz de técnicos e trabalhadores intelectuais do mais alto padrão para fazer face às necessidades do desenvolvimento nacional em todos os setores.[8] Desse modo, era possível identificar a formação docente para o ensino superior como uma das funções atribuídas à pós-graduação. No entanto, atualmente, a legislação vigente, destacando aqui a Lei Federal nº 9.394, de 20 de dezembro de 1996, que estabelece as diretrizes e bases da Educação Nacional, diz: "Art. 66 – A preparação para o exercício do magistério superior far-se-á em nível de pós-graduação, prioritariamente em programas de mestrado e doutorado."[9] Portanto, a Lei nº 9.394/96 é bastante tímida com relação ao amparo legal para o processo de formação de docentes universitários, sendo eles, de acordo com o enunciado legal, preparados (e não formados) prioritariamente nos programas de mestrado e doutorado.[10] Mas há quem compreenda esses programas como lugar da preparação pedagógica inicial; por isso, é importante se pensar em como cumprirão tal papel.[11]

Apesar de a literatura da área de educação afirmar que a atividade do profissional docente demanda, além dos saberes específicos necessários à atividade de pesquisa, os saberes didático-pedagógicos[12,13,14,15] e estudos na área contábil corroborarem a existência e a importância de uma variedade de saberes/conhecimentos na carreira docente,[16,17,18,19,20,21,22] no que se refere à Contabilidade, no Brasil, ainda se observam ações tímidas em relação a esse tipo de formação. Nesse sentido, entre os cursos de Mestrado e Doutorado em Contabilidade, poucos oferecem disciplinas de formação didático-pedagógica, e os que as oferecem, em sua maioria as têm como optativas.[23] Além disso, cabe destacar que a deficiência na formação docente também pode ser notada em programas de doutoramento em Contabilidade e/ou negócios de outros países.[24,25,26,27]

Nesse sentido, este capítulo visa trazer um recorte dos resultados de uma pesquisa[28] realizada no Programa de Pós-Graduação em Controladoria e Contabilidade da Universidade de São Paulo (PPGCC/USP), que consistiu no estudo do Programa de Aperfeiçoamento de Ensino (PAE) e das disciplinas de Monitoria Didática sob a perspectiva de atividades que possam contribuir para ensinar a ensinar, utilizando como lente teórica subjacente a reflexão sobre a prática de Schön.[29,30] Ambas as atividades consistem, principalmente, na realização de um estágio docência supervisionado. De tal modo, busca-se aqui trazer ao leitor subsídios, reflexões e *insights* para (re)pensar os estágios docência e/ou outras atividades relativas à formação docente que sejam realizadas ou venham a ser desenvolvidas nas instituições em que atuam.

2. O Programa de Aperfeiçoamento do Ensino e a Monitoria Didática

Dado o cenário apresentado anteriormente e considerando: (a) a relevância do PPGCC/USP (que foi o primeiro programa de pós-graduação em Contabilidade do Brasil; por muitos anos, foi o único programa com Doutorado e, portanto, é responsável pela formação de muitos dos professores de Contabilidade do nosso país; além de servir de referência a outros programas pela nota que possui no que se refere à avaliação da CAPES); (b) a importância da formação inicial para a docência nos cursos de pós-graduação; (c) que o Programa de Aperfeiçoamento do Ensino (PAE), da Universidade de São Paulo (USP), e as disciplinas de Monitoria Didática do Programa de Pós-Graduação em Controladoria e Contabilidade da USP (PPGCC/USP) buscam suprir de alguma forma a necessidade de formação docente; (d) que há poucos estudos analisando o PAE e que os estudos que foram desenvolvidos anteriormente denotaram necessidade de maior aprofundamento sobre o tema, a fim de se ter uma melhor compreensão do programa e possibilitar a sua melhoria e aperfeiçoamento; (e) que não há estudos anteriores sobre a Monitoria Didática, buscou-se examinar o PAE e as disciplinas de Monitoria Didática como ações de formação docente por meio da prática e da reflexão sobre a prática docente.

No que se refere ao PAE e à Monitoria Didática, ambas são atividades realizadas pelos alunos da pós-graduação, que têm suas particularidades. No entanto, na prática, acabam sendo muito semelhantes em termos de operacionalização. A seguir, será apresentado um pouco mais sobre as características de ambas.

2.1 Programa de Aperfeiçoamento de Ensino

O Programa de Aperfeiçoamento de Ensino (PAE) é um plano da Universidade de São Paulo (USP) no qual pós-graduandos, sob a supervisão de um professor, auxiliam nos cursos de graduação. Sua intenção básica é fazer professores com diferentes experiências trocarem ideias para planejar e executar suas aulas.[31]

O PAE foi criado pela USP no ano de 1992. Na época, era intitulado "Programa de Iniciação ao Ensino Superior" e destinado apenas a doutorandos, consistindo somente no estágio supervisionado. Em 1994, o programa adquiriu o nome que mantém até hoje (Programa de Aperfeiçoamento de Ensino) e foi aberto à participação de mestrandos.[32]

Em 1999, foi regulamentado pela portaria GR nº 3.190, de 26 de outubro, passando a ter um novo formato, tornando obrigatória a etapa de preparação pedagógica, que antecederia a etapa do Estágio Supervisionado.[33] A partir de então, ele tem sofrido outras alterações com novas portarias, mas sem modificações no que se refere a essa estrutura de duas etapas.

A Etapa de Preparação Pedagógica assume diferentes características de acordo com a forma como a Unidade de Ensino a estrutura, podendo ser encontrada em três modalidades: uma disciplina de pós-graduação oferecendo créditos, cujo conteúdo estará voltado para as questões da Universidade e do Ensino Superior; um conjunto de conferências, com especialistas da área de educação, condensadas em tempo menor, tendo como tema as questões do Ensino Superior; ou um núcleo de atividades, envolvendo preparo de material didático, discussões de *curriculum*, de ementas de disciplinas e planejamento de cursos, coordenadas por professores.[34]

Já a Etapa de Estágio Supervisionado em Docência é realizada especificamente em disciplinas de graduação, devendo o interessado se inscrever na Unidade de Ensino da área de conhecimento pertinente ao seu curso.[35]

O PAE é opcional para os alunos de pós-graduação da USP, exceto para aqueles que são contemplados pela Bolsa Demanda Social da CAPES, cujo regulamento obriga à realização de estágio.[36]

2.2 Disciplina de Monitoria Didática

Como mencionado anteriormente, ainda não foram realizados estudos sobre as disciplinas de Monitoria Didática do PPGCC/USP. Desse modo, basicamente, o que se tem de informação é o que se encontra na ementa da disciplina e também os regulamentos do PPGCC/USP,[37,38,39] sendo que a disciplina, de acordo com informação obtida junto à Seção de Pós-Graduação da FEA, passou a ser ofertada a partir de 2010. No regulamento anterior a 2014 não consta se era obrigatória ou não, mas a partir de 2014 passou a figurar como disciplina obrigatória para os alunos do Doutorado do PPGCC/USP.

Conforme a ementa da disciplina, ela vem ao encontro do propósito de formar docentes para o campo das Ciências Contábeis, tendo em vista que os objetivos do curso de mestrado e doutorado em Ciências Contábeis são de formar e desenvolver pesquisadores e também formar professores da área de concentração do Programa. Nesse sentido, a disciplina busca familiarizar o aluno do programa de pós-graduação com o planejamento, a preparação, a condução e a avaliação das atividades presentes em uma disciplina do Departamento de Contabilidade e Atuária e seus problemas operacionais, preparando o estudante para assumir o papel de docente. Com tal propósito, o pós-graduando atuará como monitor, acompanhando uma disciplina de graduação de sua área de concentração durante um semestre letivo, sob orientação direta de um professor do curso de graduação em Ciências Contábeis, em tarefas típicas da atividade docente: acompanhar o planejamento da disciplina, ao início do semestre letivo; acompanhar as aulas ministradas pelo professor responsável; apoiar o professor em todas as suas atividades docentes; ajudar no desenvolvimento de material didático; aplicar exercícios e assistir os alunos; ajudar na correção de exercícios e provas e ajudar no controle de frequência e emissão de notas finais.

Ainda se destaca que as atividades não incluem a substituição do professor, mas sim estar em sala de aula acompanhando as atividades do professor. E também não se faz menção em relação à possibilidade de o monitor ministrar alguma aula sob a supervisão do professor responsável pela disciplina.

Em uma comparação inicial com o PAE, observam-se algumas diferenças. Primeiramente, enquanto o PAE é de caráter parcialmente voluntário, sendo obrigatório somente para bolsistas da CAPES, a Monitoria Didática, ao menos a partir de 2014, é obrigatória para todos os alunos do doutorado. Outro ponto é que no PAE alguns alunos recebem bolsa e podem receber dois créditos. Já a Monitoria Didática, por se tratar de uma disciplina, não oferece remuneração, mas somente quatro créditos. E, ainda, enquanto o PAE, além do estágio supervisionado, possui uma etapa de preparação pedagógica obrigatória, a Monitoria Didática não tem essa etapa.

3. Reflexão sobre a prática e formação docente

"As reflexões sobre o processo de formação docente apontam duas grandes tendências (modelos) norteadoras dessa formação: a do racionalismo técnico × racionalismo prático."[40] Nesse sentido, o racionalismo técnico se baseia na premissa de que a formação consiste em ensinar os conhecimentos científicos e que estes oferecem o respaldo para a atividade prática, ou seja, que os problemas encontrados na prática são enfrentados por meio da aplicação dos princípios e conhecimentos científicos.

Contrapondo-se a esse pensamento, surge a ideia do "pensar reflexivo", da "reflexão sobre a prática", e mais tarde do "professor reflexivo", que fazem parte do racionalismo prático. Essa ideia do pensar reflexivo tem sua origem no trabalho de Dewey,[41] que discutiu a natureza e as características do pensamento reflexivo. Segundo ele, o pensar reflexivamente abrange um estado de dúvida, hesitação, perplexidade, dificuldade mental, o qual origina o ato de pensar e de pesquisar, procurar, inquirir para encontrar material que resolva a dúvida assente, esclareça a perplexidade.[42]

Com base nas ideias de Dewey, Donald Schön desenvolveu seu trabalho sobre o profissional reflexivo. Ele apresenta argumentos que vão contra a racionalidade técnica, no sentido de que os conhecimentos científicos possuem limitações na aplicação aos problemas práticos e reais, pois estes não são estruturas bem definidas que permitem uma aplicação imediata de tais conhecimentos para solucioná-los.[43]

Nesse contexto, Schön, no que se refere à formação profissional, propõe que ela seja baseada

> na *epistemologia da prática*, ou seja, na valorização da prática profissional como momento de construção do conhecimento, através da reflexão, análise e problematização desta, e o reconhecimento do conhecimento tácito, presente nas soluções que os profissionais encontram no ato.[44]

Para tal, Schön[45,46] propõe três momentos distintos para o processo de reflexão: **a reflexão na ação, a reflexão sobre a ação e a reflexão sobre a reflexão na ação. Assim, no caso da docência, o primeiro momento seria relacionado à reflexão que ocorre durante a aula, o segundo seria uma reflexão após a aula, e a última uma reflexão sobre a reflexão realizada, a fim de atribuir significados e pensar em ações**.

Tem-se, portanto, a ideia de formação como um *continuum*, onde a formação inicial é a primeira fase de um longo e diferenciado processo de desenvolvimento profissional, que exige novos parâmetros para a formação de professores, que deve priorizar a reflexão, a criação, o conceber e executar projetos pedagógicos, na perspectiva do professor que participa em seu próprio processo de aprendizagem.[47]

No Brasil, as ideias de Schön foram inseridas no cenário educacional em 1992 a partir do livro *Os professores e a sua formação*, de Antônio Nóvoa.[48] E, apesar de ter uma forte repercussão tanto no cenário nacional como no internacional, possibilitando repensar o modelo de formação profissional baseado na racionalidade técnica, a proposta de Schön também foi criticada, principalmente pela reflexão da prática dissociada da teoria e por dar ênfase a uma reflexão individualizada:

> Sem dúvida, ao colocar em destaque o protagonismo do sujeito professor nos processos de mudanças e inovações, essa perspectiva pode gerar a supervalorização do professor como indivíduo. Nesse sentido, diversos autores têm apresentado preocupações quanto ao desenvolvimento de um possível "praticismo", daí decorrente, para o qual bastaria a prática para a construção do saber docente; de um possível

"individualismo", fruto de uma reflexão em torno de si própria; de uma possível hegemonia autoritária, se considera que a perspectiva da reflexão é suficiente para a resolução dos problemas da prática; além de um possível modismo, com uma apropriação indiscriminada e sem críticas, sem compreensão das origens e dos contextos que a geraram, o que pode levar à banalização da perspectiva da reflexão. Esses riscos são apontados por vários autores.[49]

Nesse sentido, é importante considerar tais críticas, pois elas enriquecem a ideia de reflexão sobre a prática. Portanto, ao olhar para o PAE e a Monitoria Didática, olhou-se para o processo de reflexão, buscando avaliar também como a formação teórica está inserida e se ela ocorre de forma individual ou coletiva, por exemplo.

Assim, com o objetivo de examinar o PAE e as disciplinas de Monitoria Didática como ações de formação docente por meio da prática e da reflexão sobre a prática docente, foi realizado um estudo qualitativo que teve como principal fonte de evidências entrevistas realizadas com estagiários do PAE e/ou monitores, professores supervisores, além de entrevistas com alunos da graduação.

Nesse sentido, foram realizadas entrevistas com 31 estagiários/monitores, 19 professores e 18 estudantes da graduação, sendo que os dois primeiros grupos foram compostos somente por alunos, ex-alunos e professores do PPGCC. Já no que se refere a alunos de graduação, foram ouvidos estudantes dos cursos de Administração, Contabilidade e Economia da Faculdade de Economia, Administração e Contabilidade (FEA-USP).

E, para confrontar as percepções de estagiários, professores e professoras e estudantes de pós-graduação, buscando-se uma melhor compreensão que permitisse qualificar a contribuição do PAE e da Monitoria Didática para a reflexão sobre a prática docente, foi utilizada a análise de conteúdo.

A seguir serão apresentados os resultados obtidos nas entrevistas com os professores e/ou pós-graduandos, destacando dificuldades enfrentadas na docência e conhecimentos didático-pedagógicos que os mesmos julgam relevantes para a atuação docente. Na sequência, será abordada a visão dos entrevistados em relação ao papel da pós-graduação no que concerne à teoria e prática referente à docência na pós-graduação e, especificamente, o estágio supervisionado, abrangendo como ele é atualmente e o que os professores, alunos da graduação e principalmente os estagiários esperam dessa atividade.

4. Como a pós-graduação pode auxiliar no processo de aprender a ensinar?

4.1 Dificuldades dos docentes e conhecimentos necessários

Nas entrevistas, tanto com estagiários quanto com os professores e professoras, foram apresentadas duas questões que tentavam identificar quais eram as principais

Capítulo 11

dificuldades didático-pedagógicas que encontraram no início da sua atuação como docentes e que tipo de conhecimentos didático-pedagógicos julgam relevantes para o início da carreira. Esses conhecimentos (sintetizados na Figura 1), sejam os referentes às dificuldades enfrentadas ou os que sentiram falta na formação inicial, podem ser relevantes para se pensar no que a formação docente pode se concentrar, tanto em termos de atividades como PAE e monitoria, por exemplo, como em termos de disciplinas a serem estruturadas e oferecidas pelos programas.

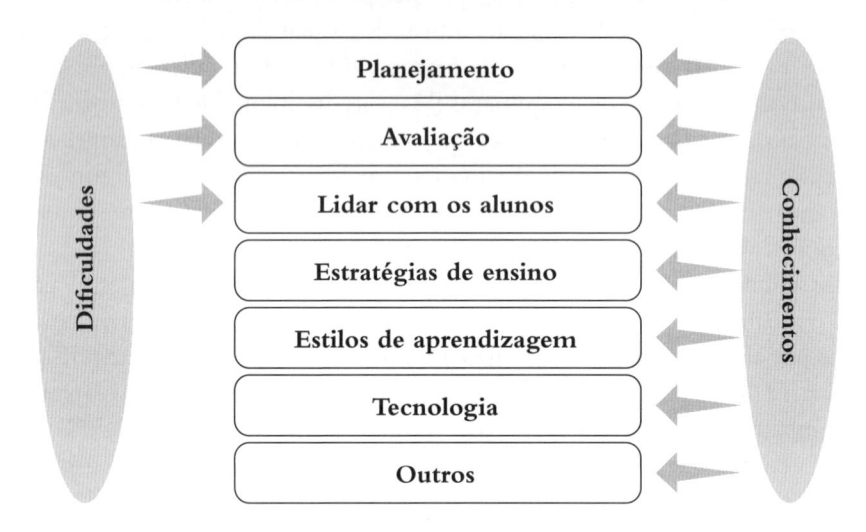

```
Dificuldades → Planejamento ← Conhecimentos
              → Avaliação ←
              → Lidar com os alunos ←
                Estratégias de ensino ←
                Estilos de aprendizagem ←
                Tecnologia ←
                Outros ←
```

Fonte: Elaborada pela autora.

Figura 1. Síntese das principais dificuldades e conhecimentos

As adversidades que se mostraram mais recorrentes foram o **planejamento, a avaliação e dificuldades de lidar com os alunos**. Com relação ao **planejamento**, foram apresentados alguns problemas que se relacionavam, sobretudo, ao dimensionamento do tempo para realização de atividades e distribuição de conteúdo por aulas, de elaboração de programas de disciplinas e de objetivos de aprendizagem.

Com relação à **avaliação**, a preocupação com adequação, coerência e justiça, em termos de considerar o momento de avaliação como um momento de julgamento, era recorrente, revelando a compreensão dessa avaliação como uma forma de determinar se o estudante deve ser aprovado ou não. Ou seja, era uma reflexão sobre a prova subsidiando o julgamento a respeito da aprovação ou reprovação. Não houve referência à avaliação como forma de identificar os pontos que precisam ser retrabalhados ou como uma forma de *feedback* para o estudante e para o professor.

Outro ponto referido é a **dificuldade de lidar com o estudante**, remetendo à questão de relacionamento interpessoal entre docente e discente, como saber estabelecer limites, saber se impor e, também, saber reconhecer limitações e respeitá-las.

Na questão de conhecimentos que os entrevistados acham importantes para o início da docência apareceram, também, os aspectos relativos a **planejamento, lidar com os alunos e avaliação**. Mas foram elencados, igualmente, por vários entrevistados, a importância de se ter conhecimentos **de técnicas ou estratégias de ensino** diferentes das tradicionais, ou seja, diferentes da aula expositiva. Muitos destacaram que na sua formação tiveram como modelo predominante a aula expositiva e acabam não sendo apresentados a outras técnicas ou metodologias para utilizar em sala de aula, terminando por reproduzir aquilo a que foram expostos durante sua formação.

Ainda foram mencionados como conhecimentos relevantes a questão dos **estilos de aprendizagem e dos aspectos relacionados à tecnologia**, sendo ambos atrelados às estratégias de ensino. A questão dos estilos de aprendizagem foi tratada como a necessidade de compreender quem é o estudante e como trabalhar o conteúdo em sala de aula, considerando a diversidade de estilos de aprendizagem dos alunos a fim de atingir os objetivos da disciplina. Já no que concerne à tecnologia, também se considerou como uma oportunidade de trazer novas formas de lidar com o ensino.

Além disso, foram apontados conhecimentos sobre gestão universitária, a questão da inclusão, formação relativa à orientação de trabalhos acadêmicos (artigos, trabalhos de conclusão de curso, dissertações, teses, entre outros) e, também, conhecimentos relativos à psicologia, à sociologia, à filosofia e à política.

Nesse contexto, cabe questionar qual seria o papel da pós-graduação e como os conhecimentos poderiam ser trabalhados, caso fossem trabalhados. Nesse sentido, a seguir será examinada um pouco a visão em relação ao papel da pós-graduação e o que poderia oferecer em termos de estrutura para a formação docente.

4.2 Teoria, prática e o papel da pós-graduação

Em consonância com o que trata a literatura, a percepção em relação à formação na pós-graduação é vista pelos entrevistados também como muito mais voltada à formação com foco na pesquisa do que para a docência. Muitos acham que a pós-graduação deveria oferecer algum tipo de formação para a docência, até tendo em vista a função social dos programas de pós-graduação. Para outros, bastaria a oferta de uma disciplina. Porém, há quem acredite ser necessária uma formação tanto teórica quanto prática. Por outro lado, há ainda os que creem não ser papel da pós-graduação oferecer essa formação docente, seja pelo fato de que o tempo é muito curto e já há outras formações para tratar, seja porque acreditam que a pós-graduação deveria ter como foco formar pesquisadores. Para estes, o papel de formação docente deve ser atribuído, por exemplo, às instituições que contratam o professor. E, mesmo entre os que apostam no papel da pós-graduação de oferecer formação docente, também há controvérsias entre ser de cunho obrigatório ou optativo.

Entre os entrevistados, aqueles que defendem que as ações de formação devem ser optativas argumentam que nem todas as pessoas que fazem pós-graduação querem, realmente, seguir na docência. Além disso, também são apontados os aspectos de carga horária referente a outras atividades e a possibilidade de menor comprometimento com as atividades de formação docente, quer seja disciplina, quer seja a monitoria, se forem obrigatórias. No entanto, caso as atividades relacionadas à formação docente sejam optativas, pela questão de tempo necessário para as outras atividades, percebe-se que, mesmo tendo algum interesse, os pós-graduandos, às vezes, acabam não cursando a disciplina de metodologia do ensino, por exemplo. Outros entrevistados e entrevistadas apontam para a necessidade de que, em vez de se pensar na questão de obrigatoriedade ou não, seja incentivada e reforçada a importância de buscar uma formação docente, inicial e contínua.

Nesse contexto, a fim de aproveitar a grade de disciplinas já ofertadas e considerando as barreiras de tempo, volume de disciplinas e atividades do mestrado e doutorado, uma sugestão apresentada é a de **trabalhar as questões de ensino dentro das próprias linhas de pesquisa**. Ou seja, assim como já se trabalha a pesquisa por meio da elaboração de projetos ou artigos científicos nas disciplinas, também se poderia pensar em trabalhos que se voltassem para construir propostas e efetuar pesquisas sobre como poderiam ser ministrados os conteúdos para a graduação, por exemplo. Outra sugestão apresentada seria ofertar a **disciplina de curta duração**, para haver mais chances de atrair os pós-graduandos vinculados a outras linhas de pesquisa que não a linha de ensino e pesquisa contábil.

No entanto, apesar dessas controvérsias, é importante retornar aos conhecimentos mencionados na seção anterior, como metodologias do ensino e estilos de aprendizagem, por exemplo. Será que a monitoria ou o estágio do PAE conseguem trabalhar esses conhecimentos? Ainda mais se considerarmos que, de acordo com as entrevistas, a maioria das estratégias utilizadas em aula ainda se concentra na aula expositiva.

Além disso, apesar de o PAE ter uma preparação pedagógica e de algumas pessoas até terem achado as palestras interessantes, outros acharam que foi apenas uma atividade burocrática necessária para fazer o estágio. Além disso, não foi possível identificar uma articulação entre a etapa de preparação pedagógica e o estágio docência, no sentido de contribuir para a reflexão sobre o ensino. Já o fato de ter cursado uma disciplina foi apontado por uma das entrevistadas como um ponto importante para que ela pudesse refletir sobre o estágio docência e por outros entrevistados como algo muito importante na sua formação docente.

Desse modo, **é essencial refletir a respeito da relevância de se ter uma parte teórica também atrelada à prática**. Assim, é crucial uma caixinha de ferramentas, ou seja, o conhecimento sobre várias metodologias para poder optar por usar o que se julgar melhor diante de cada situação.[50] Mas, se o aluno não tiver essa caixa de ferramentas, será que a reflexão e o aprendizado dele na monitoria não ficam limitados? Afinal, ele só terá como subsídios para refletir sobre o estágio, nas suas experiências anteriores como aluno ou, eventualmente, como docente, a própria experiência do estágio, sem ter um arcabouço teórico que permita também pensar em alternativas.

Nesse contexto, também foram sugeridas, como opção de formação teórica para a docência, **atividades de menor duração** como *workshops*, seminários, minicursos, que incluíssem também interação com outras áreas. Ainda no que se refere a alternativas, na parte da prática, foram citados como exemplos cursos oferecidos pelos próprios pós-graduandos, a organização pelos estudantes de algum minicongresso sobre docência ou uma revista voltada para a parte de ensino na nossa área, ou um trabalho em conjunto para pensar na estruturação de cursos/disciplinas e atividades de extensão em escolas públicas.

4.3 Estágio docência e reflexão sobre a prática docente

Tanto o PAE quanto a Monitoria Didática são vistos pelos estagiários e pelos professores como atividades que se diferenciam por aspectos formais e estruturais. O PAE é uma atividade institucional da Universidade de São Paulo, que é realizada de forma obrigatória pelos pós-graduandos bolsistas da CAPES. No PAE, há a possibilidade de receber uma bolsa. Há uma etapa de preparação pedagógica anterior ao estágio, obrigatória, e uma carga horária semanal de seis horas, que implica a concessão de dois créditos aos alunos do Programa de Pós-Graduação em Contabilidade da USP. Já a Monitoria Didática é uma disciplina do PPGCC/USP, que dá direito a quatro créditos, sendo obrigatória para os doutorandos do programa.

No entanto, no que concerne a atividades, os professores, unanimemente, afirmam que não fazem diferenciação entre as atividades que delegam aos alunos da pós-graduação, que chegam a eles quer como estagiários do PAE, quer como monitores inscritos na disciplina de Monitoria Didática. Além disso, a maioria dos estagiários e monitores também acredita que as atividades variam de professor para professor e não por ser do PAE ou da Monitoria Didática. Por esse motivo, ambas as atividades foram tratadas de maneira conjunta, como sendo duas formas de estágio docência. Ou seja, buscou-se entender as percepções dos estagiários e dos supervisores em relação ao que seria um estágio docência que pudesse contribuir para a formação docente, considerando a teoria subjacente de Schön, a teoria da reflexão sobre a prática.

4.3.1 Estagiários

A seguir será tratado o estágio do ponto de vista dos estagiários e/ou monitores, tentando entender o que seria um estágio docência ideal na sua percepção. Alguns dos entrevistados mencionam que, independentemente de como foi a monitoria ou o estágio do PAE, puderam refletir sobre a docência, pois é algo intrínseco a eles. Ou seja, sempre procuram fazer reflexões a respeito de todas as aulas de que participam ou a que assistem, independentemente de as considerarem boas, ruins ou de como estiveram envolvidos.

No entanto, considerando a forma de condução e as atividades desenvolvidas, foram destacados os aspectos apresentados na Figura 2.

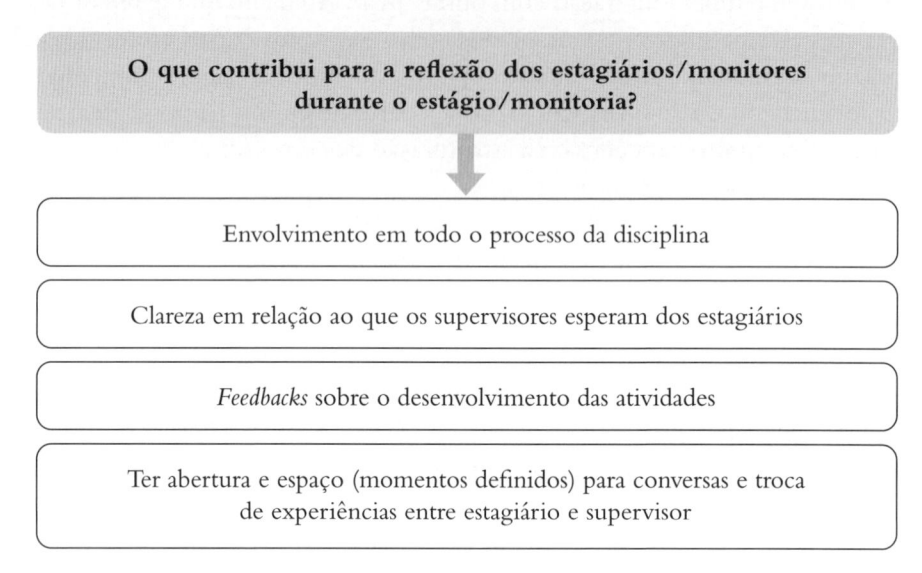

O que contribui para a reflexão dos estagiários/monitores durante o estágio/monitoria?

- Envolvimento em todo o processo da disciplina
- Clareza em relação ao que os supervisores esperam dos estagiários
- *Feedbacks* sobre o desenvolvimento das atividades
- Ter abertura e espaço (momentos definidos) para conversas e troca de experiências entre estagiário e supervisor

Fonte: Elaborada pela autora.

Figura 2. Principais aspectos que contribuem com a reflexão sobre a prática docente, na visão dos estagiários/monitores

O que foi visto como mais enriquecedor em termos de aprendizado e reflexão sobre a prática docente foi o fato de **poder participar de todo o processo da disciplina**, ao longo do semestre. Dessa forma, consideraram que era importante não só desenvolver uma ou outra atividade isolada, mas também participar de toda a experiência, **do planejamento à avaliação final do aprendizado**.

No entanto, cabe destacar que é preciso que se tome cuidado para que esse envolvimento não seja excessivo ao ponto de sobrecarregar o estagiário do PAE ou o monitor. Algumas falas dão conta da preocupação com sobrecarga de atividades que pode recair sobre o PAE e da importância de alertar os professores para que as atividades prevejam um número limitado de horas de dedicação.

No que concerne a participar de todo o processo, há um ponto que não é consenso, que seria o fato de o aluno ministrar alguma aula sob a supervisão do professor. Há pessoas que consideram que isso é importante e deveria ser obrigatório. Já outros destacam que, na verdade, a aula se torna interessante a partir do momento em que o estagiário realmente tiver participado do processo, não como uma atividade isolada.

Ainda, há quem argumente que o importante não é ministrar uma aula em si, no sentido de aula expositiva, mas, sim, ter a oportunidade de participar ativamente do processo de preparação da aula. E, por fim, há outro grupo que argumenta que a ministração de aulas não é necessariamente algo que contribui muito para a formação ou que deva ser obrigatório.

Outro ponto levantado pelos entrevistados e entrevistadas que atuaram como estagiários ou monitores é que é importante que os supervisores **deixem claro o que esperam deles e deem** *feedbacks* **após o desenvolvimento das atividades**. Alguns manifestaram ter ficado perdidos em relação ao que se esperava que fizessem, ou sobre se o que estavam fazendo atendia às expectativas. Além disso, o fato de receber *feedbacks* sobre as atividades realizadas, por exemplo a forma como realizaram alguma correção, ajuda a refletir acerca de como desenvolver esse tipo de atividade. E esse é o intuito do PAE e da Monitoria Didática como ações formativas.

Ainda no que se refere ao estágio do PAE ou à monitoria, foi destacado como relevante que ocorressem **conversas que permitissem a troca de experiências e ideias entre supervisores e estagiários**. Esses momentos foram apontados por alguns entrevistados como os que mais suscitavam a reflexão. Ressaltaram que é importante que se tenha, além de abertura para dar e receber *feedbacks* ou sugestões e trocar experiências, espaços para isso. Ou seja, é necessário tentar definir momentos em que isso vai ocorrer, até para incentivar o monitor a pensar em sugestões e ter uma atitude mais ativa em relação à disciplina. Além disso, foi destacado que, caso não se tenha um ambiente em que fique claro para o monitor que pode dar sugestões e que há abertura por parte do supervisor, pode acontecer de ele não fazer isso simplesmente por medo de estar sendo invasivo.

Quanto aos reflexos positivos da monitoria ou estágio do PAE, foram destacados alguns pontos em relação à graduação e mudanças que ocorreram nas atuações das pessoas que já eram professores antes de atuar no PAE ou na Monitoria Didática. Ou seja, foram relatados aspectos em que conseguiram repensar a sua prática pedagógica. Alguns exemplos desses aspectos são:

1. possibilidade de trazer ideias novas ou outro olhar: nos exemplos mencionados, observa-se que a monitoria pode contribuir com ideias novas tanto para o supervisor, quanto para o estagiário e, também, o monitor como observador pode contribuir com outro olhar em relação à turma e/ou atividades que estão sendo desenvolvidas;
2. o estagiário poder trazer experiências que complementem as aulas;
3. a possibilidade de haver mais de uma pessoa em sala de aula para ajudar os alunos;
4. o monitor servir como um canal de comunicação entre os alunos e o professor, em função de alguns alunos, às vezes, se sentirem mais à vontade para falar com ele do que com o docente da disciplina;

5. possibilidade dos plantões de monitoria;
6. o monitor repensar suas práticas pedagógicas em função da experiência na disciplina.

4.3.2 Supervisores

Quanto aos supervisores, há visões diferentes em relação a quais são as atividades que solicitam dos seus monitores e quais são as atividades que eles deveriam desenvolver. Um grupo acredita que o monitor deve ser envolvido em todo o processo e diz que busca colocar isso em prática. Outro grupo sustenta que o monitor deveria ser mais envolvido. No entanto, devido à dificuldade de saber o que o estagiário realmente pode fazer, por medo de talvez acabar infringindo as regras do PAE e/ou monitoria, acaba não envolvendo tanto o pós-graduando como acha que deveria.

Isso demonstra uma necessidade que os estagiários também manifestaram: de que **haja clareza para ambas as partes do que são o PAE e a Monitoria Didática e qual é o papel do monitor ou estagiário do PAE e do supervisor**, nesse contexto. De tal maneira, para que também não ocorram tantas diferenças entre as atuações dos monitores e/ou estagiários PAE, foi sugerido que, de alguma forma, ocorram reuniões entre os professores ou que os professores conversem entre si para chegar a um consenso mínimo de como desenvolver as monitorias e o PAE, de modo a contribuir de efetivamente para a formação docente dos pós-graduandos que participem dessas atividades.

Quanto a cativar o estagiário PAE ou o monitor em todo o processo, uma das maiores dificuldades é a **questão de envolvê-los na parte do planejamento**. Isso devido à diferença temporal entre o momento em que o monitor e o estagiário do PAE começam a atuar com o docente e o momento em que o docente faz o planejamento das aulas. Alguns alegam que, como o planejamento já está pronto bem antes, isso dificulta envolver o monitor na parte de planejamento. Nesse sentido, uma alternativa que pode ajudar é o que alguns professores fazem ao iniciar o semestre: apresentar o planejamento e consultar o monitor sobre a opinião dele em relação ao que vai ser desenvolvido, além de oportunizar conversas ao longo do semestre sobre ajustes e eventuais mudanças que possam ser realizadas; e, no final do semestre, se reunirem novamente para fazer a avaliação do que ocorreu ao longo do desse tempo, e pensar em melhorias para os semestres seguintes.

Outra mudança que poderia ajudar seria não colocar a Monitoria Didática no primeiro semestre do doutorado. Isso poderia contribuir para solucionar outro problema apontado por alguns supervisores e estagiários: o fato de o monitor ser alocado para uma disciplina com que não necessariamente ele tem afinidade ou conhecimento. Além disso, caso as monitorias fossem em um estágio posterior do doutorado e desde o início os pós-graduandos fossem orientados sobre os objetivos da monitoria e como será desenvolvida, isso poderia ajudar a dar um tempo para que os doutorandos pudessem pensar sobre com quem gostariam de atuar e estabelecessem contato com os professores antecipadamente, além de talvez ser possível pensar em mecanismos para que o estagiário possa de alguma forma ser mais envolvido na fase de planejamento da disciplina.

Quanto à possibilidade de dar alguma aula, a maioria dos professores supervisores entrevistados acha que é uma atividade importante. Alguns já têm um rol de atividades a serem realizadas pelos monitores ou estagiários que inclui a ministração de uma aula. Ou seja, buscam oferecer sempre ao estudante essa oportunidade. Outros o fazem com alguns estagiários. Outros, ainda, não o fazem, pois acham que não é permitido ao pós-graduando realizar essa atividade. E, finalmente, um professor mencionou que acha que os seus monitores não devem realizar esse tipo de atividade, até porque o monitor/estagiário muda todo semestre e dividir as atividades pode ser arriscado, no sentido de prejudicar os alunos da graduação, já que em um semestre o monitor/estagiário pode ter uma ótima desenvoltura e, no outro semestre, outro monitor/estagiário pode não vir a desempenhar as atividades adequadamente.

Quanto à troca de experiências e *feedbacks*, alguns professores mencionam que tentam realizar discussões com os monitores e/ou estagiários e buscam dar *feedbacks* em relação às atividades que os desenvolvem. No entanto, muitas vezes esse *feedback* acontece de maneira informal, não tendo um espaço estruturado para isso, como, por exemplo, reuniões periódicas ou conversas definidas para acontecerem antes ou depois da aula. Alguns acreditam que poderiam dar mais *feedbacks*. Além disso, no quesito receber sugestões ou *feedbacks* dos monitores e/ou estagiários, a maioria menciona que acha importante, sendo que alguns dizem questionar, às vezes, os monitores em relação a esse ponto. Um dos professores até solicita *feedbacks* de maneira mais formal, por meio de um relatório elaborado pelo monitor/estagiário ao final do semestre. Mas muitos alegam que os *feedbacks* e sugestões advindos dos pós-graduandos ainda ocorrem de forma tímida.

Nesse contexto, cabe destacar que, em relação à preparação das aulas, a maioria dos professores manifestou uma reflexão mais individual, levando em conta suas próprias experiências como aluno e como professor e, também, o *feedback* dos estudantes da graduação. Ao questionarmos sobre ter espaços de troca de experiências e sobre a reflexão com outros professores, todos manifestam que isso era importante e que, intradepartamento, alguns até o fazem, mas de maneira muito informal e em pequenos grupos. A maioria acha que poderia haver ações que tornassem essa reflexão conjunta entre os professores mais estruturada. Nesse contexto, apesar de a monitoria e o PAE não resolverem esta última questão, como já são ações disponíveis e, de acordo com os relatos dos entrevistados, por terem potencial de espaços de troca de experiências e reflexão conjunta, vê-se mais um motivo para buscar uma melhoria contínua no processo de monitoria e de PAE, a fim de permitir cada vez mais que possa, de alguma forma, ocorrer a reflexão conjunta sobre o ensino na graduação, permitindo, assim, que tanto o aluno da pós-graduação tenha aprendizado sobre docência, como também vislumbre oportunidades de repensar sua própria atuação e ter novos *insights* sobre sua prática pedagógica.

Apesar de, como mencionado na seção anterior, os *feedbacks* e sugestões dos monitores e estagiários serem considerados tímidos, a maioria dos professores vê de forma positiva a participação dos estagiários e cita reflexos positivos e melhorias para suas aulas na graduação.

4.3.3 Visão dos alunos da graduação

Em relação aos estudantes da graduação que foram entrevistados, a primeira questão buscava constatar se eles conseguiam diferenciar os estudantes da pós-graduação que atuavam como estagiários por meio da Monitoria Didática e do estágio do PAE. Nesse sentido, todos manifestaram não ter conhecimento sobre a diferença entre o PAE e a Monitoria Didática. Assim, para eles, todos eram considerados monitores da pós-graduação. Desse modo, conduziram-se as entrevistas tratando as duas atividades como sinônimas.

Quanto às entrevistas, é importante destacar que foram entrevistados estudantes dos cursos de Ciências Contábeis, Administração e Economia. Esses estudantes não têm aulas somente com professores do Departamento de Contabilidade ou da Faculdade de Economia, Administração e Contabilidade (FEA), mas também de diversos departamentos da USP.

Em relação às atividades desempenhadas pelos monitores, os comentários dos alunos denotam que a participação varia dependendo do professor e/ou da disciplina cursada. Alguns monitores, por exemplo, assistem a todas as aulas e têm uma participação mais ativa. Outros nem chegam a assistir a aulas, estando disponíveis apenas para tirar dúvidas por *e-mail*, ou ofertar plantão de dúvidas. Alguns só vão a alguma aula e aplicam provas.

Quanto a assistir às aulas, nem todos os estudantes da graduação acharam que é algo essencial. Nesse sentido, alguns apontam que a simples presença do monitor em aula não faz diferença. Mas indicam que **uma participação mais ativa do monitor é interessante**, pois ajuda a complementar a aula do professor com outras visões. Além disso, apesar de alguns estudantes apontarem que a procura pelos monitores para tirar dúvidas tinha muita relação com a dificuldade da disciplina, outros mencionam que a presença do monitor em sala, ainda mais se participando ativamente, também abre caminhos para que eles se aproximem mais dos monitores, seja para tirar dúvidas ligadas à disciplina, seja para conversar sobre outros assuntos não diretamente relacionados a ela. No entanto, no que se refere à participação dos monitores, alguns afirmam que, além da postura dos monitores variar, há professores que dão uma abertura maior para o monitor participar.

Ainda, em relação a aspectos não relacionados diretamente à disciplina, os monitores também foram apontados como **pontes entre os estudantes da graduação** e a pesquisa e/ou mercado de trabalho. Nesse sentido, alguns mencionam que acharam muito importante quando os monitores apresentam um pouco das suas pesquisas e/ou trazem suas experiências do mercado de trabalho, pois, após isso, vislumbram novas possibilidades e têm, também no monitor, alguém para conversar sobre esses assuntos.

Outro ponto positivo apontado foi a questão de **haver mais de uma pessoa a quem recorrer** em sala de aula: o professor e o monitor. Além disso, alguns manifestaram que se sentem mais confortáveis para tirar alguma dúvida com o monitor do que recorrer ao professor diretamente, fato que também foi mencionado por alguns estagiários e professores nas suas entrevistas, além de o monitor poder ser uma ponte de comunicação entre o professor e os alunos, como já relatado.

Ainda, quanto à participação dos monitores fora de sala de aula e/ou tirando dúvidas, a maioria dos estudantes não soube dizer se os monitores ajudavam o professor de outras formas. Mas alguns destacaram o fato de a correção de exercícios ou a postagem de materiais serem pontos positivos, por permitirem agilizar o processo, **dando *feedbacks* mais rápidos em relação às atividades e mantendo os materiais mais organizados**.

Uma aluna também relatou contribuições para a graduação advindas de sugestões e materiais complementares trazidos pelos monitores. Outro estudante comentou que existe a possibilidade de o professor utilizar com mais facilidade outras técnicas, apesar de não necessariamente isso acontecer com frequência.

Quanto a **aspectos negativos**, foram apontados determinados casos de monitores que pareciam estar realizando a atividade por obrigação, além da questão de monitor e professor parecerem não estar se comunicando bem entre si, o que causou dificuldade em relação a atividades desenvolvidas e, também, o fato de se deixar o estagiário sozinho em sala de aula realizando alguma atividade sem acompanhamento do supervisor, como aplicar prova, fazer avaliação de trabalhos ou dar alguma aula.

Enquanto sugestões, alguns estudantes sugeriram que **gostariam de ver o monitor ministrar alguma aula**, por acharem que ele pode dar uma dinâmica diferente em sala de aula além de isso contribuir para a formação do monitor como futuro docente.

No geral, os estudantes de graduação percebem como positiva a participação dos monitores. Mas essa participação acaba ficando muito no âmbito de tirar dúvidas. Eles avaliam como bom ter alguém disponível para tirar dúvidas. Caso tenham monitores da graduação e da pós-graduação, há estudantes que dizem sentir-se mais confortáveis para recorrer a um ou a outro. Os que recorrem aos monitores da pós afirmam que sentem mais confiança pelo fato de eles terem um conhecimento mais amplo. Os que preferem recorrer aos monitores da graduação argumentam que se sentem mais próximos a eles do que aos monitores da pós e, também, porque, muitas vezes, os procuram para tirar dúvidas de listas, ou seja, dúvidas mais pontuais e que acreditam que os alunos da pós são para tirar dúvidas mais complexas. Além disso, pontuam sobre o fato de, no geral, não terem plantão já institucionalizado, e acham mais burocrático mandar *e-mail* para marcar um horário, restringindo-se mais a tirar eventuais dúvidas nos intervalos das aulas.

Ainda cabe destacar que, apesar de os estudantes não manifestarem que conseguem perceber a questão de troca de experiências e reflexão entre professor e pós-graduandos, salvo alguns casos específicos mencionados, eles notam de forma positiva a presença dos monitores e, também, **manifestam que acham importante a participação ativa dos monitores nas aulas**, como complemento às mesmas e como forma de se criar uma ponte maior entre eles e os monitores, a fim de que procurem mais os monitores para conversar e tirar dúvidas, seja em relação à aula propriamente dita ou a assuntos de mercado de trabalho e pesquisa. Isso vem ao encontro do desejo dos monitores/estagiários em relação a dar aula e/ou ter uma participação mais ativa, sendo que pode até ser uma oportunidade de o aluno da pós-graduação dar alguma aula relacionada à sua pesquisa.

Também, considerando as sugestões, apresentadas por estagiários e supervisores, de realizar atividades de extensão para contribuir com a docência, o desejo dos estudantes de graduação em relação a ter mais informações sobre pesquisa pode ser uma oportunidade de pensar em minicursos, palestras ou apresentações relacionadas à pesquisa. Essa seria uma oportunidade de exposição para os pós-graduandos e, ainda, uma forma de ajudar os estudantes da graduação. Além disso, outra oportunidade de ensino apresentada é junto às entidades que, segundo um dos entrevistados, sentem falta de um entrosamento maior com os estudantes da pós-graduação, afirmando ter "vários problemas que, talvez, uma pessoa que já tenha passado por isso saiba resolver muito facilmente e a gente fica batendo a cabeça em várias coisas inúteis, assim, e perde muito tempo para uma coisa que talvez fosse simples". Dessa maneira, quem sabe os pós-graduandos pudessem oferecer minicursos ou algo de que as entidades estejam sentindo falta, por exemplo.

5. Considerações finais

Nesse contexto, foi possível constatar que um envolvimento em todo o processo atrelado a lecionar uma disciplina é importante para que os estagiários possam refletir sobre a docência e tenham um aprendizado mais efetivo. Também são importantes as conversas, trocas de experiências e *feedbacks* entre estagiários e supervisores. Esse tipo de participação do monitor muitas vezes não ocorre, por questão temporal, no que se refere ao momento em que o professor realiza o planejamento do semestre, por exemplo, por dúvidas referentes ao que o monitor pode e não pode fazer, advindas do desconhecimento das regras e normas do programa e da existência de um currículo oculto que perpetua algumas práticas, ou, até mesmo, pelo fato de o monitor não possuir conhecimento suficiente sobre o assunto tratado na disciplina.

Desse modo, observa-se a necessidade de um alinhamento entre supervisores e que ambas as partes, monitor e supervisor, tenham conhecimento sobre os objetivos das ações de formação do PAE e da monitoria, de suas responsabilidades e, também, de seu potencial para contribuir com a melhoria do ensino na graduação, por meio da reflexão conjunta sobre as práticas docentes. Foi possível perceber, tanto nas entrevistas com os estagiários quanto com supervisores e estudantes de graduação, que já há exemplos de reflexos positivos para a graduação advindos das monitorias/estágio PAE. Mas esses reflexos positivos ainda são pontuais e existem muitas oportunidades de melhoria.

Pode-se, por fim, afirmar que, da forma como se constitui hoje, a principal função do PAE e da monitoria é aproximar professores e estudantes de graduação, pela intermediação de estagiários PAE e monitores, uma vez que graduandos se sentem mais próximos dos pós-graduandos e mais confortáveis em compartilhar com eles dúvidas e preocupações. No entanto, os estudantes da graduação também apresentam ideias que vão ao encontro dos anseios dos estagiários, como ter uma participação mais ativa em sala de aula, sendo que para os alunos da graduação, nas vezes em que isso aconteceu, foi uma forma de complementar a aula do professor responsável pela disciplina. Além disso, a participação mais ativa dos monitores também pode contribuir para aproximar ainda mais os alunos da graduação e os da pós-graduação.

Como implicações, tem-se que é possível pensar em ações que possam contribuir com a melhoria do estágio do PAE e da Monitoria Didática, como as apresentadas na Figura 3.

Implicações na prática

- Buscar envolver o estagiário/monitor em todo o processo
- Tentar criar espaços (dias/horários) para a troca de ideias, sugestões e *feedbacks* entre supervisor e estagiário
- Dar oportunidades para o estagiário/monitor participar de forma ativa das aulas e até dar alguma aula
- Buscar pensar em formas de deixar mais claros os objetivos e as regras da Monitoria Didática e do PAE
- Talvez repensar alguns aspectos estruturais, como não colocar a Monitoria Didática no primeiro semestre

Fonte: Elaborada pela autora.

Figura 3. Implicações na prática

Essas ações, como visto na pesquisa, têm potencial de impactar de forma positiva a qualidade do ensino dos cursos de graduação, a formação docente e a prática pedagógica de professores em atuação e de professores em formação, em **um processo de colaboração e reflexão**. E, parafraseando Cora Coralina: **Feliz aquele que transfere o que sabe e aprende ensinando.**

Referências

Capítulo 0

[1] NOGUEIRA, D. R. **Vento da mudança**: estudo de caso sobre a adoção de ambientes virtuais no ensino presencial em contabilidade. 2014. Tese (Doutorado em Controladoria e Contabilidade: Contabilidade) – Faculdade de Economia, Administração e Contabilidade, Universidade de São Paulo, São Paulo.

[2] Pesquisa disponível para consulta em: https://desafiosdaeducacao.grupoa.com.br/licoes-covid-19-faculdades/. Acesso em: 2 jun. 2020.

[3] Reportagens dão conta de que apenas 6 das 69 universidades federais adotaram o ensino a distância durante o período de isolamento social decorrente da Covid-19, enquanto nas instituições particulares apenas 22% das faculdades não adotaram o ensino remoto (*vide* PAIXÃO, A. Só 6 das 69 universidades federais adotaram ensino a distância após paralisação por causa da Covid-19. **G1**, 14 maio 2020. Disponível em: https://g1.globo.com/educacao/noticia/2020/05/14/so-6-das-69-universidades-federais-adotaram-ensino-a-distancia-apos-paralisacao-por-causa-da-covid-19.ghtml. Acesso em: 2 jun. 2020).

[4] NGANGA, C. S. N.; BOTINHA, R. A.; MIRANDA, G. J.; LEAL, E. A. Mestres e doutores em Contabilidade no Brasil: análise dos componentes pedagógicos de sua formação inicial. **Revista Iberoamericana sobre Calidad, Eficacia y Cambio en Educación**, v. 14, n. 1, p. 83-99, 2016. Disponível em: https://doi.org/10.15366/reice2016.14.1.005. Acesso em: 2 jun. 2020.

[5] HILLEN, C.; LAFFIN, M.; ENSSLIN, S. R. Proposições sobre formação de professores na área Contábil. **Arquivos Analíticos de Políticas Educativas**, v. 26, n. 106, 2018. Disponível em: http://dx.doi.org/10.14507/epaa.26.3060. Acesso em: 2 jun. 2020.

[6] SLOMSKI, V. G.; ANASTÁCIO, J. B.; ARAUJO, A. M. P. de; SLOMSKI, V.; CARVALHO, R. F. Casos da prática educativa na aprendizagem da docência universitária. **Arquivos Analíticos**

Referências

de Políticas Educativas, v. 28, n. 33, 2020. Disponível em: https://doi.org/10.14507/epaa.28.5041. Acesso em: 2 jun. 2020.

[7] BARLOW, M. **Le métier d'enseigner**: essai de définition. Paris: Anthropos, 1999. p. 543.

[8] PUENTES, R. V.; AQUINO, O. F.; QUILLICI NETO, A. Profissionalização dos professores: conhecimentos, saberes e competências necessários à docência. **Educar**, v. 34, p. 169-184, 2009.

[9] SHULMAN, L. S. Those who understand: knowledge growth in teaching. **Educational Researcher**, v. 15, n. 2, p. 4-14, 1986.

[10] SHULMAN, L. S. Knowledge and teaching: foundations of the new reform. **Harvard Educational Review**, v. 57, n. I, p. 1-22, 1987.

[11] SHULMAN, L. S. Conocimiento y enseñanza: fundamentos de la nueva reforma. **Profesorado: Revista de Currículum y Formación del Profesorado**, v. 9, n. 2, p. 1-30, 2005.

[12] GARCÍA, C. M. Como conocen los profesores la materia que enseñan: algunas contribuciones de la investigación sobre conocimiento didáctico del contenido. In: Congreso Las didácticas específicas en la formación del profesorado, Santiago de Compostela, 1992. **Anais eletrônicos** [...]. España, 1992.

[13] FREIRE, P. **Pedagogia da autonomia**. Saberes necessários à prática educativa. 15. ed. São Paulo: Paz e Terra, 2002.

[14] PIMENTA, S. G. Formação de professores: saberes da docência e identidade do professor. In: FAZENDA, I. (org.). **Didática e interdisciplinaridade**. Campinas-SP: Papirus, 1998. p. 161-178.

[15] PIMENTA, S. G.; ANASTASIOU, L. das G. C. **Docência no ensino superior**. São Paulo: Cortez, 2002.

[16] GAUTHIER, C. **Por uma teoria da pedagogia**: pesquisas contemporâneas sobre o saber docente. Ijuí: Unijuí, 1998.

[17] TARDIF, M. Saberes profissionais dos professores e conhecimentos universitários: elementos para uma epistemologia da prática profissional dos professores e suas consequências em relação à formação para o magistério. **Revista Brasileira de Educação**, n. 13, p. 5-24, 2000.

[18] TARDIF, M. **Saberes docentes e formação profissional**. 3. ed. Petrópolis: Vozes, 2003.

[19] CUNHA, M. I. da. A docência como ação complexa: o papel da didática na formação de professores. In: ROMANOWSKI, J. P.; MARTINS, P. L. O.; JUNQUEIRA, S. R. A. **Conhecimento local e conhecimento universal:** pesquisa, didática e ação docente. Curitiba: Champagnat, 2004. p. 31-42.

[20] MASETTO, M. T. Professor universitário: um profissional da educação na atividade docente. In: MASETTO, M. T. (org.). **Docência na universidade**. 2. ed. Campinas: Papirus, 1998. p. 9-26.

[21] BRASLAVSKY, C. Bases, orientaciones y criterios para el diseño de programas de formación de profesores. **Revista Iberoamericana de Educación**, n. 19, p. 1-28, 1999.

[22] PERRENOUD, P. **10 novas competências para ensinar**. Porto Alegre: ArtMed, 2000.

[23] ZABALZA, M. A. Competencias docentes del profesorado universitario: calidad y desarrollo profesional. Madrid: Narcea, 2006.

[24] PUENTES, R. V.; AQUINO, O. F.; QUILLICI NETO, A. *Op. cit.*

[25] PERRENOUD, P. *Op. cit.*

[26] ZABALZA, M. A. *Op. cit.*

[27] CORNACCHIONE JR., Edgard B.; CASA NOVA, Silvia Pereira de Castro; TROMBETTA, Maria Rosa. Educação on-line em contabilidade: propensão e aspectos curriculares. **Revista Contabilidade & Finanças**, São Paulo, v. 18, n. 45, p. 9-21, dez. 2007. Disponível em: www.

scielo.br/scielo.php?script=sci_arttext&pid=S1519-70772007000400002&lng=en&nrm=iso. Acesso em: 2 jun. 2020.

28. CORNACCHIONE JR., Edgard B. eLearning: mitos e distratores. **Revista Contabilidade & Finanças**, São Paulo, v. 18, n. 45, p. 7-8, dez. 2007. Disponível em: www.scielo.br/scielo.php?script=sci_arttext&pid=S1519-70772007000400001&lng=en&nrm=iso. Acesso em: 2 jun. 2020.

29. BURKA, Jane B.; YUEN, Lenora M. **Procrastination**: why you do it, what to do about it now. Hachette, 2007.

30. BURKA, Jane B.; YUEN, Lenora M. *Op. cit.*

31. BESSETTE, L.; CHICK, N.; FIRBERG, J. 5 Myths about remote teaching in the Covid-19 crisis. **The Chronicle of Higher Education**, 1 May 2020.

32. ALTOÉ, Stella Maris Lima; FRAGALLI, Adriana Casavechia; ESPEJO, Márcia Maria dos Santos Bortolocci. A "dor do crescimento": um estudo sobre o nível de estresse em pós-graduandos de contabilidade. **Revista Gestão Universitária na América Latina – GUAL**, Florianópolis, p. 213-233, mar. 2014. Disponível em: https://periodicos.ufsc.br/index.php/gual/article/view/30021. Acesso em: 30 maio 2020. DOI: https://doi.org/10.5007/1983-4535.2014v7n1p213.

33. REIS, Clara Figueira; MIRANDA, Gilberto José; FREITAS, Sheizi Calheira. Ansiedade e desempenho acadêmico: um estudo com alunos de Ciências Contábeis. **Advances in Scientific and Applied Accounting**, [S.l.], p. 319-333, dez. 2017. Disponível em: http://asaa.anpcont.org.br/index.php/asaa/article/view/356. Acesso em: 2 jun. 2020.

34. TENENTE, L. 30% dos domicílios no Brasil não têm acesso à internet; veja números que mostram dificuldades no ensino à distância. **G1**, 26 maio 2020. Disponível em: https://g1.globo.com/educacao/noticia/2020/05/26/66percent-dos-brasileiros-de-9-a-17-anos-nao-acessam-a-internet-em-casa-veja-numeros-que-mostram-dificuldades-no-ensino-a-distancia.ghtml. Acesso em: 2 jun. 2020.

35. SCHLEMMER, Eliane. **AVA**: um ambiente de convivência interacionista sistêmico para comunidades virtuais na cultura da aprendizagem. 2002. Tese (Doutorado em Informática na Educação) – Universidade Federal do Rio Grande do Sul, Porto Alegre.

36. NOGUEIRA, D. R. *Op. cit.*

37. UNIÃO ESPÍRITA MINEIRA (UEM). Ferramentas para Reuniões Online. Disponível em: www.uemmg.org.br/noticias/ferramentas-para-reunioes-online. Acesso em: 2 jun. 2020.

Capítulo 1

1. KRIPPENDORFF, Klaus. Design centrado no usuário: uma necessidade cultural. **Estudos em Design**, Rio de Janeiro, v. 8, n. 3, p. 87-98, 2000.

2. O *Toolkit* era direcionado para o setor social, mas continha relevantes informações e ferramentas, o que levou profissionais de diversas áreas a utilizarem o recurso.

3. IDEO. **HCD – Human Centered Design**: Kit de ferramentas. EUA: Ideo, 2009. 102 p. Disponível em: http://brazil.enactusglobal.org/wp-content/uploads/sites/2/2017/01/Field-Guide-to-Human-Centered-Design_IDEOorg_Portuguese-73079ef0d58c8ba42995722f1463bf4b.pdf. Acesso em: 23 jul. 2019.

4. CHAVES, Iana Garófalo; BITTENCOURT, João Paulo; TARALLI, Cibele Haddad. O *design* centrado no humano na atual pesquisa brasileira: uma análise através das perspectivas de Klaus Krippendorff e da IDEO. **HOLOS**, v. 6, p. 213-225, dez. 2013. p. 218. DOI: https://doi.org/10.15628/holos.2013.1560. Disponível em: http://www2.ifrn.edu.br/ojs/index.php/HOLOS/article/view/1560/769. Acesso em: 21 ago. 2019.

Referências

5. CARROLL, Maureen; GOLDMAN, Shelley; BRITOS, Leticia; KOH, Jaime, ROYALTY, Adam; HORNSTEIN, Michael. Destination, imagination and the fires within: design thinking in a middle school classroom. **International Journal of Art & Design Education**, v. 29, n. 1, p. 37-53, 2010.
6. D.SCHOOL. **Bootcamp Bootleg**. Hasso Plattner, Institute of Design at Stanford, p. 1-44, 2011. Disponível em: http://dschool.stanford.edu/wp-content/uploads/2011/03/BootcampBootleg 2010v2SLIM.pdf. Acesso em: 21 ago. 2019.
7. PLATTNER, Hasso; MEINEL, Christoph; LEIFER, Larry (ed.). **Design Thinking**: understand, improve, apply. Berlin; Heidelberg: Springer, 2011.
8. D.SCHOOL. *Op. cit.*
9. IDEO. *Op. cit.*
10. CARROLL *et al. Op. cit.*
11. D.SCHOLL. *Op. cit.*
12. PLATTNER, H.; MEINEL, C.; LEIFER, L. *Op. cit.*
13. CAVALCANTI, Carolina Costa; FILATRO, Andrea. **Design Thinking na educação presencial, a distância e corporativa**. São Paulo: Saraiva, 2017.
14. CAVALCANTI, C. C.; FILATRO, A. *Op. cit.*
15. CHAUI, Marilena. A preocupação com o conhecimento. *In:* CHAUI, Marilena. **Convite à filosofia**. São Paulo: Ática, 2000. p. 137-150.
16. DUNNE, David; MARTIN, Roger. Design Thinking and how it will change management education: an interview and discussion. **Academy of Management Learning & Education**, v. 5, n. 4, p. 512-523, 2006.
17. DUNNE, D.; MARTIN, R. *Op. cit.*
18. CHIASSON, Phyllis. Peirce's Design for Thinking: an embedded philosophy of education. **Educational Philosophy and Theory**, v. 37, n. 2, p. 207-226, 2005.
19. PIERCE, 1905 *apud* DUNNE; MARTIN. *Op. cit.*, p. 518.
20. ROGERS, Carl R. **Sobre o poder pessoal**. 4. ed. Tradução: W. M. Alves Penteado. São Paulo: Martins Fontes, 2001. (Trabalho original publicado em 1979.)
21. D.SCHOOL. *Op. cit.*
22. CAVALCANTI, C. C.; FILATRO, A. *Op. cit.*
23. WELSH, M. Ann; DEHLER, Gordon E. Combining critical reflection and design thinking to develop integrative learners. **Journal of Management Education**, v. 37, n. 6, p. 771–802, 2012.
24. COOPER, R.; JUNGINGER, S.; LOCKWOOD, T. Design thinking and design management: a research and practice perspective. *In:* LOCKWOOD, T. (ed.). **Design thinking**. New York: Allworth Press, 2010. p. 57-64.
25. DUNNE, D.; MARTIN, R. *Op. cit.*
26. Disponível em: https://www.mindtools.com/pages/main/newMN_CT.htm. Acesso em: jan. 2019.
27. CAVALCANTI, C. C.; FILATRO, A. *Op. cit.*
28. BROWN, Sunni; GRAY, Dave; MACANUFO, James. **Gamestorming**: jogos corporativos para mudar, inovar e quebrar regras. São Paulo: Alta Books, 2014.
29. CNE/CES. **Resolução n. 4, de 13 de julho de 2005**. Institui as Diretrizes Curriculares Nacionais do Curso de Graduação em Administração, bacharelado, e dá outras providências.

Brasília: MEC. Disponível em: http://portal.mec.gov.br/cne/arquivos/pdf/rces004_05.pdf. Acesso em: 20 jan. 2019.

30 CNE/CES. *Op. cit.*, p. 2.

31 RODRIGUES, A. C. A.; VASCONCELLOS-GUEDES, L. V.; BITTENCOURT, J. P.; BONAZZOLI, M. Empoderamento do aluno: ampliando seu protagonismo no processo de ensino e aprendizagem. *In:* Simpósio Temático da Pró-Reitoria de Graduação, 3, 2014, São Paulo, 2014. **Anais** [...]. São Paulo: PRG, 2014.

32 KRASILCHIK, Myriam. **Prática de ensino de biologia**. São Paulo: EDUSP, 2004.

33 FILATRO, F.; CAVALCANTI, C. C. **Metodologias inovativas na educação presencial, a distância e corporativa**. São Paulo: Saraiva, 2018.

34 GARBIN, M. *et al.* Prototipagem como estratégia de aprendizagem em cursos de graduação. *In:* CIAED – CONGRESSO INTERNACIONAL ABED DE EDUCAÇÃO A DISTÂNCIA, 23, 2017, Foz do Iguaçu, 2017. **Anais** [...]. Foz do Iguaçu: Abed, 2017. p. 1-10. Disponível em: www.abed.org.br/congresso2017/trabalhos/pdf/468.pdf. Acesso em: 15 fev. 2018.

35 O campo de pesquisa do grupo foi o Clube Escola Vila Alpina, localizado na Zona Oeste da cidade de São Paulo.

36 FILATRO, F.; CAVALCANTI, C. C. *Op. cit.*

37 STEINBECK, R. Building creative competence in globally distributed courses through Design Thinking. **Scientific Journal of Media Literacy**, v. 19, n. 37, 2011. Disponível em: http://eprints.rclis.org/16746/. Acesso em: 21 ago. 2018.

38 RAUTH, I.; KOPPEN, E.; JOBST, B.; MEINEL, C. Design thinking: an educational model towards creative confidence. **First International Conference on Design Creativity**, Kobe, Japan, 2010. Disponível em: http://www.hpi.uni-potsdam.de/fileadmin/hpi/FG_ITS/papers/Design_Thinking/2010_Rauth_ICDC.pdf. Acesso em: 11 jul. 2018.

39 CAVALCANTI, C. C.; FILATRO, A. *Op. cit.*

40 TOOHEY, Susan. **Designing courses for higher education**. 2. ed. Philadelphia: Open University Press, 2003.

41 ANDERSON, L. W. *et al.* **A taxonomy for learning, teaching and assessing**: a revison of Bloom's Taxonomy of Educational Objectives. Nova York: Addison Wesley Longman, 2001.

42 NOVAK, Joseph. Meaningful learning: the essential factor for conceptual change in limited or inappropriate propositional hierarchies leading to empowerment of learners. **Wiley Periodicals**, p. 548-571, 2002.

43 AUSUBEL, David P. **The acquisition and retention of knowledge**. Dordrecht: Kluwer, 2000.

44 IDEO. *Op. cit.*

45 IDEO. *Op. cit.*

46 IDEO. *Op. cit.*

47 Elicitar o conhecimento é parte do processo de desenvolvimento de uma estrutura conceitual mais complexa e da identificação de equívocos conceituais. A própria palavra evoca o conflito que há quando se externalizam os conhecimentos, ideias e pensamentos a respeito de determinadas realidades e se torna necessário corrigir equívocos conceituais, enriquecer o conceito e, muitas vezes, reconstruí-lo. Fonte: FISCHER, F.; BRUHN, J.; GRÄSEL, C.; MANDL, H. Fostering collaborative knowledge construction with visualization tools. **Learning and Instruction**, v. 12, n. 2, p. 213-232, 2002.

48 IDEO. *Op. cit.*

Referências

[49] IDEO. *Op. cit.*
[50] D.SCHOOL. *Op. cit.*
[51] JICK, T. D. Mixing qualitative and quantitative methods: triangulation in action. **Administrative Science Quartely**, v. 24, n. 4, p. 602-611, 1979.
[52] IDEO. *Op. cit.*
[53] D.SCHOOL. *Op. cit.*
[54] D.SCHOOL. *Op. cit.*
[55] IDEO. *Op. cit.*
[56] D.SCHOOL. *Op. cit.*
[57] IDEO. *Op. cit.*
[58] D.SCHOOL. *Op. cit.*
[59] CARROLL et al. *Op. cit.*
[60] PLATTNER, Hasso; MEINEL, Christoph; LEIFER, Larry (ed.). **Design Thinking research**: studying co-creation in practice. Berlin: Springer, 2012.
[61] IDEO. *Op. cit.*
[62] IDEO. *Op. cit.*
[63] D.SCHOOL. *Op. cit.*
[64] FIERST, K.; MURRAY, P.; RANDOLPH, D.; SCHURR, M.; DIEFENTHALER, A.; GEREMIA, A. et al. **Design thinking for educators** (Version One ed.). Riverdale Country School and IDEO, April, 2011. Disponível em: http://designthinkingforeducators.com/toolkit/. Acesso em: 21 ago. 2019.
[65] IDEO. *Op. cit.*
[66] D.SCHOOL. *Op. cit.*

Capítulo 2

[1] PARMELEE, D. X. Team-Based Learning in health professions education. Why is it a good fit? *In:* MICHAELSEN, L. K.; PARMELEE, D. X.; McMAHON, K. K.; LEVINE, R. E. (org.). **Team-based learning for health professions education:** a guide to using small groups for improving learning. Virginia (EUA): Stylus, 2008. p. 3-8.
[2] MICHAELSEN, L. K.; SWEET, M. Fundamental principles and practices of Team-Based Learning. *In:* MICHAELSEN, L. K.; PARMELEE, D. X.; McMAHON, K. K.; LEVINE, R. E. (org.). **Team-based learning for health professions education:** a guide to using small groups for improving learning. Virginia (EUA): Stylus, 2008a. p. 9-34.
[3] PARMELEE, D. X.; MICHAELSEN, L. K. Twelve tips for doing effective Team-Based Learning (TBL). **Medical Teacher**, v. 32, p. 118-122, 2010.
[4] McMAHON, K. K. Team formation. *In:* MICHAELSEN, L. K.; PARMELEE, D. X.; McMAHON, K. K.; LEVINE, R. E. (org.). **Team-Based Learning for health professions education:** a guide to using small groups for improving learning. Virginia (EUA): Stylus, 2008. p. 85-88.
[5] PARMELEE, D. X.; MICHAELSEN, L. K. *Op. cit.*

Referências

6 MICHAELSEN, L. K. Getting started with Team-Based Learning. *In:* MICHAELSEN, L. K.; KNIGHT, A. B.; DEE FINK, L. **Team-Based Learning:** a transformative use of small groups. Connecticut (EUA): Praeger, 2002. p. 27-52.

7 MICHAELSEN, L. K.; SWEET, M. (2008a). *Op. cit.*

8 MICHAELSEN, L. K.; SWEET, M. (2008a). *Op. cit.*

9 MICHAELSEN, L. K.; SWEET, M. Creating effective team assignments. *In:* MICHAELSEN, L. K.; PARMELEE, D. X.; McMAHON, K. K.; LEVINE, R. E. (org.). **Team-Based Learning for health professions education:** a guide to using small groups for improving learning. Virginia (EUA): Stylus, 2008b. p. 35-60.

10 PARMELEE, D. X.; MICHAELSEN, L. K. *Op. cit.*

11 MICHAELSEN, L. K.; SWEET, M. The essential elements of Team-Based Learning. *In:* MICHAELSEN, L. K.; SWEET, M.; PARMELEE, D. X. (org.). **Team-Based Learning:** small-group learning's next big step. Hoboken (EUA): Wiley Periodicals, 2008c. p. 7-28.

12 MICHAELSEN, L. K.; SWEET, M. (2008a). *Op. cit.*

13 FREEMAN, M. To adopt or not to adopt innovation: a case study of Team-Based learning. **The International Journal of Management Education**, v. 10, n. 2012, p. 155-168, 2012.

14 MICHAELSEN, L. K.; SWEET, M. (2008a). *Op. cit.*

15 MICHAELSEN, L. K. *Op. cit.*

16 MICHAELSEN, L. K.; SWEET, M. (2008a). *Op. cit.*

17 MICHAELSEN, L. K.; SWEET, M. (2008a). *Op. cit.*

18 MICHAELSEN, L. K.; SWEET, M. (2008c). *Op. cit.*

19 KOLES, P. G. *et al.* The impact of Team-Based Learning on medical students' academic performance. **Academic Medicine**, v. 85, n. 11, p. 1739-1745, 2010.

20 DIAS, R. F. Team-Based Learning: fazendo os alunos pensarem "fora da caixa", os elementos essenciais para sua implantação. **Revista Brasileira de Educação e Saúde**, v. 5, n. 1, p. 75-81, 2015.

21 MICHAELSEN, L. K.; SWEET, M. (2008a). *Op. cit.*

22 MICHAELSEN, L. K.; SWEET, M. (2008c). *Op. cit.*

23 MICHAELSEN, L. K.; SWEET, M. (2008a). *Op. cit.*

24 MICHAELSEN, L. K.; SWEET, M. (2008b). *Op. cit.*

25 JOHNSON, D. W.; JOHNSON, R. T.; SMITH, K. A. A aprendizagem cooperativa retorna às faculdades. Qual é a evidência que funciona? **Pensar, Dialogar e Aprender**, v. 30, n. 4, p. 91-102, 2000.

26 MICHAELSEN, L. K.; SWEET, M.; PARMELEE, D. X. *Team-Based Learning*: small-group learnings next big step. New York: Jossey-Bass, 2009.

27 MICHAELSEN, L. K.; SWEET, M. Team based learning. **New Directions for Teaching and Learning**, v. 2011, n. 128, p. 41-51, 2011.

28 JOHNSON, D. W.; JOHNSON, R. T.; SMITH, K. A. *Op. cit.*

29 MATSUURA, A. A. **Motivações e dificuldades de estudantes do curso de Ciências Contábeis no período noturno da cidade de São Paulo**. 2008. Dissertação (Mestrado em Ciências Contábeis) – Fundação Escola de Comércio Álvares Penteado, São Paulo.

30 KRÜGER, L. M; ENSSLIN, S. R. Método tradicional e método construtivista de ensino no processo de aprendizagem: uma investigação com os acadêmicos da disciplina Contabilidade III do curso de Ciências Contábeis da Universidade Federal de Santa Catarina. **Revista**

Referências

Organizações em Contexto (ROC), v. 9, n. 18, p. 219-270, jul./dez. 2013. Disponível em: http://dx.doi.org/10.15603/1982-8756/roc.v9n18p219-270. Acesso em: 27 maio 2020.

[31] SILVA, S. C. *et al*. Aprendizado e desenvolvimento de habilidades no curso de Ciências Contábeis: uma pesquisa ação com a modalidade didática TBL. *In:* CONGRESSO DA ASSOCIAÇÃO NACIONAL DE PROGRAMAS DE PÓS-GRADUAÇÃO EM CIÊNCIAS CONTÁBEIS, XI, 2017, Belo Horizonte-MG. **Anais** [...]. Belo Horizonte: XI ANPCONT, 2017.

[32] MICHAELSEN, L. K. *Op. cit.*

[33] MICHAELSEN, L. K. *Op. cit.*

[34] PARMELEE, D. X. *et al*. Team-based learning: a practical guide: AMEE guide n. 65. **Medical teacher**, v. 34, n. 5, p. e275-e287, 2012.

[35] FREEMAN, M. *Op. cit.*

[36] TIMMERMAN, J. E.; MORRIS JR., R. F. Creation of exercises for Team-Based Learning in Business. **International Journal of Teaching and Learning Higher Education**, v. 27, n. 2, p. 280-291, 2015.

[37] GRYKA, R. *et al*. Comparison of student confidence and perceptions of biochemistry concepts using a Team-Based Learning versus traditional lecture-based format. **Currents in Pharmacy Teaching and Learning**, v. 9, n. 2017, p. 302-310, 2017.

[38] MICHAELSEN, L. K.; SWEET, M. (2008a). *Op. cit.*

[39] MICHAELSEN, L. K.; SWEET, M. (2008c). *Op. cit.*

[40] TIMMERMAN, J. E.; MORRIS Jr. *Op. cit.*

[41] MICHAELSEN, L. K.; SWEET, M. (2008c). *Op. cit.*

[42] PARMELEE, D. X.; MICHAELSEN, L. K. *Op. cit.*

[43] TIMMERMAN, J. E.; MORRIS Jr. *Op. cit.*

[44] TIMMERMAN, J. E.; MORRIS Jr. *Op. cit.*

[45] TIMMERMAN, J. E.; MORRIS Jr. *Op. cit.*

[46] MICHAELSEN, L. K. *Op. cit.*

[47] MICHAELSEN, L. K.; SWEET, M. (2008b). *Op. cit.*

[48] SLAVIN, R. E. Research on cooperative learning and achievement: what we know, what we need to know. **Contemporary Educational Psychology**, v. 21, p. 43-69, 1996.

[49] JOHNSON, D. W.; JOHNSON, R. T.; SMITH, K. A. *Op. cit.*

[50] TIMMERMAN, J. E.; MORRIS Jr. *Op. cit.*

[51] KEBODEAUX, C. D.; VOURI, S. M.; HURD, P. D. Team-Based Learning (TBL): an argument for faculty's evaluation. **Innovations in Pharmacy**, v. 5, n. 2, p. 1-5, 2014.

[52] REMINGTON, T. L. *et al*. Lessons from the trenches: implementing team-based learning across several courses. **Currents in Pharmacy Teaching and Learning**, v. 7, n. 2015, p. 121-130, 2015.

[53] REMINGTON, T. L. *et al*. *Op. cit.*

[54] SILVA, S. C. *et al*. *Op. cit.*

[55] FREEMAN, M. *Op. cit.*

[56] TIMMERMAN, J. E.; MORRIS Jr. *Op. cit.*

[57] GRYKA, R. *et al*. *Op. cit.*

[58] SILVA, S. C. *et al*. *Op. cit.*

59 MARQUES, A. P. A. Z.; VILHEGAS, V. P. P. A experiência do *Team-Based Learning*. In: ENCONTRO DE INICIAÇÃO CIENTÍFICA (ETIC), 11, 2015. **Anais [...]**. Presidente Prudente, 2015.

60 LEISEY, M. *et al*. Exploring Team-Based Learning at a State University. **Interdisciplinary Journal of Teaching and Learning**, v. 4, n. 3, p. 172-185, 2014.

61 KENNY, P. *et al*. Improving the students' tax experience: a team-based learning approach for undergraduate accounting students. **J. Australasian Tax Tchrs. Ass'n**, v. 10, p. 43, 2015.

62 MACHADO, N. J. **Epistemologia e didática**: as concepções de conhecimento e inteligência e a prática docente. 7. ed. São Paulo: Cortez, 2011.

63 LUCKESI, C. C. **Avaliação da aprendizagem escolar**: estudos e proposições. 19. ed. São Paulo: Cortez, 2008.

64 DIAS, R. F. *Op. cit.*

65 DIAS, R. F. *Op. cit.*

66 DIAS, R. F. *Op. cit.*

67 MICHAELSEN, L. K.; SWEET, M. (2008b). *Op. cit.*

68 SILVA, S. C. *et al*. *Op. cit.*

69 SILVA, S. C. *et al*. *Op. cit.*

70 SILVA, S. C. *et al*. *Op. cit.*

71 PAIR, C. A formação profissional, ontem, hoje e amanhã. *In:* DELORS, J. (org.). **A educação para o século XXI**: questões e perspectivas. Porto Alegre: ArtMed, 2005, p. 172-186.

72 DELORS, J. *et al*. **Educação**: um tesouro a descobrir. Relatório para a Unesco da Comissão Internacional sobre Educação para o século XXI. Brasília/São Paulo: Unesco/Cortez, 1997.

73 DELORS, J. *et al*. *Op. cit.*

74 MORÁN, J. M. Mudando a educação com metodologias ativas. Coleção Mídias Contemporâneas. **Convergências midiáticas, educação e cidadania**: aproximações jovens, v. 2, 2015.

Capítulo 3

1 BERGMANN, J.; SAMS, A. **Sala de aula invertida**: uma metodologia ativa de aprendizagem. Trad. Afonso Celso da Cunha Serra. Rio de Janeiro: LTC, 2016.

2 BLOMM, B. S. Time and learning. **America Psychologist**, v. 29, n. 9, p. 682, 1974.

3 KULIK, C. C.; KULIK, J. A.; BANGERT-DROWNS, R. L. Effectiveness of mastery learning programs: a meta-analysis. **Review of Educational Research**, v. 60, n. 2, p. 265-299, 1990.

4 FLIPPED LEARNING NETWORK. **The four pillars of F-L-I-P,** 2014.

5 FLIPPED LEARNING NETWORK. *Op. cit.*

6 BERGMANN, J.; SAMS, A. *Op. cit.*

7 BERGMANN, J.; SAMS, A. *Op. cit.*

8 ALLSOPP, M. Failing forward: lessons learned after a failed flipped fiasco with a community nutrition course. **The National Teaching & Learning Forum,** p. 4-6, 2018.

9 SCHÖN, D. A. **Educando o profissional reflexivo:** um novo design para o ensino e a aprendizagem. Porto Alegre: Penso Editora, 2009.

10 BERGMANN, J.; SAMS, A. *Op. cit.*

Referências

[11] FERNANDES, D. Para uma teoria da avaliação formativa. **Revista Portuguesa de Educação**, v. 19, n. 2, p. 21-50, 2006.

[12] BERGMANN, J.; SAMS, A. *Op. cit.*

[13] BERGMANN, J.; SAMS, A. *Op. cit.*

[14] LENTO, C. Promoting active learning in introductory financial accounting through the flipped classroom design. **Journal of Applied Research in Higher Education**, v. 8, n. 1, p. 72-87, 2016.

[15] LENTO, C. *Op. cit.*

Capítulo 4

[1] WELLS, M. J. C. Framework-based approach to teaching principles-based accounting standards. **Accounting Education: an International Journal**, v. 20, n. 4, p. 303-316, 2011.

[2] JACKLING, B. Global Adoption of International Financial Reporting Standards: Implications for Accounting Education. **Issues in Accounting Education**, v. 28, n. 2, p. 209-220, 2013.

[3] HODGDON, C.; HUGHES, S. B.; STREET, D. L. Framework-based Teaching of IFRS Judgement. **Accounting Education: an International Journal**, v. 20, n. 4, p. 415-439, 2011.

[4] WELLS, M. J. C. *Op. cit.*

[5] WELLS, M. J. C. *Op. cit.*

[6] ROTHWELL, W. J.; KAZANAS, H. C. **Mastering the instructional design process:** a systematic approach. San Francisco: Jossey-Bass, 1992.

[7] COSTA, P. S. *et al.* Um *safari* no Brasil: evidências sobre o ensino baseado na estrutura conceitual. **Revista Contabilidade & Finanças**, v. 29, n. 76, p. 129-147, 2018.

[8] BONWELL, C.; EISON, J. Active learning: creating excitement in the classroom. **ASHE-ERIC higher education report n. 1.** Washington, D.C.: The George Washington University, School of Education and Human Development, p. 2, 1991. Disponível em: https://files.eric.ed.gov/fulltext/ED336049.pdf. Acesso em: 10 ago. 2018.

[9] BONWELL, C.; EISON, J. *Op. cit.*

[10] PRINCE, M. Does active learning work? A review of the research. **Journal of Engineering Education**, v. 93, n. 3, p. 223-232, 2004.

[11] JOHNSON, Marie C.; MALINOWSKI, Jon C. Navigating the active learning swamp. **Journal of College Science Teaching**, v. 31, n. 3, p. 172, 2001.

[12] DEWEY, J. **The Philosophy of John Dewey**. 2. ed. Chicago: The University of Chicago Press, 1981.

[13] MORGAN, Sandra W. *et al.* Active learning: what is it and why should I use it? *In*: **Developments in Business Simulation and Experiential Learning**: Proceedings of the Annual ABSEL Conference. 2014.

[14] WELLS, M. J. C.; TARCA, A. **Estágio 3 – ativos não financeiros**: estudo de caso da Open Safari. London: IFRSF Publications Department, 2014a.

[15] WELLS, M. J. C.; TARCA, A. (2014a). *Op. cit.*

[16] STREET, D. L. An interview with Sir David Tweedie. **Journal of International Financial Management and Accounting**, v. 13, n. 1, 2002.

Referências

17. STREET, D. L. *Op. cit.*
18. BONNIER, C. et al. A French experience of an IFRS transition. **Issues in Accounting Education**, v. 28, n. 2, p. 221-234, 2013.
19. UPTON, W. **Depreciation and IFRS**. Disponível em: http://archive.ifrs.org/Use-around-the-world/Education/Documents/DepreciationIFRS.pdf. Acesso em: 22 jun. 2018.
20. UPTON, W. *Op. cit.*
21. IFRS FOUNDATION. **Use of IFRS Standards by jurisdiction**. 2018. Disponível em: https://www.ifrs.org/use-around-the-world/use-of-ifrs-standards-by-jurisdiction/. Acesso em: 16 ago. 2018.
22. WELLS, M. J. C.; TARCA, A. (2014a). *Op. cit.*
23. LEAL, E. A.; MIRANDA, G. J.; CASA NOVA, S. P. C. **Revolucionando a sala de aula:** como desenvolver o estudante aplicando as técnicas de metodologias ativas de aprendizagem. São Paulo: Atlas, 2017.
24. INTERNATIONAL ACCOUNTING STANDARDS BOARD (IASB). **IAS 16 – Property, Plant and Equipment.** 2005. Disponível em: https://www.iasplus.com/en/standards/ias/ias16. Acesso em: 18 jul. 2018.
25. COMITÊ DE PRONUNCIAMENTOS CONTÁBEIS. **Pronunciamento Técnico CPC 27 – Ativo Imobilizado**. 2010. Disponível em: http://www.cpc.org.br/CPC/Documentos-Emitidos/Pronunciamentos. Acesso em: 15 jul. 2018.
26. WELLS, M. J. C.; TARCA, A. **Estágio 1 – Imobilizado**. London: IFRSF Publications Department, 2014b.
27. WELLS, M. J. C.; TARCA, A. (2014b). *Op. cit.*
28. WELLS, M. J. C.; TARCA, A. (2014b). *Op. cit.*
29. WELLS, M. J. C.; TARCA, A. (2014b). *Op. cit.*
30. WELLS, M. J. C.; TARCA, A. **Estágio 2 – Imobilizado e outros ativos não financeiros**. LONDON: IFRSF Publications Department, 2014c.
31. WELLS, M. J. C.; TARCA, A. (2014c). *Op. cit.*
32. WELLS, M. J. C.; TARCA, A. (2014c). *Op. cit.*
33. INTERNATIONAL ACCOUNTING STANDARDS BOARD (IASB). **IAS 41 - Agriculture**. 2014. Disponível em: https://www.iasplus.com/en/standards/ias/ias16. Acesso em: 18 jul. 2018.
34. COMITÊ DE PRONUNCIAMENTOS CONTÁBEIS. **Pronunciamento Técnico CPC 29 – Ativo Biológico e Produto Agrícola. 2009**. Disponível em: www.cpc.org.br/CPC/Documentos-Emitidos/Pronunciamentos. Acesso em: 15 jul. 2018.
35. WELLS, M. J. C.; TARCA, A. (2014c). *Op. cit.*
36. WELLS, M. J. C.; TARCA, A. (2014c). *Op. cit.*
37. INTERNATIONAL ACCOUNTING STANDARDS BOARD (IASB). 2005. *Op. cit.*
38. WELLS, M. J. C.; TARCA, A. (2014a). *Op. cit.*
39. INTERNATIONAL ACCOUNTING STANDARDS BOARD (IASB). **IAS 20 — Accounting for Government Grants and Disclosure of Government Assistance**. 2009. Disponível em: https://www.iasplus.com/en/standards/ias/ias16. Acesso em: 18 jul. 2018.
40. COMITÊ DE PRONUNCIAMENTOS CONTÁBEIS. **Pronunciamento Técnico CPC 07 – Subvenção e Assistência Governamentais. 2010**. Disponível em: www.cpc.org.br/CPC/Documentos-Emitidos/Pronunciamentos. Acesso em: 15 jul. 2018

Referências

[41] LEAL, E. A.; MIRANDA, G. J.; CASA NOVA, S. P. C. *Op. cit.*

[42] IFRS EDUCATION. **Framework-based teaching material**. Disponível em: http://archive.ifrs.org/Use-around-the-world/Education/Pages/Framework-based-teaching-material.aspx. Acesso em: 15 jul. 2018.

[43] COSTA, P. S. Um *safari* no Brasil: evidências sobre o ensino baseado na estrutura conceitual. **Revista Contabilidade & Finanças**, v. 29, n. 76, p. 129-147, 2018.

Capítulo 5

[1] CAMARGO, Clarice Carolina Ortiz de. **Métodos de avaliação formativa**: desatando nós e alinhavando possibilidades. 2014. 354 f. Dissertação (Mestrado em Educação) – Universidade Federal de Uberlândia, Uberlândia.

[2] COIMBRA, Camila Lima. A aula expositiva dialogada em uma perspectiva *freireana*. *In:* LEAL, Edvalda Araújo; MIRANDA, Gilberto José; CASA NOVA, Silvia Pereira de Castro. **Revolucionando a sala de aula**: como envolver o estudante aplicando técnicas de metodologias ativas de aprendizagem. São Paulo: Atlas, 2017.

[3] LUCKESI, Cipriano Carlos. Tendências pedagógicas na prática escolar. *In:* LUCKESI, Cipriano Carlos. **Filosofia da Educação**. São Paulo: Cortez, 1991. p. 64.

[4] GARCIA, Olgair Gomes. A sala de aula como momento de formação de educando e educadores. **Revista Educação**, Brasília: AEC, n. 104, p. 63, 1997.

[5] GARCIA, Olgair Gomes. *Op. cit.*

[6] FREIRE, Paulo. **Pedagogia da autonomia**: saberes necessários à prática educativa. 9. ed. São Paulo: Paz e Terra, 1996.

[7] FREIRE, Paulo. *Op. cit.*

[8] FREIRE, Paulo (flexão de gênero da autora, p. 108-109). *Op. cit.*

[9] FREIRE, Paulo. *Op. cit.*

[10] FERNANDES, Domingos. Articulação da aprendizagem, da avaliação e do ensino: questões teóricas, práticas e metodológicas. *In:* ALVES, M. P.; DE KETELE, J.-M. (org.). **Do currículo à avaliação, da avaliação ao currículo**. Porto: Porto Editora, 2011. p. 131-142.

[11] FERNANDES, Domingos. **Avaliar para aprender**: fundamentos, práticas e políticas. São Paulo: Editora Unesp, 2009. p. 20-64. p. 30.

[12] CAMARGO, Clarice Carolina Ortiz de. *Op. cit.*

[13] PACHECO, José. Avaliação da aprendizagem. *In:* ALMEIDA, Leandro; TAVARES, José. (org.) **Conhecer, aprender e avaliar**. Porto: Porto Editora, 1998. Disponível em: http://repositorium.sdum.uminho.pt/bitstream/1822/8967/1/Avalia%C3%A7%C3%A3o%20da%20aprendizagem.pdf. Acesso em: 16 ago. 2019; HOFFMANN, Jussara. **Avaliar para promover**. Porto Alegre: Mediação, 2001; LUCKESI, Carlos Cipriano. **Avaliação da aprendizagem escolar**: estudos e proposições. 22. ed. São Paulo: Cortez, 2011.

[14] FERNANDES, Domingos. Avaliação, aprendizagens e currículo: para uma articulação entre investigação, formação e práticas. *In:* BARBOSA, Raquel. (org.). **Formação de educadores**: artes e técnicas – Ciências Políticas, São Paulo: Editora Unesp, 2006a. Disponível em: https://repositorio.ul.pt/handle/10451/5528. Acesso em: 16 de ago. 2019; VILLAS BOAS, Benigna Maria de Freitas (org.). **Virando a escola do avesso por meio da avaliação**. 2. ed. Campinas: Papirus, 2009; LOPES, José; SILVA, Helena Lopes da. **50 técnicas de avaliação formativa**. Lisboa: Lidel, 2012.

Referências

15. SAUL, Ana Maria. **Avaliação emancipatória**: desafios à teoria e à prática de avaliação e reformulação do currículo. São Paulo: Cortez, 1988.
16. HOFFMANN, Jussara. **Avaliação** – mito e desafio: uma perspectiva construtivista. Porto Alegre: Mediação, 1993.
17. ROMÃO, José Eustáquio. **Avaliação dialógica**: desafios e perspectivas. São Paulo: Cortez, 2001.
18. PADILHA, Paulo Roberto. **Planejamento dialógico**: como construir o projeto político-pedagógico da escola. 8. ed. São Paulo: Cortez: Instituto Paulo Freire: Guia da Escola Cidadã, 2008. v. 7.
19. VASCONCELLOS, Celso dos Santos. **Avaliação**: concepção dialética-libertadora da avaliação escolar. São Paulo: Libertad, 1995.
20. LUCKESI, Carlos Cipriano. *Op. cit.*
21. VILLAS-BOAS, Benigna Maria de Freitas. Compreendendo a avaliação formativa. *In:* VILLAS BOAS, Benigna Maria de Freitas *et al.* (org.). **Avaliação formativa**: práticas inovadoras. Campinas: Papirus, 2011. p. 13-42.
22. FREIRE, Paulo. *Op. cit.* p. 44.
23. ALVES, Leonir Pessate. Portfólios como instrumentos de avaliação dos processos de ensinagem. In: REUNIÃO ANUAL DA ANPED, 26., 2003, Poços de Caldas. **Anais** [...]. Poços de Caldas: ANPEd, 2003. p. 1-14. Disponível em: http://26reuniao.anped.org.br, 2003. Acesso em: 30 out. 2018.
24. ALVES, Leonir Pessate. *Op. cit.*
25. ALVES, Leonir Pessate. *Op. cit.* p. 2.
26. SILVA, Maria José Perotti; SOUZA, Nádia Aparecida de. **Portfólio**: limites e possibilidades em uma avaliação formativa. 2014. Disponível em: https://gepaeufu.files.wordpress.com/2014/03/portfc3b3lio-limites-e-possibilidades-em-uma-avaliac3a7c3a3o-formativa.pdf. Acesso em: 30 out. 2018.
27. SORDI, Mara Regina Lemes; VIEIRA, Maria Lourdes. Possibilidades e limites do uso do portfólio no trabalho pedagógico no ensino superior. **Revista e-curriculum**, São Paulo, v. 8, n. 1, abr. 2012. Disponível em: http://revistas.pucsp.br/index.php/curriculum. Acesso em: 30 out. 2018.
28. ARAÚJO, Ivanildo A. O portfólio eletrônico na formação de professores: caleidoscópio de múltiplas vivências, práticas e possibilidades da avaliação formativa. *In:* VILLAS BOAS, Benigna Maria de F. **Avaliação formativa**: práticas inovadoras. Campinas: Papirus, 2011 (Coleção Magistério: Formação e Trabalho Pedagógico).
29. SORDI, Mara Regina Lemes; SILVA, Margarida Montejano. O uso de portfólios na pedagogia universitária: uma experiência em cursos de enfermagem. **Interface: Comunicação e Saúde**, v. 14, n. 35, p. 943-53, out./dez. 2010.
30. VILLAS-BOAS, Benigna Maria de Freitas. O portfólio no curso de pedagogia: ampliando o diálogo entre professor e aluno. **Educ. Soc**., Campinas, v. 26, n. 90, p. 291-306, jan./abr. 2005.
31. VILLAS-BOAS, Benigna Maria de Freitas. **Portfólio, avaliação e trabalho pedagógico**. Campinas: Papirus, 2004.
32. ALVES, Leonir Pessate. *Op. cit.*
33. HERNÁNDEZ, Fernando. **Cultura visual, mudança educativa e projeto de trabalho**. Trad. Jussara Haubert Rodrigues. Porto Alegre: Artmed, 2000.

Referências

34 CORREIA, Larissa Costa; SOUZA, Nádia Aparecida de; FRANCO, Sandra Aparecida Pires. Autoavaliação da aprendizagem: o portfólio sob o olhar de seus autores. *In:* III Jornada de Didática: Desafios para a Docência e II Seminário de Pesquisa do CEMAD, 2014. **Anais** [...]. Londrina: Universidade Estadual de Londrina, 2014.

35 CORREIA, Larissa Costa; SOUZA, Nádia Aparecida de; FRANCO, Sandra Aparecida Pires. *Op. cit.*

36 SORDI, Mara Regina Lemes; SILVA, Margarida Montejano. O uso de portfólios na pedagogia universitária: uma experiência em cursos de enfermagem. **Interface: Comunicação e Saúde**, v. 14, n. 35, p. 943-53, out./dez. 2010.

37 SORDI, Mara Regina Lemes; SILVA, Margarida Montejano. *Op. cit.*

38 FREIRE, Paulo. *Op. cit.*, p. 9.

39 FREIRE, Paulo. *Op. cit.*

Capítulo 6

1 BRIGHAM, Tara J. An introduction to gamification: adding game elements for engagement. **Medical Reference Services Quarterly**, v. 34, n. 4, p. 471-480, 2015.

2 SALEN, Katie; ZIMMERMAN, Eric. **Rules of play**: game design fundamental. Cambridge: The MIT Press, 2004.

3 BRIGHAM, Tara J. *Op. cit.*

4 BRIGHAM, Tara J. *Op. cit.*

5 POOLE, Sonja Martin *et al.* Get your head in the game: using gamification in business education to connect with Generation Y. **Journal for Excellence in Business Education**, v. 3, n. 2, 2014.

6 SAVIGNAC, Emmanuelle. **The gamification of work:** the use of games in the workplace. London: ISTE, 2016.

7 BRIGHAM, Tara J. *Op. cit.*

8 BUCKLEY, Patrick; DOYLE, Elaine. Gamification and student motivation. **Interactive learning environments**, v. 24, n. 6, p. 1162-1175, 2016.

9 BUCKLEY, Patrick; DOYLE, Elaine. *Op. cit.*

10 LEE, Joey; HAMMER, Jessica. Gamification in education: what, how, why bother? **Academic Exchange Quarterly**, v. 15, n. 2, p. 1-5, 2011.

11 DETERDING, Sebastian *et al.* From game design elements to gamefulness. New York, USA: ACM Press: 2011.

12 PINTO, Marcos Roberto. **Educação com entretenimento**: um experimento com SimCity® para curtir e aprender contabilidade governamental. 2014. 278 f. Tese (Doutorado em Controladoria e Contabilidade) – Faculdade de Economia, Administração e Contabilidade da Universidade de São Paulo, São Paulo.

13 CABALLÉ, Santi; CLARISÓ, Robert. **Formative assessment, learning data analytics and Gamification**. Rio de Janeiro: Elsevier, 2016.

14 BRIGHAM, Tara J. *Op. cit.*

15 CABALLÉ, Santi; CLARISÓ, Robert. *Op. cit.*

16 BRIGHAM, Tara J. *Op. cit.*

Referências

17 BELL, Kevin. **Game on**! Gamification, gameful design, and the rise of the gamer educator. Baltimore: Johns Hopkins University Press, 2018.

18 GARRIS, Rosemary; AHLERS, Robert; DRISKELL, James E. Games, motivation, and learning: a research and practice model. **Simulation & Gaming**, v. 33, n. 4, p. 441-467, 2002.

19 LEE, Joey; HAMMER, Jessica. *Op. cit.*

20 PRAKASH, Edmond C.; RAO, Madhusudan. **Transforming learning and IT management through gamification**. Cham: Springer International, 2015.

21 GARRIS, Rosemary; AHLERS, Robert; DRISKELL, James E. *Op. cit.*

22 BUCKLEY, Patrick; DOYLE, Elaine. *Op. cit.*

23 BRIGHAM, Tara J. *Op. cit.*

24 CABALLÉ, Santi; CLARISÓ, Robert. *Op. cit.*

25 LEE, Joey; HAMMER, Jessica. *Op. cit.*

26 BELL, Kevin. *Op. cit.*

27 BRIGHAM, Tara J. *Op. cit.*

28 CABALLÉ, Santi; CLARISÓ, Robert. *Op. cit.*

29 PINTO, Marcos Roberto. *Op. cit.*

30 REINERS, Torsten; WOOD, Lincoln C. **Gamification in education and business**. Switzerland: Springer International Publishing, 2015.

31 BRIGHAM, Tara J. *Op. cit.*

32 ÇAKIROLU, Ünal *et al*. Gamifying an ICT course: influences on engagement and academic performance. **Computers in Human Behavior**, v. 69, p. 98-107, 2017.

33 REINERS, Torsten; WOOD, Lincoln C. *Op. cit.*

34 DESHPANDE, Amit A.; HUANG, Samuel H. Simulation games in engineering education: a state-of-the-art review. **Computer Applications in Engineering Education**, v. 19, n. 3. 399-410.

35 GRAAFLAND, M.; SCHRAAGEN, J. M.; SCHIJVEN, M. P. Systematic review of serious games for medical education and surgical skills training. **British Journal of Surgery**, v. 99, n. 10, p. 1322-1330, 2012.

36 LEA, Bih-Ru. Clickers adoption in a small class setting. **Decision Line**, v. 39, n. 4, p. 7-11, 2008.

37 PRAKASH, Edmond C.; RAO, Madhusudan. *Op. cit.*

38 POOLE, Sonja Martin *et al*. *Op. cit.*

39 CARENYS, Jordi; MOYA, Soledad. Digital game-based learning in accounting and business education. **Accounting Education**, v. 25, n. 6, p. 598-651, 2016.

40 LEA, Bih-Ru. *Op. cit.*

41 PRAKASH, Edmond C.; RAO, Madhusudan. *Op. cit.*

42 BELL, Kevin. *Op. cit.*

43 POOLE, Sonja Martin *et al*. *Op. cit.*

44 CARENYS, Jordi; MOYA, Soledad. *Op. cit.*

45 BUCKLEY, Patrick; DOYLE, Elaine. *Op. cit.*

46 BUCKLEY, Patrick; DOYLE, Elaine. *Op. cit.*

47 PINTO, Marcos Roberto. *Op. cit.*

Referências

48. POOLE, Sonja Martin et al. *Op. cit.*
49. KOLB, David A.; KOLB, Alice Y. **The Kolb Learning Style Inventory 4.0**: guide to theory, psychometrics, research & applications. Experience Based Learning Systems, 2013.
50. BELL, Kevin. *Op. cit.*
51. BELL, Kevin. *Op. cit.*
52. MISHRA, Punya; KOEHLER, Matthew J. Technological pedagogical content knowledge: a framework for teacher knowledge. **Teachers College Record**, v. 108, n. 6, p. 1017-1054, 2006.
53. BRIGHAM, Tara J. *Op. cit.*
54. BRIGHAM, Tara J. *Op. cit.*
55. WATTY, Kim; MCKAY, Jade; NGO, Leanne. Innovators or inhibitors? Accounting faculty resistance to new educational technologies in higher education. **Journal of Accounting Education**, v. 36, p. 1-15, 2016.
56. NASU, Vitor Hideo; AFONSO, Luís Eduardo. professor, posso usar o celular? Um estudo sobre a utilização do Sistema de Resposta do Estudante (SRE) no processo educativo de alunos de ciências contábeis. **Revista de Educação e Pesquisa em Contabilidade**, v. 12, n. 2, p. 217-236, 2018.
57. PINTO, Marcos Roberto. *Op. cit.*
58. CHEONG, Christopher; BRUNO, Vince; CHEONG, France. Designing a mobile-app-based collaborative learning system. **Journal of Information Technology Education: Innovations in Practice**, v. 11, p. 97-119, 2012.
59. KRATHWOHL, David R. A revision of bloom's taxonomy: an overview. **Theory Into Practice**, v. 41, n. 4, p. 212-218, 2002.
60. KRATHWOHL, David R. *Op. cit.*
61. RILEY, Richard A. (Dick) et al. Using a business simulation to enhance accounting education. **Issues in Accounting Education**, v. 28, n. 4, p. 801-822, 2013.
62. BUCKLEY, Patrick; DOYLE, Elaine. *Op. cit.*
63. RILEY, Richard A. (Dick) et al. *Op. cit.*
64. LEA, Bih-Ru. *Op. cit.*
65. BRIGHAM, Tara J. *Op. cit.*
66. WATTY, Kim; MCKAY, Jade; NGO, Leanne. *Op. cit.*
67. CHEONG, Christopher; BRUNO, Vince; CHEONG, France. *Op. cit.*
68. LEA, Bih-Ru. *Op. cit.*
69. SANGSTER, Alan. The genesis of double entry bookkeeping. **The Accounting Review**, v. 91, n. 1, p. 299-315, 2015.

Capítulo 7

1. VAUGHAN, N. D.; CLEVELAND-INNES, M.; GARRISON, D. R. **Teaching in blended learning environments**: *creating and sustaing communities of inquiry*. London: Routledge/Taylor and Francis, 2013.

Referências

2. MANTOVANI, D. M. N.; GOUVÊA, M. A.; VIANA, A. B. N. Fórum de discussão como ferramenta no ensino de administração: um estudo em uma disciplina de estatística aplicada. **Revisa de Administração da UFSM**, v. 9, n. 4, p. 681-698, 2016.
3. ANASTASIOU, L. DAS G. C.; ALVES, L. P. Estratégias de Ensinagem. *In:* UNIVILLE (ed.). **Processos de ensinagem na universidade:** pressupostos para as estratégias de trabalho em aula. 3. ed. Joinville-SC: Univille, 2004. Obs.: citação da p. 85.
4. PRIMO, A. Ferramentas de interação em ambientes educacionais mediados por computador. **Educação**, v. 24, n. 44, p. 127-149, 2001.
5. MICHAELIS. **Dicionário Brasileiro da Língua Portuguesa**. São Paulo: Melhoramentos, 2015. Disponível em: https://michaelis.uol.com.br/moderno-portugues/. Acesso em: 17 nov. 2019.
6. KEAR, K. *et al.* From forums to wiki: perspectives on tools for collaboration. **The Internet and Higher Education**, v. 13, n. 4, p. 218-225, 2010.
7. ROZENFELD, C. C. DE F. Fóruns on-line na formação crítico-reflexiva de professores de línguas estrangeiras: uma representação do pensamento crítico em fases na/pela linguagem. **Alfa: Revista de Linguística**, v. 58, n. 1, p. 35-62, 2014.
8. KEEN (2007) *apud* VAUGHAN, N. D.; CLEVELAND-INNES, M.; GARRISON, D. R. *Op. cit.*
9. VAUGHAN, N. D.; CLEVELAND-INNES, M.; GARRISON, D. R. *Op. cit.*
10. SOUZA, F. V. DE; GOMES, A. S. Análise da atividade assíncrona na interação via Lista de Discussão: estudo de caso em curso de formação continuada de professores em regime semipresencial. *In:* **XIV Anais do Simpósio Brasileiro de Informática na Educação**, v. 1, n. 1, p. 1-30, 2003.
11. VONDERWELL, S. An examination of asynchronous communication experiences and perspectives of students in an online course: a case study. **The Internet and Higher Education**, v. 6, p. 77-90, 2003.
12. ANASTASIOU, L. DAS G. C.; ALVES, L. P. *Op. cit.*
13. VAUGHAN, N. D.; CLEVELAND-INNES, M.; GARRISON, D. R. *Op. cit.*
14. ROZENFELD, C. C. DE F. *Op. cit.*
15. ROZENFELD, C. C. DE F. *Op. cit.*
16. ROZENFELD, C. C. DE F. *Op. cit.*
17. VAUGHAN, N. D.; CLEVELAND-INNES, M.; GARRISON, D. R. *Op. cit.*
18. ROZENFELD, C. C. DE F. *Op. cit.*
19. CARDOSO, A. C. S. O feedback aluno-aluno em um ambiente virtual de aprendizagem. **Trabalhos em Linguística Aplicada**, v. 57, n. 1, p. 383-409, 2018.
20. CARDOSO, A. C. S. Feedback em contextos de ensino-aprendizagem on-line. Feedback in distance education. **Linguagens e Diálogos**, v. 2, n. 2, p. 17-34, 2011.
21. PAIVA, V. L. M. DE O. E. Feedback em ambiente virtual. In: LEFFA, V. J. (ed.). **Interação na Aprendizagem das Línguas**. Pelotas: EDUCAT, 2003. p. 219-254.
22. CARDOSO, A. C. S. (2011). *Op. cit.*
23. PAIVA, V. L. M. DE O. E. *Op. cit.*
24. ROZENFELD, C. C. DE F. *Op. cit.*
25. VONDERWELL, S. *Op. cit.*
26. VAUGHAN, N. D.; CLEVELAND-INNES, M.; GARRISON, D. R. *Op. cit.*

Referências

27. VAUGHAN, N. D.; CLEVELAND-INNES, M.; GARRISON, D. R. *Op. cit.*
28. VAUGHAN, N. D.; CLEVELAND-INNES, M.; GARRISON, D. R. *Op. cit.*
29. GEROSA, M. A.; FUKS, H.; LUCENA, C. J. P. DE. Tecnologias de informação aplicadas à educação: construindo uma rede de aprendizagem usando o ambiente AulaNet. **Informática na educação: Teoria & Prática**, v. 4, n. 2, p. 63-74, 2001.
30. VAUGHAN, N. D.; CLEVELAND-INNES, M.; GARRISON, D. R. *Op. cit.*
31. RUIZ-MORENO, L.; PITTAMIGLIO, S. E. L.; FURUSATO, M. A. Lista de discussão como estratégia de ensino-aprendizagem na pós-graduação em Saúde. **Interface Comunicação, Saúde e Educação**, v. 12, n. 27, p. 883-892, 2008.
32. VONDERWELL, S. *Op. cit.*
33. VAUGHAN, N. D.; CLEVELAND-INNES, M.; GARRISON, D. R. *Op. cit.*
34. JACOBSOHN, L. V.; FLEURY, M. T. L. A contribuição do Fórum de discussão para o aprendizado do aluno: uma experiência com estudantes de administração. **Cadernos de Pesquisas em Administração**, v. 12, n. 1, p. 69-80, 2005.
35. VONDERWELL, S. *Op. cit.*
36. NOGUEIRA, D. R. **Vento da mudança**: estudo de caso sobre a adoção de ambientes virtuais no ensino presencial em contabilidade. 2014. Tese (Doutorado em Controladoria e Contabilidade: Contabilidade) – Faculdade de Economia, Administração e Contabilidade, Universidade de São Paulo, São Paulo.
37. BATISTA, E. M.; GOBARA, S. T. O fórum on-line e a interação em um curso a distância. **RENOTE – Revista Novas Tecnologias na Educação**, v. 5, n. 1, p. 1-9, 2007.
38. GEROSA, M. A.; FUKS, H.; LUCENA, C. J. P. DE. *Op. cit.*
39. FERREIRA, D. M.; SILVA, A. C. DA. Avaliação de um Web Fórum por meio de Rubricas. **Meta: Avaliação**, v. 2, n. 4, p. 87-127, 2010.
40. FERREIRA, D. M.; SILVA, A. C. DA. *Op. cit.*
41. VONDERWELL, S. *Op. cit.*

Capítulo 8

1. ALDRICH, J. H. (ed.). **Interdisciplinarity**: it's role in a discipline-based academy. Oxford University Press, 2014.
2. ARSENAULT, P. M.; STEVENSON, L. S. Developing a pedagogy for globalization: a marketing and political science multi-disciplinary and transnational approach. **Journal of Teaching in International Business**, v. 23, n. 4, p. 277-290, 2012.
3. ASHBY, I.; EXTER, M. Designing for interdisciplinarity in higher education: considerations for instructional designers. **TechTrends**, v. 63, n. 2, p. 202-208, 2019.
4. EXTER, M. E.; GRAY, C. M.; FERNANDEZ, T. M. Conceptions of design by transdisciplinary educators: disciplinary background and pedagogical engagement. **International Journal of Technology and Design Education**, p. 1-22, 2019.
5. POWER, E. J.; HANDLEY, J. A best-practice model for integrating interdisciplinarity into the higher education student experience. **Studies in Higher Education**, v. 44, n. 3, p. 554-570, 2019.

Referências

Capítulo 9

[1] DEMO, P. **Educação hoje**: novas tecnologias, pressões e oportunidades. São Paulo: Atlas, 2009.

[2] VENKATESH, V.; MORRIS, M. G.; DAVIS, G. B.; DAVIS, F. D. User acceptance of information technology: Toward a unified view. **MIS Quarterly**, v. 27, n. 3, p. 425-478, 2003.

[3] SLEDGIANOWSKI, D.; GOMAA, M.; TAN, C. Toward integration of Big Data, technology and information systems competencies into the accounting curriculum. **Journal of Accounting Education**, v. 38, p. 81-93, 2017.

[4] KOBUS, M. B. W.; RIETVELD, P.; VAN OMMEREN, J. N. Ownership versus on-campus use of mobile IT devices by university students. **Computers and Education**, v. 68, p. 29-41, 2013.

[5] FELISONI, D. D.; GODOI, A. S. Cell phone usage and academic performance: An experiment. **Computers & Education**, v. 117, p. 175-187, 2018.

[6] BRAGUGLIA, K. H. Cellular telephone use: a survey of college of business students. **Journal of Teaching & Learning**, v. 5, n. 4, p. 55-61, 2008.

[7] CROMPTON, H.; BURKE, D. The use of mobile learning in higher education: a systematic review. **Computers & Education**, v. 123, 53-64, 2018.

[8] CROMPTON, H.; BURKE, D. *Op. cit.*

[9] CARNAGHAN, C.; EDMONDS, T. P.; LECHNER, T. A.; OLDS, P. R. Using student response systems in the accounting classroom: strengths, strategies and limitations. **Journal of Accounting Education**, v. 29, n. 4, p. 265-283, 2011.

[10] NASU, V. H. Why is plickers a relevant pedagogy alternative for accounting educators? A reflection on distinct types of student response systems (SRS). **Revista Mineira de Contabilidade**, v. 20, n. 9, p. 34-46, 2019. Disponível em: https://doi.org/10.21714/2446-9114RMC2019v-20net03. Acesso em: 4 jun. 2020.

[11] ZHU, E. Teaching with clickers. **Center for Research on Learning and Teaching – Occasional Papers**, p. 1-8, 2007.

[12] CARNAGHAN, C. WEBB, A. Investigating the effects of group response systems on student satisfaction, learning, and engagement in accounting education. **Issues in Accounting Education**, v. 22, n. 3, p. 391-409, 2007.

[13] FREEMAN, M.; BLAYNEY, P.; GINNS, P. Anonymity and in class learning: the case for electronic response systems. **Australasian Journal of Educational Technology**, v. 22, n. 4, p. 568-580, 2006.

[14] SULLIVAN, R. Principles for constructing good clicker questions: going beyond rote learning and stimulating active engagement with course content. **Journal of Educational Technology Systems**, v. 37, n. 3, p. 335-347, 2009.

[15] SULLIVAN, R. *Op. cit.*

[16] NASU, V. H. **O efeito do Sistema de Resposta do Estudante (SRE) sobre o desempenho acadêmico e a satisfação discente**: um quase-experimento com alunos de ciências contábeis. 2016. 150 p. Dissertação (Mestrado em Controladoria e Contabilidade) – Faculdade de Economia, Administração e Contabilidade, Universidade de São Paulo, São Paulo.

[17] NASU, V. H.; NOGUEIRA, D. R. Celulares a Postos? Estudo sobre a percepção de alunos de Ciências Contábeis acerca do Sistema de Resposta de Audiência (SRA). *In*: Seminários de

Administração (SEMEAD), 21, 2018, p. 1-3. **Anais** [...]. Disponível em: http://login.semead.com.br/21semead/anais/arquivos/310.pdf. Acesso em: 9 nov. 2019.

[18] NASU, V. H. **O efeito do Sistema de Resposta do Estudante (SRE) sobre o desempenho acadêmico e a satisfação discente**. *Op. cit.*

[19] NASU, V. H. **O efeito do Sistema de Resposta do Estudante (SRE) sobre o desempenho acadêmico e a satisfação discente**. *Op. cit.*

Capítulo 10

[1] KAYES, A. B.; KAYES, D. C.; KOLB, D. A. Experiential learning in teams. **Simulation & Gaming**, v. 36, n. 3, p. 330-354, 2005.

[2] GARCIA, S.; CINTRA, Y.; TORRES, R. C. S. R.; LIMA, F. G. Corporate sustainability management: a proposed multi-criteria model to support balanced decision-making. **Journal of Cleaner Production**, v. 136, p. 181-96, 2016.

[3] TINGEY-HOLYOAK, J.; BURRITT, R. The transdisciplinary nature of accounting: a pathway towards the sustainable future of the profession. **Emerging Pathways for the Next Generation of Accountants**, v. 3, p. 93-103, 2012.

[4] SAINSBURY'S. **20x20 Sustainability Plan**. 2014. Disponível em: http://www.j-sainsbury.co.uk. Acesso em: 10 dez. 2015.

[5] FAIRTRADE FOUNDATION. **What is fairtrade?** Disponível em: https://www.fairtrade.org.uk/What-is-Fairtrade. Acesso em: 14 maio 2020.

[6] SAMBAZON. **Sambazon:** providing sustainable forest management to Açaí fruit growers in the Brazilian Amazon Rainforest. 2014. Disponível em: https://endeva.org/publication. Acesso em: 15 jan. 2016.

[7] SUBLIME FOOD. **Catalog**. 2016. Disponível em: www.sublimefood.co.uk/products/acai-especial. Acesso em: 14 maio 2020.

[8] G1 PARÁ. Pará tem mais de 80 casos registrados da doença de Chagas. **G1**, 2014. Disponível em: http://g1.globo.com/pa/para/noticia/2014/11/para-tem-mais-de-80-casos-registrados-de-doenca-de-chagas.html. Acesso em: 14 maio 2020. PASSOS, Marcus. Calor atrai barbeiro até o açaí. **Jornal da Universidade Federal do Pará**. 2014. Disponível em: www.jornalbeiradorio.ufpa.br/novo/index.php/2014/152-2014-08-01-17-25-17/1620-2014-08-04-14-46-59. Acesso em: 14 maio 2020.

[9] Comunidade Quilombola do Espírito Santo. Floresta em pé: quilombolas incrementam produção de açaí no Pará. 2013. **EcoDebate**. Disponível em: https://www.ecodebate.com.br. Acesso em: 15 jan. 2016.

[10] SEBRAE. **Como montar uma fábrica de polpa de frutas**. Disponível em: https://www.sebraemg.com.br/atendimento/bibliotecadigital/documento/cartilha-manual-ou-livro/como-montar-uma-fabrica-de-polpa-de-frutas. Acesso em: 18 fev. 2016.

[11] BEZERRA, V. S. **Açaí congelado**. Brasília: EMBRAPA, 2007. Disponível em: www.agencia.cnptia.embrapa.br/Repositorio/Acai_congelado_000gbzhifgi02wx5ok01dx9lcgg4eb81.pdf. Acesso em: 14 maio 2020.

[12] BANCO DO BRASIL. **Pronaf Florestal**. Disponível em: www.bb.com.br/pbb/s001t006p002,500971,502398,1,1,1,1.bb?cd_menugem=22679#/. Acesso em: 14 maio 2020. BANCO DO BRASIL. **Pronaf Agroindústria Investimento**. Disponível em: www.

bb.com.br/pbb/s001t006p002,500971,502397,1,1,1,1.bb?cd_menugem=22678#/. Acesso em: 14 maio 2020.

[13] BANCO DA AMAZÔNIA. **Sustentabilidade**. Disponível em: www.bancoamazonia.com.br/index.php/sobre-o-banco/sustentabilidade. Acesso em: 14 maio 2020.

[14] SEMAS. **Instrução Normativa n. 009/2013 sobre o manejo de açaizais**. 2014. Secretaria do Meio Ambiente e Sustentabilidade PA. Disponível em: www.semas.pa.gov.br/2013/12/30/instrucao-normativa-no-0092013/. Acesso em: 14 maio 2020.

[15] KOLB, D. A. **Experiential learning:** experience as the source of learning and development. New Jersey: Prentice Hall, 1984.

[16] KOLB, D. A. *Op. cit.*

[17] KAYES, A. B.; KAYES, D. C.; KOLB, D.A. *Op. cit.*

[18] KAYES, A. B.; KAYES, D. C.; KOLB, D. A. *Op. cit.*

[19] KAYES, A. B.; KAYES, D. C.; KOLB, D. A. *Op. cit.*

[20] KOLB, D. A. *Op. cit.*

[21] KHALILI, N. R.; DUECKER, S. Application of multi-criteria decision analysis in design of sustainable environmental management system framework. **Journal of Cleaner Production**, v. 7, p. 188-198, 2013.

Capítulo 11

[1] CUNHA, M. I. **O professor universitário na transição de paradigmas**. Araraquara: Junqueira & Marin, 2005.

[2] KOURGANOFF, W. **A face oculta da universidade**. São Paulo: Unesp, 1990.

[3] MASETTO, M. T. **Competência pedagógica do professor universitário**. São Paulo: Summus, 2003.

[4] SEVERINO, A. J. Ensino e pesquisa na docência universitária: caminho para a integração. *In:* ALMEIDA, M. I. de; PIMENTA, S. G. (org.). **Pedagogia universitária**. São Paulo: Edusp, 2009.

[5] CHAMLIAN, H. C. Docência na universidade: professores inovadores na USP. **Cadernos de Pesquisa**, n. 118, p. 41-64, 2003.

[6] ALMEIDA, M. I. de. **Formação do professor do ensino superior**: desafios e políticas institucionais. São Paulo: Cortez, 2012.

[7] ARAUJO, A. M. P. de; MELLO, R. R. de. What is the training of the accounting professor in Brazil? **Creative Education**, v. 5, n. 11, p. 886, 2014.

[8] CUNHA, L. A. C. R. A pós-graduação no Brasil: função técnica e função social. **Revista de Administração de Empresas**, v. 14, n. 5, p. 66-70, 1974.

[9] BRASIL. Lei n. 9.394, de 20 de dezembro de 1996. Estabelece as diretrizes e bases da educação nacional. **Lei de Diretrizes e Bases da Educação-LDB**. Brasília, DF, 1996. Disponível em: http://www.planalto.gov.br/ccivil_03/Leis/L9394.htm. Acesso em: 10 out. 2018.

[10] VEIGA, I. P. A. **Docência universitária na educação superior**. VI Simpósio do Instituto de Estudos e Pesquisas Educacionais "Anísio Teixeira" (INEP), Brasília, 2005.

[11] CUNHA, M. I. A Educação Superior e o campo da pedagogia universitária: legitimidades e desafios. *In:* ISAIA, S. M. de A.; BOLZAN, D. P. V. (org.). **Pedagogia universitária e desenvolvimento profissional docente**. Porto Alegre: EDIPUCRS, p. 349-374, 2009.

Referências

[12] ALMEIDA, M. I. de. **Pedagogia universitária e projetos institucionais de formação e profissionalização de professores universitários**. 2011. Tese (Livre-Docência). Faculdade de Educação, Universidade de São Paulo. São Paulo. p. 147.

[13] CUNHA, M. I. *Op. cit*.

[14] KOURGANOFF, W. *Op. cit*.

[15] PIMENTA, S. G.; ANASTASIOU, L. das G. C. **Docência no ensino superior**. São Paulo: Cortez, 2010.

[16] SLOMSKI, V. G. *et al*. Saberes da docência que fundamentam a prática pedagógica do professor que ministra a disciplina de gestão de custos em um curso de ciências contábeis. **Revista Universo Contábil**, v. 9, n. 4, p. 71-89, 2013.

[17] MIRANDA, G. J.; CASA NOVA, S. P. de C.; CORNACCHIONE JR, E. B. Os saberes dos professores-referência no ensino de contabilidade. **Revista Contabilidade & Finanças**, v. 23, n. 59, p. 142-153, 2012.

[18] NEVES JÚNIOR, I. J. *et al*. As características do professor exemplar segundo os discentes do curso de ciências contábeis da Universidade Católica de Brasília (UCB). **Contabilometria – Brazilian Journal of Quantitative Methods Applied to Accounting**, Monte Carmelo, v. 2, n. 1, p. 15-37, 1º sem./2015.

[19] LAFFIN, M. **De professor a contador**: a trajetória da docência no ensino superior de contabilidade. Florianópolis: Imprensa Universitária, 2005.

[20] CAMARGO, S. R. **Desenvolvimento profissional do professor**: um estudo diagnóstico das necessidades de formação dos professores do curso de Ciências Contábeis da UEPG. 2006. Dissertação (Mestrado) – Universidade Estadual de Ponta Grossa, Ponta Grossa.

[21] ARAUJO, A. M. P. de; MELLO, R. R. de. *Op. cit*.

[22] ANTONELLI, R. A.; COLAUTO, R. D.; CUNHA, J. V. A. Expectativa e satisfação dos alunos de ciências contábeis com relação às competências docentes. **REICE. Revista Electrónica Iberoamericana sobre Calidad, Eficacia y Cambio en Educación**, 2012.

[23] MIRANDA, G. J. Docência universitária: uma análise das disciplinas na área da formação pedagógica oferecidas pelos programas de pós-graduação stricto sensu em Ciências Contábeis. **Revista de Educação e Pesquisa em Contabilidade (REPeC)**, v. 4, n. 2, p. 81-98, 2010.

[24] STEVENS, K. T.; STEVENS, W. P. Evidence on the extent of training in teaching and education research among accounting faculty. **Journal of Accounting Education**, v. 10, n. 2, p. 271-283, 1992.

[25] SWAIN, M. R.; STOUT, D. E. Survey evidence of teacher development based on AECC recommendations. **Journal of Accounting Education**, v. 18, n. 2, p. 99-113, 2000.

[26] MITCHELL, T. R. The academic life: Realistic changes needed for business school students and faculty. **Academy of Management Learning & Education**, v. 6, n. 2, p. 236-251, 2007.

[27] BRIGHTMAN, H. J.; NARGUNDKAR, S. Implementing comprehensive teacher training in business doctoral programs. **Decision Sciences Journal of Innovative Education**, v. 11, n. 4, p. 297-304, 2013.

[28] WILLE, S. B. **"Feliz aquele que transfere o que sabe e aprende ensinando"**: refletindo sobre ações de formação docente na pós-graduação em Contabilidade. 2018. Tese (Doutorado) – Faculdade de Economia, Administração e Contabilidade, Universidade de São Paulo, São Paulo.

[29] SCHÖN, D. **The reflective practitioner**: how professionals think in action. New York: Basic Books, 1983.

Referências

30. SCHÖN, D. **Educando o profissional reflexivo**: um novo design para o ensino e a aprendizagem. Tradução de Roberto Cataldo Costa. Porto Alegre: Artmed, 2000.
31. KRASILCHIK, M. **Docência no ensino superior**: tendências e mudanças. Cadernos de Pedagogia Universitária. São Paulo: Pró-reitoria de Graduação da USP-EDUSP, 2008.
32. CONTE, K. de M. **Espaço formativo da docência do Ensino Superior**: um estudo a partir do Programa de Aperfeiçoamento de Ensino (PAE) da Universidade de São Paulo. 2013. Tese (Doutorado). Faculdade de Educação, Universidade de São Paulo, São Paulo.
33. ASSUNÇÃO, C. G. de. **Possibilidades e limites do programa de aperfeiçoamento de ensino para a formação pedagógica do professor universitário**. 2013. Dissertação (Mestrado) – Faculdade de Educação, Universidade de São Paulo, São Paulo.
34. UNIVERSIDADE DE SÃO PAULO: Pró-Reitoria de Pós-Graduação. **Programa de Aperfeiçoamento do Ensino – Diretrizes**. 2010. Disponível em: http://www.prpg.usp.br/wp-content/uploads/diretrizes_PAE_-09.12.10.pdf. Acesso em: 9 out. 2018.
35. UNIVERSIDADE DE SÃO PAULO: Pró-Reitoria de Pós-Graduação. *Op. cit*.
36. UNIVERSIDADE DE SÃO PAULO: Pró-Reitoria de Pós-Graduação. *Op. cit*.
37. Programa de Pós-graduação em Controladoria e Contabilidade da USP (PPGCC/USP) **Regulamento do PPGCC anterior à 2014**. 2014a. Disponível em: https://www.portalfea.fea.usp.br/sites/default/files/arquivos/anexos/regulamento_usp_antigo.pdf. Acesso em: 11 out. 2018.
38. Programa de Pós-graduação em Controladoria e Contabilidade da USP (PPGCC/USP). **Regulamento do PPGCC para alunos ingressantes a partir de 2014**. 2014b. Disponível em: https://www.portalfea.fea.usp.br/sites/default/files/arquivos/anexos/regulamento_usp_novo.pdf. Acesso em: 11 out. 2018.
39. Programa de Pós-graduação em Controladoria e Contabilidade da USP (PPGCC/USP). **Regulamento do PPGCC 07/12/2016**. 2016. Disponível em: http://www.leginf.usp.br/?resolucao=resolucao-copgr-7285-de-07-de-dezembro-de-2016. Acesso em: 11 out. 2018.
40. SOUZA, D. B. de. Os dilemas do professor iniciante: reflexões sobre os cursos de formação inicial. **Revista Multidisciplinar da UNIESP**, v. 8, 2009, p. 40.
41. DEWEY, J. **Como pensamos**. São Paulo: Companhia Editora Nacional, 1959.
42. DEWEY, J. *Op. cit*.
43. SCHÖN, D. *Op. cit*., 1983.
44. PIMENTA, S. G. Professor reflexivo: construindo uma crítica. *In:* PIMENTA, S. G.; GHEDIN, E. (org.). **Professor reflexivo no Brasil**: gênese e crítica de um conceito. São Paulo: Cortez, 2006, p. 16.
45. SCHÖN, D. *Op. cit*., 1983.
46. SCHÖN, D. *Op. cit*., 2000.
47. SOUZA, D. B. de. *Op. cit*.
48. LIBÂNEO, J. C. Reflexividade e formação de professores: outra oscilação do pensamento pedagógico brasileiro. *In:* PIMENTA, S. G.; GHEDIN, E. (org.). **Professor reflexivo no Brasil**: gênese e crítica de um conceito. São Paulo: Cortez, p. 53-79, 2002.
49. PIMENTA, S. G. *Op. cit*., p. 22.
50. HARDEN, R. M.; LAIDLAW, J. M. **Essential skills for a medical teacher**: an introduction to teaching and learning in medicine. Elsevier Health Sciences, 2016.

Índice alfabético

A

Ambiente
   flexível, 80
   Virtual de Aprendizagem (AVA), 5, 12, 19, 152
Ansiedade, 16
Aprendizado em equipe, 228
Aprendizagem(ns), 124
   ativa, 133
   invertida, 80
   móvel, 143
   para o domínio, 79, 82
   significativa, 41
Arquitetura Pedagógica (AP), 41
Atitudes, 11
Atividade(s)
   remotas de ensino, 4
   vivencial em equipe, 226
Aulas presenciais e cursos *on-line*, 15
Autoavaliação, 90-91, 120
Autonomia, 13
Autorregulação, 90
Avaliação, 118
   com atribuição de pontos de desempenho, 141
   de participação, 140
   de participação e de desempenho, 141
   crítica, 102
   formativa, 119
   sem atribuição de pontos, 140

B

BlackBoard®, 12
Brainstorm, 155
Bring Your Own Device (BYOD), 143

C

Celular em sala, 200
Colaboração radical, 31
Competência, 101, 104
Compreensão, 101, 104, 108
Compromisso, 117
Comunicação, 117
Concepção(ões), 123
   didático-pedagógica, 5

Índice alfabético

Conhecimentos, 11
Conscientização, 101, 104, 106
Conteúdo intencional, 81
Coordenadores, 5
Coursera, 136
Criar, 45, 47
Criatividade, 123
Cultura de aprendizagem, 80

D

Definir, 45
Design thinker, 30
Design thinking, 26-51, 26
Discente, 12
Distance education, 13

E

E-mail, 153
Educação
   a distância (EaD), 13
   on-line, 13
Educador profissional, 81
e-learning, 79
Empatia, 30
Enquete *on-line*, 21
Ensino, 8
   a distância (EaD), 4, 138
   embasado na estrutura conceitual (EEEC), 96
   on-line na realidade do estudante, 17
   superior, 199
Entender, 43
Entendimento, 227
Epistemologia da prática, 256
Espaço da sala de aula, 117
Estagiários, 261
Estágio docência, 261
Estresse, 16
Estrutura Conceitual (EC), 96
Estudantes, 240
Exclusão digital, 16

Experiential Learning Theory (ELT), 226-227

F

Feedback, 6, 90, 157
   de forma tempestiva, 142
Ferramentais
   on-line, 18
   adequadas à etapa
      Definição, 46
      Entendimento, 44
      Idealização, 47
      Observação, 45
      Prototipagem, 48
      Testes, 49
Fichas, 127
Foco na comunicação, 6
Formação docente em tempos de crise, 7
Formato, 124
Fórum, 153, 165, 171
   pós-aula, 175
   pré-aula, 172

G

Gamificação, 130-131
Geração, 199
   de ideias sem juízo de valor e focadas na quantidade, 30
Gestores acadêmicos, 5
Google
   Classroom®, 12, 19, 165
   Hangouts®, 20, 40
   Meet®, 12, 18, 20
   Sala de Aula®, 12, 19
Graduação, 266
Grupos de discussão, 153

H

Habilidades, 11

Índice alfabético

Human Centered Design Kit de ferramentas, 26, 42

I

Idealizar, 47
Identidade, 123
Implementar, 47, 49
Inclusão digital, 16
Instituições de ensino, 3
Integração, 102, 109
International Financial Reporting Standards (IFRS), 96
Investigação, 102

J

Jogo(s)
  DEBORAH, 144
  para educação, 130-131, 138

K

Kahoot!™, 138, 202-203, 217

L

Leitura de mundo, 123
Lembretes, 127
Linguagem visual, 31
Lista de discussão, 153, 165

M

Massive Open Online Courses (MOOC), 136
Mastery Learning, 79
Material de referência, 6
Meios, 11
Método de avaliação, 116
Metodologias ativas no ensino a distância, 11
Microsoft Teams®, 20
Mindsets do *Design Thinking*, 30
Mitos do ensino *on-line*, 13

Mobile-learning, 143
Momentos
  assíncronos, 21
  síncronos, 20
Monitoria didática, 253-254, 257, 264
Moodle®, 12, 19

N

Nova geração de estudantes, 12

O

Observar, 44
On-line education, 13
Open Safari, 110
Ouvir, 43-44

P

Participação ativa dos monitores, 266, 268
Pertencimento, 124
Plickers, 201
Poll Everywhere, 201
Portfoliar, 129
Portfólio, 116, 119-121
  de aprendizagem, 122
  de avaliação, 122
  de trabalho, 122
  demonstrativo, 122
Pós-graduação, 252, 259
  processo de aprender a ensinar, 257
Prática e formação docente, 255
Predisposição à ação, 31
Problem based learning (PBL), 110
Processo
  de desenvolvimento do conteúdo e postagens, 156
  do *Design Thinking*, 27
Procrastinação, 14
Programa de aperfeiçoamento do ensino, 253-254, 257
Projetos interdisciplinares, 178
Prototipagem, 48

Q

Qualidade, 13, 15
Qualificação dos gestores educacionais, 6
4S para elaboração de exercícios da TBL, 65

R

Reflexão, 256
Relação interpessoal, 117

S

Saberes
  didático-pedagógicos, 10
  humanos, 9
  necessários à docência, 8
  práticos, 9
  técnico-científicos, 10
Sala de aula, 117
  invertida, 78-94
Serenidade, 6
Sistemas de resposta de audiência, 200
Skype®, 12, 20
Stakeholders, 30, 244
Supervisores, 264

T

Team-Based Learning (TBL) 54-76, 54
  na área de negócios, 72
Technological, Pedagogical, Content Knowledge (TPACK), 136
Tecnologia(s), 142, 165, 199
  educacionais, 3
Tempo, 13, 124
  disponível para cada rodada da TBL, 67
Teoria da avaliação, 118
Testar, 49
Teste de Garantia de Preparo
  em Equipe (gRAT), 58, 75
  Individual (iRAT), 58, 68, 73
Trapaça, 223

W

Warm-up, 155

Z

Zoom®, 12, 20

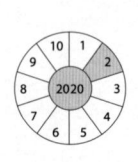